Une histoire du Tibet
Conversations avec le Dalaï Lama

Thomas Laird

Une histoire du Tibet
Conversations avec le Dalaï Lama

Traduit de l'anglais (Etats-Unis)
par Christophe Mercier

PLON
www.plon.fr

Titre original
The Story of Tibet
Conversations with the Dalai Lama

ISBN édition originale : 978-0-8021-1827-1, Grove Press, New York
ISBN Plon : 978-2-259-19891-2

S'il s'agit d'une action raisonnable
bénéfique à la vérité et à la justice,
on ne doit pas se décourager et
plus on rencontre d'obstacles
plus on doit raffermir son courage et faire des efforts.
Telle est la conduite du sage.

Tibetan Shakyan Bhikshu
Dalaï Lama, Tenzin Gyatso

A Tenzin Gyatso, Quatorzième Dalaï Lama du Tibet.
Aux peuples de Chine et du Tibet.

Limites du Tibet au IXe siècle
Limites actuelles de la région autonome du Tibet
Muraille de Chine
0 500 1000 km
RUSSIE
Amour
KAZAKHSTAN
KIRGHIZISTAN
MONGOLIE
MONGOLIE INTÉRIEURE
Bassin de Dzoungarie
Ouroumtsi
XINJIANG
Tian Shan
Bassin du Tarim
Kachgar
Yarkand
Désert du Taklamatan
Kunlun
Khotan
GANSU
Bassin de Tsaidam
QINGHAI
AMDO
Xining
Plateau du Tibet
TIBET OCCIDENTAL
RÉGION AUTONOME DU TIBET
Hohhot
Beijing (Pékin)
Wutaishan
Lanzhou
Xian
SHANXI
Huang He
Mékong
Jyekundo
TIBET CENTRAL
Lac Nam Co
Reting
KHAM
Salouen
Yang Tsé Kiang
SICHUAN
Chengdu
Lithang
NÉPAL
Himalaya
Katmandou
Shigatse
Lhassa
Sakya
Gyantse
Tsedang
Mt Everest
Yatung
BHOUTAN
Vallée de Yarlung
Monastère de Samye
Gange
Brahmapoutre
INDE
BANGLA-DESH
Calcutta
Kunming
YUNNAN
Hongshui
BIRMANIE
VIETNAM
LAOS
THAÏLANDE
Golfe du Bengale
Hong Kong
HAÏNAN
CORÉE DU NORD
CORÉE DU SUD
JAPON
MER DU JAPON
MER JAUNE
Shanghai
MER DE CHINE ORIENTALE
TAIWAN
OCÉAN PACIFIQUE
MER DE CHINE MÉRIDIONALE
Carte : Patrick Mérienne

Avant-propos

Ce livre repose sur plusieurs dizaines d'années de recherches, et sur dix-huit rencontres, entre novembre 1997 et juillet 2000, avec Sa Sainteté le Dalaï Lama, exilé en Inde. Nos conversations ont eu lieu en anglais et ont été enregistrées en vidéo et/ou par magnétophone.

Michael Victor, notre secrétaire, a passé plusieurs mois à transcrire ces cinquante heures d'enregistrements, tâche héroïque dont je lui dis ici toute ma reconnaissance. Un spécialiste, Tenzin Tinley, a comparé la transcription littérale avec les bandes. La transcription finale, qui occupe plus de 320 pages à interligne simple, est la principale source de ce livre, qui consiste, essentiellement, en une série d'entretiens avec Sa Sainteté à propos de l'histoire du Tibet.

Les propos du Dalaï Lama sont clairement distingués des miens. Le fait qu'apparaissent dans ce livre mes propres opinions sur l'histoire du Tibet, ainsi que celles des nombreuses personnes qui ont contribué à ce projet, ne signifie pas que Sa Sainteté les prenne à son compte. Sa Sainteté m'a encouragé, en cas de nécessité, à corriger son anglais (les mots ou expressions que j'ai ajoutés sont en italique et entre parenthèses). Il m'a aussi autorisé à effectuer un montage de phrases portant sur le même sujet et provenant d'entretiens différents. Sa Sainteté a chargé trois chercheurs d'effectuer une double vérification de ses citations : merci à eux.

Avant mon premier entretien avec Sa Sainteté le Dalaï Lama, j'ai passé plusieurs mois immergé dans des recherches préparatoires afin d'établir la série de questions destinées à constituer l'ossature de nos discussions. Mes recherches se sont poursuivies tout au long de nos conversations, puis au cours des six années passées à écrire le livre. La Library of Tibetan Works and Archives de Dharamsala, en Inde, a été pour moi une ressource inestimable, et je remercie pour son aide Pema Yeshi, le bibliothécaire. Les dossiers du Département d'Etat aux Archives nationales de College Park, Maryland, ont eux aussi aidé à ma compréhension de la période située entre 1942 et 1960. Je donne dans ma bibliographie la liste des livres et des divers documents consultés.

Il n'existe pas de traduction du tibétain qui soit universellement reconnue, et, pour le profane, les méthodes les plus précices de translittération relèvent du charabia. Les spécialistes savent que « Srong-btsan-sgam-po » est une translittération exacte du nom du premier empereur du Tibet, mais le lecteur ordinaire préférera « Songtsen Gampo ». Toutes les translittérations ont été guidées par l'usage commun et la facilité de lecture. Je m'en excuse auprès des spécialistes qui pourront m'objecter le manque de cohérence qui en résulte parfois.

Ce livre n'existerait pas sans la générosité et la patience de Sa Sainteté le Dalaï Lama. Je tiens aussi à remercier Tenzin Choegyal, Tenzin Geyche Tethong et Tenzin Taklha, qui, de bien des façons, ont énormément contribué à notre dialogue, ainsi que le Vénérable Lhakdor qui a assisté le Dalaï Lama au cours de nos conversations. Sa Sainteté le Seizième Karmapa et Anne Thondup ont donné forme à mon intérêt initial pour le Tibet. J'ai discuté durant des heures avec des spécialistes occidentaux qui m'ont offert une initiation indispensable au Tibet, à sa culture et à son histoire. Je pense tout spécialement à Warren Smith, Melvyn Goldstein, Robert Thurman, Tom Grunfled et Eliot Sperling, même si je suis certain que chacun d'eux trouvera dans ces pages des points sur lesquels il n'est pas d'accord. Il m'est impossible de mentionner les trop nombreux chercheurs et amis qui, au cours des trente dernières années, ont amélioré ma compréhension du Tibet. Jann Fener m'a généreusement soutenu à chaque étape de ce travail. Je suis reconnaissant à Brando Skyhorse, mon directeur littéraire, et à mon éditeur, Morgan Entrekin, de leur dévouement à ce livre. Merci aussi à Kay Murray, à Jan Constantine, et à la Guilde des Auteurs, ainsi qu'à Donald David, Scott Kessler et Brian Bloom.

Moi seul, cependant, suis responsable des erreurs de fait ou d'interprétation qui peuvent suivre.

Un certain nombre de Tibétains m'ont généreusement accordé des entretiens enregistrés : parmi eux Gyalo Thondup, le frère aîné du Dalaï Lama, ainsi que les nonnes Pasang Lhamo et Chuying Kunsang. Au Tibet même, j'ai interviewé des Tibétains et des

Chinois dont, par sécurité, j'ai dissimulé l'identité. Certains Tibétains, en Inde ou au Népal, ont préféré rester anonymes.

Trente années passées au Népal en compagnie de Tibétains exilés, et vingt ans de voyages au Tibet ont amélioré ma compréhension du pays et de l'époque. Des centaines de Tibétains et de Népalais d'origine tibétaine – bergers, écrivains, moines, paysans, étudiants, téléphonistes, fabricants de tapis, savetiers, yogis, hommes d'affaires, peintres, chauffeurs de taxi, prêtres – m'ont gracieusement offert leur amitié, leur sagesse, leurs chansons, leurs mythes et une hospitalité dont je leur serai toujours reconnaissant. A tous, mes sincères remerciements.

Thomas LAIRD
La Nouvelle-Orléans
14 août 2006
StoryofTibet@yahoo.com

Introduction

Le Dalaï Lama venait de répondre à mon ultime question. Nous arrivions à la fin du quatrième entretien que j'effectuais pour un magazine. Comme la plupart de ceux qui parlent avec lui, j'avais le sentiment de me trouver devant un être humainement exceptionnel. Il était difficile de préciser en quoi. Ses réponses à mes questions étaient professionnelles, mais elles me poussaient à m'interroger sur les capacités inexploitées en chacun de nous.

Dans le soleil, un vol bruyant de martinets s'abattit sur la forêt autour du petit bungalow qu'il occupe sur une colline dominant les plaines de l'Inde. Depuis que, en 1959, après l'invasion chinoise, il a fui son pays, il a volontairement renoncé à recréer la splendeur et la pompe du Potala. Il se dit un simple moine bouddhiste, et dans l'austérité des pièces qu'il occupe depuis son exil, il y a quelque chose qui relève du zen.

Il ajusta sa tunique bordeaux, et me fixa calmement de ses yeux bruns et profonds, dans l'attente de la question suivante. J'essuyai sur ma veste mes paumes pleines de sueur, et, sous les questions que j'avais préparées, regardai la moitié vierge de la page. Je pris mon courage à deux mains, et lui expliquai que, bien que n'étant pas historien, je désirais écrire l'histoire du Tibet.

Il m'a lancé un regard interrogateur.

— Il existe d'excellentes histoires du Tibet, écrites par des universitaires. Mais ce qui manque, c'est une histoire du Tibet destinée au grand public – les Occidentaux et les Chinois d'aujourd'hui –, une histoire exacte, concise, facile à lire. Il y a deux ans, lors de notre première rencontre, vous m'avez affirmé que l'histoire du Tibet est complexe. Vous paraissiez découragé, comme s'il était impossible de l'expliquer à un lecteur ordinaire. Votre attitude m'a marqué, et, depuis, j'ai lu tout ce que j'ai pu trouver concernant votre pays. Il n'est pas impossible d'écrire, simplement, une histoire du Tibet. Je veux la dépouiller de ses complications, et toucher directement au cœur du problème. Je crois que, en se focalisant sur votre point de vue à vous, on peut y parvenir. La plus grande partie du public ne lirait pas une histoire du Tibet écrite par un universitaire, et se fiche de mes opinions, mais elle s'intéressera à ce que vous, vous pouvez en penser.

Il me regardait toujours, en silence.

— Accepteriez-vous de collaborer avec moi à une histoire du Tibet destinée au grand public ? Vous savez comme moi que, depuis le XVIIe siècle, aucun Dalaï Lama n'a écrit d'histoire de son pays.

Je l'avais déjà interviewé quatre fois. Il savait donc que j'étais un passionné, d'une franchise qui, parfois, confinait à la rudesse. Il semblait trouver mon impertinence rafraîchissante, ou amusante, ne fût-ce que parce que tant de gens se montrent avec lui formels et excessivement respectueux. Il savait aussi que, écrivain et photographe américain, j'avais passé au Népal les vingt-sept dernières années. Que se disait-il d'autre, tandis qu'il me regardait, silencieux, pendant dix secondes encore ? Il prit rapidement une décision.

— Oui, un tel travail serait important. Je l'effectuerai avec vous. Mais je n'ai pas le temps d'écrire une telle histoire moi-même.

— Je pourrais vous interviewer, en fonction de vos disponibilités, puis écrire un livre qui exposerait votre point de vue. Je rappellerais aussi le contexte historique, et la vision d'autres personnes, d'accord ou non avec vous. Cela nécessitera un bon nombre d'heures d'entretiens.

Un secrétaire assistait à cette conversation. Soudain, avec un hoquet de désapprobation, il intervint : « Votre Sainteté, votre emploi du temps est si chargé que je ne vois pas comment... »

Le Dalaï Lama, me regardant toujours, dit :

— C'est un travail important, et nous trouverons le temps nécessaire. Il vit au Népal, ce n'est pas loin. Il pourra venir ici quand nous aurons du temps. D'accord ?

— Je serai évidemment heureux de venir chaque fois que vous en aurez le temps.

— Le livre devra être à la fois d'une lecture facile et d'une grande exactitude.

— C'est bien mon intention.

— Parler, c'est facile. Mais pour vous, ce sera un énorme travail, conclut le Dalaï Lama.

*

Au cours des dix-sept mois qui suivirent, chaque fois que le Dalaï Lama en avait le temps, je me suis rendu à Dharamsala.

Sa Sainteté est un moine, qui a passé sa vie à étudier le bouddhisme, et pas l'histoire. Dès le départ, il m'a averti :

— Pour être franc, l'histoire ne m'intéresse pas tant que ça. Surtout parce que je n'y connais pas grand-chose. Quand j'étais jeune, mes professeurs n'insistaient pas particulièrement sur l'histoire du Tibet. A cette époque, je recevais l'éducation d'un moine ordinaire : mes études étaient consacrées à la philosophie bouddhiste. Enfant, c'est à travers les peintures, et à travers des conversations entendues à propos des événements internationaux que j'ai appris l'histoire. Après l'invasion chinoise et mon départ du Tibet, en 1959, je m'y suis plus intéressé. Mais il faut qu'une chose soit claire : je ne suis pas un historien. Il y a même des détails que j'ignore.

L'absurdité de cette situation l'amusa. Une des premières choses que j'ai apprises en travaillant avec lui, c'est que le rire du Dalaï Lama est contagieux. Il gronde depuis le tréfonds de lui-même, commençant par une note grave qui lui secoue tout le corps. Quand il parvient à son visage – et il doit alors ôter ses lunettes pour essuyer ses larmes –, c'est une cascade qui emplit la pièce, et je ris aussi fort que lui.

Une fois le calme revenu, il reprit :

— Mes professeurs n'ont pas perdu de temps à m'enseigner l'Histoire. Mais si on me demande mon interprétation, alors, évidemment, j'ai ma propre opinion. Et il m'arrive de penser qu'elle est plus pénétrante que celle des autres.

Devant mon expression désappointée, il éclata de rire à nouveau.

Il était impossible de ne pas se joindre à lui, mais, cependant, j'étais conscient des obstacles que je devrais surmonter pour combler le fossé entre ses convictions de moine tibétain, et mes convictions de journaliste occidental. Car, il ne faut pas l'oublier, il est moine avant tout.

Le Dalaï Lama passe chaque jour quatre ou cinq heures à pratiquer la méditation bouddhiste. L'un des idéaux qu'il cherche à atteindre par la méditation, c'est le détachement. La plupart du temps, il n'est donc pas facile de l'énerver, ni de le surprendre, et, à la différence du plus grand nombre d'entre nous, ce n'est pas en fonction de ses propres réactions qu'il juge les autres, ni les événements.

Un jour, au cours de l'une de nos conversations, le Dalaï Lama venait de lever un bras, le droit, au-dessus de sa tête, pour appuyer une remarque (il lui arrive d'être très animé quand il parle), lorsque soudain les vitres furent secouées par une explosion sourde, dans le lointain. Dans la pièce, tout le monde a sursauté, sauf lui. Nous avons tous bondi sur nos sièges, avec un rire nerveux.

Le Dalaï Lama s'est contenté de sourire. Au bruit de l'explosion, il s'était interrompu, bras tendu, doigt pointé vers le haut. Tandis qu'il attendait patiemment que nous reprenions notre calme, ni son bras ni son doigt n'ont bougé. Puis il a repris comme si rien ne s'était passé. Il n'avait pas bronché. Son calme absolu, alors que tout le monde avait réagi, est la manifestation physique du détachement qu'il a développé par la méditation.

Grâce à un certain nombre d'expériences, des chercheurs occidentaux ont confirmé que les maîtres de la méditation peuvent contrôler des réactions physiques involontaires, un contrôle que la plupart d'entre nous ne possédons pas. Le détachement obtenu par le mental peut paraître une chose abstraite, purement spirituelle, mais, en ce qui concerne la personnalité du Dalaï Lama, il est essentiel. Toute une vie de méditation a non seulement modifié la façon dont il réagit physiquement aux situations, mais a aussi changé sa vision du monde, et la façon dont il l'appréhende. Il allait me falloir plusieurs années pour apprécier à quel point son détachement, né d'une intense pratique de la méditation, a façonné sa vision de l'histoire.

*

Durant des séances d'interviews réparties sur plusieurs années, nous avons dégagé l'essence de millénaires d'histoire et de mythes tibétains.

Nous avons commencé par les anciens mythes tibétains concernant l'origine de l'homme, puis nous sommes passés à la fondation de l'Empire tibétain, au VIIIe siècle, quand le Tibet s'étendait depuis ce qui constitue aujourd'hui le sud-ouest de la Chine jusqu'au nord de l'Inde. Nous avons longuement évoqué les plus grands yogis, les maîtres de la méditation, et des Tibétains ordinaires, puis la fondation de l'institution du Dalaï Lama et des monastères géants du Tibet. Ensuite sont venues les années de domination mongole et mandchoue, et enfin l'invasion chinoise des années cinquante, la rencontre du Dalaï Lama et de Mao Tsé-toung, et le départ du Dalaï Lama pour l'Inde, en 1959. Nous avons abordé l'histoire du Tibet dans sa totalité, depuis les origines de l'homme jusqu'à nos jours. L'ampleur du projet m'apparaissait peu à peu, et tantôt je me sentais terrifié par la responsabilité d'une pareille tâche, tantôt immensément heureux d'avoir l'occasion de passer autant de temps avec le Dalaï Lama.

Dès nos premières rencontres, j'ai compris que sa foi bouddhiste omniprésente structure la connaissance que le Dalaï Lama a de l'histoire du Tibet. Certains concepts venus d'Inde, comme celui de la réincarnation, étaient prévisibles ; d'autres, comme les miracles, dont les non-Tibétains diraient qu'ils relèvent du mythe, sont des événements spirituels auxquels le Dalaï Lama ne cesse de revenir, et dont il est visible qu'il les tient pour importants dans l'histoire du Tibet. Il est le premier à considérer que certains de ces événements relèvent du mythe, mais pas tous.

Il m'a décrit, par exemple, un épisode survenu autour de 1920. Un respectable professeur de bouddhisme, Serkhong Rimpotché, faisait partie d'un groupe de six personnes bénéficiant d'une audience avec le Treizième Dalaï Lama. Au fil des ans, le professeur avait passé, chaque jour, au moins cinq heures à méditer. Selon les Tibétains, il avait « purifié son âme ». Pour les cinq autres qui rencontrèrent le Treizième Dalaï Lama ce jour-là, leur entretien n'eut rien de particulier. Mais Serkhong Rimpotché, alors qu'il était dans la même pièce qu'eux, et en même temps qu'eux, ne vit pas le Treizième Dalaï Lama comme un homme normal. A sa place, il vit le Bodhisattva Chenrizi. Au lieu d'avoir une conversation normale avec le Treizième Dalaï Lama, il entendit Chenrizi lui révéler des enseignements secrets concernant la pratique de la méditation. Et cela tandis que tous les autres – ceux qui n'avaient pas purifié leur âme – voyaient juste un homme ordinaire, portant moustache, en robe bordeaux, qui évoquait les affaires de l'Etat. Que s'est-il vraiment passé ?

— Il peut y avoir deux visions différentes d'un même événement, m'expliqua le Dalaï Lama. Une vision appartenant à ceux ayant une vie intérieure développée par les pratiques spirituelles, et une vision purement conventionnelle. Dans certains cas – et pareils cas sont rares, mais importants –, les deux visions sont justes, les deux correspondent à la réalité. Il y a donc deux points de vue, le point de vue commun, et l'autre, qui ne l'est pas. Le point de vue non commun n'est pas considéré comme appartenant à l'Histoire, car les historiens ne peuvent tenir compte de faits de cette sorte. Mais nous ne pouvons dire non plus que ces faits relèvent uniquement de l'imagination du croyant bouddhiste, car eux aussi peuvent être vrais.

Deux personnes qui regardent le même événement peuvent, en raison de ce qu'elles sont, de leurs expériences, de leurs croyances, ou de leur degré de pratique spirituelle, voir deux choses entièrement différentes. Il m'a fallu longtemps, et de nombreux exemples, pour que je comprenne à quel point cela est important pour le Dalaï Lama, et la place centrale que cela tient dans sa vision du Tibet et de l'histoire tibétaine.

— On ne peut évoquer l'histoire du Tibet si on ne comprend pas ça, affirme-t-il.

En tant que journaliste, je trouvais parfois frustrante son inclination à envisager le monde selon le point de vue non commun. Même à propos des choses les plus simples, cette inclination modelait ses pensées. Un jour, je lui ai demandé de me parler de l'importance du Potala, qui, pour moi, était l'un des symboles les plus importants de la nation tibétaine.

Il m'a adressé un regard sans expression.

— C'est juste un bâtiment, me dit-il en haussant les épaules.

On aurait dit qu'il résistait à toute forme de symbole. Ce n'était pas la première fois que le journaliste en moi était déçu par ce type de réponse. A la différence des Tibétains qui rencontrent le Dalaï Lama – si pleins de révérence qu'ils ne peuvent le contredire, ni avoir avec lui un dialogue ouvert –, je ne pus dissimuler mon agacement.

— Que voulez-vous dire, c'est « juste un bâtiment » ? Ça a été pendant trois cents ans le symbole de la nation tibétaine. Est-ce que c'était « juste un bâtiment » pour le jeune Tibétain qui a été arrêté et battu, en 1999, après qu'il eut entouré son corps d'explosifs, et essayé, devant le Potala, d'abaisser le drapeau chinois ?

Son regard s'est fait grave.

— Non, vous avez raison. Pour lui, ce n'était pas « juste un bâtiment ».

Puis le Dalaï Lama m'a raconté en détail l'histoire de la construction du Potala. Il en a parlé pendant une demi-heure, manifestant une mémoire exceptionnelle. Les périodes historiques, les noms des temples s'envolaient de ses lèvres sans aucune hésitation. Et cet homme m'avait dit ne pas connaître grand-chose à l'histoire !

Quand il eut terminé, il ajouta :

— Mais cependant, pour quelqu'un dont l'âme est entraînée, le Potala n'est qu'un bâtiment. La méditation n'est pas une philosophie ; c'est une technique qui permet de développer ce type d'attitude : le détachement.

Il avait répondu à ma question d'une façon qui me semblait juste, mais je ne pouvais pourtant entièrement me déprendre de l'agacement que son détachement suscitait en moi.

— Vous comprenez quand même que, pour l'homme du commun, le Potala soit plus qu'un simple bâtiment ?

— Oui, comme je l'ai dit tout à l'heure, il existe sur l'histoire, comme sur tout ce que nous voyons, un point de vue commun, et un point de vue non commun. Si l'on ne comprend pas ça, on ne peut pas comprendre le Potala, ni le Tibet. Nous devons aborder l'histoire du Tibet d'un point de vue holistique. Les chercheurs occidentaux ne considèrent qu'un seul point de vue – le point de vue politique, disons – et tirent leurs conclusions de ce seul point de vue. C'est une erreur.

Je rougis, embarrassé à l'idée que cette erreur, je la commettais moi-même. J'écrivais une histoire du Tibet pour le grand public, mais elle devrait aussi refléter la vision du Dalaï Lama, sa pureté, sa complexité, son point de vue holistique. Je devais écouter très attentivement le Dalaï Lama et en même temps, à la différence des Tibétains, le soumettre à un questionnement afin de dégager les différents niveaux de signification de ses mots. Dieu merci, il acceptait l'idée d'un débat aussi ouvert.

D'un point de vue pratique, cette conversation m'a appris quelque chose : pour certaines de mes questions concernant l'histoire, il m'était indispensable de préciser si je voulais qu'il me réponde d'un point de vue commun ou d'un point de vue non commun. Car sa conviction ultime, au niveau « non commun », c'est que le Tibet n'est pas différent de l'Inde, de l'Amérique ou de n'importe quel autre pays, et qu'en fin de compte tous les humains sont les mêmes.

D'autre part, selon le Dalaï Lama, le Tibet avant l'invasion chinoise n'est pas le Shangri-La paradisiaque que certains Occidentaux imaginent. Le détachement du Dalaï Lama lui donne une grande objectivité à propos de la société tibétaine d'avant les années cinquante. En évoquant le Dharma – les enseignements du Bouddha –, il admet que cette société avait de grands défauts. Je lui ai fait remarquer que c'était le cas de toutes les sociétés.

— La dévotion des Tibétains au bouddhisme avait un aspect

négatif, dit le Dalaï Lama. Elle était excessive. Quand ils considéraient la religion, les chefs religieux voyaient d'abord leurs monastères et leur ordre, et la nation tibétaine ensuite, si tant est qu'ils la vissent. Leur premier souci était le Dharma. Pire, ils ne pensaient même pas au véritable Dharma. Ils pensaient à rendre les choses imposantes et majestueuses. Ils pensaient à d'immenses monastères, à d'énormes statues, comme si le véritable Dharma, c'était cela... C'était insensé. A travers l'histoire du Tibet, on comprend que cette vision étroite du Dharma est l'une des causes de la tragédie d'aujourd'hui.

*

Mais il y a un autre élément qui a, au même titre que le bouddhisme, marqué l'histoire du Tibet et la façon dont l'interprète le Dalaï Lama : il s'agit des relations que, pendant 1 400 ans, le Tibet a entretenu avec la Chine et la Mongolie.

En dépit du fait que le Tibet avait son propre gouvernement, sa monnaie, son armée, et, avant les années cinquante, comptait peu d'habitants d'origine chinoise, le gouvernement chinois a qualifié son invasion du Tibet d'« une libération pacifique ». Aujourd'hui, la Chine prétend qu'une suite ininterrompue de gouvernements chinois a gouverné le Tibet et la Chine depuis que, au XIIIe siècle, Gengis Khān et ses successeurs ont conquis les deux pays et le reste de l'Eurasie. En 2005, Hu Jintao, le président chinois, a réaffirmé que le Tibet était une « partie inaliénable du territoire chinois » depuis le temps de la conquête mongole.

C'est ce que, depuis 1912, les écoles chinoises enseignent à des générations d'écoliers chinois. Pourtant, plus de cinquante ans après que la Chine a envahi le Tibet, tandis que plus de 135 000 Tibétains vivent en exil et que, au cours des vingt dernières années, le Dalaï Lama, en particulier après son prix Nobel de la paix en 1989, a acquis une renommée mondiale, Chine et Tibet ne sont toujours pas d'accord sur le statut du Tibet et la légitimité de la présence chinoise.

Le Dalaï Lama en est très conscient, et, lorsqu'il évoque la vision chinoise de l'histoire du Tibet, il choisit très précisément ses mots.

— L'histoire moderne du Tibet est très compliquée. Le gouvernement chinois ne cesse de m'accuser d'essayer de « séparer » le Tibet de la « Terre Mère ». Que je m'exprime ou que je me taise, je suis critiqué. Donner mon point de vue n'est peut-être pas la meilleure chose à faire.

— Pourquoi, pour la Chine, est-ce si délicat ?

— La façon dont on explique le passé a inévitablement des conséquences sur le présent. C'est la raison pour laquelle les Chinois affirment toujours avec insistance que le Tibet fait aujourd'hui partie de la Chine et en a toujours fait partie. Ils cherchent à utiliser le passé pour justifier ce qu'ils font aujourd'hui au Tibet. Le passé n'est pas si simple que le gouvernement chinois aimerait à le faire croire. La plupart des Chinois considèrent le Tibet comme une partie de la Chine. Et la plupart d'entre eux sont persuadés d'en trouver la preuve dans l'Histoire. Pour eux, c'est un fait. On leur a appris à en être persuadés.

Le soupir du Dalaï Lama, frémissant des tragédies de l'humanité, a résonné pendant des jours dans mon esprit. Mais son étonnante capacité à surmonter les différences, et à voir, dans toute situation, une humanité commune, me donnait inspiration et espoir. En m'embarquant pour un voyage à travers quatorze siècles d'histoire tibétaine, je me sentais ému par la volonté du Dalaï Lama de discuter franchement de l'Histoire qui a divisé tant de gens, à la recherche d'une vision commune de l'avenir. Sa foi dans le pouvoir de la vérité est remarquable.

1

Les premiers Tibétains

Par une journée ensoleillée de février, nous nous sommes assis pour évoquer le mythe tibétain des origines. Le ciel de l'Inde était d'un bleu sans nuages, comme en Europe ou en Amérique du Nord au printemps. Les bougainvillées qui cascadent du bungalow où le Dalaï Lama rencontre ses visiteurs éclataient en une floraison rose. A l'intérieur du bâtiment, il faisait suffisamment frais pour que je supporte un pull-over, mais Sa Sainteté était vêtue de son éternelle tunique bordeaux, avec une épaule nue, comme le veulent les règles bouddhistes – le *Vinaya* – qui dictent l'attitude d'un moine. Trois statues du Bouddha assis, toutes revêtues d'un brocart d'or scintillant, trônaient sur un petit autel placé au-dessus d'une cheminée obturée. Sur un mur, une carte du Tibet en relief, et sur un autre une peinture religieuse tibétaine. En dehors de ça, les murs blancs et le sol de ciment sont dépourvus d'ornements.

La compréhension qu'a le Dalaï Lama des mythes fondateurs du Tibet ouvre la porte de l'histoire du pays. J'étais donc très excité à l'idée d'en parler avec lui. Comme tout jeune Tibétain, il avait commencé par apprendre les mythes avant d'en venir à l'histoire. Mais, à la différence des autres enfants, il avait rapidement compris que les mythes fondateurs du Tibet concernent aussi, en partie, sa propre existence, et ses existences antérieures. Ces mythes, il n'a jamais cessé de les étudier. La compréhension qu'il en a s'est modifiée en même temps que sa vision du monde.

Les bouddhistes, comme les chrétiens, les hindous ou les musulmans, cultivent d'anciens mythes religieux, expliquant aux croyants les origines de l'humanité. Les juifs, les chrétiens et les musulmans ont un mythe commun : Dieu soufflant son esprit dans de la glaise pour créer Adam. Selon l'un des nombreux mythes hindous concernant la création, Purusha, la première créature, se trouva démembrée, et les hommes sortirent de ses membres. Un mythe chinois évoque des empereurs guerriers martelant avec des éclairs la créature originelle. Les Tibétains apprennent l'histoire d'un singe accouplé avec une démone des rochers.

Tenzin Gyatso, le Quatorzième Dalaï Lama du Tibet, a appris les mythes à quatre ans et demi, peu après avoir été reconnu comme le prochain Dalaï Lama et avoir été placé sur le trône, à Lhassa, en 1940. Malgré ces circonstances inhabituelles, il a découvert le mythe tibétain de la création comme, depuis cinq cents ans, tant de Tibétains l'ont fait avant lui. Dans un temple, il a vu une fresque représentant le singe, fresque utilisée par un moine pour expliquer l'histoire. « Il y avait là plusieurs fresques, et c'est alors que j'ai vu le singe pour la première fois. Je me suis dit, "Joli singe. Et un singe doté du sens des responsabilités. C'est merveilleux", se souvient le Dalaï Lama. Le mythe montre un sens de la responsabilité, de la compassion, du service des autres, ne parle pas de se battre, ni de tuer. C'est une histoire magnifique. Très positive, très créative. Cette histoire nous enseigne les valeurs bouddhistes. »

Dans son *Histoire du Tibet*, écrite en 1643, le Grand Cinquième Dalaï Lama fait un récit succinct du mythe tibétain de la création :

> On raconte que les Tibétains, mangeurs de viande au visage rouge, descendent de l'union entre un singe et une démone qui vivait dans un rocher. Grâce à la compassion du Très Saint, qui avait pris l'apparence d'un singe, et épousa la démone du rocher, six enfants naquirent. Et c'est ainsi que le Tibet, qui descend de ces enfants, est devenu un royaume d'êtres humains.

Le Très Saint dont il est fait mention ici est le bodhisattva Chenrizi. Les Tibétains pensent que le Grand Cinquième Dalaï Lama était une réincarnation de Chenrizi. Ils pensent la même chose du Dalaï Lama d'aujourd'hui, le Quatorzième. Après avoir aidé le peuple tibétain à sortir de la condition animale, Chenrizi, plusieurs fois, a pris une forme humaine pour les guider. Les Tibétains ne croient pas que le Dalaï Lama soit la quatorzième réincarnation de l'être humain qui fut le Premier Dalaï Lama ; ils croient qu'il est la quatorzième incarnation de Chenrizi, le Très Saint. Mais qu'est-ce qu'un bodhisattva, et qui est le bodhisattva Chenrizi ?

Bodhisattva est un mot sanscrit : *bodhi* signifie Illumination, et *sattva* créature. Les bodhisattvas sont « des créatures aspirant à l'Illumination ». Bien qu'ils ne l'aient pas atteinte, ils sont sur le chemin de l'Illumination. Les bodhisattvas jurent de consacrer toute leur existence à l'Illumination des autres plutôt que de travailler à leur Illumination personnelle. Les bodhisattvas sont des sauveurs bouddhistes qui, au cours de leurs milliers de vies, travaillent pour le bénéfice de ceux qui sont prisonniers d'une existence cyclique. Ils ne franchiront pas le cap de l'Illumination finale, échappant ainsi au cycle de la naissance, de la mort et de la renaissance, avant que toutes les autres créatures n'en aient fait autant.

Chenrizi est le nom tibétain d'un bodhisattva nommé en sanscrit *Avalokiteshvara*. Chenrizi se consacre spécialement à sauver les Tibétains. Le Dalaï Lama dit que Chenrizi est aussi « l'incarnation de la compassion de Bouddha ». Les Tibétains croient que c'est par compassion que ce bodhisattva est intervenu au Tibet, et que c'est le Bouddha qui lui a dit de le faire. Une inscription bouddhiste rappelle l'instant où Bouddha dit à Avalokiteshvara de se consacrer à guider et à sauver les Tibétains.

Tandis que Bouddha gisait sur son lit de mort, dans le nord de l'Inde, en l'an 483 avant notre ère, le bodhisattva Avalokiteshvara se pencha à son oreille et le supplia de ne pas mourir, car il ne s'était pas rendu au Tibet. Le Cinquième Dalaï Lama a raconté cette scène dans son *Histoire du Tibet*. Les Tibétains « ne sont pas protégés par tes paroles. Reste, afin de les sauver », dit le bodhisattva.

> Le royaume des neiges, dans le Nord, n'est encore, pour l'instant, qu'un royaume d'animaux, répondit le Bouddha. Là-bas, le nom même de créature humaine n'existe pas... Dans l'avenir, ô bodhisattva, c'est toi qui convertiras ce royaume. Pour commencer, comme tu as été réincarné en bodhisattva, protège les humains... Puis rassemble-les par la religion.

Tout en rappelant ce texte, le Dalaï Lama regarda quelques arbres au loin, et dit : « Cela explique pourquoi le Bouddha prédit qu'Avalokiteshvara, que nous nommons Chenrizi, aurait un lien particulier avec le Tibet. Ces paroles sont la fondation de notre peuple. »

Voilà plus de mille ans que les Tibétains répètent ce mythe fondateur de Chenrizi et du singe. Dans les différentes régions du Tibet, plusieurs communautés possèdent de ce mythe de multiples versions. Dans une partie du pays, des villageois jurent qu'un nouveau-né tibétain arbore un vestige de queue à l'extrémité de la colonne vertébrale, vestige qui disparaît au fur et à mesure que l'enfant grandit. Certains affirment que Chenrizi se contenta de faire prononcer au singe les vœux d'un bouddhiste laïque avant de l'envoyer s'accoupler avec la démone ; d'autres, comme le Grand Cinquième Dalaï Lama, disent que Chenrizi « prit la forme d'un singe », et qu'il s'est accouplé lui-même avec la démone. Le Grand Cinquième Dalaï Lama note dans son histoire : « En ce qui concerne l'apparition de créatures humaines dans ce pays de Tibet, les assertions des savants sont innombrables. » Après avoir été contée pendant un millier d'années, chaque variante du mythe recèle encore les thèmes essentiels.

Selon l'une de ces versions, les enfants du singe et de la démone, après leur naissance, refusèrent de manger de la nourriture de singe ou de démone – ils étaient moitié singe moitié démon –, tout en refusant de se nourrir comme l'un ou l'autre. C'est Chenrizi qui fit pousser de l'orge dans les champs sacrés. Ce n'est qu'après qu'ils eurent mangé cette nourriture sacrée que ces enfants devinrent les premiers Tibétains.

Le Dalaï Lama eut un petit rire. « Ce singe s'occupait de tous ses enfants, même si c'était agaçant de les voir refuser de manger ce que mangent les singes. Il alla dont voir Chenrizi et lui demanda comment il pouvait prendre soin d'eux. C'est gentil. Quel sens des responsabilités. »

Au fur et à mesure que, pendant sept générations, les singes-démons, dotés de l'esprit d'un bodhisattva, mangeaient l'orge sacrée, ils perdirent peu à peu leur fourrure et leurs queues. Ces singes-démons devinrent les premiers Tibétains.

Le Dalaï Lama et moi avons examiné la photographie d'une fresque tibétaine illustrant ce mythe. Le Dalaï Lama me montra un arc-en-ciel s'écoulant du cœur du bodhisattva jusque dans celui du singe, juste avant qu'il ne s'accouple avec la démone.

— Cet arc-en-ciel est un symbole de l'énergie de Chenrizi. Comme une bénédiction. L'arc-en-ciel est une métaphore du lien incassable entre les Tibétains et Chenrizi.

Le Dalaï Lama explique que l'arc-en-ciel sur la fresque est le symbole « de la connection karmique positive » qui existe entre les Tibétains et leur sauveur. Que Chenrizi ait pris la forme du singe, ou qu'il ait insufflé au singe son énergie, le mythe symbolise la croyance la plus fondamentale des Tibétains. Chenrizi est le père spirituel de tous les Tibétains, et il continue de se manifester sous forme humaine afin de guider son peuple.

Lorsque, après avoir longtemps fait la queue avant d'obtenir une audience de quelques secondes, les Tibétains s'approchent du Dalaï Lama pour recevoir sa bénédiction, leur visage rayonne d'un respect que les non-Tibétains trouvent à la fois étonnant et mystérieux. Leur foi s'enracine dans ce lien entre le cœur du bodhisattva et le cœur du singe, représenté par l'arc-en-ciel de la fresque. Les Tibétains sont persuadés que cette connexion existe encore aujourd'hui, et qu'elle s'écoule en chacun d'eux depuis chaque incarnation du Dalaï Lama, en qui ils voient une manifestation vivante de Chenrizi.

*

Les dévots tibétains admettent comme un fait établi la croyance du Grand Cinquième Dalaï Lama, enregistrée dans les textes sacrés bouddhistes avant même son époque, selon laquelle il n'y avait pas d'êtres humains au Tibet avant le mythe fondateur du singe, soit peu après la mort de Bouddha, en 483 avant notre ère. Le Dalaï Lama pense que, pour créer le mythe du singe, les premiers maîtres bouddhistes au Tibet ont greffé les mythes tibétains existant sur les mythes bouddhistes arrivant d'Inde.

Le Dalaï Lama n'est pas d'accord avec toutes les croyances entretenues par les plus dévots et les plus traditionnels des bouddhistes tibétains. Il accepte, par exemple, comme l'explication la plus logique des origines de l'humanité, les théories darwiniennes sur l'origine des espèces par sélection naturelle.

— Quand la science contredit clairement les croyances bouddhistes, et que cela est prouvé, il faut rejeter les croyances plus anciennes. Il faut accepter les évidences de la science, et non pas les anciennes croyances. Bouddha lui-même a affirmé que, pour chacun, la décision finale devait venir de la recherche et de l'expérience, et qu'on ne doit pas se contenter de s'appuyer sur les textes religieux. Bouddha a donné cette liberté à chacun de nous. Je suis son enseignement.

Je ne fus donc pas étonné lorsque, à une question à propos des premiers Tibétains, le Dalaï Lama, le lendemain, m'a répondu en ôtant une agrafe d'un pli de sa tunique bordeaux. Il suit avec un grand intérêt les résultats des fouilles archéologiques récentes au Tibet.

— La population tibétaine vit au Tibet depuis plus de 10 000 ans, dit-il en me montrant l'agrafe. L'archéologue indien V. N. Misra a prouvé que le premier homme vivait sur le Plateau tibétain il y a au moins 20 000 ans, et qu'il y a des raisons de croire que les premiers hommes sont passés par le Tibet au début du peuplement de l'Inde par les humains, il y a un demi-million d'années. Des preuves archéologiques datant de l'ère préhistorique permettent de déduire quelques faits à propos de ces premiers Tibétains. Il semble que les premiers Tibétains aient vécu à l'ouest du pays, et se soient peu à peu déplacés vers l'est. Selon les découvertes archéologiques, la civilisation tibétaine a commencé beaucoup, beaucoup plus tôt que l'époque de Bouddha : il y a peut-être 6 000 ou 10 000 ans. Cette histoire de la démone et du singe, dont on dit qu'elle s'est passée après la mort de Bouddha, doit relever du mythe. Ce mythe est lié au bouddhisme. Lorsque le bouddhisme est arrivé au Tibet (en 600 environ de notre ère), il existait des traditions plus anciennes, et les savants bouddhistes ont essayé de trouver des liens avec ces traditions. Ils n'ont pas réécrit les vieilles histoires, qui existaient déjà, mais ils ont essayé de les relier au bouddhisme.

Quant à savoir à quel moment exactement les Tibétains développèrent une culture, un langage et des croyances communs identifiables comme « tibétains », c'est un débat entre les quelques spécialistes qui étudient sérieusement l'histoire du pays. Les toutes premières références chinoises aux proto-Tibétains, il y a 4 000 ans, décrivent un peuple non chinois pratiquant l'élevage du mouton. Les découvertes scientifiques à propos de l'émergence d'une culture tibétaine sont encore à l'état d'esquisses, mais les premiers documents tibétains décrivent une société dotée d'une culture très différente de celle de la Chine. Deux poèmes anciens, l'un chinois, l'autre tibétain, révèlent un contraste saisissant entre les deux cultures.

Dans le *Tao-tö-king*, un des premiers livres religieux de l'humanité, Lao-tseu utilise, pour décrire un itinéraire spirituel, la métaphore de l'eau et d'une vallée fertile, mais ses métaphores définissent aussi l'image la plus ancienne que la Chine avait d'elle-même. Lao-tseu voit en la Chine une vallée basse et fertile.

> Un grand pays est comme un pays de basses terres.
> Il est le terrain de rencontre de l'univers,
> La mère de l'univers.
> La femelle qui recouvre le mâle de sa paix,
> Allongée en bas dans sa paix
> . . . .
> Pourquoi la mer est-elle reine de centaines de fleuves ?
> Parce qu'elle est couchée plus bas qu'eux.
> . . . .
> Soyez la vallée de l'univers !
> . . . .
> Le bien suprême est comme l'eau.

L'eau donne vie à mille choses sans effort,
Elle coule dans des endroits rejetés par l'homme et elle est comme le Tao.

Comparez les images chinoises du « grand pays » de basses terres avec les strophes qui suivent, un poème tibétain du IXe siècle.

Pays si haut, si pur,
Sans égal, sans pair,
O pays ! Le meilleur de tous
. . . .
Et quand il apparut au monde,
Il apparut comme le seigneur de tous sous les cieux
Ce centre de la terre
Ce cœur du monde
Entouré de neiges,
Tête de pont de toutes les rivières,
Où les montagnes sont hautes et le pays pur.
O pays si bon
Où les hommes naissent sages et héros,
Dans ce pays de chevaux, encore plus rapide qu'eux,
Le choisissant pour ses bienfaits, il est venu.

Les Tibétains sont un peuple de montagnards, et les Chinois des gens de la vallée. C'est évident au moindre coup d'œil jeté sur une carte, où les plateaux du Tibet se dressent à 3 000, 4 000 et même 5 000 mètres au-dessus des plaines de Chine. Les premiers Tibétains élevaient des troupeaux dans des pâturages de haute altitude, dépourvus d'arbres, tandis que les premiers Chinois cultivaient des vallées basses. Les premiers Tibétains avaient plus de points communs avec les habitants de la Mongolie, et avec les autres nomades de l'Asie centrale, qu'avec les cultivateurs chinois. Même si, plus tard, l'agriculture est apparue au Tibet, le lien profond de la culture tibétaine avec les cultures nomades n'a jamais été rompu. De même, les relations hostiles entre les Chinois et les nomades de l'Asie centrale sont tout aussi ancrées.

— Les premiers Tibétains n'étaient pas des cultivateurs, explique le Dalaï Lama. Ils vivaient en nomades, à la suite de leurs troupeaux. Puis, peu à peu, dans quelques vallées de l'ouest du Tibet, ils ont commencé à cultiver la terre. Selon certains scientifiques modernes, ils étaient déjà, il y a 2 000 ou 3 000 ans, en contact avec les civilisations de la vallée de l'Indus, et ils ont développé leur propre écriture, l'écriture *mar yig*. Ils ne peuvent avoir inventé eux-mêmes cette écriture. Elle a dû être influencée par l'extérieur, peut-être par les Indiens, ou même des populations encore plus occidentales. Les Tibétains leur ont peut-être emprunté aussi leurs techniques de culture.

En évoquant des découvertes récentes, le Dalaï Lama s'excitait :

— J'ai lu récemment un petit entrefilet dans un journal chinois, dit-il. Des archéologues chinois ont trouvé (*et soumis à une datation au carbone*) des inscriptions en écriture *mar yig* datant (*d'au moins*) 3 000 ans. Il y avait donc une civilisation il y a plusieurs milliers d'années dans l'ouest (*du Tibet*) à large population, puis, en raison de changements (*moins de pluies, désertification*), cette population a migré vers l'est, en direction des vallées plus basses.

Le Dalaï Lama dit que ces premiers Tibétains ont reçu de l'Occident autre chose que la culture et l'écriture.

— A Ladakh, encore aujourd'hui, certains Tibétains ont des traits très semblables à ceux des Européens. Ils sont peut-être venus de Grèce, autrefois. Et, là-bas, une petite communauté a les traits des Arabes d'aujourd'hui.

Le premier petit groupe humain à arriver au Tibet a dû mener une dure bataille pour survivre sur un plateau en altitude si étendu qu'il impressionne encore quiconque le découvre aujourd'hui. Le Plateau tibétain dans son entier, plus vaste de 14 pour cent que l'Alaska et le Texas réunis, et représentant 62 pour cent de la surface de l'Union européenne, était le foyer des Tibétains des temps anciens. Au cours de l'histoire, et en particulier après l'invasion chinoise des années cinquante, les frontières ont été redessinées au fur et à mesure que des Chinois, et d'autres populations, ont migré peu à peu sur les bords du plateau. Aujourd'hui, sur les cartes chinoises récentes, la Région autonome du Tibet (RAT, ou Xizang) ne couvre, environ, que la moitié du plateau tibétain et du territoire qui, historiquement, constitue le Tibet. La Région autonome selon les Chinois ne comprend pas non plus toutes les zones ethniques du Tibet. Des Tibétains vivent encore de l'autre côté du plateau, pas exactement à l'intérieur de la Région autonome, si bien que les provinces chinoises modernes de Qinghai, de Gansu, de Sichuan et du Yunnan englobent de substantielles populations tibétaines. Seul un tiers de la population tibétaine vit aujourd'hui dans ce que la Chine nomme la Région autonome du Tibet. Dans la mesure où la zone géographique qu'on appelle le Plateau tibétain et la zone correspondant au Tibet historique sont virtuellement les mêmes (sauf le Ladakh et le Sikkim), le Dalaï Lama, lorsqu'il parle du Tibet, désigne les régions du Plateau tibétain qui étaient historiquement tibétaines, et peuplées de Tibétains. Les Chinois, eux, désignent juste la Région autonome du Tibet. Tout cela est matière à d'abondants débats.

Les 2,5 millions de kilomètres carrés du Plateau tibétain englobent les montagnes les plus hautes de l'univers, des déserts de sable, des gorges profondes, des plaines fertiles, des vallées densément arborées, et de vastes plateaux sans arbres. S'élevant des basses terres qui l'entourent, le Tibet fait saillie comme une île en haute altitude. C'est le plateau le plus haut et le plus vaste de l'univers. Au sud, il est bordé par l'Himalaya ; à l'ouest par le Pamir et l'Indus, tandis que la montagne Kunlunshan domine les remparts du nord. Certains des plus grands fleuves du monde drainent l'est du plateau : le Mékong, le Brahmapoutre, le fleuve Jaune et le Yangtse. Historiquement, le plateau a été peuplé de façon sporadique, et il en est toujours de même. Selon des sources chinoises, l'ensemble du Plateau tibétain ne comptait en 1990 que 6 millions d'habitants : 4,5 millions de Tibétains, et le reste constitué en partie de Chinois. Le gouvernement exilé du Dalaï Lama n'est pas d'accord, affirmant qu'il y a 6 millions de Tibétains au Tibet, et beaucoup plus de Chinois. En comparaison, l'Union européenne – qui ne mesure que 40 pour cent de plus que le Plateau tibétain – a 455 millions d'habitants. Le Tibet reste le cœur peu habité de l'Asie, tandis qu'au sud un milliard d'hommes vivent dans les plaines de l'Inde, et un milliard à l'est dans les plaines de Chine.

Pour les premiers hommes, l'Inde et la Chine étaient beaucoup plus hospitalières, et c'est là qu'apparut d'abord une population dans les vallées basses, le long des rivières, où il était possible de faire pousser de grandes quantités de blé. Le Tibet était une haute terre peu peuplée, entourée d'un anneau de glaciers et de pics. Plusieurs groupes ethniques différents se sont frayé un chemin sur le Plateau tibétain au cours de l'ère préhistorique – des Mongols, des Turcs, d'autres encore – tandis que, au long de milliers d'années, le peuple et la culture tibétains se fondaient en un tout. Pendant plusieurs siècles, les Tibétains sont restés une population de nomades, ne possédant pas de grandes cités. Le pays vit l'établissement de cultures dans les vallées relativement basses du Tibet central, où se trouvent toutes les plus grandes villes. « Basses terres » est une façon de parler : l'altitude moyenne de ces vallées est de 4 500 mètres, mais, si elles sont bien irriguées, des espèces rustiques de blé y poussent. Les cultivateurs tibétains ont maintenu des liens forts avec les nomades des hautes terres, et leur culture est restée très mobile.

*

A propos des origines du Tibet, le Dalaï Lama s'appuie sur des découvertes archéologiques. Il pense aussi qu'un groupe particulier de Tibétains a pu surgir, dans des circonstances mystérieuses, à l'est du pays, il y a environ 2 000 ans, après la naissance de Bouddha, et que cette apparition a peut-être contribué à susciter le mythe fondateur du singe et de la démone. Nous avons évoqué deux fois ce sujet.

— Je crois que certains enfants sans père sont apparus dans une vallée de l'est du Tibet, un groupe particulier. Ça ne concerne pas toute la population du Tibet, mais un groupe est arrivé, en provenance de cette vallée, descendant d'une sorte de demi-dieu. Je ne veux pas dire un « dieu créateur » – car les bouddhistes n'y croient pas –, mais un être particulièrement désigné qui serait une manifestation de Chenrizi. A cela, j'y crois.

— Vous êtes en train de me dire que cette compassion accordée par Chenrizi, comme un don particulier au peuple tibétain, vous y croyez ?

— Oui, c'est ça. Elle existe. Il n'est pas nécessaire de croire que toute la population tibétaine provient de ce petit groupe évoqué par le mythe, mais je pense qu'il existe... La population tibétaine est là depuis plus de 10 000 ans. Mais selon moi, après l'époque de Bouddha, il y a environ 2 000 ans, un groupe d'individus particuliers est apparu dans une vallée. Il existe donc une voie moyenne. Je ne nie pas cela (*le fait qu'il y ait eu des humains au Tibet depuis bien plus longtemps*), mais je trouve une voie moyenne en fonction des preuves scientifiques.

Je trouvais ce thème si fascinant que quelques mois plus tard, au cours de notre deuxième conversation, nous en avons discuté à nouveau.

— La race tibétaine existait déjà dans d'autres régions, m'expliqua le Dalaï Lama. Mais on raconte qu'à cette époque certaines femmes tibétaines ont donné naissance à des enfants sans géniteur humain, à la suite de certains rêves, de certaines expériences... On les appelle généralement des *Lha Trug*. Certains de ces enfants, de ces créatures humaines, sont d'une très, très grande force physique. Ainsi, même si cela n'a pas encore été scientifiquement prouvé, je sens, d'un point de vue bouddhiste, qu'il existe différentes formes de vie, ou différents formes d'êtres... Peut-être une lignée particulière descend-elle de là.

Pour le Dalaï Lama, la théorie de l'évolution est compatible avec la croyance que les Tibétains sont, selon ses propres mots, « un peuple élu par Chenrizi. Et les Chinois sont aussi un peuple élu par le bodhisattva Manjushri. J'en suis persuadé », affirme-t-il.

Selon lui, Manjushri, incarnation de la sagesse de Bouddha, s'est manifesté sous différentes formes pour guider les Chinois, de la même façon que Chenrizi s'est incarné dans une créature humaine pour guider les Tibétains.

Lorsque j'entendis le Dalaï Lama parler des bodhisattvas « guidant leurs enfants » dès le moment de leur conception, il m'apparut comme une évidence qu'il n'avait jamais confondu ce concept avec l'idée d'un « dieu créateur ». Les bodhisattvas influencent le cours des événements, et les millions de facteurs qui, de façon interdépendante, donnent naissance à la vie, mais ils ne créent pas la vie.

— Le bouddhisme n'accepte pas l'idée d'un dieu créateur, répète le Dalaï Lama, péremptoire. Et pourtant un créateur, un dieu, le concept de dieu, telle est la vérité ultime pour les chrétiens (*et les autres théistes*). Evidemment, il y a une grande différence entre la croyance des chrétiens (*et des autres théistes*) et celle des bouddhistes. Le moi, ou la conscience, ou l'esprit, a un commencement moins marqué. Pour chaque forme de vie, pour chaque expérience différente, il existe des causes et des conditions diverses, mais, fondamentalement, tout va et vient, et va et vient, selon les lois de la causalité. Tel est le concept bouddhiste. Il n'existe pas de créateur absolu. Cette loi de causalité est très proche de la théorie scientifique de l'évolution. Les causes et les conditions suscitent des changements dans l'évolution.

Son attitude m'étonnait :

— Cette approche du conflit entre l'évidence scientifique et le dogme diffère radicalement de celle pratiquée par les juifs, les chrétiens et les musulmans traditionnels.

— C'est vrai. Mais, en même temps, je ne prétends pas que le concept bouddhiste représente la vérité.

Le Dalaï Lama a le souci de ne pas offenser les autres religions, et craint que certaines de ses paroles ne puissent le faire. Sur ce sujet, il s'exprime prudemment :

— Selon moi, il existe, pour chaque individu, une vérité, une religion qui sont les bonnes. Pour moi le bouddhisme est la seule religion, la seule vérité. Pour les chrétiens pratiquants, le christianisme est la seule vérité, la seule religion. De là naît le concept de pluralisme, le concept des vérités et des religions multiples qui doivent coexister en paix. Telle est ma croyance fondamentale. Je ne veux rien faire qui puisse susciter un conflit, et je respecte toutes les religions.

— Et pensez-vous que toutes les religions conduisent au même résultat ?

— Le fait qu'il ait le même potentiel ne signifie pas que le christianisme puisse conduire au nirvana ou à la bouddhéité décrits par Bouddha. Il s'agit d'autre chose. Et le bouddhiste considère qu'atteindre le paradis promis par le christianisme, c'est aussi quelque chose de différent.

— Et quand des chrétiens disent que tous les bouddhistes iront en enfer ?

— Je crois que, heureusement, les bouddhistes ne vont pas en enfer. Tout au moins pas selon le concept chrétien. Il existe un enfer bouddhiste, mais on peut choisir d'y rester ou de le quitter. Vous voyez, c'est très différent de l'enfer (*des chrétiens*). Pour les bouddhistes, c'est le mérite, ou le démérite, acquis au cours de l'existence, qui vous envoient au paradis, en enfer, ou à une nouvelle naissance dans l'un des royaumes de la vie. Une fois dépensé ce karma que l'on a accumulé, alors il n'est plus question de rester au paradis ou en enfer. Le cycle de la vie et de la renaissance, le cycle de l'existence, n'est définitivement brisé que lorsqu'on atteint l'Illumination. C'est complètement différent du concept occidental de l'enfer ou du paradis éternels.

— Que pensez-vous des Occidentaux qui se convertissent au bouddhisme ?

— Ma croyance fondamentale, c'est que pour certaines personnes le concept de créateur est beaucoup plus efficace que la loi bouddhiste de la causalité et que la théorie des origines dépendantes. Pour eux, le christianisme (*ou les autres religions*) est donc plus efficace, plus bénéfique. Mais sur ceux qui acceptent la loi de causalité et la théorie des origines dépendantes, le bouddhisme a un gros impact. Il suscite des transformations, des améliorations de soi ; ça rend les choses plus faciles. Pour eux, le bouddhisme convient mieux. Telle est ma croyance fondamentale. Oui, franchement, selon moi, le Bouddha nous a donné la liberté de suivre nos propres perceptions et, d'une certaine façon, cette voie est plus proche de la science moderne.

— Pourquoi ?

— Fondamentalement, Bouddha nous a donné la liberté de

réfléchir et de parvenir à notre propre jugement, même avec la théorie cosmologique bouddhiste classique – selon laquelle il est dit, par exemple, que le mont Meru est le centre de la Terre, et que le Soleil tourne autour de la Terre. Les écritures qui décrivent le cosmos de cette façon sont très anciennes, mais si nous apportons la preuve qu'il est contraire aux évidences empiriques, nous avons la liberté de rejeter ce concept. C'est une bonne chose. C'est plus proche de l'approche scientifique moderne.

Tout autant que l'idée d'associer fondamentalisme et religion, le Dalaï Lama rejette celle selon laquelle on trouverait des réponses définitives dans la science moderne.

— Il y a une limitation dans la pensée scientifique. Les scientifiques n'acceptent que des faits prouvés selon des méthodes qui existent à l'heure actuelle. Le bouddhisme, en tant que philosophie, explique les choses au-delà. Les scientistes, eux, ne considèrent rien qu'ils ne puissent prouver ou infirmer.

En raison de ce puissant fond humano-scientifique, le Dalaï Lama a recherché ce qu'il appelle « une voie moyenne » entre le mythe tibétain des origines et la science moderne. Lorsqu'il construit sa propre explication du lien de Chenrizi avec les Tibétains et avec lui-même, il essaie d'intégrer la théorie scientifique à l'essence de la pensée bouddhiste.

— Nous pensons qu'au Tibet, c'est Chenrizi qui a joué ce rôle et que, grâce à sa bénédiction particulière, un groupe particulier s'est développé. Telle est notre croyance. Cette énergie de Chenrizi est descendue spécialement sur les Tibétains. L'énergie, la bénédiction, la connexion karmique positive – de cette façon, les Tibétains sont liés directement à Chenrizi. Les Tibétains croient cela. Pour tout dire, il m'arrive d'être moi-même parfois surpris par la force de cette connexion spirituelle.

Le Dalaï Lama explique que, souvent, des Tibétains viennent lui raconter qu'ils ont reçu, en rêve, des instructions précises de sa part. Amusé, il cite un exemple : « Je leur aurais dit de fuir le Tibet un jour précis... ou d'aller en tel ou tel endroit, de faire ceci ou cela... et ils y croyaient, et ils l'ont fait, et tout s'est bien passé. »

Le Dalaï Lama a si souvent entendu parler de cas semblables qu'il est convaincu qu'il existe une connexion entre lui et les Tibétains ordinaires. Il dit qu'elle existe « de façon spirituelle », et qu'en raison de « cette connexion karmique positive, certaines choses se produisent. Je crois aussi en avoir eu des preuves ».

Il hésita, craignant que, en ajoutant quelque chose, il ne parût vouloir se vanter. Il poursuivit cependant, et il ne s'agissait pas de vantardise mais de conviction :

— Si quelqu'un me demande si je suis la réincarnation du Dalaï Lama, alors, sans aucune hésitation, je réponds oui. Ça ne veut pas dire que je suis la même créature humaine que le précédent Dalaï Lama. Certains dalaï lamas sont une manifestation de Manjushri. Certains sont une manifestation de Chenrizi. Chenrizi est la manifestation de la compassion. Manjushri est la manifestation de la sagesse. J'ai une connexion particulière avec le Treizième Dalaï Lama et avec le Cinquième Dalaï Lama. J'ai même senti une sorte de connexion karmique avec Bouddha. Je pense pouvoir affirmer que j'ai *une sorte* de connexion avec les précédents dalaï lamas, avec certains des précédents maîtres, avec Chenrizi, et même avec Bouddha.

— Ce mot anglais de *connexion* que vous utilisez sans cesse n'explique pas véritablement tous les sens que vous lui donnez.

— Il a plusieurs significations. Il peut montrer qu'il existait une connexion personnelle : nous pouvons, au cours d'une vie antérieure, être nés le même jour ; nous pouvons avoir été maître et disciple ; ou un chef ou un sujet ; nous pouvons même avoir été des amis spirituels. Il a donc pu y avoir une connexion personnelle. Il peut aussi exister d'autres facteurs. Dans mon cas, au cours de mes vies antérieures, il y a certaines connexions avec les vertus. Et sur ces vertus une connexion se forme. En partant de la dévotion pour le Cinquième Dalaï Lama ou certains autres maîtres, de la foi, de la croyance en eux, ces connexions peuvent susciter la naissance d'une créature humaine à travers laquelle leur œuvre pourra se poursuivre. Il se peut que nous ne nous soyons jamais rencontrés, même dans une vie antérieure, jamais rencontrés personnellement j'entends, mais spirituellement, grâce à une foi solide, il est possible de poursuivre leur œuvre.

En se désignant du doigt, le Dalaï Lama poursuivit :

— Cette personne a une connexion avec le Cinquième Dalaï Lama, et cette personne a maintenant le pouvoir, ou le mérite, de poursuivre tel travail, tel devoir dans une période déterminée. Toutes ces forces sont donc connectées, et une naissance se produit.

Une image se forma dans mon esprit : la façon dont la réincarnation façonne l'histoire. Différentes « âmes » humaines, comme des brins tissés ensemble, à travers le temps, pour former une corde. Le Quatorzième Dalaï Lama n'est pas la réincarnation d'une âme humaine unique. Différentes âmes ont servi, en leur temps, de véhicule à Chenrizi, et quelques-unes d'entre elles ont été réincarnées plusieurs fois. En même temps, elles sont toutes en interaction, en tant que personnes humaines, au cours de différentes réincarnations. Tout cela était complètement différent de l'idée préconçue selon laquelle le Dalaï Lama était la quatorzième réincarnation d'une âme humaine unique, qui était aussi une manifestation de la compassion de Bouddha.

— Il est donc possible, pour l'être humain qui aujourd'hui est Tenzin Gyatso, d'avoir été réincarné auparavant ? Pas en tant que Dalaï Lama, mais en tant qu'ami, ou que collaborateur du Cinquième Dalaï Lama ?

— Oui, c'est possible. Oui. Comme je l'ai dit, si quelqu'un me demande si je suis le Dalaï Lama ou une réincarnation du Dalaï Lama, alors, sans hésitation, je réponds oui. Mais si l'on me demande si je suis une réincarnation du Treizième Dalaï Lama, je dis que je n'en sais rien.

Je fus surpris du tour que prenait la conversation.

— Ainsi, le Treizième Dalaï Lama en tant qu'être humain est différent du Treizième Dalaï Lama en tant que manifestation de Chenrizi ?

— Oui. Pour dire les choses simplement, même s'il existe bien des interprétations du mot « âme », mon « âme » peut ne pas être la même que l'« âme » du Treizième Dalaï Lama.

Les bouddhistes ne croient pas littéralement à l'existence d'une âme qui migrerait d'un corps à un autre. La réincarnation est plus complexe que cela. Quand le Dalaï Lama ou moi utilisions ce mot, nous savions tous deux qu'il était à placer entre guillemets.

— Mais le Chenrizi qui est en vous est-il ce même Chenrizi qui était dans le Treizième Dalaï Lama ?

— Non, pas Chenrizi, me corrigea-t-il doucement, mais une sorte de connexion spéciale, de bénédiction spéciale de Chenrizi dans le Treizième Dalaï Lama. Ou dans mon cas, peut-être, une bénédiction spéciale de Chenrizi. Alors que dans le cas du Treizième Dalaï Lama il y avait peut-être une véritable réincarnation de Chenrizi. Mais ces choses sont très mystérieuses.

— Oui, mystérieuses, mais, à la base, deux choses différentes se produisent simultanément. D'une part la connexion avec Chenrizi, et d'autre part la connexion humaine. Deux tresses simultanées, qui se poursuivent à travers le temps. C'est difficile à comprendre.

Il secoua la tête.

— Oui, c'est mystérieux. Mais quelques personnes, si elles ont développé certaines puissances de l'esprit, peuvent le comprendre.

Ce qui est très rare. Plusieurs maîtres, cependant, ont eu des visions qui indiquent que j'ai une connexion, et je sens fortement que j'ai une connexion – encore ce mot – avec le Bouddha.

Son utilisation du mot *connexion* me permit d'effectuer un bond que je n'aurais pu imaginer.

— Voulez-vous dire que, à l'époque de Bouddha, vous étiez peut-être une créature humaine incarnée ?

— Oui, c'est possible. Parfois, j'aimerais... et certains des maîtres, je ne sais pas. Mais ce n'est peut-être qu'un vœu.

Je savais que, par ces mots, il éludait une discussion à propos d'un sujet qu'il préfère éviter. Sauf en certaines circonstances, les textes bouddhistes interdisent formellement à un maître d'évoquer, s'il en a conscience, ses incarnations passées.

— En pratique, oui, j'ai quelque peu contribué au Dharma. Ce simple petit garçon né en Amdo (*une province du Tibet).* Evidemment tout cela est mystérieux, non prouvé scientifiquement. Mais à un niveau spirituel, il doit exister certaines forces. Et donc, dans un lieu très reculé, un enfant a été trouvé (en disant cela il pointait le doigt sur sa poitrine). Puis des noms particuliers sont alors apparus dans le lac aux visions – Lhamo Latso – et la forme exacte de ma maison est aussi apparue dans ce lac au Régent lui-même.

Que des visions de sa propre renaissance puissent être parvenues à son Régent semble l'amuser, mais il en est convaincu.

— Vous voyez donc qu'au niveau spirituel il existe une connexion, beaucoup de connexions, énormément de forces karmiques et de forces spirituelles.

J'en avais la tête qui tournait.

— C'est bien vaste et complexe.

— Oui, c'est très compliqué. Je pense que d'un point de vue bouddhiste, c'est très facile à comprendre. Mais il est difficile de l'exprimer, ou de dire que c'est comme ci ou comme ça.

— Evidemment, tout cela n'a rien de très scientifique.

Je sentais, comme cela devait souvent se produire au cours de nos entretiens, mes convictions occidentales élever des protestations. C'est une explication bouddhiste magnifique, mais elle n'est en rien scientifique.

Le Dalaï Lama m'adressa un sourire confiant. Pendant un instant, il sembla regarder derrière lui, en direction de l'arc-en-ciel sortant de Chenrizi, puis au-delà de l'instant présent, dans le futur.

— Oui. Pour le moment, conclut-il.

2

Le premier empereur tibétain
600-650

Le Dalaï Lama et moi ne nous étions pas revus depuis six mois. On était en juillet, le cœur humide de la mousson, quand le ciel n'est jamais bleu et que des nuages sombres frôlent la cime des arbres. Des pousses géantes de bambou, lourdes et dégoulinantes de pluie, se penchaient sur le chemin menant au sommet de la colline, vers la salle d'audience où Sa Sainteté rencontre ses visiteurs. Il y avait un brouillard humide, et, lorsque j'émergeai de ce jour pluvieux, les lumières de la salle d'audience brillaient.

Le Dalaï Lama entra. Dès qu'il se fut assis, nous reprîmes le fil de notre conversation comme si elle s'était interrompue la veille, sans commentaire sur le temps qu'il faisait. La pluie tombait, et nous avons parlé des premiers documents tibétains, du moment où, pour la première fois, la mythologie a laissé place à l'histoire.

Entre 575 et 600 de notre ère, les luttes entre rois rivaux furent nombreuses sur le plateau du Tibet, qui ne constituait pas un Etat unique. De nombreux princes et souverains de moindre importance dirigeaient chacun son propre Etat. Les bergers nomades des franges montagneuses et les cultivateurs installés dans les vallées se soumettaient à des souverains locaux afin d'obtenir leur protection. Les premiers documents écrits concernant l'histoire du Tibet datent de l'époque où la dynastie du Yarlung, une vallée au sud-est de Lhassa, combattit pour unifier tous les royaumes tibétains. Au cours de cette guerre d'unification nationale, les troupes de chaque royaume vaincu se joignaient aux troupes du Yarlung, qui ne cessèrent de grossir jusqu'à devenir la plus grande armée jamais rassemblée dans le pays.

Après avoir unifié tout le Plateau tibétain, elle en sortit pour combattre les royaumes et empires étrangers qui font aujourd'hui partie de l'Inde, de la Chine, du Pakistan, de l'Afghanistan. Lorsqu'il émerge des brumes de la mythologie, le Tibet est aussi vaste que l'Empire romain.

Au départ, les anciens rois de l'ouest du Tibet résistèrent aux armées de la dynastie nouvelle du Yarlung, venue du sud du pays. Il fallut aux souverains du Yarlung, depuis leur forteresse de pierre au sommet d'une falaise dominant le Yarlung, affluent du fleuve Tsangpo, deux générations pour s'imposer comme les maîtres d'une immense zone cultivable occupant le sud et le centre du Tibet. L'un après l'autre, tous les princes de moindre importance furent défaits sur le champ de bataille, ou se soumirent sans combattre. Pourtant les rivalités, les ressentiments, les luttes internes étaient si forts que, avant d'avoir pu étendre son autorité sur l'ouest du pays, le souverain Yarlung mourut empoisonné. Son fils fut le premier grand personnage historique du Tibet.

Vers l'an 618 de notre ère, Songtsen Gampo, à l'âge de treize ans, accéda au trône des Yarlung. Il est sans doute le premier Tibétain à émerger du mythe, pourtant sa stature est telle que des parties de sa vie demeurent enveloppées de mystère. Pour les Tibétains, Songtsen Gampo est le Grand Empereur qui créa et unifia le pays.

Le Quatorzième Dalaï Lama entendit parler de Songtsen Gampo avant même de savoir lire. Installé au Potala à l'âge de six ans, le petit garçon avait pour meilleurs amis les adultes responsables de cette immense forteresse. Il s'agissait de moines célibataires en tuniques bordeaux et au crâne rasé, qui balayaient les chapelles ou participaient au ménage de ses propres appartements. Je me suis vite rendu compte que le Dalaï Lama les appelle tous des « balayeurs » et que, sur bien des sujets, ses premiers enseignements viennent d'eux plus que de son Régent ou de ses tuteurs. Dans cette enfance si hors du commun, ils représentaient la voix de l'homme du commun.

— Je ne me souviens plus quand j'ai entendu parler pour la première fois, de façon précise, de Songtsen Gampo. Tout le monde connaît Songtsen Gampo. Les balayeurs, évidemment, me racontaient, entre autres, des histoires sur la guerre de Songtsen Gampo contre la Chine.

Il s'imprégna peu à peu des éléments fondamentaux de la légende de Songtsen Gampo. Le Dalaï Lama dit que « Songtsen a initié l'union du Shang Shung et du Tibet central. Il a fondé un empire qui s'est agrandi après sa mort, dont les frontières se sont élargies (*tout au long du VIII*e *siècle*) ».

— C'est Songtsen Gampo qui a donné le départ de la période impériale du Tibet. Il a mené à bien l'unification du pays, puis a entrepris l'expansion de l'Empire.

Au cours de l'enfance du Quatorzième Dalaï Lama, en 1942-1943, juste après son arrivée à Lhassa, il assista à nombre de fêtes venues du fond des âges, et ressuscitant, selon lui, Songtsen Gampo, disparu depuis plus d'un millier d'années.

En août 1943, à l'occasion du Festival Yogurt de Lhassa, une compagnie d'opéra dressa, dans le jardin entourant le Norbulingka, palais d'Eté du Dalaï Lama, une tente tibétaine, blanche, sur laquelle étaient cousus des tourbillons indigo. Des chanteurs d'opéra se produisirent un jour entier, interprétant de vieilles chansons sur la vie de Songtsen Gampo. Des danseurs athlétiques conduisirent des chars. Des centaines de Tibétains se réunirent afin d'assister au spectacle, chacun avec sa propre tente, pour une semaine de villégiature. Tandis que le public regardait l'opéra, les mères racontaient à leurs enfants des histoires sur l'Empereur. Le Dalaï Lama se souvient des chanteurs, avec leurs costumes éclatants, dansant sous les tentes. Depuis son propre pavillon, il avait une bonne vue sur l'opéra, construit à l'intérieur des murs du Norbulingka de façon que le spectacle soit visible de lui.

Avant l'invasion chinoise, ces fêtes maintenaient vivant à Lhassa le passé du Tibet. Le Dalaï Lama se rappelle aussi un « pèlerinage annuel sophistiqué » autour des temples, au Potala et à Lhassa, abritant des statues de Songtsen Gampo.

— Même à cinq ou six ans, je savais qui était Songtsen Gampo, car chaque année, lorsque j'allais dans ces chapelles, des gens me parlaient de lui.

Le Dalaï Lama admet fermement la croyance fondamentale des Tibétains à propos de Songtsen Gampo. Le bodhisattva Chenrizi avait promis à Bouddha qu'il unifierait et protégerait les Tibétains, et les guiderait vers le bouddhisme.

— Il ne fait aucun doute que Songtsen Gampo était une manifestation de Chenrizi. Absolument aucun doute. Je crois à la réincarnation, je crois à la manifestation d'un être supérieur, comme la manifestation de Chenrizi au Tibet. J'y crois fermement. Songtsen Gampo était un personnage spécial, ayant une connexion avec Chenrizi.

La première tâche de Songtsen Gampo, lorsque, à treize ans, il devint un très jeune empereur, consista à mater la rébellion qui avait accompagné la vaste conspiration à l'issue de laquelle son père avait été empoisonné. Après avoir remporté la guerre de succession, il se vit prêter serment par ses vassaux dans une prose qui en dit beaucoup sur le Tibet ancien :

> Jamais ne serons infidèles à l'empereur Songtsen Gampo, à ses fils et à ses descendants... quoi qu'ils fassent !
> Jamais ne chercherons d'autres maîtres parmi les autres hommes !
> Jamais ne serons amis de ceux qui ne seront pas fidèles !
> Jamais ne changerons la nourriture, jamais n'y mettrons de poison !
> Jamais ne nous adresserons les premiers à l'Empereur !
> Jamais n'éprouverons d'envie envers nos camarades !
> Jamais ne serons injustes envers nos sujets !
> Jamais ne désobéirons à quelque ordre que puisse donner l'Empereur !

Une fois solidement installé sur le trône du Yarlung, Songtsen Gampo, avec l'aide de ministres plus âgés et plus puissants, reprit la marche de sa famille vers l'Empire. Il dirigea ses armées contre un royaume du nord-est, et envoya sa sœur Sadmakar épouser le roi du Shang Shung, à l'ouest. Peu après son mariage, telle était son allégeance à la maison du Yarlung qu'elle conduisit son nouveau mari dans un piège tendu par Songtsen Gampo ! Une fois mort le souverain de Shang Shung, le jeune Songtsen Gampo se trouva le premier empereur d'un Plateau tibétain unifié.

L'année même où Songtsen Gampo accédait au trône du Tibet, la Chine se trouvait aussi en plein chaos. La dynastie Sui tomba et apparurent les Tang, qui dirigèrent la Chine de 618 à 907 de notre ère, depuis leur capitale, Changan (la moderne Xian), devenue la plus grande ville du monde.

Après avoir unifié le Tibet, Songtsen Gampo décida d'épouser une princesse chinoise, et envoya en Chine un ambassadeur afin de lui en trouver une. C'est un étrange vieillard, autrefois médecin personnel du Treizième Dalaï Lama avant d'être renvoyé, qui raconta cette histoire au Quatorzième Dalaï Lama.

Avant l'invasion chinoise de 1959, Sa Sainteté vivait à Lhassa. Un jour – il devait avoir 19 ans –, il venait de visiter la faculté de médecine qui se trouvait autrefois au sommet de la colline de Chagpori, qui fait face au Potala. En 1959, l'Armée de Libération du peuple a détruit tous les bâtiments de cette université, et aujourd'hui les touristes qui, du sommet du Potala, regardent en direction du sud, voient un pic rocheux muni de barbelés défendant la tour géante de la télévision et de la radio qui couronne la colline.

Le Dalaï Lama et sa suite descendirent la pente abrupte et s'arrêtèrent, au pied de la montée, devant un petit groupe de temples et de maisons, où, autrefois, Songtsen Gampo avait vécu. Ils y rencontrèrent le médecin du Treizième Dalaï Lama.

— En un sens, j'avais beaucoup de respect pour ce savant, se souvient le Dalaï Lama. Il était très orgueilleux, et le Treizième Dalaï Lama n'en a plus voulu comme médecin personnel. Mais c'était un savant. Il avait de bonnes connexions avec nombre de lamas, de ministres, de gens puissants. Il habitait là. Et il parlait très vite.

Le Dalaï Lama imita le zézaiement du vieil homme :

— *Shi, shi, shi.* Quand il parlait, nombreux étaient ceux qui ne comprenaient pas un mot. En m'expliquant, à sa manière, l'histoire de Songtsen Gampo, il postillonnait sur moi. Songtsen Gampo avait vécu ici, dans ce modeste endroit. C'est lorsqu'il habitait là que lui vint l'idée de faire venir au Tibet une princesse chinoise. Le lendemain, il convoqua ses ministres. Le mode de vie tibétain était alors essentiellement nomade, et, selon la tradition, chaque ministre apporta son propre repas. Un ministre apporta une cuisse de mouton, l'autre une tête, etc. Tous se réunirent, et, par chance, les morceaux de viande une fois rassemblés constituaient un mouton entier. Ils y virent un heureux présage. Après le déjeuner, Songtsen Gampo leur annonça qu'il voulait pour femme une princesse chinoise.

Le Dalaï Lama se mit à rire au souvenir du médecin en disgrâce de son prédécesseur qui lui sifflait à toute vitesse ses *shi, shi, shi.*

— C'était pour moi un excellent moyen de me rappeler cette histoire, conclut-il.

La décision de Songtsen Gampo de prendre une épouse chinoise était emblématique d'une évolution d'ensemble suscitée par l'unification du Tibet.

— Au fur et à mesure que le Tibet devenait plus puissant, dit le Dalaï Lama, l'attitude envers la Chine, le voisin de l'est, se modifiait.

En tant qu'empire indépendant, le Tibet, de 620 à 820, constitua pour les Tang la principale menace. Les Tibétains furent les seuls conquérants qui mirent à sac la capitale Tang, et installèrent, pendant une période, leur propre gouvernement fantoche. Les Tang, qui souffraient de dissensions internes, ne parvinrent jamais à vaincre définitivement la puissance militaire des Tibétains. Alors que les Tibétains avaient souvent attaqué les Tang, car la Chine, par rapport à eux, était très faible, une contre-offensive contre la capitale du Tibet était impensable.

La Chine tentait d'apaiser les « tribus barbares », militairement plus fortes, qui l'entouraient – et le Tibet n'était que l'une parmi d'autres –, à l'aide de pots-de-vin puis, si nécessaire, organisait une riposte militaire. Mais elle ne fut jamais assez forte pour attaquer le Tibet central.

D'après les premiers documents historiques en notre possession, les Chinois étaient en conflit perpétuel avec les nomades. Chaque automne et chaque été, les Mongols, les Turcs et d'autres peuplades nomades des hauts plateaux et des steppes qui les entouraient dévastaient les basses vallées chinoises, et volaient aux fermiers leur blé, leur soie, et leurs autres richesses. Dans une année faste, les troupes chinoises parvenaient à éviter l'incendie des villes.

La Grande Muraille, construite afin d'empêcher les nomades de piller les cités chinoises, divisa les Asiates en deux catégories distinctes. Ceux qui se trouvaient à l'intérieur de la muraille étaient des paysans qui parlaient tous une sorte de chinois ; ceux qui étaient à l'extérieur étaient essentiellement des bergers nomades qui ne parlaient pas chinois et ne partageaient pas la vision chinoise du monde.

Au nord et à l'ouest de la Grande Muraille, le long d'une séparation naturelle, s'étendaient, en direction de la Russie, des steppes dépourvues d'arbres, où une économie nomade vivant de ses troupeaux constituait le mode de vie idéal. Juste au sud de la muraille, les arbres et les champs fertiles faisaient choisir l'agriculture. La muraille marquait le point de rencontre entre ces deux environnement distincts, et le mode de vie qui leur correspondait. Ne possédant pas les outils administratifs adaptés à une société agricole, les empires nomades de l'Asie centrale ne cherchaient pas à conquérir les terres des agriculteurs. Les Chinois, eux, estimaient impossible de défendre leurs établissements des attaques annuelles dont ils étaient victimes, et ne pouvaient pas non plus conquérir ni administrer les terres des nomades. La Grande Muraille était la ligne de démarcation entre ces deux mondes.

Les tribus nomades menaçant les Tang et les dynasties qui les avaient précédés dépendaient des Chinois beaucoup plus que ne le faisaient les Tibétains. Dans les empires nomades, ce sont les paysans chinois capturés qui s'occupaient en grande partie d'agriculture. Ce n'est pas en imposant leur propre population, mais en saignant, à travers des raids, l'économie chinoise que les empires nomades accroissaient leur fortune. Pour certains produits de luxe, les nomades comptaient sur les artisans chinois capturés lors de ces attaques, alors que, même si régulièrement les Tibétains traitaient avec leurs voisins de l'est et les pillaient, l'économie tibétaine était indépendante de l'économie chinoise. Au VIIe siècle, la culture tibétaine était plus cosmopolite que celle des nomades qui attaquaient les Tang et qui, pour la plupart, n'avaient de contact qu'avec la Chine. Depuis le début, au contraire, le Tibet était en contact non seulement avec la Chine, mais avec l'Inde et les empires de l'Asie centrale, s'inspirant d'eux sur un plan à la fois culturel et économique.

Par ailleurs, l'économie du Tibet était plus équilibrée que celle de ses voisins nomades : si d'épaisses chutes de neige tuaient les troupeaux, les réserves de blé suffisaient à nourrir la population tibétaine. Quand les temps étaient durs, les Tibétains n'étaient pas forcés de se déplacer près de la frontière chinoise, car leurs agriculteurs possédaient plus de terres labourables que les nomades des steppes, et faisaient commerce avec les nomades de leur race. De plus, les agriculteurs tibétains constituaient une réserve d'hommes pour les premiers empereurs qui, déjà, avaient mis en place un gouvernement régissant à la fois paysans et nomades. Grâce à un équilibre unique en Asie centrale, le Tibet tirait ses forces de ces deux mondes. Alors que les puissances nomades attaquant la Chine exigeaient souvent des subsides des Tang, le Tibet rivalisait avec eux pour la suprématie politique et territoriale. Dès leur première confrontation, le Tibet constitua pour la Chine un rival unique.

Les deux empires entrèrent pour la première fois en contact aux alentours de 600, du temps du père de Songtsen Gampo, lorsque leurs armées luttèrent pour la suprématie sur les tribus installées le long de leur frontière commune. Jusqu'à ce moment-là, les troupes chinoises n'avaient jamais pénétré sur le Plateau tibétain, pas plus que le Tibet n'avait attaqué les villes chinoises situées au pied du plateau. Ce n'est qu'au cours du règne de Songtsen Gampo, lorsqu'un Tibet unifié commença à s'étendre à l'extérieur, que les Chinois prirent garde aux Tibétains.

Les histoires de la dynastie Tang – histoires écrites d'après des documents d'époque – évoquent des combats, en juillet 634, contre un groupe de nomades qu'elles appellent les Aza, qui, vivant entre le Tibet et la Chine, le long de la bordure orientale du plateau, rejetaient, comme toutes les tribus de la frontière, la domination chinoise. La guerre entre les Tang et les Aza suscita une mission diplomatique tibétaine auprès de Taizong, le premier empereur Tang, mission qui arriva à Changan à l'automne 634. L'hiver suivant, un ambassadeur Tang envoyé à la cour de Songtsen Gampo poursuivit le dialogue.

Au cours de l'été 635, les escarmouches entre Chinois et Aza se terminèrent par une défaite spectaculaire de ces derniers. L'armée tibétaine et l'armée chinoise se trouvaient maintenant en contact direct.

Cet été-là, une nouvelle délégation tibétaine se rendit à Changan. Le message de Songtsen Gampo à Taizong était simple : il voulait pour conjointe une princesse chinoise. Dans sa missive, il avertissait l'empereur Tang que si son vœu n'était pas exaucé, il conduirait une armée de cinquante mille hommes et le tuerait, s'emparant lui-même de la femme qu'il souhaitait. Songtsen Gampo avait déjà pour épouses de nombreuses princesses. Il tenait l'une d'entre elles du roi du Shang Shung, qu'il avait vaincu, et il venait de demander, en tant que tribut, une femme à un roi du Népal.

Taizong refusa que la Chine soit considérée comme une nation soumise, et repoussa la demande de Songtsen Gampo d'une manière insultante pour le Tibétain qui, au cours des deux étés suivants, fit la conquête de deux puissantes tribus frontalières puis, en 638, pilla la ville chinoise de Sung Chou. Le message était clair : son armée pénétrerait de plus en plus avant en Chine jusqu'au moment où une princesse serait donnée au Tibet. Une armée envoyée contre les Tibétains fut vaincue, tandis qu'ils poussaient à la révolte les tribus de la frontière, jusqu'alors fidèles aux Chinois. Il est impossible de dire précisément ce qui conduisit Taizong à accéder aux exigences de Songtsen Gampo, mais une petite escarmouche qui s'acheva par l'une des rares défaites tibétaines fournit à l'empereur Tang un moyen de mettre fin au conflit sans perdre la face. Même à ce stade ancien des relations sino-tibétaines, les sources tibétaines et Tang se contredisent totalement. Chacune des deux nations prétend que c'est l'autre qui s'est rendue à la cour de l'adversaire pour y payer son tribut.

En décembre 640, un ministre tibétain, Gar Tongzen, arriva à Changan muni d'une dot princière : entre autres, cinq milles onces d'or. Un opéra tibétain écrit longtemps après, et que le Dalaï Lama vit lorsqu'il était enfant, raconte les longues négociations entre le rusé émissaire tibétain et l'empereur chinois. Au printemps de 641, un prince chinois escorta la princesse Wencheng jusqu'à la frontière tibétaine, où Songtsen Gampo vint rencontrer sa nouvelle épouse. L'arrivée de la princesse au Tibet marqua le début d'une période de paix entre les deux Etats. En 648, lorsqu'un ambassadeur Tang fut attaqué au nord de l'Inde, le Tibet envoya des troupes pour le secourir et soumettre ses agresseurs. Des diplomates des deux nations firent plusieurs voyages entre Changan et Lhassa.

Son épouse chinoise était l'une des cinq femmes de Songtsen Gampo. Le prince héritier du Tibet était fils de la reine tibétaine. L'épouse chinoise et l'épouse népalaise ne sont pas célèbres pour leurs enfants, mais en raison des statues de Bouddha qu'elles apportèrent à Lhassa. Songtsen Gampo fit construire deux temples, Ramoche et le Jokhang, pour les abriter. Il s'agit des deux premiers temples de Bouddha érigés au Tibet, construits dans un style indo-tibétain par des artisans népalais et tibétains. Aujourd'hui encore, le Jokhang reste le temple le plus révéré du Tibet. Il abrite des fragments de la statue apportée par la princesse Wencheng, et détruite par les Gardes rouges au cours des années soixante. Pour expliquer l'érection dans leur pays des premiers temples bouddhistes, les Tibétains racontent l'histoire de Songtsen Gampo, de ses femmes et des statues.

De l'autre côté de la Grande Muraille court de cette histoire une version différente. Sur nombre de sites web chinois, on parle de Songtsen Gampo comme d'un célèbre Chinois qui « contribua énormément à l'unification de la nation chinoise ». Pour les Chinois qui cherchent à établir la continuité d'un Etat chinois depuis les Tang jusqu'à nos jours, la dynastie Tang représenta « le centre civilisationnel *(sic)* de l'Asie orientale. Les nations et les tribus voisines étaient sous l'influence de la dynastie Tang, et cherchaient à établir des liens avec la dynastie soit en faisant allégeance aux Tang, soit en payant des tributs à la cour impériale ».

Cette interprétation de l'histoire tibétaine fait de Songtsen Gampo un guerrier touché par l'amour, et devenu un loyal vassal de l'empereur Tang. Il est censé avoir construit le Potala pour son épouse chinoise. Les documents Tang, et les sites web chinois, sous-entendent clairement que ce sont les Chinois, civilisés, qui ont éduqué ces barbares ignorants.

Selon le site web chinois, « la princesse Wencheng fut touchée de l'amour que lui portait son époux, et en vint peu à peu à s'attacher à lui et à sa demeure sur la frontière. Elle fit venir au Tufan (*Tibet*) des artisans Han (*Chinois*) afin qu'ils transmettent leur savoir concernant la métallurgie, l'agriculture, le tissage, la construction, la minoterie, le brassage de la bière, et la fabrication de l'encre et du papier ». Ils apprirent aux paysans locaux de nouvelles techniques de production de diverses variétés de grain. L'astronomie Han et le calendrier chinois furent, eux aussi, introduits dans la région. L'innovation la plus importante fut peut-être le système d'écriture développé par la princesse Wencheng et par le roi, car, avant son arrivée, « Tufan ne possédait pas de langage écrit ».

Ironie de l'histoire : le Tibet maîtrisait déjà les techniques supposées avoir été introduites par la princesse Wencheng. Même les historiens Tang soulignent « la maîtrise que les Tibétains ont de la métallurgie. Les hommes et les chevaux portent tous des armures en mailles métalliques, d'un artisanat très fin. Elles les enveloppent entièrement, ne laissant d'ouvertures que pour les deux yeux. Ainsi ni arcs puissants, ni lames coupantes ne peuvent les blesser ».

Il est probable que ce fut des Sassanides, qui, entre le IIIe et le VIIe siècle, dominaient un grand territoire à l'ouest du Tibet (territoire comprenant l'Iran actuel) que les Tibétains apprirent les rudiments de la technique de fabrication de fines cottes de mailles pour les hommes et les chevaux. Au VIIIe siècle, la production d'armes métalliques, de même que celle d'armures et de cottes de mailles, était tout à fait au point au Tibet. Ce n'est pas la princesse Wencheng qui introduisit cette technique : les Tibétains l'avaient acquise plusieurs siècles auparavant.

Il est possible que les Chinois, au moment de l'arrivée à Lhassa de la princesse Wencheng, aient partagé avec les Tibétains la technique de la fabrication du papier. Ce n'est pourtant que deux siècles plus tard que ladite technique fit le chemin de la Chine en Europe.

Quant à la création de l'alphabet national, la princesse Wencheng n'y fut pour rien. C'est Songtsen Gampo qui envoya Thomi-sambhota, un lettré, à l'étranger où il travailla avec des savants locaux à créer un alphabet. Les historiens tibétains et occidentaux pensent qu'il s'est rendu en Inde, mais au moins un document suggère que Thomi-sambhota a pu aller au Khotan, un empire d'Asie centrale au nord du Tibet, où l'on utilisait aussi l'écriture indienne, et que l'écriture du Tibet a été basée sur l'écriture du Khotan. Quoi qu'il en soit, l'alphabet tibétain n'a aucun rapport avec les idéogrammes. Au Tibet, les savants bouddhistes traditionnels affirment pieusement qu'un élan essentiel a été donné à cette invention afin de faciliter la traduction de textes bouddhistes. Les dirigeants de la dynastie Yarlung, cependant, avaient besoin d'un moyen d'administration de leur vaste empire, et des études récentes affirment que ce fut le moteur de la création de l'écriture tibétaine.

Au cours du règne de Songtsen Gampo, dit le Dalaï Lama, « les lois étaient codifiées et, pour la première fois, un seul code régit l'ensemble du Tibet ». Il est d'accord sur le fait que Songtsen Gampo a chargé des lettrés de transcrire les textes bouddhiques en une forme nouvelle de tibétain.

Pour étudier le bouddhisme, dit-il, les Tibétains, à travers cet immense pays, « devaient apprendre une langue tibétaine. Ils parlaient encore leurs dialectes locaux, mais lorsqu'ils étudiaient le Dharma, c'était dans une langue unique, littéralement un nouveau tibétain, standardisé. Au fur et à mesure que le bouddhisme se répandit dans tout le Tibet, cette langue s'y répandit aussi. Cela participa donc, et pour la première fois, à la création d'une identité nationale ».

— C'est à ce moment-là qu'est née la nation tibétaine ?

— Oui. Tous ces facteurs ont contribué à l'unification nationale. La langue, le bouddhisme, et un ensemble de lois. Tout cela a aidé l'identité tibétaine à se fortifier. Les gens pouvaient, comme dans le passé, s'identifier à leur région, mais ils s'identifiaient aussi eux-mêmes en tant que Tibétains.

Grâce à tout ce que lui et ses descendants ont accompli – et les documents tibétains et étrangers prouvent que ces accomplissements ne sont ni mythiques, ni exagérés –, Songtsen Gampo est considéré par les Tibétains comme l'un des plus grands hommes de leur histoire. A son propos, le Dalaï Lama pense qu'il existe plusieurs niveaux de compréhension. « Ceux qui ont un véritable aperçu des pratiques spirituelles, dit-il, ont une certaine vision du premier empereur, tandis que ceux qui n'ont pas atteint ce niveau conservent une vision plus conventionnelle. Le point de vue non commun n'est pas considéré comme historique puisque, comme je vous l'ai déjà dit, les historiens ne peuvent enregistrer des faits de cette sorte. Mais on ne doit pas affirmer que ces faits relèvent de la pure imagination de la foi bouddhique. Il se peut qu'ils soient réels. »

Selon le Dalaï Lama, quelques-unes des actions de Songtsen Gampo participaient d'un « plan général de Chenrizi concernant le Tibet » afin de « gouverner et nourrir » le pays et de permettre au bouddhisme de s'y répandre.

En même temps, dit-il, le combat de Songtsen Gampo pour « l'unification et ses devoirs royaux relèvent d'un niveau humain ». Sa Sainteté pense que, au fil des siècles, les Tibétains ont « mélangé le niveau conventionnel et le niveau non commun. Je crois que les gens ordinaires ne font pas la distinction ».

Pour le Dalaï Lama, répétons-le, Songtsen Gampo était « guidé par Chenrizi » : il voulait que le bouddhisme se développe au Tibet. L'utilisation qu'il fit d'une armée pour unifier le pays devint acceptable, alors que pourtant Bouddha interdit toute violence.

Même si, en tant qu'incarnation des connections karmiques positives entre Chenrizi et le peuple tibétain, Songtsen Gampo était guidé par le bodhisattva, il était aussi un homme, ainsi que le fait remarquer le Dalaï Lama.

Il raconte que Gar Tongzen, l'ambassadeur envoyé par Songtsen Gampo à la cour des Tang afin d'obtenir la main de son épouse chinoise, subit, des mains de son maître, un châtiment terrible : Songtsen Gampo le soupçonnant d'être mêlé à des intrigues dirigées contre lui, il le fit aveugler car, selon les mots du Dalaï Lama, « il avait créé la zizanie ».

Selon la tradition, 1 200 ans plus tard, à l'époque du Treizième Dalaï Lama, Gar Tongzen se trouva réincarné en lama bouddhiste dans un monastère tibétain. Une nouvelle fois, il y eut un heurt entre les deux personnages. Le lama réincarné prit parti pour l'armée chinoise qui, en 1910, envahit le Tibet. Après la guerre, le monastère du Treizième Dalaï Lama fut fermé. Selon le Quatorzième Dalaï Lama, c'était Songtsen Gampo et son ministre qui, au cours d'une nouvelle vie, rejouaient leur conflit.

Pour un Occidental qui ne croit pas à la réincarnation, les conversations avec Sa Sainteté le Dalaï Lama sont étranges. Il secoue la tête avec commisération en voyant comment les actions humaines, à travers les générations, tissent la toile des existences, l'une après l'autre, grâce à des connexions impossibles à percevoir pour la plupart d'entre nous. Selon lui, l'histoire de Songsten Gampo et de Gar Tongzen est celle d'une connexion – c'est son propre terme – entre deux humains, rejouée sur une période de mille ans, manifestant un mélange d'humain et de divin incarné dans des existences corporelles. Evoquant les hommes de la cour de Songtsen Gampo, le Quatorzième Dalaï Lama dit : « Oui, certains se sont réincarnés, certains non. Et pour d'autres, je ne sais pas. »

Quoique convaincu de la réincarnation de Songtsen Gampo et de son lien avec Chenrizi, le Dalaï Lama semble las de toutes les légendes que les Tibétains colportent à propos de la vie du premier empereur. Quand je l'interroge à propos d'un arc-en-ciel traversant le ciel tandis que Songtsen Gampo, son épouse chinoise et son épouse népalaise surveillaient la construction du premier temple au Tibet, il se montre dubitatif.

— Pour moi, en tant que moine bouddhiste, il existe une possibilité pour que de tels miracles se produisent. Mais en même temps, quand il y a trop de possibilités, certains miracles semblent impossibles. L'excès sème le doute.

Je lui ai fait remarquer que, selon le mythe tibétain, le temple fut construit sur un lac, et que les recherches géologiques confirment qu'il y avait bien un lac dans l'ancienne vallée de Lhassa. Le Jokhang aurait été construit au-dessus de ce lac à la demande des deux princesses, la Népalaise et la Chinoise. Le Dalaï Lama se met à rire, et, comme toujours, trouve sa propre explication.

— Songtsen Gampo était très obstiné. Il aurait pu construire le Jokhang n'importe où ailleurs, sur un terrain plus stable ! Pour le construire dans un tel endroit, il devait avoir une raison spirituelle.

Les ouvriers posèrent des poutres sur l'eau, en un réseau serré, et bâtirent le temple sur le lac recouvert de planches.

— Dans la cour du Jokhang, se rappelle le Dalaï Lama, il y a un puits censé descendre au lac. C'est ce qu'on me disait. Je me souviens que, lorsque j'étais enfant, plusieurs personnes m'ont affirmé que si on écoute dans le puits, on entend les canards sur le lac. Ensuite les balayeurs voulurent que je m'éloigne du puits, parce que les canards sortaient de l'eau, et mordaient les petits garçons !

En 1966, la Révolution culturelle balaya Lhassa. Les jeunes Chinois, dans l'intention de donner une leçon à ces barbares de Tibétains, transformèrent le Jokhang, le temple bouddhiste le plus ancien et le plus sacré du Tibet, en abattoir pour porcs. L'ancienne statue de Bouddha, que la princesse Wencheng avait apportée de Chine, fut brisée. Et, ultime sacrilège, les murs de la chapelle intérieure furent aspergés de sang. Sur l'ensemble du Tibet, dans les huit monastères qui ne furent pas détruits lors de la Révolution culturelle, il resta moins de mille moines. Pendant une décennie, il fut interdit aux Tibétains de prier dans le Jokhang. En 1972, il commença à être restauré, et en 1980, le travail était en grande partie terminé. Au cours des années suivantes, après que fut passé le pire des persécutions religieuses, les Tibétains retournèrent peu à peu au temple. Le temple de Songtsen Gampo fut à nouveau consacré, et maintenant des milliers de pèlerins s'y rendent chaque jour. On retrouva quelques fragments de l'ancienne statue de Bouddha, et la foi des Tibétains a accompli un miracle. La chapelle intérieure du Jokhang est de nouveau pleine de lampes à huile tremblotantes, et des statues miraculeuses apparemment intactes regardent avec bienveillance les dizaines de milliers de pèlerins venus se prosterner.

Un après-midi de 1985, alors que je visitais le Jokhang, un vieux moine était penché au-dessus du puits, effrayant un garçonnet qui hurlait avec des histoires de canard s'emparant des petits enfants. Je l'ai écouté. « Penche-toi, et si tu écoutes bien, tu entendras les canards », disait-il. La véritable histoire du Jokhang, les mythes qui le concernent et les statues qui sont à l'intérieur permettent aux Tibétains d'avoir un passé commun et d'envisager l'avenir. L'une des raisons pour lesquelles, en 1966, les Gardes rouges s'en prirent au Jokhang, c'est que l'identité culturelle ne devait pas être transmise. Mais au Tibet, même lorsqu'on la détruit, l'Histoire n'est jamais morte.

Au Jokhang, il y a des centaines de statues. Deux, en particulier, jouent un rôle dans la fin de la vie de Songtsen Gampo. Une nouvelle fois, les vieilles histoires, même basées sur la réalité, font plus que rapporter des événements du passé.

Au cours du règne de Songtsen Gampo se trouvait au Népal une célèbre statue de Bouddha, en bois. On aurait dit qu'elle avait elle-même poussé naturellement à partir du bois. Songtsen Gampo l'envoya chercher pour l'installer à Lhassa.

— On a fabriqué au Jokhang une grande statue de glaise de Chenrizi, et la statue de bois du Népal fut placée à l'intérieur, m'expliqua le Dalaï Lama.

Les deux statues, la petite statue de bois nichée dans la grande statue de glaise, restèrent au Jokhang, intactes pendant 1 300 ans.

Selon les historiens, Songtsen Gampo est mort en 649, à l'âge de trente-sept ans, lorsqu'une épidémie de peste ravagea son camp, les tuant tous les deux, lui et sa femme népalaise. Les Tibétains racontent plusieurs versions de sa mort, et ne semblent pas gênés par les contradictions existant entre elles.

— Certains disent qu'il a vécu jusqu'à quatre-vingts ans. Quand il est mort, il s'est dissous en un rayon de lumière qui a pénétré cette statue de glaise jusque dans cette petite figurine de bois. La grande statue, comme presque toutes celles du Jokhang, a été détruite lors de la Révolution culturelle. Lorsqu'ils ont brisé la grande statue de glaise, ils ont découvert à l'intérieur la petite statuette de bois. Un Tibétain l'a conservée après la destruction de la grosse, et me l'a envoyée.

— Et cette petite statue de bois contenant l'esprit de Songtsen Gampo, vous l'avez toujours ?

— Oui. Un jour, je vous la montrerai.

Une heure plus tard, alors que j'avais quitté la salle d'audience et m'apprêtais à sortir du bâtiment, un des vieux moines qui accompagnent toujours le Dalaï Lama se précipita sur moi avec un sourire béat.

— Revenez ! me cria-t-il.

Je courus derrière le moine, et revins dans la salle d'audience. En entrant dans la pièce, je vis le Dalaï Lama près d'une fenêtre, serrant respectueusement un minuscule objet entouré de soie.

Le Dalaï Lama leva les yeux vers moi et dit : « Venez voir la statue de Songtsen Gampo. »

C'était la statue de bois rescapée du Jokhang, et dans laquelle s'était réfugiée l'âme de Songtsen Gampo. De près, on aurait dit du santal. Un sourire heureux éclairait le visage de bois de Chenrizi.

— Je pense vraiment qu'il s'agit de la statuette originale, venue de l'Inde ou du Népal.

Au VIe siècle, c'était un long voyage que d'aller du Népal à Lhassa à travers l'Himalaya. Et cette statue resta, pendant 1 300 ans, enfermée dans une plus grande statue de glaise. Après la désacralisation du Jokhang au cours des années soixante la statue repassa l'Himalaya, retraversa le Népal et l'Inde, jusqu'à se trouver sous la respectueuse protection du Dalaï Lama.

— Lorsque j'ai vu cette petite statue de bois pour la première fois, j'ai ressenti énormément de *ningje* – de compassion.

Lorsqu'il me montra la statue, ses yeux étaient humides et son visage illuminé comme celui d'un enfant. Pour lui, cette statue est si sacrée qu'il se met un linge sur le nez et sur la bouche pour la protéger de sa respiration. Le vieil assistant du Dalaï Lama s'inclina, et, avec la statue, le Dalaï Lama lui tapota la tête, lui donnant une bénédiction de Songtsen Gampo et du Bouddha. Lorsque le moine recula, le Dalaï Lama s'avança vers moi. Je m'inclinai, et, de la figurine, il me tapota doucement la tête, à moi aussi.

3

L'Empire tibétain. Le bouddhisme se répand au Tibet 650-820

Ayant grandi au Potala, le Dalaï Lama entendit parler de la puissance de l'Empire tibétain fondé par Songtsen Gampo. Dans des dizaines d'histoires, le plus souvent contées par les balayeurs, il apprit comment cet empire s'étendit de façon spectaculaire après la mort du premier empereur.

Mais c'est le bouddhisme qui se trouvait au cœur de l'éducation du jeune Dalaï Lama, et non l'histoire politique et militaire du Tibet. Sa vision du Tibet impérial entre le VIe et le IXe siècle ne se fit plus précise que plus tard, alors qu'il était sur les anciennes murailles qui entourent toujours les ruines de Changan, la capitale de l'empire des Tang. En 1954, âgé de dix-neuf ans, il était à mi-parcours d'un voyage de deux ans en République populaire de Chine, comme invité de Mao Tsé-toung. Comment le jeune garçon qui avait grandi au Potala était-il arrivé là ?

En 1950, lors de l'invasion du Tibet, son armée manquait d'entraînement et de matériel moderne, alors que l'armée chinoise était dotée des dernières armes américaines, confisquées au leader nationaliste Chiang Kai-shek. Comme, malgré les demandes de Sa Sainteté, les Etats-Unis et tous les autres pays refusaient d'apporter au Tibet une indispensable aide militaire, ou de l'assister via les Nations unies, le Dalaï Lama ne vit pas d'autre solution que d'essayer de traiter directement avec les responsables chinois à Lhassa, et, enfin, avec le président Mao : « Il n'y avait pas le choix », se rappelle-t-il, songeur.

Pendant une seconde, on entraperçoit l'adolescent fragile et solitaire, installé sur le trône du Tibet afin d'assumer l'absolue responsabilité du destin de son pays.

Lorsque, en quelques jours, la minuscule armée tibétaine se

trouva submergée, et que l'armée chinoise commença à marcher sur Lhassa, le Dalaï Lama demanda aux Tibétains de ne pas combattre. Comme il était impossible de vaincre la Chine, il voulait épargner à son peuple un massacre inutile. Il rentra donc à Lhassa et, après avoir essayé, pendant plusieurs années, de travailler avec les Chinois, il accepta d'aller visiter la Chine. Pour expliquer pourquoi il décida de s'avancer – seul – au milieu du feu qui avait brûlé sa nation, il cite un proverbe tibétain : « Ce qui a été brûlé par le feu doit être guéri par le feu. Les ennuis du Tibet venaient de l'Orient, de la Chine, et le seul moyen d'y remédier était d'aller là-bas, de dialoguer avec eux. »

Désireux d'éduquer le Dalaï Lama et de lui montrer les miracles de la Chine moderne, ses hôtes l'escortèrent, jour après jour, à travers les usines et les communes. Pourtant, un jour, à Xian, ce programme se trouva à court d'excursions.

— Il n'y avait pas de programme officiel pour l'après-midi, et ma soirée était libre. Le maire de Xian et le ministre de la province de Gansu me proposèrent de sortir de la cité. A l'extérieur se trouvent les murailles de la dynastie Tang, vieilles de plus de mille ans. Nous nous trouvions sur ces murs, très hauts et très larges, et le soleil allait se coucher. Alors que nous étions là, assis, le maire me dit que l'armée tibétaine avait atteint ces murailles, et que l'empereur de Chine, qui vivait alors à Changan, avait dû s'enfuir. Je me suis dit qu'en avion j'aurais pu, en une heure, rentrer à Lhassa. Et j'ai pensé : « Pour que l'armée tibétaine affole à ce point la capitale des Tang, il devait y avoir au moins dix mille soldats, qui avaient dû venir à pied jusqu'en Chine. »

A ce souvenir, ses yeux brillent.

— L'armée tibétaine a pénétré si profondément à l'intérieur de la Chine, et sans logistique, sans technologie. Et après ça, elle était encore capable de s'emparer de cette ville.

Le jeune Dalaï Lama, qui venait d'assister à l'invasion du Tibet par la Chine, n'avait jamais imaginé que son pays ait pu être aussi puissant. Tandis qu'il était assis au sommet des murailles des Tang, regardant le soleil se coucher, sa vision de l'ancien Tibet changea. Les histoires que les balayeurs du Potala lui avaient racontées lorsqu'il était enfant, à propos de la puissante armée de Songtsen Gampo, devenaient aussi réelles que les murs massifs de Changan. Les Tibétains avaient conquis la capitale chinoise, et installé leur propre empereur.

— En ce temps-là, le Tibet était vaste et puissant. Dans le cas contraire, il aurait été difficile d'envahir la Chine. Je sais que cette armée est arrivée sous les murailles de Changan, et on m'a dit qu'elle s'était emparée de la ville et y avait installé un empereur. Mais je ne connais pas tous les détails. Vous devriez lire ce qu'en ont dit les historiens.

*

Les historiens de la dynastie Tang, d'accord avec les historiens arabes, turcs et tibétains, fournissent une histoire fiable des guerres entre le Tibet et la Chine. A l'époque de sa toute-puissance, lorsqu'elle s'appelait Changan, ou la Cité de la Paix éternelle, Xian était la plus grande métropole du monde. La ville comptait une population de plus de un million d'habitants, à l'intérieur de murailles d'adobe de quinze mètres de haut et larges de vingt mètres, dont les trente-six kilomètres entouraient une superficie de quatre-vingt-quatre kilomètres carrés. Aucune ville au monde, avant que, au XXe siècle, Londres ne dépasse ce chiffre, n'avait une population supérieure à un million.

Changan était l'une des premières villes ayant obéi à un plan. Du nord au sud s'allongeaient quatorze avenues, qui croisaient les onze rues est-ouest pour constituer un grillage urbain bordé d'arbres et de canaux. Des routes surélevées et closes bordaient les parcs et les palais de l'Empereur, de façon qu'il puisse passer de l'un à l'autre sans être vu de ses sujets. Juifs, chrétiens nestoriens, zoroastres, hindous, manichéens, bouddhistes – des représentants de presque toutes les religions du vieux monde – avaient dans la ville des prêtres ou des temples. Les objets étrangers, la nourriture et la musique étrangères, arrivés par la route de la soie, étaient répandus parmi les Chinois cosmopolites résidant à Changan. Les responsables de l'Empire assignaient plusieurs quartiers de la ville au commerce étranger (un monopole impérial) et aux résidences étrangères, car Changan marquait l'extrémité orientale de la route de la soie. Les Tang protégeaient des centaines de milliers de tisserands à travers tout leur empire, et la plus grande partie de la soie transitait par les entrepôts de Changan, et, à dos de chameaux, allait jusqu'en Europe pour être échangée contre de l'or. Les empires nomades de l'Asie centrale, voisins de l'empire Tang, étaient payés en soie contre la promesse de ne pas piller les cités ni les caravanes chinoises dont dépendaient les Tang.

Des envoyés des Etats conquis – correspondant, par exemple, à la Corée et au Nord-Vietnam –, qui payaient aux empereurs Tang un tribut annuel, se rendaient régulièrement à Changan. Là, ils se frottaient à des missions commerciales venues d'Inde, du Tibet, de Perse, et à des dizaines de populations nomades de l'Asie centrale. Les Chinois tenaient à ce que tous ces visiteurs acceptent l'intitulé officiel de « vassaux » apportant des tributs. Tant qu'elle leur permettait d'acheter la soie des Tang, les visiteurs des Etats indépendants acceptaient cette interprétation de leur statut. Après tout, si ça faisait plaisir aux Chinois de les appeler des vassaux du Fils du Ciel, quelle importance ?

Le sino-centrisme qui modelait les relations entre Changan et ses visiteurs avait des racines profondes. La Chine fut la seule société civilisée instruite à avoir émergé dans une relative isolation. Des civilisations aussi différentes que celles de l'Inde, de l'Euphrate, de l'ancienne Egypte, de Rome ou de la Grèce se sont développées en compagnie d'au moins une autre civilisation sœur, et instruite. En un sens, la civilisation chinoise était une fille unique, et de cela, les Chinois ont été marqués de façon indélébile. Tous les non-Chinois étaient considérés comme des « barbares ». Même aujourd'hui, en Chine, lorsqu'ils marchent dans les rues, les voyageurs sont parfois traités de « barbares ». L'isolation de la Chine prit fin en 128 avant notre ère. A ce moment-là, l'empereur Hadrien, qui dirigeait l'Empire romain, était en contact commercial régulier avec l'Inde, l'Afghanistan, la Perse, l'Espagne, l'Afrique centrale et même la Russie. Rome était peuplée de représentants de douzaines de pays. Et pourtant aucun Chinois cultivé de cette époque ne lisait d'autre langue que la sienne. Même si les empereurs romains portaient de la soie chinoise, la Chine était si éloignée du reste du monde que les deux civilisations ne disposaient pas de documents fiables à propos l'une de l'autre. Si la Chine était si sûre de sa suprématie, il s'agissait, dans une certaine mesure, d'un phénomène de « surcompensation » effrayée de la part d'un peuple qui, régulièrement, avait été vaincu par des voisins « barbares et inférieurs », des peuples que les Chinois considéraient comme des vermisseaux et des esclaves. Cette surcompensation est à la racine du nationalisme exacerbé de la Chine, qui, aujourd'hui encore, domine ses relations avec l'extérieur. L'historienne Pan Yihong, lorsqu'elle écrit que, pour les Chinois, « l'Empereur était le seul chef légitime, non pas seulement de la Chine mais du monde entier », résume bien la façon dont la dynastie Tang envisageait les relations internationales.

L'une des rares exceptions écrites de ce très ancien principe de suprématie est le traité que les empereurs Tang ont signé avec le Tibet, le reconnaissant comme un égal. Le traité informel entre les deux Etats, symbolisé par le mariage de Songtsen Gampo et de la princesse Wencheng, préserva la paix tant que vécurent Songtsen Gampo et l'empereur Tang Taizong. En 649, à quelques mois d'intervalle, Songtsen Gampo et Taizong moururent. Kao-tsung, qui succéda à Taizong, attaqua le Tibet. Au cours des deux siècles qui suivirent, le Tibet et la Chine signèrent six traités de paix. La Chine rompit les deux premiers. Malgré leurs efforts pour faire la paix, les deux empires étaient continuellement en guerre, de même qu'ils étaient en guerre contre les trois autres puissances principales d'Asie centrale : les Arabes, les Turcs et les Ouïgours. Les cinq empires luttaient pour la suprématie en Asie centrale, dans un cycle toujours modifié d'alliances, de loyautés et de trahisons. Une princesse tibétaine épousa un khan turc. Des princesses chinoises épousèrent des Ouïgours et des khans turcs. En 677, le Tibet contrôlait tout le bassin de Tarim. Les Tibétains s'allièrent avec les princes turcs contre les Tang, et vice versa. C'était une histoire de guerres et de changements d'alliances continuels.

Dans les déserts d'Asie centrale, les villes-Etats des oasis de Dzoungarie et du bassin du Tarim, cette vaste étendue au nord du Tibet, constituaient les comptoirs de la route de la soie. Quiconque contrôlait ces villes-oasis isolées – fondées et en grande partie habitées par des bouddhistes indo-européens et des Turcs, et pas par des Chinois ou des Tibétains – avait la mainmise sur le commerce le long de la route de la soie. Pendant les 200 ans que dura le Grand Jeu, les Tibétains contrôlèrent la route de la soie au cours de deux périodes – cinquante ans au total. Pourtant, au bout de ces deux siècles de compétition colonialiste, il n'y eut pas de vainqueur.

Aucune armée chinoise ne pénétra profondément sur le Plateau tibétain, et évidemment jamais jusqu'à Lhassa. Le Tibet, à cette époque, ne fit jamais partie de la Chine, mais certaines régions frontalières furent occupées durant de brèves périodes.

Le Tibet, au contraire, pilla et occupa régulièrement des dizaines de villes chinoises, loin à l'intérieur du pays, et parfois pendant des décennies entières. Le Tibet ne gouvernait pas uniquement le Plateau tibétain. Aux VIIIe et IXe siècles, des armées nombreuses ravagèrent la plus grande partie de l'ouest de la Chine, tandis que jamais la Chine des Tang n'occupa de zones importantes du Tibet. Les histoires de la dynastie Tang montrent clairement que le Tibet et la Chine étaient des Etats égaux indépendants, en lutte l'un contre l'autre avec les Arabes et les Turcs, pour contrôler les trésors de la route de la soie, et que c'est le Tibet qui, parfois, occupa de nombreuses régions de Chine, et pas l'inverse.

En raison de menaces à l'intérieur de l'Empire, les empereurs Tang, incapables de consacrer plus longtemps leur pouvoir militaire à assurer la sécurité de la route de la soie qui leur avait apporté tant de profits, finirent par se retirer de l'Asie centrale. En 755, une rébellion éclata parmi des mercenaires étrangers sous les ordres de An Lushan, un général d'origine sogdienne et turque qui devait surveiller la frontière nord de la Chine. Tandis que, entre 760 et 800, la Chine des Tang se préoccupait de cette rébellion, le Tibet écarta les Arabes et les Turcs et, pour la deuxième fois en 200 ans, prit à la Chine la plus grande partie de la route de la soie. Le Tibet contrôlait tous les chemins menant de la Chine à l'Occident, et priva cette première du trésor que représentaient ses tributs, ses chevaux, ses taxes, et un tiers du territoire des Tang.

Le Tibet était devenu la menace la plus sérieuse pour l'existence de la Chine. En 763, Trisong Detsen, l'un des arrière-arrière-petits-fils de Songtsen Gampo, envoya une armée composée de Tibétains et de troupes fournies par des royaumes alliés et vassaux pour attaquer Changan. Le chef eunuque de la cour impériale cacha à l'empereur, Daizong, la nouvelle de l'approche de l'armée et fit renvoyer le général Guo Ziyi qui, privé des moyens qu'il réclamait, se préparait désespérément à la guerre contre les Tibétains. Quand, enfin, l'empereur apprit la menace, il s'enfuit de la capitale après avoir rétabli le général Guo, qui ne parvint à réunir que vingt cavaliers pour défendre la ville. Selon les estimations, l'armée tibétaine comptait de 100 000 à 200 000 hommes, mais le combat était déséquilibré, et l'armée, s'écoulant depuis la grande muraille entourant la ville, inonda Changan. Il s'agissait de la muraille sur laquelle, un jour, allait se trouver le Quatorzième Dalaï Lama.

En raison de cette comédie des erreurs, disent les historiens Tang, les Tibétains tinrent Changan pendant quinze jours. Les sources tibétaines affirment que l'armée de Lhassa attaqua Changan afin de punir l'empereur Daizong d'avoir refusé d'honorer un engagement pris par son père, jurant que la Chine paierait chaque année, comme tribut, cinquante mille balles de soie. Une fois qu'ils eurent pris Changan, les Tibétains installèrent un prince fantoche de sang impérial, qui proclama le début d'une dynastie nouvelle et signa un document garantissant le paiement au Tibet d'un tribut annuel. Les sources chinoises confirment ces détails, et ajoutent que l'usurpateur nomma des ministres et des responsables de la cour, tandis que les Tibétains ravageaient la ville et brûlaient nombre de maisons. Pour finir, le Tibet se retira, Daizong retrouva sa capitale et l'usurpateur nommé par les Tibétains, un des fils de l'Empereur, mourut rapidement. La dynastie Tang survécut jusqu'en 906, mais les rébellions de 750 et le sac de Changan par les Tibétains en 763 marquèrent la fin des conquêtes chinoises en Asie centrale. Durant à peu près cinquante ans, entre 760 et 820, date à laquelle les Ouïgours retrouvèrent leur indépendance, le Tibet occupa les villes de la route de la soie prises aux Tang. Avant le XVIIIe siècle, aucun empire chinois ne devait reprendre les Etats-oasis (ce que la Chine appelle aujourd'hui le Xinjiang). L'Empire tibétain atteignit son pinacle au cours de ces campagnes : plus jamais ensuite le Tibet ne devait contrôler la route de la soie ni mettre à sac la capitale chinoise.

Après le sac de Changan, Tibétains et Chinois continuèrent de lutter pendant encore soixante ans. Les deux empires négociaient sans cesse, concluant verbalement des traités de paix, mais les deux parties ne parvenaient pas à des accords semblables dans les deux langues. L'historienne Pan Yihong écrit que les six traités précédant le pacte final tibéto-chinois de 822 « signifiaient une chose différente pour chaque partie, et n'étaient pas très efficaces. Tandis que les Tibétains réclamaient un territoire équivalent et l'égalité avec les Tang, les Chinois voulaient que leur supériorité soit reconnue ». Les troupes tibétaines et chinoises gardaient les deux côtés de la frontière entre les deux Etats qui n'en constituèrent jamais un seul. Quand la dynastie Tang se rendit compte que son existence était menacée par les attaques tibétaines, elle finit par signer un traité écrit avec le Tibet, qui lui aussi souhaitait la paix, car la Chine avait réussi à pousser les anciens alliés de l'Empire tibétain à l'attaquer sur ses frontières.

L'empereur de Chine avait refusé de signer les six traités précédents, mais en 822, pour la première fois, un traité bilingue fut rédigé. Comme les deux nations signaient des traités qu'elles rompaient chacune à leur tour, les Tibétains craignaient la pratique chinoise consistant, dans les documents, à traiter de haut leurs rivaux de Lhassa. Selon les historiens de la dynastie Tang, les Chinois, au cours des négociations de 781, essayèrent, une fois de plus, de glisser des expressions avilissantes. Trisong Detsen, l'empereur du Tibet, intervint aussitôt : « Nos deux grandes nations, les Tibétains et les Tong, sont alliées par des mariages. Comment donc se fait-il que nous soyons traités selon les rites réservés à des sujets ? » Sur l'insistence de Detsen, les termes du traité furent modifiés.

Au cours du processus de finalisation du traité définitif, en 822, les Chinois – acceptant à contrecœur de se plier aux coutumes « barbares » des Tibétains – jurèrent, devant une statue de Bouddha et en brûlant une offrande d'encens, de respecter le traité. Les négociateurs tibétains acceptèrent, après qu'on eut beaucoup insisté, de prêter serment à la façon « civilisée » des Chinois : en étalant sur leurs lèvres le sang d'animaux sacrifiés en offrande. Le texte du document ne prête à aucune équivoque.

> Le grand souverain du Tibet... et le grand souverain de la Chine... ont conclu un grand traité, et ont ratifié leur accord. De façon qu'il ne puisse jamais être modifié... les termes de l'accord ont été inscrits sur un pilier de pierre. Le Tibet et la Chine conserveront tous deux le pays et les frontières qu'ils possèdent actuellement... Il n'y aura pas d'action guerrière d'un côté ni de l'autre de la frontière, pas d'invasion, pas de prise de territoire... Et afin que cet accord inaugurant une ère de prospérité où les Tibétains vivront heureux au Tibet et les Chinois heureux en Chine ne soit jamais modifié, les Trois Joyaux, le corps des saints, le soleil et la lune, les planètes et les étoiles ont été invoqués comme témoins.

Le Dalaï Lama, dans son enfance, avait appris bien des choses à propos de l'empereur Trisong Detsen, mais, jusqu'à son voyage en Chine, il ne savait pourtant presque rien du sac de Changan par l'Empereur. A l'inverse, le rôle de Trisong Detsen dans le premier déploiement du Dharma au Tibet est célébré dans la littérature, dans l'architecture, dans la chanson populaire, dans l'opéra, dans la peinture et dans des dizaines de mythes. Curieusement, lorsque les Tibétains retracent les grandes lignes de sa vie, ce n'est qu'en passant qu'ils évoquent le sac de Changan.

Après avoir envoyé son armée saccager Changan, en 763, Trisong Detsen invita deux grands maîtres bouddhistes, Padmasambhava et Shantarakshita, à répandre le bouddhisme au Tibet.

Avec leur aide, Trisong Detsen fonda le premier monastère du Tibet, à Samye, et soutint les premiers Tibétains qui prononcèrent les vœux des moines bouddhistes. En 792, l'Empereur organisa une discussion sur les différences entre le bouddhisme chinois et le bouddhisme indien, tous deux enseignés à Samye. Au terme d'un débat public de deux ans, les maîtres indiens dominèrent les maîtres chinois, et la philosophie bouddhiste indienne l'emporta sur la philosophie bouddhiste chinoise pour influencer l'évolution du bouddhisme tibétain.

Aux yeux du Dalaï Lama, comme à ceux de la plupart des

Tibétains, le sac de Changan est un événement secondaire. Les Tibétains n'ont jamais mis en exergue leur victoire sur les Tang comme une preuve de la supériorité de la civilisation tibétaine. Ce que les Tibétains tiennent en grande estime, c'est le soutien que Trisong Detsen a apporté au bouddhisme au Tibet – l'invitation au Tibet de deux grands maîtres bouddhistes, et la fondation de Samye. L'un des deux maîtres invités au Tibet, Padmasambhava, appelé aussi le Gourou Rimpotché (Précieux Maître), a joué un rôle unique dans l'histoire tibétaine, comparable uniquement, peut-être, à celui du bodhisattva Chenrizi.

*

A la porte de la salle d'audience, il m'attend avec un sourire rayonnant. Lorsque je m'approche de lui, ses yeux scintillants restent fixés sur les miens. « Comment allez-vous, Mr Laird ? », me demande le Dalaï Lama d'une voix chaleureuse et retentissante.

Il me serre la main et me guide vers mon siège. Il vient de discuter pendant trois heures avec des délégués de cinq pays. Il arrive que de telles rencontres soient encombrées par les formalités, ce qu'il déteste, car il est pressé de se mettre au travail. Il glisse ses pieds hors de ses sandales de bata « made in India », et s'assied en tailleur sur son siège, à la façon asiatique, ce qui équivaut à se remonter les manches. Avec son *mala* de prière qu'il a toujours entre les mains, il est prêt. Pendant toute notre conversation, une partie de son esprit sera à son chapelet.

— Au travail, dit-il, jetant par-dessus mon épaule un coup d'œil à la longue liste de questions que j'ai préparées.

Il balance le chapelet entre ses doigts, tandis qu'un mantra glisse doucement de ses lèvres, comme un murmure.

Je pose ma première question.

— Quand avez-vous pour la première fois entendu parler de Padmasambhava ?

— Il m'a toujours été familier, et ce pour plusieurs raisons. Il y avait des statues et des portraits de lui partout. Au Potala, au Jokhang, partout on voyait des images de Padmasambhava. Il y avait aussi un rituel mensuel concernant une statue de Padmasambhava qui existait depuis l'époque du Cinquième Dalaï Lama. Ainsi, le matin du dixième jour de chaque mois, je devais faire une offrande à une représentation particulière de Padmasambhava. Je me souviens que l'un de mes moines gardes du corps, le plus âgé, arrivait avec un *khata*[1] spécial qui devait être apporté dans la Jokhang à la statue du Gourou Rimpotché. Il me demandait toujours de faire un vœu ou une prière avant qu'il ne l'offre à la statue.

— Comment était vêtu le garde du corps ?

Le Dalaï Lama hausse les épaules.

— Comme un moine !

Ils étaient vêtus comme lui, le crâne rasé et le corps enveloppé dans une tunique de laine bordeaux.

— Ces moines avaient sur l'épaule, sous leur tunique, de larges coussinets, comme un joueur de football américain. Ils étaient rembourrés comme des *Dhob Dhobs*. J'avais avec moi cinq moines gardes du corps, et c'était toujours le plus âgé qui venait me retrouver avec un *khata* d'un blanc immaculé. Mes petites mains étaient parfois très sales. Dans ce cas, je ne pouvais pas toucher le *khata*, et je le bénissais en l'effleurant de ma tête. Même si j'étais en train de jouer, je devais faire cela, je m'en souviens donc parfaitement. J'ai aussi une image très claire de cette scène parce que j'étais très petit, et que les gardes du corps étaient très grands. Je devais toucher le *khata* du front, et ce garde du corps géant devait se mettre à genoux à cause de ma petite taille.

— Au début, vous saviez ce que cela signifiait ?

— Non, au début, je ne savais pas pour quelle statue c'était. Mais chaque mois j'entendais le nom de la statue, le Grand Libérateur, alors que je ne savais même pas où elle était. « Le Précieux Libérateur », dit le peuple. J'ai donc eu très tôt, et de façon très drôle, une grande familiarité avec Padmasambhava. Quand je jouais, ma prière ne venait que de ma bouche. Je disais ce qui me venait à l'esprit, comme « Faites qu'il n'y ait pas de guerre », « Faites que je vive longtemps ». Je crois que ce sont les deux prières que je répétais toujours. Il me posait l'étoffe sur la tête, et je pensais automatiquement à ces prières, alors que j'étais en train de jouer. Je crois que la plus grande partie de mon cerveau était concentrée sur mon jeu, mais que ma bouche répétait automatiquement une de ces deux prières.

Il se tut un instant, pour être certain que je l'écoutais attentivement, et, me regardant dans les yeux, il s'exclama : « Vous parlez d'une prière sérieuse ! », et éclata d'un rire tonitruant. Une fois de plus, son rire était un rire d'autodérision.

---

1. Un *khata* est une étoffe de soie ou de coton blanc que les Tibétains s'offrent mutuellement, comme ailleurs on offre des fleurs. Les Tibétains offrent aussi ces écharpes rituelles de bienvenue aux statues, dans les temples.

Padmasambhava ne fut invité qu'après l'arrivée au Tibet de Shantarakshita, qui enseignait au Népal.

— C'est l'empereur Trisong Detsen qui a invité Shantarakshita à venir pour aider à répandre, à propager le Dharma. Lorsqu'il est arrivé et a commencé à enseigner le Dharma, il dut faire face à quelques obstacles.

L'historien tibétain Tsepon Shakabpa écrit que, après que Shantarakshita eut commencé à prêcher, les esprits animistes du Tibet, les dieux de la religion Bon, « étaient si pleins de ressentiments, étaient si mécontents qu'ils provoquèrent des tempêtes, des éclairs, des inondations. Le peuple interpréta cela comme autant de mauvais présages, selon lesquels la nouvelle religion n'était pas acceptable ».

Au Népal, les Sherpas, qui pratiquent le bouddhisme tibétain, racontent des anecdotes à propos des difficultés que dut affronter Trisong Detsen quand il commença à construire le premier monastère, à Samye. Les maçons travaillaient des jours entiers à élever les murs, mais la nuit des esprits mécontents venaient les mettre à bas. Le bouddhisme populaire est persuadé que les divinités protectrices et les esprits des montagnes, du printemps et de la terre, en colère, résistaient à la nouvelle religion. Ils avaient besoin d'un faiseur de miracles.

— Shantarakshita donna un conseil à l'empereur : « Il nous faut maintenant quelqu'un qui ait le pouvoir de contrôler la réalité physique. » C'est alors que Padmasambhava fut invité au Tibet. Après son arrivée, Shantarakshita avertit l'Empereur qu'il se contenterait de donner l'ordination aux moines, et de prodiguer des conseils spirituels, un enseignement, des discussions sur des sujets philosophiques. Telle serait sa responsabilité. Ces deux maîtres indiens avaient, au Tibet, des activités différentes. L'Empereur fondait les temples. Shantarakshita ordonnait les moines. Padmasambhava était là pour surmonter les obstacles, pour calmer les esprits du pays. Padmasambhava donna à Trisong Detsen et à vingt autres disciples proches quelques leçons, très secrètes, de haute spiritualité, mais il alla aussi en beaucoup d'endroits, à travers tout le Tibet.

— Vous dites que le Gourou Rimpotché devait calmer les esprits du Tibet. Au fil des années, j'ai entendu des légendes populaires, à travers tout le Tibet, selon lesquelles le Gourou Rimpotché avait défait les esprits locaux dans une certaine vallée, au cours d'un combat magique, et que, au lieu de les tuer, il leur fit jurer de devenir des « protecteurs du Dharma ». Plusieurs fois, Padmasambhava a marqué la terre – il pressa sa main sur une pierre dure – pour signifier la victoire du bouddhisme dans la vallée. Bouddha aussi a marqué la terre, au moment de son Illumination, de façon que la terre puisse témoigner de son illumination.

— C'est parfaitement exact. Une fois de plus, il semble que l'on se trouve devant un miracle. Je connais un moine, Ketsang Rimpotché. J'ai entendu dire qu'un jour qu'il jouait avec d'autres enfants – il était très jeune, sept ou huit ans –, courant sur un terrain marécageux, il sauta sur une pierre, glissa, tomba, et, sans en avoir l'intention, imprima dans la pierre la marque de son pied.

— Oui. Les Tibétains affirment qu'un certain nombre de lamas réincarnés ont fait cela. A mon avis, Padmasambhava inaugure cette tradition.

— Oui, probablement.

— Est-elle associée à la victoire sur les dieux protecteurs de la terre ?

— Peut-être, je ne sais pas. Avec un Rimpotché aussi jeune, c'était fait sans intention. En ce qui concerne les autres, on dit que c'est intentionnellement qu'ils font de telles choses. Dans certains cas, je crois qu'ils essaient de minimiser les forces négatives, dans d'autres, ils veulent établir leur pouvoir spirituel.

— Mais ce n'est pas le cas de Padmasambhava, à moins qu'il n'ait essayé de convertir les Tibétains, et de prouver que le pouvoir du bouddhisme est réel et supérieur à celui des autres divinités protectrices ?

— C'est possible. La tâche principale du Gourou Padmasambhava se situait à un niveau mystérieux. Il a fondé le bouddhisme tantrique au Tibet.

Nous passions de l'histoire au mythe, mais Padmasambhava est un personnage si important et si mystérieux qu'il était essentiel de poursuivre. Dans l'Inde du IXe siècle, les yogis bouddhistes tantriques affirmaient acquérir des pouvoirs magiques, et obtenir l'Illumination, par le biais du yoga sexuel et d'autres moyens radicaux. Padmasambhava était l'un des plus grands bouddhistes tantriques. Je savais qu'il était une figure centrale de la propagation du bouddhisme en Inde.

— Trisong Detsen, donc, œuvra, avec Shantarakshita et Padmasambhava, à propager le bouddhisme. Cela, au moins, semble solidement fondé d'un point de vue historique. L'une des choses qu'ils ont faites, ce fut de construire le premier monastère, à Samye, dans le Tibet central, et d'ordonner là-bas les premiers moines, c'est bien cela ?

— C'est exact.

Samye ne se trouve qu'à quelques heures de route au sud-est de Lhassa, sur une nationale pavée par les Chinois dans les années quatre-vingt-dix. Vu d'en haut, le temple, à l'origine, évoquait un mandala bouddhiste, avec une muraille extérieure circulaire entourant le temple principal, et une demi-douzaine de temples mineurs tout autour. Aujourd'hui, les murs d'adobe s'élèvent à près de quinze mètres du sol, mais le temple restauré n'est que l'ombre de ce qu'il était. L'original a survécu et est resté presque intact jusqu'au XXe siècle avant d'être détruit lors de la Révolution culturelle.

— Je n'ai malheureusement jamais été à Samye, reconnaît le Dalaï Lama. Selon la tradition, j'aurais dû y aller après mon examen final. Mais quand j'ai achevé mon examen, on était en 1959, et les choses changeaient. Quand j'ai traversé le fleuve et fui le Tibet, des gens m'ont dit : « C'est la route de Samye », mais comme je m'enfuyais je n'ai pas eu le temps de le visiter.

Le Dalaï Lama dit qu'au temps de Trisong Detsen, il y avait à Samye des moines indiens et chinois, et que les uns et les autres vivaient dans des quartiers différents. Il existait aussi des quartiers séparés pour une équipe de traducteurs chargés de transcrire en tibétain les textes bouddhistes indiens.

— Shantarakshita pratiqua l'ordination afin de voir si les Tibétains pouvaient ou non pratiquer et suivre le *Vinaya*, raconte le Dalaï Lama.

Au cours des siècles qui suivirent la mort de Bouddha, la communauté des moines bouddhistes codifia les règles de la discipline des moines, établie à l'origine par Bouddha, en un texte sanscrit appelé le *Vinayasutra.* Le Dalaï Lama, lorsqu'il évoque la discipline, les vœux d'un moine, parle de *Vinaya.* Ces règles commencent par les vœux de célibat, de non-violence et d'honnêteté, mais en comprennent bien d'autres, quelque peu similaires aux règles de l'ordre des bénédictins dans la religion chrétienne.

— Après que ces sept jeunes garçons eurent été ordonnés et instruits, ils devinrent des moines expérimentés. Cela montre qu'avant Shantarakshita, les Tibétains n'étaient pas ordonnés comme moines bouddhistes. A Samye, en ce temps-là, il y avait Shantarakshita enseignant la tradition indienne, les Chinois enseignant le Chan, des Tibétains et des pratiquants du tantrisme. Après la mort de Trisong Detsen et celle de Shantarakshita, un maître chinois non qualifié du nom de Mohoyen enseigna à Samye une version du Chan, qui causa beaucoup de mauvaises interprétations. Il prônait le « système instantané », affirmant que l'Illumination peut se produire en un instant.

L'école Chan du bouddhisme chinois se répandit au Japon, où elle se développa et devint le bouddhisme zen, qui recherche toujours le coup de tonnerre de l'Illumination en cette vie.

— Et que s'est-il passé lorsque le maître chinois a répandu cet enseignement au Tibet ?

— Les autres moines n'étaient pas d'accord. Puis un disciple de Shantarakshita, un moine indien appelé Kamalasila, fut invité à venir d'Inde. Shantarakshita était mort, mais il avait laissé un testament à l'intention de Kamalasila. Kamalasila est donc venu à Samye et a discuté avec le maître chinois qui avait répandu l'erreur (*à propos de Chan*). Kamalasila a discuté pendant deux ans avec le Chinois, et a clairement établi l'authenticité de l'interprétation indienne établie par Shantarakshita.

— Cela a été important pour l'établissement du bouddhisme au Tibet, n'est-ce pas ?

— Oui. Le maître chinois Mohoyen avait mal interprété les paroles de Bouddha. Le bouddhisme tibétain, tout en admettant l'Illumination instantanée, dit que bien des choses doivent être accomplies auparavant. On doit méditer sur l'impermanence et arriver à la compréhension de la souffrance, sans laquelle on ne peut pas atteindre des stades non conceptuels plus profonds. Selon moi, le maître chinois suivait lui aussi Bouddha. Le problème venait de la mauvaise interprétation d'une personne, pas de la tradition.

— C'est donc là ce que Trisong Detsen a accompli de plus important ? Les premiers moines tibétains, la fondation de Samye, puis ce débat ? Quels étaient les rapports entre l'empereur Trisong Detsen et Padmasambhava ? Est-ce qu'ils partageaient le pouvoir ?

— A la base, le souverain religieux – et pour nous Trisong Detsen était un Dharma Raja – avait son domaine réservé. Et le maître spirituel avait son domaine réservé. Il y a un lien particulier entre Trisong Detsen et Padmasambhava, et, pour tout dire, les Tibétains sont persuadés que chaque dirigeant du Tibet doit avoir une relation quelconque avec Padmasambhava.

Tout en écoutant le Dalaï Lama, je ne pouvais m'empêcher de me rappeler tous les miracles que, selon la croyance populaire bouddhiste, j'avais entendu attribuer à Padmasambhava à travers tout l'Himalaya. On avait parfois l'impression que Padmasambhava avait visité le moindre village, et avait laissé une trace miraculeuse dans la moindre pierre. Je le fis remarquer au Dalaï Lama :

— On raconte au Tibet tellement d'histoires à propos des miracles de Padmasambhava. Il paraît mythique à tant d'Occidentaux. Croyez-vous que Padmasambhava ait réellement existé ?

— Oui, je le pense. C'était un Indien d'Udiyana. Mais personne ne sait exactement où se touve Udiyana (*même si certains spécialistes modernes parlent de la vallée de la Swat, dans l'actuel Pakistan*). Alors oui, c'est une figure très mystérieuse, et qui donne matière à controverse. Dans les textes indiens anciens, on lit des histoires sur les grands maîtres du bouddhisme, il y a 1 000 ans. Ils sont bien connus. Même si leur enseignement écrit a disparu, leurs noms sont toujours présents dans d'autres textes de l'époque. Dans les textes de cette période, Padmasambhava n'est mentionné par aucun des anciens maîtres indiens. Il semble ne pas être là. Mais il est venu au Tibet, et il y a travaillé, et plus tard, beaucoup de grands maîtres bouddhistes ont eu une vision claire de lui, l'appelant Lopon, Gourou Rimpotché, et encore tant de noms en tibétain. J'ai eu moi aussi quelques rêves à propos de Padmasambhava. Au Tibet, il est vraiment présent. Il doit donc avoir existé. Ensuite se pose la question de savoir s'il vit encore aujourd'hui : d'une certaine façon, nous pensons qu'il est encore vivant.

— Tout cela semble quelque peu mythique.

— Oui, vous avez raison. Le Gourou Rimpotché n'est pas comme les autres personnages historiques, comme Songtsen Gampo ou Milarepa. Il a une personnalité très étrange, très mystérieuse. Certains disent qu'il a passé plusieurs années au Tibet. D'autres disent qu'il y est resté très peu de temps. Quoi qu'il en soit, on est sûr qu'il était le Gourou Rimpotché. Quel que soit le temps qu'il est resté au Tibet, il s'est passé quelque chose. Cette personne, Padmasambhava, est quelqu'un de spécial, qui a un lien avec Chenrizi. C'est l'un des plus grands. Il était un bouddha, un bouddha qui avait obtenu l'Illumination.

— Quelles étaient ses motivations pour venir au Tibet ?

Le Dalaï Lama compta trois noms sur ses doigts :

— Trisong Detsen, Padmasambhava, Shantarakshita, ces trois-là, dans une vie antérieure, avaient des relations uniques, très spéciales. Il existait entre eux un lien karmique qui les destinait à travailler ensemble au Tibet.

— Padmasambhava a-t-il atteint l'Illumination au cours de cette existence-là ?

— Non, à mon avis il l'avait obtenue longtemps auparavant. Le Gourou Rimpotché avait des pouvoirs magiques, des *siddha*. Il est une manifestation d'Amitabha (*le Bouddha de l'Illumination infinie*), regardé comme le plus sublime de tous les bouddhas. Ces manifestations d'Amitabha se produisent, selon les époques, sous différentes formes, mais elles sont toutes apparues pour sauver le Tibet.

— Par quels autres moyens Padmasambhava a-t-il œuvré à sauver le Tibet ?

— Avez-vous entendu parler de ce que nous appelons les « textes », découverts beaucoup plus tard ?

— Oui, je sais qu'il a laissé des enseignements tantriques à travers tout le Tibet qui ont été retrouvés plus tard.

— Tous ces textes révélés sont liés au Gourou Padmasambhava, et, de cette façon, il a apporté une autre contribution. Tous ces textes ont été cachés par le Gourou Padmasambhava au temps de Trisong Detsen.

— Ces textes peuvent-ils être cachés dans l'esprit ?

— Il en existe différentes catégories. Mais oui, il est possible, comme vous le dites, de les cacher dans l'esprit. Quelqu'un peut avoir reçu, à un moment particulier dans le passé, un enseignement particulier du Gourou Padmasambhava. Dans une autre vie, un esprit plus rustre domine cette personne, si bien qu'elle est incapable de se rappeler ce qu'elle a appris. Puis au cours d'une existence future, à travers la méditation et les pratiques personnelles, alors cette personne parvient à activer son esprit le plus subtil, et devient soudain capable de se rappeler ces enseignements.

— J'ai entendu dire que, après avoir accompli sa tâche au Tibet, il n'est pas mort mais est parti avec son épouse tibétaine, Yeshi Chogyal ?

— Oui, c'est exact. Selon la légende, il a quitté le Tibet sur les rayons du soleil.

— Alors, il n'est jamais mort ?

— Nous sommes persuadés qu'il vit encore, et, toujours aujourd'hui, certains ont des visions dans lesquelles ils atteignent le pays de Padmasambhava. Il est bien connu, par exemple, que le Cinquième Dalaï Lama a atteint le pays de Padmasambhava. Il y a reçu des instructions, puis il est rentré au Tibet. On peut interpréter ces événements à deux niveaux, en fonction du degré de réalisation qu'on a atteint. Moi aussi, je crois que c'est arrivé. Mais même au premier niveau, même si aucune source indienne ne le mentionne, il y a quand même la construction du monastère de Samye. Ça, c'est réel. Il y a les grandes actions de Padmasambhava, de Shantarakshita, et du roi Trisong Detsen.

J'ai du mal à accepter cette histoire :

— Si on en croit tous les mythes locaux, il aurait visité toutes les villes du Tibet.

— Peut-être les a-t-il visitées sous une forme miraculeuse.

— Mais, au Tibet, on mentionne si souvent ses visites et ses actions miraculeuses qu'on a l'impression qu'il y a eu plus de visites miraculeuses que de visites conventionnelles.

— C'est possile, répliqua le Dalaï Lama, qui n'était pas le moins du monde perturbé par mes doutes.

— Pourquoi ?

— En raison de ses pouvoirs particuliers, il pouvait atteindre plus d'endroits qu'il n'aurait été possible à sa présence physique. Il se peut donc qu'il en ait atteint certains par des moyens miraculeux, mais une fois qu'il était là, les gens pouvaient le voir.

— Pour les non-Tibétains, c'est très difficile à comprendre.

— C'est vrai. Mais l'important est que, selon différents niveaux de réalisation et d'expérience, Padmasambhava pouvait atteindre beaucoup d'endroits inaccessibles à une personne normale. Peut-être que lorsqu'il atteignait un lieu lors d'une expérience de non-incarnation, les gens ordinaires le voyaient quand même comme quelqu'un de normal.

— Et lorsque Padmasambhava atteignait tous ces lieux, à travers tout le Tibet, il...

— La tâche particulière du Gourou Rimpotché était de pacifier, d'éliminer toutes les forces négatives. Parmi les êtres humains, à un niveau humain, il y avait aussi des forces négatives, opposées au Bouddha Dharma, mais celles-là, l'Empereur pouvait s'en occuper. Néanmoins contrer les forces opposées au Bouddha Dharma au niveau mystérieux était le rôle du Gourou Rimpotché. L'opposition se situant à un niveau mystérieux, les méthodes de combat aussi. La principale tâche du Gourou Rimpotché était de répandre l'enseignement du tantrisme.

— Donc, quand il eut terminé son travail au Tibet, Padmasambhava n'est pas mort ? ai-je demandé, dubitatif. Il a disparu sur les rayons du soleil, dans son propre pays, dans un endroit où ne peuvent aller ceux qui n'ont pas atteint la réalisation ? Rien de tout cela n'a à voir avec Songtsen Gampo et les autres personnages, nous sommes à un second niveau de l'histoire du Tibet. On a l'impression que tout ce qui concerne Padmasambhava se situe à ce second niveau. Au moins, au niveau conventionnel, Songtsen Gampo est mort, même si à un niveau plus élevé il ne l'est pas. Mais en ce qui concerne Padmasambhava...

— Oui. Padmasambhava, même son corps n'a peut-être pas disparu. C'est très compliqué. Pour le Bouddha, il n'y a pas de niveau conventionnel. Il existe des gens qui, même maintenant, reçoivent des enseignements du Bouddha, et le Bouddha peut se manifester chez certaines personnes. Chenrizi, par exemple, est une manifestation de Bouddha.

— Vous n'êtes pas en train de dire, l'interrompis-je avec virulence, que lorsqu'on évoque l'histoire du Tibet, on est toujours à deux niveaux ?

— Non, ce n'est pas ce que je veux dire, répondit le Dalaï Lama avec un brin d'agacement. Il y a dans l'histoire du Tibet des personnes historiquement importantes, qu'il s'agisse de lamas, de souverains ou autres, pour lesquels il n'existe pas deux niveaux de compréhension. Il n'y a pas de niveau non commun : ce sont des personnes ordinaires. Cependant, dans quelques cas, on trouve dans l'histoire du Tibet des gens extraordinaires. Pour ces personnages-là, il y a deux niveaux de sens, de compréhension, deux niveaux de réalité. Mais ça ne veut pas dire qu'il y ait deux niveaux pour toute l'histoire du Tibet. Mais quoi qu'il en soit, de nos jours, le niveau conventionnel est le plus important.

Mon attitude suscita en lui un rire sonore, puis il continua, cherchant un autre moyen de m'atteindre :

— Ecoutez. Je comprends que, pour un Américain, cela soit difficile à admettre. Mais pour nous, en tant que bouddhistes, selon notre niveau d'expérience et de foi, il n'y a aucune difficulté à admettre la résurrection de Jésus-Christ. Nous pouvons facilement l'admettre, car nous acceptons qu'il y ait deux niveaux. D'un point de vue bouddhiste, il n'y a aucune difficulté à accepter, au second niveau, la résurrection de Jésus-Christ.

Soudain, une grande part de ce dont je discutais avec lui, le fait que Padmasambhava ne m'apparaisse pas comme une figure historique, se modifia. J'étais estomaqué.

— Mais en observant les événements miraculeux qui entourent Padmasambhava, dont vous dites que, pour la plupart, ils se sont produits au second niveau, peu de chrétiens modernes vous accorderaient la même latitude.

— Oui, c'est vrai. Mais tout cela est question d'opinions. La croyance fondamentale reste la même.

En discutant de l'histoire tibétaine avec le Dalaï Lama, j'ai commencé à penser que les structures des croyances sont les mêmes dans toutes les sociétés humaines. Seules changent les croyances elles-mêmes.

4

Lang Darma : déclin, révolte et chaos 797-977

Durant trois jours et trois nuits, la pluie n'avait pas cessé de tomber. Les rues de la ville indienne de Dharamsala, sur la colline, étaient naturellement creusées de nids-de-poule et d'ornières, mais les pluies ininterrompues avaient causé des dommages encore plus graves, et certaines rues étaient transformées en petits torrents. Chaque après-midi je prenais un taxi en direction de la résidence du Dalaï Lama, au sommet de la colline, et arrivé là, abrité sous un parapluie, me dirigeais vers la salle d'audience. La veille, nous avions parlé de Songtsen Gampo et des débuts de l'Empire tibétain. Il était donc naturel de passer à l'histoire du règne de ses descendants.

Le règne de Trisong Detsen, et la propagation du bouddhisme au Tibet au cours de ce règne, marquent le pinacle de l'Empire tibétain. Les deux fils et les deux petits-fils de Trisong Detsen présidèrent aux jours glorieux de l'Empire, avant le déclin et une période de chaos. Le règne de Muni Tsenpo, le fils de Trisong Detsen, aux alentours de 790, est connu par les Tibétains en raison d'un épisode étrange au cours duquel l'Empereur tenta de redistribuer la richesse dans son empire.

Tsepon Shakabpa, historien tibétain, écrit :

> Muni Tsenpo, pour essayer de réduire l'énorme disparité entre les riches et les pauvres, introduisit une réforme agraire et nomma des ministres pour superviser une équitable répartition de la terre et de la propriété. Quand, plus tard, l'Empereur s'enquit du sort qu'avait connu sa réforme, il découvrit que « les riches étaient devenus plus riches et les pauvres plus pauvres ». On dit qu'il essaya encore deux fois de réformer, sans succès. Padmasambhava fut questionné sur ces événements, et répondit à l'Empereur : « Dans cette vie, notre

condition dépend entièrement des actions de nos vies antérieures, et rien ne peut altérer le cours des choses. »

Le Dalaï Lama et moi nous étions installés dans une routine de travail, et aussitôt que nous fûmes assis, je lui lus cet extrait de Shakabpa. L'attitude de Padmasambhava est si différente de celle de nos politiques modernes que j'étais curieux de connaître le point de vue du Dalaï Lama.

— C'est important, car cela montre l'influence que le bouddhisme avait sur Muni Tsenpo. Il a développé une réflexion sérieuse sur la distribution inégale des richesses, et il a voulu la rendre équitable. Il a essayé de le faire trois fois. Je ne sais pas comment exactement il s'est efforcé d'y parvenir.

Sa voix se brisa en un rire sceptique, et il poursuivit :

— Mais ce qui est très clair, c'est qu'il n'a pas tué les riches ! Les documents concernant ces événements sont obscurs, mais le concept est là et dès que, enfant, j'ai entendu parler de cet idéal, il m'a marqué.

Le rire du Dalaï Lama se fit plus sonore : il pensait à la période historique qu'il avait traversée. Au XXe siècle, le marxisme a essayé de résoudre le problème connu par Muni Tsenpo au VIIIe siéle en tuant les riches. Au début des années cinquante, le parti communiste chinois, après avoir remporté la guerre civile, a exécuté plusieurs millions de propriétaires terriens, et il y eut en Chine une massive redistribution des richesses. La Chine finit par mener la même politique au Tibet. Et pourtant, aujourd'hui, le gouvernement chinois a abandonné ses expériences antérieures sans jamais reconnaître que, à travers la Chine, des millions de personnes, riches ou moins riches, étaient mortes pour rien. Le rire du Dalaï Lama faisait allusion à ces événements tragiques. Malgré tout, il a pour l'idéologie marxiste un respect que je trouve étrange.

— Voyez-vous un lien entre le bouddhisme et l'idéologie marxiste ?

— Oui. Je crois qu'il y a des similarités entre les pensées bouddhiste et marxiste. Mais Muni Tsenpo n'a pas fait cela en fonction d'une pensée marxiste. Il a clairement tenté ça sous l'influence du bouddhisme. Il existe cependant une connexion entre les deux.

Me réservant de revenir à ce sujet quand nous en arriverions au XXe siècle, je pousuivis sur l'histoire du Tibet aux VIIIe et IXe siècles. Les documents concernant le règne de Muni Tsenpo sont incomplets. La qualité et la quantité des documents historiques tibétains de la fin du VIIIe et du début du IXe siècle sont comparables aux maigres sources concernant Charlemagne, qui régna sur l'Europe à la même période. Le règne de Muni Tsenpo fut bref, et comme il n'eut pas d'héritier, son frère, l'autre fils de Trisong Detsen, monta sur le trône en 804. Le nouvel empereur, Tride Songtsen, poursuivit la politique de son père. Il invita des maîtres bouddhistes indiens à enseigner au Tibet, fonda des temples, et défendit sa patrie tout en poursuivant des conquêtes lointaines, luttant contre les Arabes et les Chinois. Les troupes tibétaines occupèrent de grandes parties de la Chine du Nord, ce qui causa à Changan des alarmes répétées. Pendant une décennie, tandis que les Tibétains poussaient encore plus à l'est en Chine, la capitale Tang se trouva presque encerclée.

Tride Songtsen eut deux héririers mâles, Tri-Ralpachen et Lang Darma. Leur lutte pour le trône marque la fin du Tibet impérial. A la mort de Tride Songtsen, en 815, un an après la mort de Charlemagne, Lang Darma, l'aîné des deux fils, fut écarté par les ministres qui détenaient le pouvoir, car il était antibouddhiste et tête brûlée. Le plus jeune fils, Tri-Ralpachen, devint empereur à sa place et, comme ses prédécesseurs, continua à soutenir la propagation du bouddhisme au Tibet, invitant des maîtres indiens à enseigner et supervisant leur traduction de textes en tibétain.

C'est l'empereur Tri-Ralpachen qui signa, en 822, le traité avec la Chine des Tang, par lequel Chine et Tibet se reconnaissaient égaux. Ce fut le dernier échange diplomatique entre les deux pays avant plusieurs siècles. Au cours de cette période de chaos, aux VIIIe et IXe siècles, les Etats chinois et tibétain devaient rétrécir de façon spectaculaire et perdre leur unité. Lorsque les Song, successeurs des Tang, arrivèrent au pouvoir, ils gouvernaient un Etat chinois bien plus réduit. Des Etats-frontières séparant le Tibet de la Chine apparurent, et les relations diplomatiques étaient virtuellement inexistantes.

Au Tibet, le déclin, qui finit en chaos, commença lorsque Lang Darma réagit violemment à la perte du trône. De plus, à la même époque, un sentiment antibouddhiste se répandait à travers la Chine et le Tibet. La combinaison de ces deux facteurs porta malheur au Tibet impérial et à l'empereur Ralpachen, le frère de Lang Darma. En 836, deux ministres antibouddhistes complotèrent avec Lang Darma pour écarter de la cour de Ralpachen les ministres les plus bouddhistes. Puis les deux hommes s'approchèrent sournoisement de Ralpachen qui somnolait au soleil après quelques verres de bière tibétaine, la *chang*, et lui brisèrent le cou à mains nues.

Dès que Lang Darma se trouva sur le trône, il publia des édits destinés à détruire le bouddhisme monastique. Les monastères fermèrent leurs portes, et les moines durent, sous peine de mort, se défroquer. Lang Darma, « le jeune taureau », et ceux qui le soutenaient n'avaient jamais accepté que le bouddhisme s'étende au Tibet jusqu'à dominer la religion d'origine, le Bon. Grâce à Lang Darma, le temps fit marche arrière. Durant environ un siècle, le bouddhisme monastique disparut au Tibet et, pendant soixante-dix ans, aucun moine ne fut ordonné. Certains temples ne fermèrent pas, mais il n'y avait plus de moines ayant fait vœu de chasteté pour diriger la communauté bouddhiste tibétaine, et seul le bouddhisme populaire survécut. Le règne de Lang Darma marqua aussi la fin de l'Empire tibétain. « C'est sous Ralpachen que la puissance militaire tibétaine fut à son pinacle, mais sous Lang Darma elle déclina », me dit le Dalaï Lama.

A ses yeux, les empereurs Tri-Ralpachen, Trisong Detsen et Songtsen Gampo sont « les trois grands ancêtres, les trois plus grands souverains et patrons du bouddhisme. Mais c'est sous le règne de Ralpachen que la puissance militaire atteint son maximum. Puis, en raison d'un conflit religieux entre le bouddhisme et la religion locale, le Bon, pour des raisons politiques, le Tibet déclina. Ensuite arriva Lang Darma ».

Son nom, pour les Tibétains, est symbole de déclin et de chaos.

C'est – comme pour beaucoup de choses – à travers les balayeurs qui entretenaient les chapelles du Potala que le Dalaï Lama entendit parler de Lang Darma pour la première fois. Dans ce vaste établissement, ces travailleurs étaient ses compagnons de jeu et c'est par eux qu'il apprit le folklore tibétain. Pour eux, Lang Darma était un démon cornu.

— En raison de ces cornes, on envoyait des filles pour le coiffer et, ensuite, de ses cornes, il les tuait. Parce qu'elles avaient vu ses cornes et qu'il ne voulait pas que d'autres apprennent qu'il en avait. C'est pourquoi il les tuait, me raconta le Dalaï Lama en riant. Un jour une jeune fille alla le coiffer et, tout en le coiffant, elle se mit à pleurer. Ces pleurs étonnèrent Lang Darma qui demanda : « Pourquoi pleures-tu ? » Elle répondit qu'elle savait que, dès qu'elle aurait terminé, elle serait tuée. Il se sentit alors un peu coupable, et dit : « Si tu promets de ne pas dire que j'ai des cornes, tu seras épargnée. » Elle promit, et elle fut épargnée. Mais au bout de quelque temps, elle ne put résister à l'envie de partager son secret. Comme elle avait fait une promesse, elle se dirigea vers une crevasse dans le rocher, et murmura dans la crevasse que Lang Darma avait des cornes. Ensuite une pousse de bambou prit racine dans la crevasse. Puis quelqu'un coupa le bambou, et en fit une flûte. Et chaque fois qu'il jouait de la flûte, elle chantait « Il y a des cornes sur la tête de Lang Darma ».

Le Dalaï Lama, en finissant ce conte qu'il avait appris enfant, ne put s'empêcher de rire. Tout en riant avec lui, je compris combien pour lui cette parabole était importante et aidait à comprendre l'évolution spirituelle de sa foi. En le voyant la trouver si drôle, j'avais failli rater ce détail. Ce conte renfermait une partie de l'essence de la croyance tibétaine en la réincarnation : la vérité peut se jouer à travers plusieurs réincarnations. Elle ne meurt jamais.

Quand il eut repris sa respiration, le Dalaï Lama poursuivit :

— Selon la croyance populaire, Songtsen Gampo avait un bouddha sur la tête. Il est là, sur les peintures qui le représentent. Et Lang Darma avait des cornes. Je crois que les gens confondaient le premier et le deuxième niveau d'interprétation.

Il prononça ces mots, et je respirai profondément, puis il me regarda : il n'en dirait sans doute jamais plus. La réalité non commune, aperçue par les sages, avait été transformée en mythe populaire. Si les mythes trouvaient leur origine en une mauvaise interprétation, je me suis demandé combien de mythes, dans combien de sociétés, provenaient de telles erreurs. Il me semblait que c'était peut-être pour cette raison que les métaphores spirituelles, les mythes, devenaient des réalités fondamentales : comme des distorsions de la réalité si dures à apercevoir qu'elles demandent une grande pratique. La répétition persistante de la vision « en stéréo » du Dalaï Lama – qui voyait en même temps le « commun » et le « non-commun » – avait été suffisamment difficile. Et voilà qu'il me disait maintenant que certains aspects de la culture populaire tibétaine s'étaient développés en raison d'une confusion des deux niveaux.

Tandis que je réfléchissais à cela en silence, le Dalaï Lama poursuivit :

— Un de nos chrétiens devenu bouddhiste m'a dit récemment que, dans le christianisme, les créatures de l'enfer ont elles aussi des cornes. Dans l'histoire tibétaine, les méchants sont censés avoir des cornes. Les gens mauvais ont des cornes, pour montrer qu'ils sont féroces. Au niveau conventionnel, peut-être Lang Darma n'avait-il pas ces cornes, et Songtsen Gampo n'avait-il pas ce bouddha qui lui poussait sur la tête. Mais au niveau spirituel, Songtsen Gampo avait en lui cette tête de bouddha ; il avait la marque de sa lignée, descendant de Chenrizi et d'Amitabha.

— D'où est venu le conflit entre Ralpachen et Lang Darma ?

— Pendant longtemps, à mon avis, il y eut un conflit religieux entre le bouddhisme et la religion locale, le Bon. Il y avait aussi, localement, des conflits purement politiques. Puis arriva Lang Darma. Il prit parti pour la tradition Bon, et il tua son frère. Je suppose que, même s'il était très respecté, Ralpachen avait ses ennemis. Lorsqu'il fut assassiné par Lang Darma, il y eut des jalousies, des divisions. Comme Ralpachen avait été assassiné, le peuple n'eut pas le même respect pour le nouvel empereur. En ce temps-là, des ministres importants, ou des gens de confiance, étaient en poste dans des zones extérieures, comme l'Amdo et le Kham[1]. En fait, des descendants de Songtsen Gampo étaient postés dans ces zones-frontières. Et donc naturellement, quand ils apprirent que l'Empereur avait été assassiné, ils suivirent leur propre route, prenant localement le pouvoir. Et, plus tard, lorsque Lang Darma fut lui-même assassiné, les divisions s'accrurent. Ainsi le pouvoir central déclina, et s'éloigna de la frontière. Puis commença une période de chaos et de démoralisation, en particulier chez ceux qui avaient des responsabilités sur la frontière. A ce moment-là, dans l'Est, des micro-Etats semi-indépendants se créèrent le long de la frontière chinoise.

— Les Tibétains m'affirment souvent que l'arrivée du bouddhisme apaisa le cœur de leur peuple, et que cela contribua au déclin du pouvoir militaire.

— Je crois qu'il existe plusieurs raisons. Mais, c'est vrai, l'arrivée du bouddhisme n'est pas étranger à cela. Cependant, les savants modernes voient les choses différemment. Ils disent qu'il y avait une trop grande dévotion pour les moines, que trop de terres étaient dévolues aux monastères, et que la richesse nationale en souffrait. C'est du point de vue de l'intérêt national que Lang Darma aurait entrepris de détruire le bouddhisme. C'est une façon de voir les choses. Chaque événement a bien des causes. Il se peut que celle-là en soit une. Souvent, quand on essaie d'expliquer quelque chose, on s'en tient à un seul facteur et on dit qu'il est cause de tout. Mais, en général, il existe plusieurs facteurs.

— Lang Darma a-t-il délibérément détruit le bouddhisme ?

— Oui. Il voulait montrer qu'il ne respectait pas le bouddhisme. Il essayait de le détruire.

— Pourquoi a-t-il forcé les moines à devenir des chasseurs, à se marier, à devenir soldats ?

— Une fois qu'un moine a tué un être vivant, il n'est plus un moine. Voulant détruire le bouddhisme, il a forcé les moines à

1 A l'est du Tibet, le long de la frontière avec la Chine.

détruire des vies pour que, ce faisant, ils détruisent leurs vœux. Si un moine tue un animal, son ordination n'est pas remise en cause, mais s'il tue un homme, si. Lang Darma avait pour but de détruire le Dharma. Je crois qu'ensuite, pendant soixante ou quatre-vingts ans, il n'y eut plus de moines au Tibet. Toute la communauté *Vinaya* (*les moines suivant les règles de la discipline monastique*) fut détruite. Il restait cependant, dans des zones isolées, quelques pratiquants du tantrisme.

En quelques années, 200 ans de civilisation bouddhiste furent mis à bas. En 836, les maîtres indiens s'enfuirent dans leur pays. Les dévotions cessèrent en même temps au Jokhang, fondé avec l'aide des épouses népalaise et chinoise de Songtsen Gampo, et au Samye de Trisong Detsen, fondé avec l'aide des deux maîtres indiens. Mais, curieusement, ces deux temples ne furent pas détruits, ils furent juste fermés. Ceux qui soutenaient Lang Darma fermèrent ou démolirent les bibliothèques bouddhistes. Quelques moines cachèrent des textes, des statues, des trésors, des reliques. Officiellement, le Tibet revint à son ancienne religion, le Bon.

Le bouddhisme fut persécuté de façon similaire quelques années plus tard en Chine, officiellement à partir de 845. L'empereur Tang estima que le bouddhisme était devenu si puissant qu'il était un rival économique et politique à l'autorité de l'Empereur. Peut-être, comme venait de me le dire le Dalaï Lama, Lang Darma avait-il senti la même menace de la part des moines tibétains.

Aux IXe et Xe siècles, le bouddhisme, en Chine, connut une lente renaissance, mais il resta toujours sous le contrôle de l'Empereur. Au Tibet, après la chute de l'Etat, le bouddhisme émergea comme la principale force du pays. Quand ils se rencontrèrent pour la première fois, au VIe siècle, la Chine et le Tibet étaient des pouvoirs impérialistes rivaux. Mais au Xe siècle, au moment de leur deuxième rencontre, les deux Etats avaient un esprit radicalement différent.

*

La persécution de Lang Darma rendit furieux les bouddhistes tibétains, et ils finirent par se révolter. En 842, un simple moine, Lhalung Palgyi Dorje, entra dans Lhassa et tua Lang Darma d'une flèche entre les deux yeux.

Dorje savait qu'un moine qui tue un être humain rompt le vœu bouddhiste de base et ne peut donc plus être un moine. Il rencontra Lang Darma devant le Jokhang, penché pour lire une inscription sur un pilier de pierre, le texte du traité sino-tibétain de 822. Vêtu d'une robe noire, le moine prétendit être un danseur Bon. Il cachait son arc et sa flèche sous sa robe, et cette ruse lui permit de s'approcher suffisamment près. Dans la confusion qui suivit, le moine s'enfuit sur son cheval noir, et attendit à l'entrée de la ville.

Le meurtre de Lang Darma est familier au Dalaï Lama en raison de ses implications éthiques.

— Le moine a agi pour sauver le Dharma. C'est absolument évident. Il avait pour unique motivation de le sauver. Ensuite, il est allé dans l'Amdo pour rejoindre les quelques moines qui y restaient. En tout cas, c'est ce qu'on raconte souvent au Tibet. Il avait fait peindre son cheval en noir et il avait une robe noire à l'extérieur et blanche à l'intérieur. Après le meurtre, il retourna sa robe et traversa le fleuve, où le noir de charbon du cheval s'effaça. Quand les gardes se mirent à sa recherche, ils demandèrent si on avait vu un homme sur un cheval noir, avec une robe noire. Mais les gens dirent que non, qu'ils avaient vu un homme en blanc sur un cheval blanc.

Dorje, qui ne fut jamais pris, passa le reste de sa vie en méditation. Les Tibétains sont persuadés que, comme ses motivations étaient pures, il put être pardonné de son péché. Même le Dalaï Lama dit qu'il est « très possible » qu'il ait réussi à avoir, dans une vie future, une renaissance positive. Pour les Tibétains, il n'existe pas d'enfer éternel, et donc même le pire karma, obtenu suite aux pires péchés, a une fin. Et dans les péchés les plus condamnables comme le meurtre, il y a des degrés. Si on assassine avec une motivation pure, ce n'est pas comme si on assassine par appât du gain, ou pour le plaisir.

Le meurtre de Lang Darma par le moine Dorje soulève un dogme central du bouddhisme tibétain, et quelque chose qui touche au cœur de l'histoire tibétaine. Le bouddhisme tibétain n'enseigne pas que la non-violence est la seule réponse possible à l'injustice ou au mal. Les Tibétains, comme tous les hommes, n'ont pas toujours été non violents. Ma question suivante était une variante d'une question philosophique éternelle :

— Et si j'avais eu l'occasion de tuer Hitler avant qu'il ne tue des millions de personnes ?

— En théorie, répondit le Dalaï Lama avec une gravité soudaine, pour obtenir un bénéfice plus grand pour un plus grand nombre de gens, on a le droit d'utiliser la violence. Cela est vrai dans le bouddhisme Vajrayana et le bouddhisme Mahayana, et c'est l'un des détails qui différencient ces écoles du bouddhisme Theravada.

Le bouddhisme Theravada, la première forme de bouddhisme enseignée au temps de Bouddha, survit aujourd'hui en Asie du Sud-Est et au Sri Lanka. Les bouddhismes Mahayana et Vajrayana (ou tantrique) se développèrent en Inde ultérieurement, et sont aujourd'hui pratiqués au Tibet, au Japon et en Asie centrale.

— Il y a une histoire bouddhique fameuse, poursuivit le Dalaï Lama, à propos des 500 marchands qui traversent la mer. Leur chef se rend compte que l'un d'eux veut tuer tous ceux qui sont sur le bateau. Alors, pour sauver non seulement les gens qui sont sur le bateau, mais aussi pour empêcher cet homme de commettre un péché, le chef des marchands prend sur lui le péché consistant à tuer le meurtrier avant qu'il ait agi.

— Ainsi, pour sauver le Dharma, Palgyi Dorje a pris à son compte le péché consistant à tuer Lang Darma ?

— Oui. C'est un aspect unique du bouddhisme Mahayana, même aux temps anciens. L'une des raisons pour lesquelles les anciens moines Hainayana (*Theravada*) affirmaient que Mahayana n'avait pas reçu l'enseignement de Bouddha est que, dans le Mahayana, on peut lire que, dans certains cas, le meurtre est autorisé.

En 842, après l'assasinat de Lang Darma, ses fils et ses épouses luttèrent pour le trône dans un chaos croissant. Le Tibet impérial finit par se scinder en deux Etats. En 866, les derniers decendants de Songtsen Gampo se déplacèrent vers l'ouest du Tibet (*Ngari*) où ils tentèrent de préserver un semblant de contrôle. En fait, l'Empire s'était déjà effondré, et dans le chaos qui en résulta, les troupes tibétaines quittèrent les frontières. Le long de l'ancienne frontière sino-tibétaine fleurirent de petits Etats-tampons. La société tibétaine se resserra, et, pour le siècle qui suit, les documents écrits sont rares. Ceux qui subsistent ne sont plus le fait de personnages officiels d'un Etat centralisé, mais de moines.

— Lorsqu'on lit certains historiens tibétains après la période impériale, on s'aperçoit que la perpective et le point de vue sont centrés sur l'histoire religieuse. Il y a donc plus de détails concernant les grands lamas. Malheureusement, à travers l'ensemble de l'histoire du Tibet, il n'existe pas de vraie tradition consistant à prendre note des événements politiques. On insiste sur l'histoire religieuse aux dépens de l'histoire politique. Il faut donc piocher à travers ces histoires religieuses, et il n'y a aucune cohérence.

— Comment résumeriez-vous la fin de l'Empire et de Lang Darma ?

— Pour commencer, dès le début du règne, les troupes tibétaines commencèrent à être écartées des frontières, et pour finir les successeurs de Lang Darma divisèrent l'Empire, et le pouvoir externe du Tibet s'effondra. Ainsi l'autorité centrale disparut avec Lang Darma quand ses deux fils se partagèrent le pouvoir et scindèrent le Tibet. Après la destruction du bouddhisme par Lang Darma, destruction qui consista essentiellement en la destruction de l'institution monastique, il y eut soixante ou quatre-vingts ans de chaos complet. Puis, depuis les régions frontalières, le bouddhisme fit son retour dans le Tibet central *(divisé en deux régions, U et Tsang).* Il fut peu à peu réintroduit et prit de l'importance, mais il n'existait pas de pouvoir central.

— Et qu'est-il arrivé aux derniers héritiers du pouvoir impérial ?

— Un suposé souverain tibétain établit sa capitale à l'ouest du Tibet. On eut alors le sentiment de retrouver le pouvoir impérial des premiers temps. Mais il y avait d'autres souverains, et chaque souverain ne s'intéressait qu'à son environnement immédiat, ne voyait pas plus loin. Il s'agit d'un processus naturel. Chacun ne prenait garde qu'à son voisinage immédiat, et pas aux régions éloignées, qui, à la période impériale, appartenaient au Tibet. Les régions gagnèrent peu à peu leur indépendance. Ainsi dans les régions du Nord (*la route de la soie*), dont s'emparèrent les musulmans. Au Sud, les Népalais reprirent le pays. Au cours de cette époque, la zone d'influence politique commença à rétrécir.

— Si l'on ne considère que la période comprise entre Songtsen Gampo et Lang Darma – entre 600 et 850 –, y voyez-vous une unité ?

— Oui, il s'agit de la même période de l'histoire du Tibet.

De Songtsen Gampo à Lang Darma, soit pendant environ 250 ans, le Tibet était unifié sous l'égide d'un gouvernement centralisé et fort. Le bouddhisme prospéra, et des dizaines de milliers de Tibétains étaient en contact avec un monde beaucoup plus vaste, un monde de commerce, d'expansion, de richesse. Soudain, avec la mort de Lang Darma, le gouvernement central s'effondra. Pendant près d'un siècle, les relations avec l'étranger cessèrent, et le commerce international marqua une pause. Nous ne possédons pas de documents écrits concernant cette période. Cependant les idées cosmopolites qui s'étaient frayé un chemin au Tibet au cours de la période impériale commencèrent à fermenter dans chaque région, dans chaque village. Le pays qui en émergea était immensément riche, à la fois spirituellement et culturellement, mais l'idée d'un Etat unifié n'était plus un but important. Lui succéda une ère de factions et de régionalisme qui devait durer 300 ans.

5

Retour du Dharma et naissance des ordres bouddhistes 978-1204

Les premiers moines bouddhistes ordonnés et ayant fait vœu de chasteté revinrent dans le Tibet central en 978, depuis les régions orientales du Kham et de l'Amdo. A la même époque, des moines qui, dans l'ouest du pays, avaient survécu aux purges de Lang Darma commencèrent à effectuer en Inde des pèlerinages d'études. Quelques moines revinrent d'Inde avec des textes nouveaux à traduire. Dès le début du XIe siècle, le bouddhisme monastique s'étendait à nouveau dans le centre du Tibet, parti à la fois de l'Est et de l'Ouest. Les Tibétains appellent cette période la « Seconde Floraison du Dharma ». Après environ deux siècles de désunion et de désordre, la lumière de l'Histoire éclaira à nouveau un pays modifié. L'Empire avait disparu, et le pouvoir monastique qui émergeait laissa peu de documents politiques – il s'intéressait selon les mots du Dalaï Lama « non pas à l'ensemble du Tibet, mais aux moines et aux monastères. Pour leur école de bouddhisme, la nation tibétaine était secondaire, et la politique venait après le Dharma ».

Au cours du XIe siècle, trois des quatre principales écoles modernes (ou « ordres ») du bouddhisme tibétain commencèrent à apparaître : Nyingma, Sakya, Kagyu. Un quatrième ordre, Kadam, exista pendant 200 ans comme école indépendante, puis disparut en grande partie. Gelug, l'ordre du Dalaï Lama, est le principal successeur historique de Kadam. Ces ordres religieux en vinrent à dominer la société tibétaine tandis que le pays trouvait la forme qui allait être la sienne pendant un millénaire : un Etat religieux centré sur lui-même.

A la fin du Xe siècle, à leur retour, les moines ayant fait vœu de chasteté trouvèrent plusieurs formes de bouddhisme populaire

– qu'ils jugèrent dévoyées et nécessitant des réformes – ancrées parmi les villageois du Tibet central. Pour détruire les ordres, il avait suffi à Lang Darma de fermer les monastères et de défroquer les moines. Il était plus difficile de détruire le bouddhisme populaire, basé à la maison plutôt que dans les monastères – à la maison où ce sont des prêtres mariés, et pas des moines, qui célébraient les rituels. Au Xe siècle, les moines de retour appelaient les pires des bouddhistes survivants des « moines voleurs », c'est du moins ce qu'affirme R. A. Stein, un historien français réputé spécialiste du Tibet. Selon Stein, ils usaient de textes ésotériques tantriques pervertis et « enlevaient et tuaient des hommes et des femmes, les mangeaient, buvaient de l'alcool et pratiquaient les échanges sexuels ». La plupart des Tibétains nient que de tels excès aient pu exister.

Même si, dans le chaos qui suivit le meurtre de Lang Darma, peu de cultes tantriques dévoyés en arrivèrent au meurtre, le Dalaï Lama souligne que le bouddhisme populaire était sorti du droit chemin.

— Avant que ne soient créés les ordres réformés du bouddhisme tibétain, nombre de Tibétains pratiquaient le tantrisme de façon littérale. Il y avait des rites avec des femmes, de l'alcool, parfois même on buvait du sang. Car la pratique tantrique étant très populaire, des excès extrêmement négatifs dus à ceux qui ne la comprenaient pas bien étaient fréquents. Ils pratiquaient sans vraiment comprendre. Ils recherchaient le plaisir.

Car même si les moines revenus au Tibet depuis les frontières où le bouddhisme monastique avait survécu étudiaient aussi le bouddhisme tantrique, ils le faisaient sous une forme orthodoxe.

Selon les spécialistes modernes, le bouddhisme tantrique évolua au nord de l'Inde du VIIe au XIe siècle, depuis les plus anciennes écoles de bouddhisme. Les Tibétains insistent sur le fait que des enseignements tantriques étaient donnés par Bouddha, mais restèrent cachés pendant plusieurs siècles. Comme bien des aspects du bouddhisme, le tantrisme défie toute définition simple. Même les origines de tantra sont discutées. Les bouddhistes Hinayana modernes, comme les Thaïs ou les Sri Lankais, affirment que le tantra fut créé bien après la mort de Bouddha, alors que les bouddhistes Mahayana, comme les Tibétains et les Mongols, soutiennent que Bouddha a donné des enseignements tantriques qui sont restés secrets pendants des années. Certains ont vu le tantrisme comme une corruption du bouddhisme, dans laquelle la recherche de pouvoirs magiques a pris le pas sur la recherche de l'Illumination.

D'autres voient le tantrisme comme une école de Mahayana ayant conservé les enseignements les plus ésotériques de Bouddha pour trouver une voie rapide vers l'Illumination, à travers le sexe, les drogues et autres méthodes radicales. Si l'on en croit ceux qui les critiquent, les bouddhistes tantriques étaient dépravés et pervertissaient les enseignements de Bouddha.

Le Dalaï Lama m'expliqua que, après la Seconde Floraison du Dharma, il y eut une réaction aux excès des bouddhistes tantriques.

— Au Tibet, la réaction fut très violente. Il y eut un mouvement vers le *Vinaya*, et nombre des premiers maîtres tibétains ne pratiquèrent plus jamais le tantrisme en public : il s'agissait d'une réaction contre les excès antérieurs. Cependant, en très grand secret, certains maîtres, même parmi les sectes réformées, continuaient à pratiquer le tantra.

Cette querelle religieuse ésotérique finit par avoir d'immenses conséquences sur la vie politique du Tibet. Au XIe siècle, cependant, elles étaient encore loin.

C'était une époque d'intense chaos religieux et politique. Les charlatans, mais aussi les maîtres bouddhistes, épousaient une grande variété de philosophies et de pratiques religieuses, sans aucun contrôle central. Des dizaines d'écoles bouddhistes apparurent au Tibet, puis disparurent. Les quatre écoles modernes (ou « lignées ») émergèrent toutes au XIe siècle. Le mot *pa* signifie « homme », et les membres des quatre grands ordres sont les Nyingmapa, les Kagyupa, les Sakyapa et les Gelugpa.

Le Nyingma, le premier ordre, affirme avoir été fondé par Padmasambhava. Les Nyingmapa sont appelés les Anciens, car ils sont la seule école de bouddhisme au Tibet à être apparue lors de la Première Floraison du Dharma, sous les empereurs. Même si, à l'origine, nombre d'entre eux suivaient l'enseignement de prêtres mariés – selon le précédent établi par Padmasambhava –, les Nyingmapa développèrent aussi une forte tradition de célibat monastique. Au cours de la Seconde Floraison du Dharma, avec le retour des moines dans le Tibet central, les autres ordres réformés se sont cristallisés autour de l'enseignement de maîtres charismatiques. Tandis que ces ordres se développaient, les Nyingmapa restèrent ceux qui ne suivaient pas les réformes, ceux qui s'ancraient plus profondément dans les traditions de Padmasambhava. Avant 978, tous les bouddhistes, au Tibet, étaient des Nyingmapa, mais ils n'utilisaient pas ce terme. Ce n'est que lorsque apparurent les ordres réformés du bouddhisme que l'ordre des Nyingmapa devint l'ordre des Anciens, et constitua une école distincte.

Le premier Indien important invité au Tibet après la période de chaos fut le grand maître Atisha. C'est en suivant ses enseignements que Drom Tonpa fonda le premier ordre réformé du bouddhisme tibétain, le Kadam. L'école de bouddhisme à laquelle appartient le Dalaï Lama, le Gelug, est issue du Kadam.

Pour le Dalaï Lama, Atisha est important car « jusqu'au XIe siècle, il n'existait que la tradition Nyingma. Ce n'est qu'après l'arrivée d'Atisha au Tibet que les autres ordres bouddhistes se sont développés ».

J'aime bien entendre ce que le Dalaï Lama appelle les « histoires de balayeurs ». Je lui ai donc demandé si, de son enfance au Norbulingka, son palais d'Eté, et au Potala, il se rappelait une de leurs anecdotes concernant Atisha.

Il commença par rire, et me conta une histoire de son enfance.

— Il y avait un petit oiseau, une sorte de grive, un peu plus petit qu'un pigeon, qui vivait dans les jardins du Norbulingka. Le nom tibétain de cet oiseau est Jolmo, et son chant est très particulier. La mélodie est très jolie, et il existe une histoire concernant cet oiseau et Atisha. Les balayeurs me dirent que si j'écoutais attentivement, j'entendrais l'oiseau chanter « Jowo Yong Ba, Jowo Yong Ba », c'est-à-dire « Atisha arrive, Atisha arrive ». Je me rappelle avoir écouté l'oiseau. Mais, à cause d'une autre histoire qu'ils me racontèrent, c'est en même temps triste. Ils me dirent que le Treizième Dalaï Lama aimait beaucoup les Jolmo. En fait, on n'en voit presque jamais autour des autres monastères, en dehors de Lhassa. Ils y passent en général toute l'année. Ils ne venaient au Norbulingka que de temps en temps. Le Treizième Dalaï Lama, donc, aimait tant les Jolmo qu'il ne montrait pas de pitié pour les oiseaux qui les attaquaient. Ainsi dans mon enfance, quand j'étais au Norbulingka, à cause de cette chasse, dès qu'un autre oiseau apparaissait sur une branche, il disparaissait aussitôt. C'est ce que m'expliquèrent les balayeurs. Ils me dirent aussi que le Treizième Dalaï Lama aimait tant les Jolmo qu'un jour il envoya des instructions à l'une des divinités protectrices pour qu'elle dirige vers le Norbulingka cet oiseau merveilleux. Et quand j'y étais, un des plus vieux balayeurs, qui avait connu le Treizième Dalaï Lama, me dit qu'après qu'il eut envoyé ces instructions, d'autres Jolmo arrivèrent. Mais les autres oiseaux les attaquèrent, et ils disparurent. C'est l'une des premières histoires que je tienne des balayeurs. J'étais un tout petit enfant quand ils me l'ont racontée.

Tout en finissant d'évoquer ce souvenir, il fronça les sourcils .

— En écrivant cela, il faudra faire attention, car nous sommes en train de parler d'un sujet sérieux. Et si vous vous appuyez uniquement sur les histoires des balayeurs, ça paraîtra très drôle !

Sa remarque s'acheva en un rire tonitruant, car il imaginait comment les autres le verraient.

— Les histoires de ce genre permettent de comprendre votre enfance et apportent de la vie. Ce livre ne sera pas uniquement un livre sur l'histoire, mais sur la façon dont vous l'avez apprise.

Il parut acquiescer. Puis je lui ai demandé pourquoi il craignait de rire en parlant d'Atisha.

— Pourquoi l'histoire d'Atisha est-elle si sérieuse ?

— A cause du prix qu'il fallut payer pour attirer Atisha au Tibet. Je ne l'ai jamais oublié.

Vers le début du Xe siècle, à l'ouest du Tibet, régnait un roi appelé Lha Lama Yeshe Od. Il descendait de Songtsen Gampo par Lang Darma. Yeshe Od était si inquiet de la dégénérescence du bouddhisme au Tibet qu'il envoya en Inde vingt et un jeunes gens pour étudier le bouddhisme et le sanscrit. Tous, sauf deux, périrent à cause de la chaleur et des fatigues du voyage. A leur retour, les deux survivants devinrent des traducteurs fameux et furent les premiers à apprendre à Yeshe Od que les envahisseurs musulmans commençaient à attaquer les monastères bouddhistes en Inde.

Yeshe Od entendit aussi parler du plus grand maître bouddhiste indien de cette époque, qui vivait dans la ville monastique de Vikramashila. Espérant qu'un tel professeur puisse aider à réformer le bouddhisme au Tibet, il adressa à Atisha une émouvante prière, accompagnée d'une grande quantité d'or, le pressant de venir au Tibet. Atisha, inquiet du déclin du bouddhisme en raison des attaques des musulmans, renvoya l'or en répondant qu'il était important qu'il restât en Inde.

Yeshe Od pensa qu'il n'avait pas envoyé suffisamment d'or ; il mena donc une attaque contre des souverains musulmans du Nord, qui occupaient maintenant la route de la soie, pour en avoir plus. Il fut capturé, mais on lui offrit la liberté en échange de sa renonciation au bouddhisme. A l'époque, la conversion des « infidèles » sur le champ de bataille était, pour les islamistes, une pratique. Yeshe Od refusa, et le roi musulman, comme rançon, demanda son poids en or. Un de ses petits-neveux réunit une fortune pour payer la rançon et, en arrivant à la forteresse du roi musulman, s'aperçut qu'il n'avait pas assez d'or. Il réussit à parler brièvement à Yeshe Od dans sa cellule. L'oncle était presque devenu un squelette, et le Dalaï Lama raconte que c'est la voix d'un vieillard qui s'adressa au jeune homme.

En racontant cette histoire, le Dalaï Lama paraissait très ému.

— Yeshe Od dit : « Je n'aurais jamais pensé que tu aurais une telle détermination, une telle force intérieure pour venir ici avec autant d'or. En te voyant, je ne suis plus inquiet, parce que tu peux poursuivre ma tâche sans moi. Alors ne pense plus à moi. Même si je parvenais à m'échapper, il me reste au maximum dix ans de vie, ce n'est donc pas important. Au lieu de chercher plus d'or pour ma rançon, tu dois tout emporter en Inde pour inviter Atisha. Dis à Atisha : "J'ai sacrifié ma vie pour vous conduire au Tibet. Et rappelez-vous que dans ma vie future je serai près de vous et recevrai vos enseignements." »

La pièce était étrangement silencieuse et le Dalaï Lama me regardait droit au fond des yeux. Pour lui, cette histoire semblait exprimer non seulement l'histoire tibétaine, mais sa croyance sous-jacente selon laquelle la réincarnation et les motivations humaines créent une tapisserie de motifs qui se jouent sur plusieurs générations.

— C'est très puissant. Il avait une foi profonde, poursuivit le Dalaï Lama.

Puis il commença à imiter la voix de Lha Lama Yeshe Od dans sa cellule.

— « C'est très triste pour la famille. C'est triste aussi que le bouddhisme ait dégénéré. C'est triste aussi que ma vie se trouve entre les mains de ce roi. Pourtant, à cet instant, nous devons garder notre détermination à faire venir Atisha. Nous devons garder notre détermination. » C'est une histoire merveilleuse. Une telle foi dans le bouddhisme. C'est aussi très triste, en fait, Lha Lama Yeshe Od sacrifia sa vie pour le Dharma. Quand j'étais enfant, son corps, sans tête, était encore conservé dans le sel au Potala. Le corps a maintenant été détruit, mais il se trouve encore là-bas une petite stoupa.

Les moines de Vikramashila ne voulaient pas laisser partir leur maître, mais le Dalaï Lama croit que le sacrifice de Lha Lama Yeshe Od émut tellement Atisha qu'il accepta de se rendre au Tibet. Quand il arriva dans le Tibet de l'Ouest, il avait soixante ans mais se montra très actif. Il écrivit des livres, donna des conférences, et surveilla l'édition des traductions de textes indiens. Comme Lha Lama Yeshe Od l'avait espéré, Atisha initia une renaissance bouddhiste. Pour finir, les souverains et les prêtres bouddhistes dirigeant les nombreuses principautés rivales du Tibet central y invitèrent Atisha.

— A son arrivée, des lamas tibétains accoururent vers lui, à cheval, vêtus d'étoffes somptueuses, avec des manches en brocart. Lorque Atisha les vit, il se couvrit la tête, et dit : « Je vois approcher des fantômes tibétains. » Il se montrait caustique. Leurs vêtements le choquaient, car ils étaient ceux de personnages de haut rang et non pas de moines. Les lamas tibétains se trouvèrent très embarrassés. Ils ôtèrent leurs vêtements luxueux, enfilèrent la robe jaune sans manches des moines, et s'approchèrent doucement d'Atisha. Alors Atisha fut très heureux de les recevoir.

Le Dalaï Lama, de différentes façons, à l'aide de détails plus ou moins importants, insistait sur le fait que, au cours des siècles ayant suivi la mort de Lang Darma, le Tibet avait dégénéré. Pour Atisha et les réformateurs, rien n'était plus important que le *Vinaya*, le code de conduite institué par le Bouddha. Atisha aida à rétablir au Tibet le *Vinaya*, négligé depuis des années, et, dans le code réintroduit, y inscrivit une nouvelle règle selon laquelle les moines ne devaient pas porter de vêtements luxueux.

— Aujourd'hui encore, certains moines portent des vêtements interdits par le *Vinaya*. C'est très triste. Il arrive qu'on affirme très sérieusement une chose, sans se rendre compte qu'on se trouve en contradiction avec nos habitudes quotidiennes. C'est très triste, répète-t-il.

Après la mort d'Atisha, en 1054, Drom Tonpa, le successeur qu'il s'était choisi, mit en forme son enseignement. Ainsi apparut l'ordre du Kadam, inspiré par la réforme. Ses adeptes sont surnommés « Ceux qui maintiennent la Parole de Bouddha en tant qu'Instructions personnelles ». Pour les Kadampa, les textes bouddhiques ne sont pas tant des écritures à révérer que des préceptes à respecter. Le Gelug, l'ordre auquel appartient le Dalaï Lama, est issu du Kadam. Aujourd'hui, les Gelugpa et les Kadampa ont nombre de principes essentiels en commun.

— Ce que les Kadampa avaient d'unique, c'est leur pratique du *Vinaya*. Mais, en même temps, ils pratiquaient le tantra, secrètement comme il devait l'être. « Comme il devait l'être » signifie que, dans leur méditation, ils visualisaient les différents rituels : l'alcool, les femmes, ainsi de suite, mais sans jamais y toucher. Ainsi, si le rituel tantrique exigeait du vin, ils utilisaient du thé. A la place de sang, ils usaient de teinture rouge, etc.

Le Dalaï Lama prend toujours grand soin de ne rien dire qui puisse être interprété comme une critique sectaire des écoles modernes du bouddhisme tibétain.

Pour parvenir à comprendre ce que disait Sa Sainteté, je devais faire des généralisations et me former mon opinion personnelle sur les bouddhistes tantriques : ils semblent, ne fût-ce que parce qu'ils ont été si largement exploités par nombre d'auteurs modernes, enseigner une sorte de yoga sexuel. Même si les moines chastes de la tradition Nyingma partagent la certitude du Dalaï Lama selon laquelle le tantrisme doit être pratiqué de façon métaphorique, j'ai découvert que certains professeurs du Nyingma et du Kagyu le suivent de façon plus littérale. Aujourd'hui, certains Tibétains sont persuadés que, convenablement pratiquées, ces méthodes peuvent susciter rapidement l'Illumination dans cette vie, et enseignent encore les techniques de yoga du tantrisme sexuel. Ces professeurs affirment que les vieux textes tantriques n'ont pas été écrits sous forme de métaphores, mais constituent réellement des guides pratiques de yoga sexuel. Ces maîtres enseignent notamment comment il est possible à des hommes d'avoir pendant des heures des relations sexuelles avec une partenaire féminine sans émettre de sperme. Ils croient que, de cette façon, les hommes absorbent leur sperme à des fins spirituelles. Selon certains pratiquants, ces techniques peuvent conduire les deux partenaires à des niveaux élevés de sagesse, et même à l'Illumination. De telles techniques, cependant, sont généralement jugées inadaptées, et persiste toujours la crainte qu'on ne mésuse de ces pratiques pour parvenir au plaisir, ce qui est considéré comme dangereux pour la santé physique et mentale. C'est pourquoi les bouddhistes tibétains qui pratiquent le yoga sexuel de façon littérale, et non métaphorique, le font dans le plus grand secret. Ce n'est qu'après des années de méditation intensive qu'un disciple pourra recevoir d'un véritable maître tibétain des instructions ésotériques.

La différence entre pratiquants chastes et non chastes est devenue l'un des principaux points de fracture à l'intérieur du bouddhisme tibétain. Chaque secte comprend des professeurs de bouddhisme chastes et non chastes, mais j'ai appris que Nyingma et Kagyu sont plus réputés pour leurs pratiquants non chastes, et les Gelugpa sont plus connus pour leur chasteté. Il est par ailleurs important de souligner que la pratique du yoga sexuel était, et est toujours, extrêmement rare.

Toutes les écoles de bouddhisme tibétain s'accordent sur le fait que si on pratique le yoga avec son épouse, on ne peut prétendre à la chasteté. Cet idéal est sujet aux abus. Il est arrivé, à l'époque moderne, que des enseignants bouddhistes utilisent le tantra comme un moyen de séduire leurs élèves. Comme le Dalaï Lama, une grande majorité des Tibétains est persuadée que la seule bonne façon, juste, de pratiquer le tantra est métaphorique.

Atisha, il y a 1 000 ans, a enseigné, et le Dalaï Lama en est toujours persuadé, que le *Vinaya* est essentiel à la pratique du bouddhisme. Le nom de « Kadampa » a été choisi afin de différencier ses adeptes des bouddhistes tibétains dénigrant les pratiques du *Vinaya* comme bonnes seulement pour les débutants. Le débat sur la chasteté et l'interprétation de certains textes tantriques est, encore aujourd'hui, un fil rouge important de l'histoire du Tibet.

*

Tandis que des Indiens, comme Atisha, venaient enseigner au Tibet, des Tibétains allaient en Inde pour étudier et revenaient ensuite enseigner le bouddhisme dans leur pays. Le plus grand d'entre eux fut peut-être Marpa, le gourou de Milarepa, le plus fameux yogi tibétain. Au moment où les disciples d'Atisha formalisaient son enseignement afin de constituer le Kadam, le principal disciple de Milarepa, Gampopa, fonda l'ordre du Kagyu, ou « Ceux de l'Enseignement murmuré ». Pour l'école du Kagyu, Milarepa est plus qu'un père. Yogi qui consacra sa vie à méditer dans les grottes du Tibet, Milarepa est estimé pour ses chants spontanés, sa dévotion sans égale, sa spiritualité et son intelligence. Seul l'humble Milarepa pouvait ôter sa tunique pour montrer à un disciple ses fesses nues couvertes de cals après des années de méditation immobile et voir ce fait enregistré comme un enseignement bouddhiste chargé de sens. « Voilà la volonté qu'il faut », disait Milarepa. Même s'il a vécu il y a un millier d'années, de 1040 à 1123, aujourd'hui encore Milarepa est, en raison de sa poignante humanité et de sa sagesse telles qu'elles apparaissent dans sa biographie et dans une série de chansons qui inspirent encore les bouddhistes, une présence vivante dans la région de l'Himalaya.

— Lorsque j'ai entendu pour la première fois l'histoire de Milarepa, j'ai beaucoup pleuré, dit le Dalaï Lama. Et aujourd'hui, quand je raconte l'histoire de sa vie, je pleure encore beaucoup.

— Vous souvenez-vous quand vous avez entendu parler pour la première fois de Milarepa et de son maître, Marpa ?

— Oui, je m'en souviens très bien, car lorsque cette histoire m'a été contée, j'ai éprouvé des sentiments très forts. Un ensemble de peintures magnifiques – des *thangkha* (rouleaux peints), pas des fresques – étaient abritées au Potala. Chaque année, quand commençait ma retraite d'hiver au Potala, on les accrochait au mur de l'un des temples, et on faisait des offrandes. C'étaient des peintures merveilleuses représentant la vie de Tilopa, de Naropa, de Marpa et de Milarepa.

Marpa étudia en Inde avec son maître Naropa, qui eut pour professeur Tiropa : les *thangkhas* illustraient donc la lignée du Kagyu.

— Regarder ces peintures, c'était presque comme assister à un spectacle. Ma réaction fut si forte que je m'y intéressai tout particulièrement. Pour connaître la signification des histoires représentées par ces peintures, j'ai sorti les biographies de tous les maîtres, j'ai suspendu les *thangkha* devant, et je les ai lues. J'ai donc pendant des heures regardé les peintures en lisant les biographies, je pleurais souvent car elles étaient extrêmement émouvantes, en particulier celle de Milarepa. Celle-la m'émouvait plus que les autres.

— Quelle partie de sa biographie vous a-t-elle le plus frappé ?

— Quand j'étais jeune, ce qui me faisait pleurer, c'était l'histoire des souffrances de Milarepa après la mort de son père, quand son oncle et sa tante ont volé son héritage.

La mort de son père et la trahison de son oncle firent de Milarepa et de sa mère des mendiants, des journaliers vêtus de haillons, travaillant comme des bêtes et forcés de manger des restes infestés de vers. La description de sa jeunesse semble incarner de façon très exacte bien des problèmes que devait affronter le Tibet à cette époque. Le père du petit Milarepa était riche et Milarepa avait passé ses premières années comme un jeune seigneur. Pour les bouddhistes, il existe une curieuse ressemblance entre l'histoire de Milarepa et celle du jeune Bouddha, au Népal, qui lui aussi était né prince et renonça volontairement à sa fortune afin de parvenir à l'Illumination. L'histoire de Milarepa est différente en raison de la très humaine quête de vengeance qui constitue la colonne vertébrale du récit. La mère de Milarepa, enragée contre son beau-frère qui avait dérobé son héritage, fit le vœu d'envoyer son fils étudier la magie noire, espérant ainsi se venger.

— Après avoir emprunté de l'argent pour envoyer son fils unique étudier la magie noire, sa pauvre mère lui donna, quand il partit, un triste conseil.

Le rire peiné du Dalaï Lama considérant notre monde cessa soudain tandis qu'il poursuivait son histoire, évoquant maintenant la mère de Milarepa.

— « Mon fils, sois bien attentif dans tes études, car nous avons connu tant de souffrances que nous avons dû mendier. » Elle lui dit quelle position difficile était la leur, et qu'il ne pouvait étudier de la même façon que les garçons plus riches. « En raison de notre situation terrible, tu devras faire plus d'efforts. »

Dans sa biographie, Milarepa citait les paroles de sa mère lors de leur séparation :

> Surtout, rappelle-toi bien notre infortune, et fais en sorte que ta magie se manifeste dans notre village. Puis reviens. La magie de tes compagnons ne sera pas la même que la tienne. Leur magie sera celle d'enfants bien aimés, qui la pratiquent pour s'amuser. La nôtre est celle de gens qui ont souffert une tragédie. C'est pourquoi il faut une volonté inébranlable. Si tu reviens sans avoir manifesté dans notre village des signes de magie, moi, ta mère, je me tuerai sous tes yeux.

Le Dalaï Lama rit, mais en citant ce passage il avait des larmes dans les yeux.

— Voyez la richesse de cette histoire. Quand j'étais plus jeune, cela me rendait très triste, surtout quand la mère donne à Milarepa des conseils pour ses études. J'en étais bouleversé.

Il n'est pas surprenant que Milarepa, vivant sous cette menace, ait suivi à la lettre les ordres de sa mère. Il trouva le meilleur spécialiste de magie noire du Tibet, se consacra à son enseignement, et utilisa la magie noire pour faire s'effondrer la maison de son oncle au cours d'une grande réception de mariage. Toute la famille de ceux qui l'avaient persécuté mourut. La joie de la mère de Milarepa fut sans mesure. Dans la biographie, ses mots sont notés : « Imagine mon bonheur à partir d'aujourd'hui ! », dit-elle en se pavanant autour des ruines. Mais quelqu'un qui assistait à la scène murmura : « Elle a peut-être raison, mais sa vengeance est trop brutale ! »

Milarepa lui-même, bientôt, regretta ce meurtre collectif, et les Tibétains croient que, en cette vie, sa rétribution karmique fut lourde. Sa mère mourut seule au milieu des ruines de la maison familiale. Ses voisins avaient tellement peur de son fils qu'ils ne vinrent même pas brûler son cadavre, et ses ossements sans sépulture brillaient au clair de lune perçant à travers le toit de la maison abandonnée. Lorsque Milarepa se rendit compte que le meurtre qu'il avait accompli avait donné naissance à une montagne de karmas négatifs, il consacra sa vie au rachat et à la méditation. Il en était si obsédé qu'il n'eut le temps de rentrer chez lui que bien après la mort de sa mère. Terrifié à l'idée de ce que ses péchés lui vaudraient dans les vies futures, il se détourna de la magie noire et se rendit chez Marpa, le plus grand yogi bouddhiste du Tibet.

— Quand j'étais enfant, j'en voulais à Marpa, car il se montra très méchant avec Milarepa, se rappelle le Dalaï Lama.

Marpa savait que, pour atteindre l'Illumination en cette vie, Milarepa devait commencer, à travers la souffrance, par se racheter de ses mauvaises actions. Mais, même aux yeux du Dalaï Lama, Marpa paraissait, à première vue, avoir un cœur de pierre.

Marpa, avant de commencer à lui prodiguer son enseignement, exigea que Milarepa, afin de prouver son bon vouloir, lui construise une tour en pierre. Quand elle fut à moitié terminée, Marpa, selon les biographies de Milarepa, déclara : « Je n'avais pas bien réfléchi à la question. Démolis cette tour, et remets à leur place la terre et les pierres. »

Plus tard, il demanda à Milarepa de reconstruire la tour mais dans un endroit différent. Quand elle fut à moitié terminée, Marpa dit : « L'autre jour, j'étais ivre, et les instructions que je t'ai données n'étaient pas bonnes. C'est ici qu'il faut construire ta solide tour. »

Au bout de quelques jours, il revint et réprimanda Milarepa : « Qui t'a donné ces instructions ? Je ne me souviens pas de t'avoir donné pareils ordres ! »

Selon Marpa lui-même, il fit travailler Milarepa comme une bête. Milarepa, en construisant pour Marpa cette tour digne du rocher de Sisyphe, peina tellement que son dos était couvert de plaies suintant le pus et le sang. Curieusement – et c'était là le but de l'exercice –, Milarepa n'éprouva jamais de colère contre son bourreau. Il était déçu parce qu'il était venu recevoir un enseignement, mais sa dévotion était telle que rien de ce que faisait Marpa ne pouvait susciter sa colère.

Lorsque la femme de Marpa insista pour qu'il regarde les blessures couvrant le dos de son disciple, Marpa dit à Milarepa, qui le répète dans son autobiographie : « Mon maître Naropa a enduré vingt-quatre mortifications, qui toutes surpassent les tiennes. Et moi, sans jamais penser à ma vie ni à ma fortune, j'ai tout donné à mon maître Naropa. Si tu comprends cet enseignement, montre-toi humble, et continue à travailler à la tour. » Marpa usait de ce que les Tibétains appellent une « Sagesse folle », apportant à l'élève, même si elles paraissaient dépourvues de sens, les leçons dont il avait besoin.

Lorsque Milarepa essaya d'assister aux leçons bouddhistes que Marpa prodiguait à d'autres, le maître le prit par les cheveux et le jeta dehors, car la tour n'était pas terminée. Milarepa raconte que, plusieurs fois, « Marpa me maudit et me jeta dehors à coups de pied... Il me jetait par terre, le visage contre le sol, et tout devenait noir. Il me jetait sur le dos, et je voyais les étoiles... Il revenait, et me frappait, encore et encore. »

Lorsque, au Potala, le jeune Dalaï Lama lisait ces histoires tout en regardant les *thangkha*, il était particulièrement troublé.

— A la fin, il devint le disciple préféré de Marpa, et je me suis senti consolé.

— Vous identifiiez-vous personnellement avec cette histoire ? Vos maîtres étaient-ils durs avec vous ?

— Mes maîtres n'étaient pas si durs. Ils se montraient parfois sévères, mais pas comme Marpa. Mais ils avaient toujours deux fouets auprès d'eux : l'un pour mon frère aîné, l'autre pour moi. La différence entre ces deux fouets, c'est que celui destiné au Dalaï Lama était jaune. Il m'était réservé. Mais la différence de couleur ne faisait pas de différence de douleur. Pour ça, tous deux étaient très conventionnels ! Parfois mon professeur, Ling Rimpotché, me manifestait sa colère, et il lui arriva, en de rares occasions, d'utiliser des mots très cassants, mais sinon il était très gentil.

Percevant un lien entre son éducation et celle de Milarepa, je fis observer :

— Mais Milarepa, lui, n'était pas traité gentiment par son maître, et au début ça vous dérangeait énormément.

— Oui. Milarepa était très doux, très humble, et tellement impatient de recevoir de Marpa l'enseignement bouddhiste... Mais au lieu de lui donner des leçons, Marpa le punissait et lui imposait encore plus de travaux pénibles. Evidemment, à la fin, on comprend la signification de ce traitement inhumain. Il est évident que Marpa était un grand maître.

— Mais il arrivait parfois à vos maîtres de vous traiter sévèrement ? Se sont-ils servis du fouet ?

— Non, mes maîtres étaient très doux, même s'il leur arrivait de me montrer le fouet. Une fois, un maître eut des mots très durs, des paroles très mordantes.

— Pourquoi ? Pour vous pousser à travailler plus ?

— Oui.

Je me suis demandé si le Dalaï Lama faisait consciemment un lien entre ces actions et celles, inspirées par la sagesse, d'un bodhisattva qui jure de mener toutes les créatures à l'Illumination. Pour les non-Tibétains, cela ne vient pas directement à l'esprit, mais c'est pourtant essentiel si l'on veut comprendre la croyance du Dalaï Lama selon laquelle, par exemple, le bodhisattva Chenrizi guide le peuple tibétain.

— C'était la même chose que pour Marpa et Milarepa, dis-je au Dalaï Lama. En devenant plus vieux, vous avez compris que Marpa était un grand maître. De façon consciente, il traitait Milarepa durement. C'était une action de bodhisattva.

— Oui, bien sûr. Exactement. Ensuite, Marpa a expliqué à Milarepa pourquoi il l'avait traité de cette façon. Même Gautma Bouddha a passé six années très difficiles avant d'atteindre l'Illumination. De la même façon, Milarepa avait besoin d'une pénitence très dure pour se purifier de ses actions négatives. Marpa a fini par lui expliquer tout cela, et ensuite il l'a traité comme son propre fils.

Sous la direction de Marpa, Milarepa vécut de nombreuses années presque nu dans des grottes de haute montagne, à la recherche de l'Illumination. Sa vie fut une vie de pénitence. Il ne portait qu'une fine robe de coton, même par les températures les plus froides. Pendant des années, il se contenta d'orties, des plantes si nocives que seuls aujourd'hui en mangent les fermiers les plus pauvres de l'Himalaya. Même ceux qui n'ont rien et qui mangent des orties les consomment accompagnées de pommes de terre et de froment, les utilisant plutôt comme épices. Milarepa, pendant des mois, ne mangea que cette plante épineuse. Il en mangea tant que son corps prit une teinte verdâtre semblable à celle de cette ortie. Ce que le Dalaï Lama semble admirer le plus, c'est l'ascétisme extrême de Milarepa, fondé sur une détermination sans faille.

— J'admire vraiment la détermination de Milarepa, et sa pratique basée sur une volonté si forte. Quand je parle de Milarepa, c'est pour que mes auditeurs l'imitent. Moi-même, je pense souvent à lui, et je lis ce qui le concerne car j'ai besoin d'une telle détermination. Milarepa était un grand maître. Il ne fait aucun doute que, à travers ses méditations, il a reçu l'Illumination dans cette vie.

— Vous étiez enfant lorsque vous avez entendu parler de Milarepa, mais votre respect pour lui n'a cessé de grandir.

— Oui, c'est ce que j'ai toujours ressenti.

Le Dalaï Lama se tut un instant :

— Mais, jusqu'à maintenant, je n'ai jamais rêvé de lui. J'attends de le voir en rêve. Je l'admire vraiment.

*

Un nouvel exemple concernant les différents niveaux d'interprétation fut révélateur lorsque le Dalaï Lama évoqua la mort de Milarepa. Quand Marpa maltraitait Milarepa, c'était au second niveau, il s'agissait des actions d'un homme bon, effectuées pour le bien de Milarepa. De la même façon, lorsque Milarepa mourut, ses biographes affirment que des arcs-en-ciel zébrèrent le ciel, que des fleurs tombèrent des cieux, et que le Saint mort apparut, au même instant, en des endroits très éloignés. Comme le Christ, il apparut même parfaitement vivant à l'un de ses disciples plusieurs heures après sa mort. Je savais maintenant ce que le Dalaï Lama allait dire de ces miracles. Il n'avait aucun doute, en particulier en ce qui concerne Milarepa, sur l'authenticité de ces interprétations. Elles étaient réelles pour ceux qui, à travers la méditation, avaient développé un niveau de conscience supérieure. Mais quelqu'un ayant ce que le Dalaï Lama appelle « un esprit commun » n'aurait pas vu les choses de la même façon.

Nous parlions de Milarepa depuis un bon moment lorsque le Dalaï Lama me regarda avec curiosité.

— Mais quel rapport entre ces histoires et celle du Tibet ? me demanda-t-il.

— Milarepa est l'un des grands héros de l'histoire du Tibet. Qu'est-ce que le Tibet ? Milarepa est-il un bon exemple de ce que sont les Tibétains ?

— Oui, c'est vrai.

— Ce que vous nous dites de Milarepa nous parle aussi de l'essence de l'âme tibétaine, n'est-ce pas ?

— Oui, c'est exact.

Pour les étrangers, le cliché le plus courant concernant le Tibet représente un moine en train de méditer dans une grotte de l'Himalaya. En même temps, Milarepa est l'un des saints les plus révérés du Tibet. Les idéaux pour lesquels il a vécu, qui le motivaient au cours de toutes ses années passées dans les grottes, les combats qu'il a dû mener sous la férule de Marpa – ces scènes de sa vie définissent le Tibet tel que le connaissent les Tibétains, le Tibet que les étrangers viennent voir.

Il était étrange d'entendre le Dalaï Lama parler à la fois d'Atisha et de Milarepa. Atisha contribua à rétablir le *Vinaya*, le code exigeant des moines qu'ils portent une robe marron et leur interdisant, entre autres, de boire de l'alcool et de pratiquer le sexe. C'était aussi un grand savant, qui écrivit des livres et en traduisit d'autres. Selon Atisha, ce n'est qu'après une longue préparation que les méthodes « instantanées » – prônées par Milarepa –, mènent à l'Illumination. Et pourtant Marpa, le maître de Milarepa, était réputé pour boire une grande quantité de bière et pratiquer le yoga sexuel avec des femmes. Milarepa était chaste, mais lui et son maître Marpa sont connus pour avoir atteint des états avancés de conscience – y compris ceux au cours desquels les humains peuvent accomplir des miracles – à travers une méditation intense. Milarepa rejeta les débats monastiques et académiques, disant que le chemin vers l'Illumination passait par une méditation rigoureuse.

— Milarepa, sans beaucoup d'études scolaires, a atteint la véritable essence, dit le Dalaï Lama. C'est pour cette raison que ceux qui suivent Milarepa insistent sur la pratique directe et la méditation.

Le goût du Dalaï Lama à la fois pour Milarepa et Atisha souligne l'existence, au Tibet, de deux voies, apparemment différentes, vers l'Illumination : la méditation sauvage des yogis, et l'étude formelle des moines. La différence apparente réside uniquement dans les moyens, pas dans la fin. Le Tibet est la seule nation à préserver, encore aujourd'hui, des enseignements de toutes les écoles de pensée bouddhiste. Le Dalaï Lama, comme beaucoup de Tibétains, les respecte toutes.

Gampopa, le premier disciple de Milarepa, a codifié les enseignements de Milarepa en un texte savant encore utilisé aujourd'hui, *The Jewel Ornament of Liberation*, souvent comparé à *Lamp for the Path of Enlightenment*, le manuel d'Atisha sur les étapes du chemin. Au cours de la Seconde Floraison du Dharma, alors que différents maîtres rétablissaient le bouddhisme, diverses formes d'expression religieuse apparurent. On trouvait des moines solitaires dans des grottes, certains ayant dépassé le *Vinaya* et certains le suivant à la lettre. On trouvait des centaines de moines vivant chastement dans le même monastère, et dont l'existence était vouée à la traduction de textes indiens. On trouvait des dizaines de disciples, tous mariés, réunis autour d'un maître charismatique, et qui pensaient que le yoga sexuel pouvait mener à l'Illumination en une seule vie. Il n'y avait au Tibet aucune figure centrale pour établir et faire respecter un ensemble unique de règles religieuses. Au début, les moines et les autres bouddhistes discutèrent et soulignèrent les différences manifestes entre les sectes. Cette diversité et cette liberté religieuses suscitèrent l'un des chapitres spirituellement les plus riches de l'histoire humaine, un chapitre dont les Occidentaux ne prirent conscience qu'au XXe siècle, dans les années soixante, quand commencèrent à apparaître les traductions de textes tibétains de base, comme les *Cent Mille Chansons* de Milarepa.

Au sein du bouddhisme tibétain, il y eut toujours plusieurs niveaux de compréhension, ce que le Dalaï Lama appelle « perception commune » et « perception non commune », et qui varie selon le niveau de pratique mentale. Les maîtres tibétains savaient que ceux qui recherchaient la vérité ne devaient pas s'appuyer sur les mots, mais sur le sens ; sur la véritable doctrine, par sur les hommes ; sur la gnose (la connaissance des mystères spirituels), pas sur la perception. Conscients du fait que les individus diffèrent dans leur degré de capacité spirituelle, ils laissaient toute latitude aux deux niveaux.

C'est dans ce climat que les maîtres Nyingma découvrirent des textes bouddhistes ésotériques, similaires – disait-on – aux textes tantriques indiens, et dissimulés par Padmasambhava au cours de l'époque impériale. Les historiens savent que ces textes sont des inventions ultérieures, mais les Tibétains croyants sont persuadés que ce sont les *tertons* (« découvreurs de trésors ») qui ont trouvé ces textes. A la même époque, les maîtres Nyingma préservèrent et transmirent l'une des plus importantes méthodes de méditation tibétaine, le Dzogchen, qui englobe certains aspects de l'ancienne pratique chinoise du Chan, des éléments qui plus tard sont réapparus dans le zen japonais.

Chaque école tibétaine, ancienne ou nouvelle, a conservé plusieurs formes de pratique bouddhiste, depuis les purs ritualistes jusqu'aux adeptes des pratiques avancées de méditation. Chaque monastère avait tendance à être indépendant de tout contrôle central, et il y existait nombre de sous-ordres et de divisions. A un moment donné, il existait plus de douze écoles Kagyu de bouddhisme. Le Tibet est si vaste et les monastères étaient si éloignés les uns des autres qu'il y avait peu d'administration centrale. Ainsi, chaque monastère Nyingma gardait jalousement son indépendance.

En même temps que le Nyingma, que le Kadam d'Atisha (l'ordre du Gelug ne devait sortir du Kadam qu'au XVe siècle), et que le Kagyu de Milarepa et de Marpa, une autre secte de premier plan devait apparaître au cours du XIe siècle. Le Sakya, Ceux de la Terre grise, furent nommés d'après la couleur de la terre qui entourait le principal temple Sakya. Les adeptes de Sakya recouvraient de cette couleur les murs d'adobe de leurs maisons et de leurs temples.

Les Sakyapa, comme les Kagyupa, font remonter leur origine à l'enseignement d'un célèbre professeur tibétain, Drogmi, un magicien mystique qui étudia les tantras en Inde. A son retour au Tibet, il assembla un groupe de fidèles qui, après sa mort, mirent son enseignement en forme. Drogmi est célèbre pour avoir acquis un enseignement secret qui utilisait les pratiques sexuelles en vue d'accomplissements mystiques. Un disciple de Drogmi, descendant d'une famille riche et puissante, la famille Khon, de Sakya, fonda en 1073 le premier monastère Sakya. Le Sakya finit par devenir la première des écoles de bouddhisme tibétain à obtenir, avec un soutien mongol, un pouvoir politique sur le pays. Mais à la fin du XIe siècle, il ne s'agissait que d'un ordre nouveau parmi d'autres.

A la fin du siècle, les fondateurs des quatre sectes étaient morts, et leurs disciples avaient mis en forme leur enseignement. Les quatre sectes trouvèrent des protecteurs parmi les seigneurs régionaux. Comme les monastères devenaient plus grands, plus nombreux, plus riches et, administrativement, plus complexes, il y eut un prix à payer : la compromission. Citons un exemple typique : une modeste hutte d'herbe construite par un des descendants de Milarepa se retrouva dans l'enceinte d'une énorme cité monastique, construite par une riche famille qui soutenait le Kagyu. Les principes spirituels et l'austérité cédèrent à la pompe des rituels.

A partir des monastères, des institutions secondaires naquirent, et en quelques dizaines d'années, des centaines de moines vivaient à l'intérieur de murailles entourant de larges domaines. Des statues et des fresques ornaient ces lieux de prière destinés à un nombre croissant de moines. Certains des monastères les plus anciens abritaient plus de dix mille moines. A travers les vallées du Tibet, les paysans et les serfs, qui, autrefois, avaient livré une part de leurs récoltes ou un de leurs fils aux seigneurs ou empereurs qui défendaient leurs vallées, payaient maintenant un tribut au monastère local. Le cycle annuel des rites destinés à Padmasambhava ou à Chenrizi accéléra, et, s'ils ne recevaient pas du beurre ou de l'orge des paysans et des nomades des environs, les monastères ne parvenaient pas à fournir les offrandes exigées par ces rites. Certains des moines et des nonnes (une minorité) entreprenaient de longues retraites, ou s'engageaient dans une vie d'étude, mais les autres venaient au monastère, prononçaient leurs vœux, apprenaient à lire et à écrire, puis renonçaient à leurs vœux et partaient pour se marier. Parmi les moines qui faisaient des études, certains apprenaient la philosophie, la psychologie, la logique, tandis que d'autres traduisaient les textes bouddhistes indiens. D'autres encore étudiaient la médecine, la peinture, les rituels, l'astrologie, ou se consacraient à graver les blocs de pierre pour y inscrire les traductions des enseignements du Bouddha. Beaucoup de moines gagnaient leur vie en pratiquant la cérémonie des morts dans les foyers des fidèles.

Les monastères fortifiés n'abritaient pas uniquement des moines.

Ils se transformèrent en écoles primaires, en universités, en hôpitaux, en écoles de médecine, en pharmacies, en temples, en musées, en imprimeries, en bibliothèques, en crématoriums, en banques, en maisons de retraite, en orphelinats et même, parfois, en baraquements pour les moines soldats. Les monastères étaient devenus la première institution publique, remplaçant toutes les autres, de même qu'ils étaient devenus le principal pouvoir politique, limitant le développement du nationalisme. Au XXe siècle, selon les experts, entre 20 et 30 pour cent de la population était constituée de moines (les estimations, cependant, varient), et la plupart d'entre eux effectuaient de longues retraites de méditation. Evoquant un grand monastère qu'il connaissait, le Dalaï Lama dit qu'il comptait, à son époque, « environ huit mille moines, étudiants et chercheurs. Et je crois que parmi ces sept ou huit mille moines, seuls trois ou quatre mille, si l'on compte les vrais chercheurs, y compris les professeurs, étaient de bons moines ». Certains moines passent leur vie dans des méditations solitaires, mais au fil des siècles leur nombre décrut.

— On dirait que toutes les sectes ont développé des rituels, et que, plutôt que de méditer réellement, de plus en plus de moines passaient leur temps à respecter ces rituels, dis-je.

Le Dalaï Lama se mit à rire :

— Des rituels ! Toutes les sectes ont un tas de rituels. Les rituels n'ont rien de mauvais en soi. Tout le monde peut pratiquer un rituel, mais tout le monde n'est pas capable d'une véritable pratique. Et, à ceux qui sont incapables d'une méditation profonde, il ne reste que le rituel. Ils s'accrochent à ces pratiques plus faciles. A travers les rituels, on peut arriver à la contemplation, c'est vrai. Mais sans compréhension véritable, il peut y avoir des excès, et c'est bien triste.

Néanmoins, la population des croyants s'accrut, et plus il y avait de fidèles qui faisaient des offrandes dans les temples et les monastères, plus les moines devenaient riches. Ce processus historique commença au XIe siècle, avec la fondation des premières sectes. Tandis que les monastères devenaient des centres de pouvoir régional, les querelles et les guerres entre les ordres se focalisaient sur la politique et l'économie plus que sur les différends religieux. Il existait quelques saints hommes dont les préoccupations transcendaient la politique et l'argent. Certains tentaient de remédier aux problèmes causés par le manque d'autorité centrale. L'un d'eux essaya de protéger les voyageurs des bandits de grand chemin qui rendaient dangereuses les routes du Tibet, tandis qu'un autre fondait des hôpitaux. De tels saints hommes, pourtant, étaient une minorité, et les établissements monastiques s'intéressaient surtout à leur propre pouvoir.

— Après la destruction du bouddhisme par Lang Darma, il n'existait plus de pouvoir politique central. Toute l'attention de chaque régent, de chaque moine était limitée à sa propre zone, concentrée sur sa propre école et ses traditions. Ils ne prenaient pas en considération l'ensemble du Tibet. Je pense aussi que la géographie a joué son rôle. Le Tibet est un territoire immense. S'il s'était agi d'un petit pays, il aurait été facile de le contrôler depuis le centre, mais c'est un pays immense. Dans cette situation, l'excès de dévotion eut un impact négatif. Les moines considéraient la nation tibétaine comme moins importante que leur école, et la chose politique secondaire par rapport au Dharma. Et le pire, comme je vous l'ai déjà dit, c'est qu'ils ne se préoccupaient pas de la véritable religion. Ils se préoccupaient de faire les choses en grand : de grands monastères, de grandes statues.

Entre 1000 et 1200, à l'époque où les Tibétains fondaient les grands monastères de leur pays, ils continuaient à aller en Inde pour recevoir de nouveaux enseignements. Les moines tibétains traduisirent des milliers de textes bouddhiques. Mais au fur et à mesure que le bouddhisme se développait au Tibet, il y avait moins de raisons de faire ce voyage en Inde. Les textes les plus importants étaient en tibétain, et les professeurs, au Tibet, étaient nombreux. Ce fut pourtant un choc lorsque, au début du XIIIe siècle, les envahisseurs musulmans détruisirent le monastère d'Atisha, dans l'est de l'Inde.

Les musulmans avaient mené, chaque année, des campagnes depuis le Pakistan et l'Afghanistan actuels, se frayant, pendant 200 ans, un chemin vers l'est à travers les plaines du Gange. Les armées musulmanes pillèrent et brûlèrent les monastères : les statues bouddhiques répugnaient aux musulmans, iconoclastes. Pour finir, les musulmans atteignirent Vikramashila, le dernier grand monastère encore intact.

A Vikramashila, ils massacrèrent les moines. Les bibliothèques brûlèrent pendant des jours. L'armée démolit tous les bâtiments, jusqu'à la dernière pierre de la douzaine de temples qui, autrefois, se dressaient dans les brumes du matin. Ils arrachèrent les pierres et les jetèrent dans le Gange. La destruction de Vikramashila fut totale : on n'a jamais pu en retrouver l'emplacement.

L'image de la destruction du bouddhisme en Inde, ce qu'a d'ironique le fait de le voir disparaître du pays où il est né, m'a hanté pendant des dizaines d'années. J'étais impatient de discuter avec le Dalaï Lama de la disparition du bouddhisme de son pays d'origine.

— Comment le bouddhisme fut-il détruit en Inde ? Est-ce que ça a tenu uniquement aux attaques des musulmans ?

— Rien ne tient à une seule cause. Un savant maintenant disparu m'a envoyé un livre qu'il avait écrit, dans lequel il exposait les trois causes de la disparition du bouddhisme en Inde. La première, m'expliquait-il, c'est que les dirigeants des monastères avaient une inclination pour les traditions non bouddhistes. La deuxième tient à des forces extérieures, comme les invasions musulmanes, qui essayèrent de détruire le bouddhisme. La troisième, c'est que les monastères et les moines étaient devenus très riches, et que, au nom du tantra, ils avaient accumulé une grande quantité d'or. Comme je vous l'ai déjà dit, ils buvaient et avaient des relations sexuelles. C'est comme ça que ça s'est passé. Et le public a perdu son respect pour les moines. Certains se sont mis à les mépriser, à ne plus leur faire confiance. Selon moi, il n'y avait donc pas une seule cause.

J'étais étonné de le voir rendre les bouddhistes responsables de ces événements. J'avais toujours pensé que les seuls responsables étaient les musulmans.

— C'est vrai ? Vous n'en voulez pas aux musulmans ?

— Je crois que, dans le cas du Tibet comme dans celui de l'Inde, on a trop tendance à chercher des causes externes. La tendance à chercher d'abord des causes externes est fortement ancrée dans l'âme humaine, et difficile à éliminer. On ne peut pas faire grand-chose sur les autres, sur les forces externes. Mais en ce qui nous concerne nous-mêmes, si nous ne pratiquons pas correctement, si nous ne sommes pas disciplinés, notre religion devient de l'hypocrisie. Telle est la réalité. Et telle est la véritable histoire du bouddhisme en Inde et au Tibet.

J'étais étonné de voir que, dans chaque cas, le Dalaï Lama, avant de considérer les fautes des autres, prenait en compte les siennes propres. Ses inclinations façonnent, comme c'est le cas pour chacun d'entre nous, la façon dont il considère l'histoire. Mais dans son cas, son inclination initiale le pousse à voir d'abord ses fautes à lui, celles de sa nation, celles de sa religion. Je savais, en théorie, qu'il s'agissait de l'un des vœux d'un bodhisattva. Le fait d'écouter le Dalaï Lama évoquer la destruction du bouddhisme en Inde et à en imputer – au moins en partie – la faute aux bouddhistes eux-mêmes donna vie à cette théorie d'une façon particulièrement douloureuse. Jamais auparavant je n'avais rencontré quelqu'un qui se consacre aussi profondément à son idéal.

« La tendance à chercher d'abord des causes externes est fortement ancrée dans l'âme humaine, et difficile à éliminer. »

Le fait qu'une discussion avec le Dalaï Lama à propos de l'histoire du Tibet conduise à quelque chose de plus universel que la simple histoire d'un pays n'aurait pas dû me surprendre. Et pourtant j'étais surpris. Plus je passais de temps avec Sa Sainteté, plus il m'étonnait. Sa spiritualité n'avait rien d'abstrait. Elle relevait du conseil pratique.

*

Le bouddhisme tibétain ne serait pas tel que nous le connaissons aujourd'hui s'il n'y avait dans les monastères un personnage essentiel, que les Tibétains appellent un *Tulku.* Les maîtres qui, par compassion pour la souffrance des autres, et alors qu'à leur mort ils auraient pu aller au Nirvana, ont volontairement choisi de se réincarner sous forme humaine, sont des Tulku, et le Dalaï Lama est le Tulku le plus célèbre du monde. Les Tulku, introduits au Tibet par le bouddhisme Mahayana et le bouddhisme Vajrayana, expriment, comme tant d'aspects de la culture tibétaine, les idéaux du bodhisattva. En 1950, de nombreux monastères du Tibet étaient dirigés par un Tulku, et cette institution a joué un rôle essentiel et unique dans toute l'histoire du pays. Le titre honorifique de *Rimpotché,* qui signifie « le Précieux », est ajouté au nom du maître pour exprimer sa position. Jamais en Inde les monastères bouddhistes n'avaient été dirigés par des maîtres réincarnés. C'est au Tibet que ce système est apparu.

Le premier Tulku fut un Kagyu, Dusum Khyenpa, au XIIe siècle. Avant de mourir, il annonça à ses disciples où il allait renaître. Il leur ordonna de découvrir sa nouvelle incarnation, et de l'éduquer de façon qu'il puisse continuer à les guider. Comme, au Tibet, les maîtres bouddhistes enseignaient depuis longtemps que les bodhisattvas avaient atteint l'Illumination, les disciples de Dusum Khyenpa furent facilement convaincus, même s'il s'agissait d'une extension audacieuse des pouvoirs du bouddhisme. Pour l'expliquer, l'historien Melvyn Goldstein écrit :

> Dans un monde où les sectes religieuses rivalisaient constamment pour constituer des modèles, les bénéfices politiques et religieux de

cette forme de renaissance étaient frappants, et elle fit rapidement partie du paysage religieux tibétain. Les lamas réincarnés développèrent des lignées, fonctionnant comme des corporations. Ils en arrivèrent à posséder des domaines, des serfs, tout en conservant une même identité légale à travers les générations.

Après avoir lu ce passage au Dalaï Lama, je lui ai posé une question :

— Quand avez-vous entendu parler pour la première fois de Dusum Khyenpa, le premier Tulku ?

— En lisant sa biographie. Je ne sais plus quel âge j'avais. Au Tibet, il est célèbre.

— Pourquoi a-t-il décidé de se réincarner ?

— Il ne fait aucun doute que le lama Dusum Khyenpa a été un grand maître. Il a très clairement mentionné, avant sa mort, qu'il renaîtrait à tel endroit, à tel moment. C'est pour servir le bodhisattva qu'il a agi ainsi. Que puis-je dire de plus ? Je crois que le système des Tulku a eu son utilité. Et je crois que, comme pour toute chose, on doit considérer ses différents aspects. Le système de la réincarnation a un aspect négatif, certes. La fortune étant transmise au nom de l'institution, elle englobait les serfs du monastère, ce qui a suscité beaucoup de souffrances. Cela ne fait aucun doute. Et, au nom de l'institution, des conflits (*des luttes entre les ordres et entre les monastères*) se sont produits. Voilà pour les aspects négatifs. Mais ce système des Tulku a aussi ses aspects positifs. Il a contribué à maintenir vivante la tradition Kagyu. Cette tradition n'est pas destinée à une seule génération, mais à un grand nombre de générations. Le supérieur du monastère, en tant que personne, changeait, mais l'institution restait la même. On ne nommait pas un nouveau supérieur : c'est le même supérieur qui était réincarné dans un corps nouveau. Je pense que ce système a fonctionné, et a eu son utilité.

— Vous voulez dire que cela a protégé la force institutionnelle du bouddhisme ?

— Non, plus que ça. Le système des Tulku a aidé à protéger la tradition spirituelle, à la préserver.

Je suis resté silencieux, et il m'a regardé avec exaspération, comme si j'étais complètement borné.

— Ecoutez. En ce qui concerne le Bouddha lui-même, ses enseignements ont eu sept détenteurs successifs. Dans toute lignée spirituelle, il existe un maître, qui transmet sa spiritualité à un successeur de qualité égale. La tradition spirituelle, l'enseignement peuvent ainsi perdurer, sans dégénérer, à travers plusieurs générations. Il ne s'agit pas d'argent, ni d'économie, mais de la protection et de la préservation de la pureté d'une tradition spirituelle. Par ailleurs, la nature humaine est ce qu'elle est, ce qui est un autre problème. A l'origine, la tradition des Tulku était purement spirituelle, mais, peu à peu, elle s'est corrompue. L'argent, le pouvoir, les saletés de la politique.

— Les Tulku ont quand même aidé à préserver les institutions, non ?

— Oui, mais c'est secondaire. Pour moi, la chose la plus importante, c'est la pureté de la pratique spirituelle, de la lignée spirituelle. Même au sein de ces énormes institutions monastiques, plusieurs maîtres réincarnés furent très purs. Le Septième Dalaï Lama, par exemple. Il ne possédait rien, hormis les treize articles que les moines sont autorisés à conserver, ainsi que cela est écrit dans le *Vinaya*. Quand, pour se rendre à une cérémonie officielle, il devait porter une tenue particulière, il devait l'emprunter car il n'en possédait pas. C'était un pratiquant authentique. Il y en a eu beaucoup comme lui. Les enseignements que nous avons reçus de nos maîtres spirituels sont des enseignements magnifiques. Mais, sous des influences néfastes, en raison de mauvaises pratiques, ils peuvent se trouver corrompus. Et ainsi des imposteurs peuvent prétendre être de bons maîtres, ce qui risque de polluer l'enseignement du bouddhisme. L'ordre du Gelug, en ce qui concerne les biens matériels, peut sembler trop fastueux, trop riche, c'est vrai. Ce faste, cette richesse sont inutiles, dépourvus de contenu spirituel. Je ne peux m'empêcher d'avoir le cœur gros en y pensant. Nous devons toujours nous rappeler que le but principal – il marqua une pause pour bien insister –, le but principal de la tradition des Tulku était de propager et de préserver les enseignements du Bouddha. Il s'agissait de quelque chose de positif, de nécessaire.

— Il me semble, d'après ce que vous m'avez dit et d'après ce que j'ai lu, que tous les Tibétains voient aujourd'hui en vous un Tulku, et en même temps une manifestation de Chenrizi. Mais n'existe-t-il pas d'autres Tulku, appartenant à d'autres sectes, en qui les adeptes de ces sectes voient aussi une manifestation de Chenrizi ? La manière dont tout cela est perçu ne s'est-elle pas modifiée au fil des ans ?

— Oui, mais c'est compliqué. Pour les Kagyu, le Karmapa est considéré comme une réincarnation de Chenrizi ; ce n'est pas réservé au seul Dalaï Lama. Au début, selon les sectes, selon les ordres, on utilisait rarement le terme de Dalaï Lama. A l'ère Kagyu, on parlait de Karmapa, ou de Kamtsang. Ceux qui vivaient dans le Drikhung suivaient le Kyabgon. Les Taglung Kargyu s'identifiaient au Taglug Shabtrug Rimpotché. Chaque ordre avait son propre Tulku, et son temple principal dans le centre du Tibet. C'est là que se trouvaient les principaux monastères. Chaque secte avait des adeptes dans les zones frontières plus éloignées, mais tous suivaient le Tulku qui se trouvait à la tête de leur ordre. Depuis les années cinquante, en raison de la situation avec les Chinois, la situation a changé, et c'est mon nom qui maintenant s'étend partout. Tout le monde considère que le Dalaï Lama est le sauveur et le protecteur du Tibet, et c'est moi qui porte la principale responsabilité.

*

J'ai réfléchi à ce que m'avait dit le Dalaï Lama, et lu nombre de livres sur l'apparition des ordres bouddhistes. Entre deux voyages en Inde, j'ai visité le Tibet sous occupation chinoise. Le fait que le Dalaï Lama soit prêt à critiquer l'importance attachée par les Tibétains aux statues et au faste des monastères est très louable, mais j'estimais néanmoins que les statues géantes ayant survécu au Tibet imposaient le respect, un respect suscité en partie par leur rareté. Après l'invasion de 1950, les Chinois ont détruit les neuf dixièmes des temples, alors qu'au cours du dernier millénaire, et en dépit de multiples invasions, le bouddhisme monastique avait réussi à préserver les statues monumentales, les fresques anciennes, les bibliothèques. La beauté de celles qui subsistent et l'intense dévotion populaire qu'elles inspirent peuvent être extrêmement émouvantes.

Par un beau matin d'hiver, au monastère de Tashilunpo, à Shigatse, j'ai suivi une file de pèlerins, des nomades illettrés pratiquant l'élevage des yaks sur les hauts plateaux, qui entraient dans l'obscurité d'un temple pour faire le tour de la plus grande statue du Tibet. Hommes et femmes portaient des vêtements de laine qu'ils avaient fabriqués eux-mêmes. Leurs cheveux n'avaient jamais été coupés, et ils étaient tressés et enroulés autour de leur tête. Ils sentaient le beurre de yak, l'orge soufflée et les feux de bouses. La statue, à sa base, faisait à peu près trente mètres de diamètre ; elle se dressait dans une salle sombre comme la poix. A la lueur d'une minuscule fenêtre, je pouvais apercevoir la tête du Bouddha brillant quatre étages plus haut.

Au milieu de cette immense salle abritant une statue géante, tandis que je suivais ces nomades, ces gens qui n'avaient jamais possédé de maison et avaient passé leur vie dans des tentes, je fus impressionné par ce que les monastères avaient réalisé au Tibet, par la spiritualité émanant de ces pèlerins. Dans l'obscurité, nous nous tenions par l'épaule tout en tâtonnant autour de l'orteil du Bouddha qui nous dominait du haut de ses 26 mètres, et j'ai commencé à comprendre pourquoi les monastères avaient si bien réussi au Tibet. Le Dalaï Lama m'avait expliqué que les rituels étaient destinés à ceux qui étaient incapables de méditer. Je me trouvais là, à la suite d'un groupe de pèlerins insuffisamment éduqués pour étudier les enseignements venus d'Inde, et je sentais que cette salle et cette statue apportaient dans leur vie quelque chose de vaste, quelque chose que je ne percevais que faiblement. Le rire du Dalaï Lama, quand il avait aboyé « Des rituels ! », m'est revenu à l'esprit.

Après avoir fait le tour de la statue, les nomades ont quitté le temple. Je les ai suivis à l'extérieur, et la lumière m'a aveuglé. Quand mes yeux se furent adaptés, je vis la crasse sur les visages brûlés par le soleil et sur les mains calleuses. Je vis les moulins à prières qu'ils ne cessaient de tourner, et les chapelets sur lesquels ils comptaient les mantras des divinités bouddhistes.

A travers ces rituels simples, ils concentraient leur corps, leur âme et leurs paroles sur Bouddha. En tournant autour de l'immense statue, ils visualisaient ce Bouddha dont ils récitaient les mantras. Le système des monastères a créé ce type d'expérience spirituelle, et l'entretient depuis un millénaire. Pour ces hommes et ces femmes, les instants passés à l'intérieur du temple faisaient partie de l'expérience de toute une vie. Il est évident que les peintures et les statues dont sont remplis les dizaines de temples de Tashilunpo apportaient un soutien aux pèlerins ce jour-là, à ceux qui les avaient précédés, à ceux qui les suivraient. Ces pèlerins semblaient *devenir* Bouddha.

Les spécialistes se demandent si ces pratiques proviennent de l'ancien bouddhisme de l'Inde, ou si elles sont enracinées dans celles des chamans de l'Himalaya, qui, en transe, « deviennent des dieux ». Mais ce matin-là, à Shigatse, de telles discussions n'avaient plus de sens. La force de la dévotion des pèlerins était étonnante.

Elle m'émut et me fit revenir à l'esprit l'image d'une jeune Chinoise que j'avais croisée dans un ascenseur, à Canton. En 1989, après un voyage à Lhassa, j'y faisais escale afin de faire viser quelques papiers avant de me rendre à Hong Kong. La Chinoise et moi évitions poliment que nos regards ne se croisent, quand elle me posa une question. Des milliers d'étrangers passaient par

Canton pour aller à Lhassa par un vol créé récemment. Elle ne comprenait pas pourquoi.

— Pourquoi les Occidentaux ont-ils aussi envie de voir le Tibet ? Les Tibétains sentent mauvais, c'est crasseux, c'est pauvre. Qu'y a-t-il à faire là-bas ?

Je fus frappé par sa franchise.

— Ils veulent voir les monastères. Au départ, c'est ce qui les attire au Tibet.

Les statues et les monastères qui les abritent sont devenus, au fil des siècles, le support d'une religiosité intérieure que les Tibétains cultivent avec une farouche détermination. Les nomades que j'ai suivis à Tashilunpo avaient le Bouddha dans leur cœur. Les Chinois et les Occidentaux ne s'en rendent pas compte, mais les monastères, malgré tous leurs défauts, sont jugés par les Tibétains en fonction de leur utilité à apporter le bouddhisme dans leur vie. C'est par leur propre pratique que les individus acquièrent leur propre mérite. Les reliques et les rituels religieux ne sont que des outils.

En suivant les nomades à l'extérieur de ce temple de Tashilunpo, je décidai de demander au Dalaï Lama, la prochaine fois que je le verrai, quelle statue du Bouddha il préférait.

Lorsque je suis arrivé pour rencontrer Sa Sainteté, il neigeait sur Dharamsala.

Quatre mois plus tôt, la dernière fois que j'avais vu le Dalaï Lama, il avait émergé d'une forêt entourée d'épais nuages de mousson, abrité sous son parapluie marron. Aujourd'hui, respectueux du *Vinaya*, il avançait tête et bras nus sur un chemin fraîchement tracé dans la neige. Comme toujours, il avait chaque jour une dizaine de rendez-vous, et notre entretien était strictement planifié. Pendant que je l'attendais, il donnait audience à une centaine de réfugiés qui avaient fui le Tibet en franchissant les neiges de l'Himalaya. Leur regard m'a rappelé celui des nomades faisant le tour du Bouddha géant de Tashilunpo.

La veille, j'avais posé au Dalaï Lama tant de questions sur le développement du bouddhisme monastique que j'avais oublié de lui parler des statues. Le regard des réfugiés qui s'approchaient de lui me fit penser à lui demander quelle était sa préférée.

Il me répondit qu'il s'agissait d'une statue haute de un mètre, provenant de l'ancien royaume de Gandhara, et datant d'environ un siècle après Jésus-Christ. Elle se trouve aujourd'hui dans une vitrine du musée de Lahore, au Pakistan, rendu célèbre sous le nom de Maison des Merveilles au début de *Kim*, le roman de Kipling.

Elle représente le Bouddha la nuit de son Illumination. Après avoir achevé six années d'ascétisme extrême, il était presque mort de faim et à moitié nu. On voit que son ventre est ratatiné, ses joues creuses, et on aperçoit ses veines sur sa cage thoracique décharnée. La pierre est taillée avec une grande précision. Le Bouddha vient de rompre un jeûne prolongé, et de manger suffisamment pour soutenir les longues nuits de méditation qui doivent le mener à la libération complète, sous le Bô de Bodh Gaya[1], lors de la pleine lune de mai. Le Dalaï Lama n'a jamais vu cette statue, il n'en connaît que des reproductions.

— Il s'agit donc de votre statue préférée de Bouddha. Qu'évoque-t-elle pour vous ?

— Il est évident qu'elle transmet le message enseigné dans les textes bouddhiques. Elle montre qu'il faut, au cours des pratiques spirituelles, supporter de grandes souffrances. Ce qui est clairement démontré par la vie de Bouddha, et par cette statue. Quand on compare nos propres souffrances à celles de Bouddha, on voit combien nous sommes des enfants gâtés. Et, de façon générale, ceux qui portent le nom de Tulku sont particulièrement gâtés.

— Quand vous voyez cette statue, que ressentez-vous ?

— Ce dont nous avons vraiment besoin, c'est d'être déterminés à faire de grands efforts. Comme Milarepa, ou d'autres maîtres et lamas authentiques qui passèrent par de dures épreuves avant d'atteindre à de hauts accomplissements spirituels. Si l'on suit le chemin de la facilité, il est difficile de parvenir à quoi que ce soit. Dilgo Khyentse Rimpotché, par exemple, a lui aussi subi des épreuves, s'isolant pendant trois ans dans une grotte. Plus tard, en se rappelant le temps passé dans sa grotte, il avait des larmes de bonheur. C'étaient des années de dur travail et de méditation, mais c'était aussi la période la plus heureuse de sa vie. C'est donc ainsi qu'il faut procéder. Je crois que nombre d'entre nous, moi compris, espérons parvenir trop facilement à la bouddhéité.

— Le Bouddha de Lahore, donc, vous rappelle que, sans effort, il est impossible de parvenir à l'Illumination. Mais cette statue est aussi une grande réussite artistique, non ?

— Je ne suis pas très sensible à l'esthétique.

— Oui, c'est bien l'impression que j'avais. Pourquoi n'appréciez-vous pas la réussite artistique ?

— Un pratiquant bouddhiste respecte les images de Bouddha

1. Le Bô, qui appartient à l'espèce des magnolias, est pour les bouddhistes un arbre sacré. C'est sous le Bô de Bodh Gaya que Gautama reçut l'Illumination.

parce qu'il s'agit d'images de Bouddha, qu'elles soient faites d'or ou de boue, et pas parce qu'elles sont précieuses ou belles.

— Mais le fait que l'artiste ait parfaitement traduit dans la statue la détermination de Bouddha est important. C'est mieux qu'une statue laide de Bouddha qui ne traduirait pas sa détermination.

— Oui, c'est vrai, concéda le Dalaï Lama.

— De façon générale, qu'une statue soit faite de diamants ou de boue, qu'elle soit belle ou non, c'est sans importance pour vous ?

— C'est tout à fait cela.

6

Les souverains mongols : les racines d'un problème 1207-1368

A la mousson avait succédé l'hiver. Six mois avaient passé, et le Dalaï Lama et moi, quand ses voyages nous le permettaient, continuions à nous rencontrer. Un ciel d'un bleu lumineux avait remplacé la demi-obscurité des mois de mousson. Faire en taxi la route jusqu'au domaine du Dalaï Lama, au-dessus de Dharamsala, évoquait un trajet en avion. La route serpentait entre les pins, et, au loin, j'apercevais l'Himalaya, scintillant de la blancheur de la neige fraîche. Tandis que je m'apprêtais à retrouver le Dalaï Lama, j'avais l'esprit plein du sujet de la discussion d'aujourd'hui : la création, par les nomades mongols, du plus grand empire de l'histoire du monde.

C'est la conquête de l'Eurasie par les Mongols, au XIIIe siècle, qui a mis accidentellement en contact, après des années d'isolation, le Tibet et la Chine. Les deux pays sont devenus sujets de l'Empire mongol, qui s'étendait de la Corée à la Hongrie, de Moscou à Istanbul, contrôlé par une armée de 125 000 barbares nomades, et de leur chef, Gengis Khān.

S'ils avaient de la chance, les sujets payaient un tribut aux Mongols ; s'ils n'en avaient pas, ils étaient assassinés par les archers et les cavaliers armés. Gengis, illettré, était persuadé que c'est le Ciel Bleu Eternel qui, à travers la bouche d'un chaman mongol, lui donnait le droit divin de diriger le monde. Une traduction exacte de la devise de Gengis Khān donnerait quelque chose comme : « La meilleure vie pour un homme est de chasser et de massacrer ses ennemis, de voler leur fortune, d'écouter les gémissements de leurs familles, de galoper sur leurs meilleurs chevaux, et de violer leurs femmes. »

Des recherches génétiques récentes étayent ses vantardises : 8 pour cent des habitants des pays conquis par Gengis Khān portent sur leur chromosome Y un marqueur permettant de remonter à sa famille.

Depuis 1206, quand il commença à envahir les pays voisins, jusqu'à sa mort, en 1227, Gengis Khān appliqua une seule loi : hommes, femmes ou enfants, tous ceux qui résistaient à sa conquête ou ne tenaient pas une promesse étaient massacrés. Il traitait les étrangers qui s'opposaient à lui de la même façon qu'il traitait les tribus mongoles qui, dans sa jeunesse, l'avaient trahi, ainsi qu'on peut le lire dans *L'Histoire secrète des Mongols*.

Jeune homme, après une victoire,

> Gengis rassembla son butin
> et exécuta les chefs de clan,
> leurs fils et leurs petits-fils,
> de façon que leur semence s'envole au vent, comme des cendres.

L'extermination attendait ceux qui ne se rendaient pas dès qu'apparaissaient aux portes des villes les cavaliers mongols, et surtout ceux qui les combattaient. Pour Gengis, tous les peuples étaient ses sujets : ou ils se rendaient et lui payaient un tribut, ou il les massacrait. Il arrivait que soient traitées de la même façon des nations qui s'étaient rendues sans presque aucune opposition.

La Chine résista aux Mongols, mais pas le Tibet.

Aucune nation n'était prête à rencontrer les Mongols, et le Tibet était particulièrement démuni. Après la mort de Lang Darma, en 842, le pays s'était désintégré. Depuis la chute de l'Empire tibétain jusqu'à la domination mongole, en 1268, il était resté désuni. Les régions luttaient entre elles, et de riches et puissants monastères cherchaient à prendre le contrôle de chacune. Au début, les monastères recherchèrent la protection des nobles, mais au XIIIe siècle, les moines étaient riches et la situation se trouva inversée : ce sont certaines familles nobles qui recherchaient la protection des moines. Nombre de princes ayant conclu quantité d'alliances avec les empires et les tribus entourant le plateau, la politique étrangère était en pleine désorganisation. Paradoxalement, comme les Mongols massacraient ceux qui leur résistaient, l'incapacité du Tibet à se défendre contre les envahisseurs s'avéra un bien pour un mal.

En évoquant ce sujet, le Dalaï Lama s'anima :

— Si, à cette époque, le Tibet avait été un pays fort, il aurait combattu, et aurait souffert, comme tant d'autres. Mais l'Etat était faible, le nationalisme inexistant, et les monastères étaient puissants. Il y eut donc peu de combats.

— Les publications du gouvernement chinois insistent sur le fait que si le Tibet est devenu une partie de la Chine, c'est en raison des invasions mongoles. Mais les historiens que j'ai lus ne sont pas d'accord là-dessus.

— Je crois qu'en fait l'armée mongole a d'abord pris le contrôle du Tibet, et s'est rendue en Chine ensuite. Je ne suis pas apte à juger, je n'ai pas les moyens. Mais je veux qu'une chose soit claire : tout cela est si complexe que je laisse cette affaire aux historiens et aux experts.

— Mais lorsque le gouvernement chinois déforme l'histoire pour prouver que le Tibet fait partie de la Chine depuis la période mongole...

Le Dalaï Lama, qui avait une vue plus nuancée, et n'était pas prêt à me laisser me montrer aussi simpliste, m'interrompit :

— Je peux affirmer sans aucune hésitation que les relations historiques du Tibet avec la Chine ne sont pas aussi simples que le prétend le gouvernement chinois. On s'en aperçoit lorsqu'on étudie la façon dont les Mongols ont contrôlé le Tibet avant d'arriver en Chine. Comme je vous l'ai déjà dit, toute explication du passé a des implications dans le présent et le futur. C'est pourquoi les Chinois insistent très fortement sur le fait que le Tibet fait partie de la Chine.

Aux yeux des patriotes chinois, où qu'ils soient dans le monde, le Tibet appartient à une nation chinoise unifiée depuis que les Mongols ont dominé les deux pays. Dans *The Historical Status of China's Tibet*, Wang Jiawei et Nyima Gyaincain présentent le point de vue officiel. Leur argumentation repose sur un prédicat, qui sous-tend tout ce qu'ils écrivent : l'occupation de la Chine par les Mongols a créé un Etat chinois, dirigé par la dynastie des Yuan fondée par Koubilaï, le fils de Gengis Khān.

« La dynastie Yuan apparaît comme la première fois où le gouvernement de la Chine était assuré par une minorité... Les Mongols, les Han (Chinois), les Tibétains et d'autres peuples se sont unis pour former une entité politique jouissant d'une prospérité économique et culturelle. » Selon Wang et Gyaincain, la conquête mongole se produisit au cours d'une période où la mère patrie était dirigée par des Chinois d'ascendance ethnique minoritaire.

Cet argument n'est pas récent. Depuis le siècle qui a suivi l'expulsion des Mongols par les Chinois jusqu'à nos jours, les écrits chinois sur la conquête mongole se refusent à admettre que leur nation faisait partie d'une entité politique plus grande, non chinoise.

De plus, les Mongols n'ont jamais administré le Tibet comme une partie de la Chine, ni même avec la Chine. Au contraire, ils dirigeaient ces deux pays séparément, de la même façon que, plus récemment, la Grande-Bretagne dirigeait l'Inde et la Nouvelle-Zélande. Le fait que la Grande-Bretagne les ait colonisées toutes les deux ne fait pas aujourd'hui de l'Inde une partie de la Nouvelle-Zélande.

Si l'on accepte, comme on l'enseigne aujourd'hui aux Chinois, l'idée que l'Empire mongol était une nation chinoise, alors il n'y a qu'un pas à franchir pour affirmer, comme le font Wang et Gyaincain, que « la Chine a exercé sa souveraineté sur le Tibet depuis la dynastie Yuan, et que les Tibétains font indubitablement partie des Chinois. Cela confirme clairement une réalité historique qui existe depuis plus de 700 ans, depuis la dynastie Yuan. Le statut historique du Tibet chinois est clair comme l'eau claire et le ciel bleu, et le monde entier le sait ».

Les documents tibétains et mongols ultérieurs témoignent d'une doctrine bouddhique commune, mais, comme tous les documents non chinois, ils ne parlent jamais de l'occupation mongole du Tibet comme d'une occupation chinoise.

Cette histoire compliquée des rapports de la Chine et du Tibet remonte à un homme qui redessina le monde en proclamant que la plus grande partie de l'Europe et de l'Asie appartenait au vaste Empire mongol.

*

Temüjin était un jeune Mongol d'une extrême pauvreté. Après que son frère et lui, affamés, eurent assassiné, pour un poisson, leur demi-frère, la mère de Temüjin harangua les deux garçons :

> Assassins, tous les deux !
> Quand il est sorti en criant de la chaleur de mes entrailles
> celui-là est né portant dans ma main un caillot de sang noir.
> Et voilà que tous deux vous venez de le détruire sans réfléchir...
> comme le lion qui ne peut maîtriser sa fureur...
> comme le loup qui se dissimule dans le blizzard pour chasser sa proie...
> comme le chacal qui combat tous ceux qui l'approchent

Après bien des combats sanglants, Temüjin parvint à la tête d'une coalition de tribus nomades turques et mongoles, dans l'actuelle Mongolie. En 1206, à l'issue d'une conférence intertribale, Temüjin devint Gengis Khān, un nom qui signifie sans doute « océan » ou « chef universel ». Entre 1207 et 1215, ses guerriers soumirent leurs voisins les plus proches, au sud, et s'apprêtèrent à conquérir le monde.

En 1206, il existait cinq empires principaux au sud des territoires mongols : les Ouïgours, les Tangouts, les Jürchens, le Tibet et la Chine des Song.

Au sud-ouest de la Mongolie se trouvait le royaume ouïgour de Qocho, qui constitue aujourd'hui la province chinoise du Xinjiang. En 1205, les souverains turcs d'origine ouïgoure dominaient les populations indo-européennes. La population de Qocho – des hommes bruns, blonds, roux – n'était pas constituée de Chinois, ni ne parlait leur langue. Les Chinois ne vivaient pas dans la région – et n'y avaient pas vécu depuis l'éviction des Tang, plusieurs siècles auparavant. Les Ouïgours, entre 1207 et 1209, dès qu'ils se virent menacés, se soumirent volontairement aux Mongols, et devinrent des vassaux fidèles. Gengis était illettré, mais les scribes ouïgours, qui transcrivirent la langue mongole dans leur écriture, éduquèrent ses fils. Les scribes rédigèrent les plus anciens documents mongols à l'aide d'un alphabet, et non pas avec des caractères chinois. Des fonctionnaires ouïgours contrôlaient les tributs payés à l'Empire mongol en pleine expansion, et de loyaux vassaux ouïgours participaient à son administration. Comme ils étaient utiles aux Mongols, qu'ils s'étaient soumis rapidement, qu'ils se montraient loyaux, les Ouïgours, sous la domination mongole, prospérèrent.

Juste au sud de la Mongolie se trouvait l'Empire tangout, qui correspond aux actuelles provinces chinoises de Gansu et de Mongolie intérieure. Les Tangouts étaient dirigés par des nobles parlant tibétain. Au VIIe siècle, les Tangouts vivaient sur le Plateau tibétain mais, au XIIIe siècle, ils avaient émigré dans le corridor de Gansu, une dépression séparant la Mongolie du Plateau tibétain. Les Tangouts n'étaient pas chinois, mais nombre de leurs sujets l'étaient. Leurs armées impériales avaient souvent envahi la Chine des Song pour s'emparer de ses richesses. Depuis 1044, les Chinois, pour ne pas se faire attaquer, payaient un tribut annuel aux princes tangouts, et acceptaient un statut « inférieur ». Comme les Tangouts se rendirent aux Mongols sans trop combattre,

Gengis, au début, les épargna. Mais, plus tard, après avoir trahi, ils furent massacrés.

Les Ouïgours et les Tangouts furent les deux premières nations à se soumettre aux Mongols, entre 1207 et 1209. Au moment de leur soumission, même s'ils occupaient un territoire qui se trouve aujourd'hui en République populaire de Chine, ils n'appartenaient pas à la Chine, et n'étaient pas des provinces chinoises.

A l'est et au sud-est de Gengis Khān se trouvaient les Jürchens (ou Jin) qui parlaient turc. L'Empire Jürchen (ou Jin) comprenait à la fois des tribus nomades du nord de la Mandchourie, et au moins une centaine de villes au nord des plaines chinoises, peuplées en majorité de paysans et d'artisans chinois. Comme dans le cas des Ouïgours et des Tangouts, une partie du territoire de l'Empire Jin avait été cédée, après l'effondrement de la dynastie Tang, en 906, à des nomades ne parlant pas chinois. Comme les Tangouts, les chefs nomades de l'Empire Jin avaient appris comment s'emparer de la richesse des paysans et des artisans chinois, sédentaires : ils imposaient des taxes aux Chinois installés dans les Empires Jin et Tangout, pillaient les villes de la Chine des Song, et exigeaient que les Song leur donnent de l'argent pour qu'ils ne les attaquent pas. Quand ça leur était utile, ils adoptaient les techniques administratives des Chinois, de la même façon que, de nos jours, il arrive aux entreprises chinoises d'adopter des méthodes occidentales. Les Jürchens et les Tangouts n'étaient pas pour autant devenus des Chinois, pas plus que les Chinois d'aujourd'hui ne se transforment en Occidentaux quand ils leur empruntent leur technologie. Les Mongols attaquèrent les Jin en 1211, et il leur fallut vingt ans pour les soumettre. Comme les Jin et leurs sujets chinois avaient résisté bravement, les Mongols réduisirent en miettes au moins quatre-vingt-dix villes fortifiées dans le nord de la plaine chinoise.

En 1207, lorsque Gengis Khān entreprit sa conquête du monde, il commença par attaquer les Ouïgours, les Tangouts et les Jin. A cette époque, les populations chinoises et non chinoises n'étaient pas unies en une nation transethnique ; la nation chinoise moderne n'existait pas. Les dirigeants étrangers – Ouïgours, Tangouts et Jin – ne se voyaient pas comme des Chinois, et n'étaient pas considérés comme des Chinois par ceux qui parlaient chinois.

En 1205, la plus grande partie de la population parlant chinois vivait dans l'Empire Song, dirigé par des Chinois, au sud des Empires Jin et Tangout. Les Jin et les Tangouts avaient, au cours des siècles précédents, repoussé vers le sud la frontière nord de l'Empire Song.

Les Mongols incorporèrent dans leur empire les Ouïgours, les Tangouts et les Jin, mais ignorèrent la Chine des Song. La plus grande force des premiers Mongols était leur cavalerie, très mobile. Pour une telle armée, les champs de riz de la Chine des Song étaient une fondrière. Les chefs nomades qui dévoraient la Chine auraient pu, s'ils ne les avaient soumis, représenter une menace pour l'arrière-garde de Gengis Khān, mais la Chine des Song ne posait pas ce problème. Ayant conjuré la menace, il pouvait maintenant diriger ses forces vers l'ouest, à travers l'océan d'herbe dépourvu d'arbres qui, depuis la Mongolie, s'étend en direction de l'Europe. Il passa le reste de sa vie, de 1207 à 1227, à conquérir un vaste territoire à l'ouest de la Chine, un territoire comprenant l'Iran, l'Afghanistan, le Kazakhstan et le Turkménistan actuels, une partie de la Turquie, de l'Arménie, du Caucase et de l'Azerbaïdjan, et de larges portions de la Russie et de l'Europe.

Au cours de ces conquêtes, Gengis Khān demanda à l'un de ses principaux peuples de vassaux, les Tangouts, de lui fournir des troupes. Les Tangouts refusèrent. Après en avoir terminé avec ses conquêtes en Occident, Gengis Khān ramena une partie de son armée chez lui, en Mongolie, et, en chemin, mit à sac et incendia toutes les villes tangoutes. En 1227, sur son lit de mort, tandis que ses armées assiégeaient la capitale tangout, il ordonna le massacre de tous les Tangouts. Il était mort au moment où se produisit le massacre final, mais ses troupes suivirent ses ordres. L'extermination des Tangouts fut si complète que, jusqu'à une période récente, les Tangouts étaient une tache floue que les Mongols avaient effacée de l'histoire.

Ce n'est qu'après la mort de Gengis Khān que le Tibet devint une partie de l'Empire mongol. A ce moment-là, les princes et les chefs dynastiques tibétains savaient ce qui arrivait à ceux qui, comme les Tangouts, osaient s'opposer aux Mongols. En 1240, le petit-fils de Gengis Khān, le prince Godan, envoya au Tibet une petite armée, sans doute afin qu'elle effectue une reconnaissance. Lors de l'attaque d'un monastère, les Mongols tuèrent 500 Tibétains, et plusieurs autres monastères furent pillés. Au cours de cette incursion, le commandant mongol commença à s'intéresser au bouddhisme, et entendit parler des pouvoirs spirituels du moine Sakya Pandita. Quelques années plus tard, le prince Godan écrivit à Sakya Pandita, supérieur de l'un des plus grands et des plus riches monastères du Tibet, et le convoqua à sa cour :

> Moi, très puissant et prospère prince Godan, veux informer le Sakya Pandita, Kunga Gyaltsen, que nous avons besoin d'un lama pour apprendre à mon peuple ignorant comment se conduire moralement et spirituellement. J'ai besoin de quelqu'un qui prie pour le bien-être de mes défunts parents... J'ai décidé que vous étiez la seule personne apte à cette tâche... Je n'accepterai aucune excuse prétextant votre âge ou les rigueurs du voyage... Il me serait évidemment facile d'envoyer un important corps d'armée pour vous conduire ici.

Cet ultimatum est typique des Mongols, qui ne considéraient pas leur empire comme une nation unique, ni comme une société multiraciale à la chinoise. Ils ne cherchaient pas à paraître légitimes aux yeux de ceux qu'ils dirigeaient, et ne connaissaient pas la notion moderne de nation-Etat. Les Mongols imposaient leur volonté par la force ; selon eux, leur volonté était celle des cieux.

Après avoir reçu cet ultimatum des Mongols, Sakya Pandita quitta le Tibet en compagnie de deux de ses jeunes neveux, dont Phagpa Gyaltsen, dix ans, et d'une escorte mongole. Sur le chemin du campement de Godan, à 1 500 kilomètres à l'est, tous s'arrêtèrent à Lhassa, où le jeune Phagpa Gyaltsen prononça ses premiers vœux de moine bouddhiste devant une statue du Bouddha installée au Jokhang par la princesse Wencheng, l'épouse chinoise de Songtsen Gampo.

Sakya Pandita rejoignit le prince Godan à Lanzhou, dans l'actuelle province de Gansu. En 1247, à son arrivée, les troupes mongoles étaient en train d'exterminer la population chinoise. Lorsqu'il rencontra les Mongols, Sakya Pandita commença par convaincre le prince Godan de cesser de jeter dans le fleuve des milliers de Chinois. Les Mongols nomades considéraient les paysans chinois comme des fléaux dévorant avec leurs charrues toutes les étendues d'herbe. Ce n'est que plusieurs dizaines d'années plus tard que les Mongols furent convaincus qu'ils pouvaient gagner plus d'argent en imposant les paysans et les artisans chinois qu'en les exterminant et en retransformant leurs champs en étendues herbeuses, qui, pour eux, représentaient la seule utilité de la terre.

Sakya Pandita fut horrifié par cette extermination massive. Il dispensa au prince Godan un enseignement religieux, y compris l'idée que tuer une créature vivante était un péché. Après que le lama tibétain eut passé un certain temps avec Godan, le prince mongol le nomma vice-roi du Tibet central, tout en laissant les provinces orientales de l'ancien Empire tibétain – le Kham et l'Amdo –

sous le contrôle direct des Mongols. Après avoir vu de ses yeux le pouvoir des Mongols, Sakya Pandita envoya une lettre aux Tibétains. Il les pressa de se soumettre au plus vite, et de proposer de payer un tribut. Sakya Pandita passa quatre ans à la cour du prince Godan. En 1251, juste avant sa mort, il envoya une dernière lettre à son pays :

> Le Prince m'a dit que si les Tibétains, en matière de religion, aidaient les Mongols, ils recevraient en retour un soutien en matière temporelle. De cette façon, nous pourrons répandre notre religion au loin. Le Prince ne fait que commencer à comprendre notre religion. Si je reste plus longtemps, je suis sûr que je pourrai répandre la religion de Bouddha au-delà du Tibet et, ainsi, aider mon pays. Le Prince me dit qu'il ne dépend que de lui de faire du bien au Tibet, et que de moi de lui faire du bien à lui. Je deviens vieux, et je ne vivrai plus très longtemps. Que cela ne vous fasse pas peur, car j'ai transmis tout ce que je sais à mon neveu, Phagpa.

Il est très probable que les Mongols attirèrent Sakya Pandita à leur cour car ils avaient besoin de la collaboration d'un moine pour établir leur domination sur le Tibet. Sakya Pandita voyait les choses de façon différente : il pensait pouvoir convertir Godan, et établir une relation religieuse entre le Tibet et les Mongols, relation qui protégerait le Tibet et répandrait le bouddhisme. Selon la vision du monde tibétaine, Sakya Pandita était un prêtre puissant qui avait trouvé un maître plein de respect, chacun d'eux ayant ses droits et ses responsabilités. On peut supposer que, tout au moins au début, les Mongols n'auraient pas défini de la même façon leurs rapports avec les Tibétains.

Le Quatorzième Dalaï Lama est persuadé que, même s'il fonctionnait à d'autres niveaux, le lien entre Sakya Pandita et Godan était essentiellement religieux. Il pense aussi qu'il nous est difficile de comprendre l'ancien lien entre un prêtre et son protecteur.

— Les relations internationales modernes, ou les concepts occidentaux sur les relations entre occupants et occupés, ne sont peut-être pas capables de transposer ce qu'il y avait d'unique dans cette relation entre les Mongols et les Tibétains. Or, vous le savez, les relations internationales, aujourd'hui, sont entièrement basées sur les concepts occidentaux. Je ne sais pas si cette relation unique, à la fois politique et spirituelle, entre un lama tibétain et un empereur mongol peut être transposée dans les concepts occidentaux. Elle ne correspond pas aux canons d'aujourd'hui, car ces canons sont dictés par l'Occident.

Le Dalaï Lama a raison quand il affirme qu'il est impossible de définir en termes modernes cette relation entre un empereur mongol et un religieux tibétain. Les Mongols, les Chinois et les Tibétains du XIIIe siècle n'avaient pas notre vision de la nation, de l'Etat, de la tribu, de la loi légitime.

Il est donc impossible de dire si les relations de conquête entre Mongols, Chinois et Tibétains donnent une légitimité aux communistes chinois qui se sont emparés du Tibet. Pourtant, la doxa chinoise selon laquelle le Tibet fait partie de la Chine depuis le XIIIe siècle se base sur l'affirmation éhontée selon laquelle la Mongolie, quand elle s'est emparée du Tibet, aurait fait partie de la Chine.

Après la mort de Sakya Pandita, Phagpa resta avec les Mongols. Une lutte pour la succession s'était fait jour entre deux petits-fils de Gengis, et il s'agissait d'une période de complète confusion entre les princes mongols. Au cours du chaos qui suivit, il est impossible de dire combien de principautés tibétaines se soumirent aux Mongols : l'accord de Sakya Pandita et de Godan est peut-être resté purement théorique. En 1253, deux princes mongols envahirent le Tibet, depuis deux directions différentes. Ils n'arrivèrent pas jusqu'à Lhassa, mais tuèrent beaucoup de moines, et détruisirent un grand nombre de temples et de maisons. Malgré tout, d'autres princes mongols offrirent à divers monastères tibétains leur protection et leur patronage. Le jeune Phagpa resta dans le camp de Godan, où ses maîtres continuaient à faire de lui un moine tibétain. Mais il apprit à parler la langue mongole, et s'accoutuma aux coutumes mongoles. A cette époque, Koubilaï Khān s'apprêtait à remporter la lutte pour la succession, et manifestait de l'intérêt pour le bouddhisme. Il demanda à Godan de lui donner Phagpa, et Godan accepta.

Cinq ans plus tard, le jeune prince mongol commençait à recevoir des leçons de bouddhisme de la part de Phagpa, âgé de vingt-trois ans, qui vivait maintenant à sa cour. Peu après, Koubilaï Khān l'emportait sur son frère pour devenir le chef du monde mongol, le Khān des khāns. En tant que tel, il était le suzerain suprême non seulement de la Mongolie et des peuples conquis, les Tangouts et les Jin, mais de la Perse et de la Russie : même si, dans la réalité, des parents indociles tenaient comme leur propre fief chacune des quatre parties de l'Empire mongol, il en dirigeait en théorie la totalité.

L'année où il devint le Grand Khān, en 1260, Koubilaï fit de Phagpa le Régent impérial. Le travail de Sakya Pandita portait maintenant ses fruits, et Phagpa pouvait répandre le bouddhisme tibétain à travers tout l'Empire mongol. Phagpa a très bien expliqué pourquoi le bouddhisme est essentiel pour quiconque possède pouvoir et richesse. Il le dit à Koubilaï :

> Je veux vous faire don de ma Doctrine.
> Celui qui possède les biens matériels,
> Mais n'est pas familier avec la vraie Doctrine,
> Est comme celui qui participe à un festin empoisonné,
> Et ne recueillera que malheur et chagrin...
> Celui qui possède ces deux richesses [le bouddhisme et la fortune]
> Fait du bien à lui et aux autres.

Phagpa rationalisa le pouvoir et la fortune de Koubilaï pour le bien commun de l'Empereur et de ses sujets. Selon les Mongols d'aujourd'hui, il fut le premier à « inaugurer la théologie politique de la relation entre l'Etat et la religion dans le monde bouddhiste tibéto-mongol ».

Les Mongols développèrent la pensée de Phagpa : « La pierre angulaire de la religion sacrée est le Lama, Seigneur de la Doctrine. La tête du pouvoir est le Khān, Souverain des Biens terrestres. »

Les deux pouvoirs, « le trône et l'autel », sont indispensables et interdépendants.

Ces idées s'infiltrèrent aussi au Tibet, mais il est possible aussi qu'elles soient d'abord venues d'Inde au Tibet, et aient été transmises ensuite en Mongolie, par Phagpa. Il est évident que ces concepts n'ont aucun rapport avec les principes contemporains sur l'idée de nation, ou les rapports entre pays. Il ne semble pas qu'ils aient été influencés par la philosophie chinoise traditionnelle.

En tant que Régent impérial, Phagpa fit pour l'Empereur mieux que lui enseigner le bouddhisme et lui fournir un nouveau cadre philosophique de gouvernement. Il créa une nouvelle écriture, afin d'assurer une véritable communication entre l'Empereur et les nations vassales. Comme il était impossible de transcrire correctement le tibétain ou le mongol en idéogrammes chinois, ou dans l'écriture ouïgoure, l'Empire avait besoin d'un alphabet nouveau. Devant cette difficulté, et connaissant le génie linguistique légendaire des Tibétains, Koubilaï Khān se tourna vers son Régent. En traduisant, au cours des siècles passés, tant de textes bouddhistes, les Tibétains avaient développé des lexiques permettant aux mots et aux concepts sanscrits d'être toujours traduits de la même façon. Il avait fallu des siècles de travail pour traduire l'abondante littérature bouddhique venue d'Inde, et le talent des Tibétains s'était perfectionné sur plusieurs générations. L'alphabet inventé par Phagpa, basé sur l'écriture tibétaine, servit d'écriture universelle, et contribua à l'unification de l'Empire. En 1268, lorsque l'alphabet de Phagpa fut achevé, Koubilaï Khān décida que ce serait cet alphabet, et non pas les idéogrammes chinois, qui deviendrait officiellement l'écriture de l'Empire. Il fut utilisé pendant cent dix ans. Son influence s'étendit si loin que les savants pensent que l'alphabet coréen moderne est une variante de l'écriture de Phagpa. C'est ainsi, mais aussi d'autres façons, que le Tibet eut une énorme influence sur l'évolution intellectuelle de l'Asie. Malgré son usage étendu, l'écriture de Phagpa (excepté sa variante coréenne) a disparu après l'effondrement de l'Empire mongol : la violence avec laquelle il avait été imposé par les Mongols avait suscité une résistance à son usage.

Malgré le destin ultime de cette écriture, les services rendus par Phagpa à l'Empereur apportèrent au Tibet des bénéfices immenses.

A l'image de Phagpa, nombre de Tibétains eurent des disciples et enseignèrent à des jeunes gens venus de tout l'Empire mongol. En conséquence, le bouddhisme tibétain se répandit, et pas uniquement en Chine et en Mongolie. Aussi tard qu'en 1291, on trouvait en Iran des temples, des moines et des monastères tibétains, patronnés par le khān mongol de la région. Un historien mongol contemporain pense que Koubilaï Khān donna la priorité au bouddhisme tibétain de crainte que l'identité mongole ne disparaisse au milieu d'une mer de sujets chinois ou iraniens. Koubilaï voulait éviter tout risque de domination spirituelle ou culturelle par les peuples soumis, et se rendait compte que le bouddhisme tibétain le protégerait de ce risque. Il trouva d'autres moyens d'essayer de tenir les Chinois éloignés des Mongols. Ainsi, la Cité interdite de Pékin, commencée par Koubilaï Khān, devait constituer une enclave mongole. Son entrée était formellement interdite aux Chinois, et toute la zone était un sanctuaire de la culture mongole au milieu d'un peuple soumis. De plus, la majeure partie des Mongols refusa d'apprendre le chinois, préférant utiliser des interprètes pour communiquer avec ses vaincus, et les dominer.

*

De quelque façon qu'on l'interprète aujourd'hui, la relation entre Koubilaï Khān et Phagpa, le moine tibétain, commença comme celle entre un disciple et son maître. Je me demandais pourquoi Koubilaï faisait à tel point confiance à Phagpa, et je fis un jour, devant le Dalaï Lama, allusion à un passage de Marco Polo.

— Marco Polo affirme que l'art magique tibétain était capable de faire s'élever le verre du Khān jusqu'à ses lèvres. C'est un passage fameux. Croyez-vous qu'une manifestation de magie de ce type a pu contribuer à la conversion de Koubilaï Khān au bouddhisme ?

Avant de me répondre, le Dalaï Lama observa un moment de silence.

— Oui, on trouve dans les textes tibétains l'histoire d'une initiation accordée à Koubilaï Khān par Phagpa. Pour cette initiation, il sortit, devant lui, un mandala, et l'ensemble de ce mandala apparut aussi dans le ciel, au milieu des nuages. Phagpa avait réussi ce prodige.

— C'est une manière classique d'inspirer la foi, dis-je, intrigué. C'est bien l'un des rares usages autorisés des pouvoirs magiques acquis par un boddhisattva grâce au *siddhi* (pouvoir spirituel), non ?

— C'est possible. Et c'est un bon usage du *siddhi.* Je crois qu'à la fin des quarante-six préceptes secondaires d'un boddhisattva, il est fait mention de la manifestation de ces pouvoirs. Même s'il est précisé qu'il ne doit pas les utiliser tout le temps, le boddhisattva sait qu'il peut, à l'aide de telles démonstrations, aider les autres à discipliner leur esprit. Si on a un but véritable, si on le fait pour le bien des autres, et pas uniquement pour se faire remarquer, on a le droit d'utiliser de tels pouvoirs.

Pour être sûr que je le suivais bien, il regarda par-dessus ses lunettes, et continua avec l'expression la plus solennelle :

— Le mieux, c'est de ne pas posséder ces pouvoirs, comme ça, on n'a pas à prendre garde aux circonstances où on aurait le droit de les utiliser. Vous voyez, moi, même si je le voulais, je n'aurais rien à montrer !, conclut-il en éclatant de rire.

— Eh bien, vous savez, les Occidentaux pensent tous que vous avez un don télépathique. Vous ne croyez pas aux pouvoirs psychiques ?

Il reprit son sérieux.

— Evidemment, je suis un pratiquant bouddhiste. Et si on voit quelque chose...

Il laissa sa phrase en suspens.

— C'est comme mes deux tuteurs quand ils me donnèrent des leçons d'altruisme. Ils pleuraient. C'est un vrai signe (*qu'un maître a un pouvoir psychique*).

Quand je parlais avec lui, il m'était facile d'oublier qu'il croyait aux miracles et aux pouvoirs psychiques comme conséquence du développement spirituel – même s'il dit que lui-même n'en possède pas.

En me regardant attentivement, le Dalaï Lama poursuivit :

— Et peut-être puis-je dire que j'ai eu certaines expériences d'altruisme en raison de ma pratique du *Shunyata*.

C'était la première fois qu'il mentionnait ce mot sanscrit, qui n'a pas véritablement d'équivalent en anglais, mais peut être grossièrement traduit par « vide ».

— Il m'arrive parfois de sentir qu'il est nécessaire que j'en parle à d'autres gens, même si je n'ai pas complètement développé cette pratique. Mais il y a là une expérience. J'en parle à d'autres, et je sens aussi une expérience.

Eberlué que, en quelques secondes, le Dalaï Lama puisse passer des Mongols à ce rire d'autodérision suite à une allusion à l'un des pas essentiels qui mènent à l'Illumination, je lui ai demandé :

— Vous avez eu des manifestations du Shunyata ?

— Oui, je crois que ça ne fait que commencer. Quand j'y pense, je me rends compte que ça paraît irréel, comme un mirage.

Il se tut un moment, puis continua :

— Il y a du bon, du mauvais, du positif, du négatif, du vrai et du faux ; tout est là. Ces petites expériences font une différence ; elles sont très bénéfiques. Je n'ai maintenant plus de doute quant à la paix de mon esprit. La paix de l'esprit de Shunyata vous apporte l'équanimité.

Je suis revenu à la relation prêtre-protecteur au XIIe siècle :

— La tâche de Phagpa – qu'il ait utilisé le *siddhi* ou tout autre moyen – était de traiter avec l'esprit, et celle de l'Empereur de traiter avec le monde matériel.

— Oui. Le roi a son domaine à lui, et le maître spirituel le sien.

Il était intéressant de noter que le Dalaï Lama comprenait cette relation de la même façon que les textes mongols sur le sujet.

Koubilaï Khān acceptait, en privé, avant de recevoir ses enseignements bouddhistes, de se prosterner devant son maître spirituel. En public, c'est Phagpa qui se prosternait devant l'Empereur. Lorsqu'il dit à son disciple qu'en privé il devait se prosterner devant lui avant de recevoir l'enseignement bouddhiste, Phagpa avait dix-neuf ou vingt ans. Enseignait-il au souverain de l'Empire mongol une dévotion semblable à celle que Milarepa éprouvait pour son maître Marpa ? L'humilité est une leçon fondamentale du bouddhisme, l'antidote à l'orgueil ; la dévotion au maître, se traduisant par une génuflexion sur les mains et les genoux, est une pratique de base. Même le Dalaï Lama se prosterne devant ses maîtres spirituels.

— J'ai beau être le Dalaï Lama, pour mon maître, Khumu Lama Tenzin Gyaltsen, je ne suis qu'un pratiquant bouddhiste ordinaire, presque un mendiant. Et donc quand mon maître me reçoit, je me prosterne devant lui. Si quelqu'un interprète cela comme une preuve que le Dalaï Lama est socialement, ou politiquement, plus faible que cette personne, c'est de la stupidité. La génuflexion devant un maître est à comprendre uniquement d'un point de vue religieux.

Quand il prononça le mot « stupidité », on sentait de l'agacement dans la voix du Dalaï Lama. Il ne parvient pas à croire que quiconque puisse interpréter un tel geste si mal à propos.

Lors d'une rencontre religieuse, l'Empereur se prosternait devant Phagpa. Dans les affaires du monde, c'est Phagpa qui se prosternait devant l'Empereur.

Les Chinois ont mentionné ces génuflexions comme la preuve que le Tibet était bien soumis à la Chine. C'est un raisonnement spécieux : ce geste appartenait à une antique relation qu'on ne peut interpréter selon les définitions modernes de souveraineté. Le fait de se prosterner était un simple signe de respect et de reconnaissance de la suprématie de l'Empereur mongol. Cela n'impliquait pas que le Tibet soit une nation soumise.

En échange de ce que les Tibétains appellent les enseignements précieux et qu'ils donnaient à Koubilaï Khān, l'élève Koubilaï Khān acceptait de ne prendre aucune décision concernant le Tibet sans l'accord de Phagpa. Telle est la version tibétaine des événements. Même si, pour les premiers Mongols, les maîtres bouddhistes du Tibet, comme Phagpa, offraient le moyen de parvenir à une influence politique au Tibet, il s'agissait d'une relation bénéfique aux deux partenaires, unique dans l'univers mongol : à l'intérieur de l'Empire mongol, un chef spirituel dirigeait les affaires d'un pays soumis. Ces liens entre la Mongolie et le Tibet n'avaient rien à voir avec la Chine. Lorsque le Tibet devint vassal de la Mongolie, la Chine des Song était encore une nation indépendante.

Phagpa officia comme prêtre à la cérémonie du couronnement de Koubilaï Khān, en 1260, vingt ans avant que les Mongols aient achevé la conquête de la Chine des Song, et cela faisait sept ans qu'il était le Maître de Koubilaï. Tout en projetant d'utiliser Phagpa afin d'étendre sa suprématie sur le Tibet central, Koubilaï annexa les anciennes provinces orientales du Tibet impérial, l'Amdo, en 1264, et le Kham.

Finalement, en 1265, le Khān autorisa son Maître à rentrer au Tibet, et les chefs tibétains vinrent lui rendre hommage. Koubilaï ordonna à Phagpa d'établir la suprématie mongole au Tibet d'une manière qui soit acceptable pour le Tibet, et respecte sa culture. Phagpa, au nom des Mongols, dirigea le Tibet à la fois comme un allié et comme un vassal. Les Mongols avaient souvent imposé leur domination de façon brutale, mais le Tibet bénéficia d'une exception. Si les Mongols se conduisirent ainsi avec les Tibétains, c'est parce qu'ils respectaient Phagpa et le bouddhisme, mais aussi parce que le Tibet n'était pas riche. Comme cet Etat peuplé de façon sporadique ne pouvait générer les mêmes impôts et tributs que la Chine, les Mongols préféraient le soumettre de la façon qui leur était la plus profitable.

Tous les princes indépendants du Tibet n'acceptèrent pas ce nouveau statut sans combattre et, en 1267, Koubilaï envoya au Tibet une petite armée pour étouffer la résistance. En moins d'un an, les Mongols dominaient le Tibet et avaient mis en place une administration. Ils firent un recensement et établirent, pour les messages impériaux, un système de courrier entre le monastère de Sakya et Pékin, la nouvelle capitale de Koubilaï. Les Mongols créèrent treize zones administratives, ou myriarchies, ainsi que des zones militaires, et les familles tibétaines qui collaboraient à ce système obtinrent la noblesse héréditaire. Il y avait parfois des révoltes. Durant l'une d'entre elles, en 1290, dix mille Tibétains périrent. Les Mongols s'avancèrent, écrasèrent la révolte, et, une fois de plus, ils étaient prêts à repartir. En dépit de problèmes de ce type, la plus grande part du territoire unifié par Songtsen Gampo, excepté une partie de l'Amdo et du Kham, se trouvait une fois de plus sous une administration Sakya unifiée, dirigée en grande partie par des Tibétains. Le Tibet avait en majeure partie échappé au destin des millions de Chinois qu'à la même époque les Mongols exterminaient.

Quand Shagpa mourut, au monastère de Sakya, en 1280, trente-six ans après qu'il se fut mis en route avec Sakya Pandita pour un long voyage à la rencontre des Mongols, les grandes lignes de l'étrange victoire du Tibet étaient bien visibles.

Le Dalaï Lama le souligne : le Tibet fut dominé *avant* 1271, date à laquelle Koubilaï Khān donna à sa dynastie le nom de Yuan, et *avant* que les Mongols aient achevé la conquête de la Chine des Song, en 1279. Les Mongols ne cherchaient pas à unifier ce qui constitue aujourd'hui la Chine moderne ; ils se contentaient de conquérir et de soumettre autant de pays voisins qu'il leur était possible de le faire. L'administration des Mongols au Tibet n'était pas liée à leur administration de la Chine, et en aucun cas elle n'unifiait les deux pays en un Etat unique.

La conquête de la Chine des Song par les Mongols commença aux alentours de 1258, mais, en raison de la résistance féroce des Chinois, elle prit deux décennies. La Chine des Song était une nation fière, avec une armée forte. Les Mongols mirent à sac une ville chinoise après l'autre. Ils transformèrent de grandes zones de terres fertiles en vastes pâtures, et exterminèrent des millions d'agriculteurs au nord de la Chine, juste au sud de la Grande Muraille. Quand ils eurent dépeuplé le nord de la Chine, leurs garnisons importèrent des esclaves chinois pour cultiver les terres que leur avait allouées l'Empereur. Certains Chinois cultivés, dans une vaine tentative d'obtenir la grâce de leurs congénères, servirent les Mongols comme fonctionnaires. Malgré cette expérience malheureuse – ou sans doute à cause d'elle –, le nationalisme ethnique chinois, qui ne devait trouver sa forme moderne qu'au XIXe siècle, commença à apparaître sous les Mongols.

Le Tibet, dont les nomades constituaient une grande partie de la population, se rendit presque sans combattre, et les Tibétains, comme les Ouïgours avant eux, reçurent une place de confiance au sein de l'Empire. La Chine, nation de paysans qui méprisait les nomades et qui avait construit la Grande Muraille pour s'en protéger, combattit jusqu'au bout ; en conséquence, les Mongols ne firent jamais confiance aux Chinois.

C'est la désunion du Tibet, jointe à l'apparition du bouddhisme tibétain, qui, au cours de la conquête mongole, fit que le pays fut épargné. En même temps, la nature unique du bouddhisme au Tibet porta peut-être un coup fatal à la naissance du nationalisme tibétain.

Un après-midi, j'ai essayé de résumer au Dalaï Lama ce que je comprenais de ce chapitre de l'histoire :

— D'après ce que vous m'avez dit, et d'après ce que j'ai lu, la Chine moderne, pour essayer de rationaliser l'invasion de 1950, a déformé l'histoire entre les Mongols, les Chinois et les Tibétains. Ils disent : « Le Tibet est une partie de la Chine depuis que le Tibet fait partie de l'Empire mongol. » Vous, vous affirmez, et en fait les historiens semblent d'accord avec vous, que le Tibet a été soumis aux Mongols en 1250, à une époque où les Mongols n'avaient pas encore conquis la Chine. Mais même si les Chinois ont déformé ce moment clef de l'histoire, il s'agit toujours d'un moment essentiel. Pour la première fois, les Tibétains ont commencé à se tourner vers l'extérieur du Tibet afin qu'un pouvoir militaire et politique unique contrôle le pays. L'Etat unifié du Tibet qu'on voit dans les années cinquante trouve ses racines à ce moment-là, à l'époque de Phagpa et des Mongols.

— Oui, on peut dire que... je suis assez d'accord. Mais vous oubliez une chose. Que ce soit Sakya Pandita ou Phagpa qui ait envoyé une lettre au Tibet, il mentionnait la peur des Mongols. Il conseillait aux Tibétains de se montrer très prudents. Il leur disait de craindre les Mongols. Il y avait une certaine pression.

— Oui, ils avaient peur des Mongols, et j'ai lu la lettre dont vous parlez. Les Tibétains ne se sont pas tournés vers les étrangers pour en finir avec leur désunion. Ils étaient forcés d'accepter un pouvoir fort. Pourtant, on commence avec un Etat tibétain désuni se soumettant aux Mongols, par peur, et le Tibet est unifié par un pouvoir étranger. Pour moi, le Tibet, c'est ça. La domination des Tibétains par les Mongols a représenté la première intervention au Tibet d'un pouvoir étranger – la première d'une grande série –, et ça a fini par mener à la tragédie d'aujourd'hui.

J'étais mal à l'aise de devoir disséquer ainsi, de façon abstraite, l'histoire de ce pays.

Le Dalaï Lama sentait à quel moment crucial nous étions arrivés, et prit un long temps pour répondre.

— Oui, on peut dire ça. La tragédie d'aujourd'hui ne s'est pas développée en un jour. Elle s'est développée durant des dizaines d'années, des siècles, des générations. Je suis tout à fait d'accord pour dire que, depuis le début, il y a eu des occasions perdues.

Il était tard, et nous étions tous deux fatigués. Le secrétaire du Dalaï Lama regarda la pendule, mais le Dalaï Lama ne pouvait abandonner l'idée des radicelles du destin de son pays dissimulées dans l'histoire des Mongols, huit siècles plus tôt. Il secoua la tête, et soupira en tendant la main pour prendre son chapelet. En marchant vers la porte, il me dit, d'un ton infiniment triste que je ne lui avais jamais entendu :

— Cette situation tragique s'est révélée pendant de nombreux siècles. Les pires choses se sont passées et il est maintenant très difficile de triompher de tout cela. La tâche de notre génération paraît presque impossible. Très très difficile.

7

Le Plan de Chenrizi : du Premier au Quatrième Dalaï Lama 1357-1617

A Dharamsala, c'était la mousson. Pendant des jours, de noirs nuages de pluie recouvraient la vieille ville coloniale britannique. Quand ils finissaient par disparaître un instant, on apercevait, plus bas, sur les terrasses étagées, les rizières d'un vert brillant. Plus au sud, les terrasses faisaient place aux plaines de l'Inde, qui s'étendent dans le lointain.

Là, on se croirait moins en Inde qu'au Tibet. De nombreux Tibétains, en exil depuis 1959, se sont rassemblés ici pour vivre près du Dalaï Lama. Ce sont presque les seuls habitants de la partie haute de la ville, McLeod Ganj, où les monastères tibétains et le bâtiment du gouvernement tibétain en exil se détachent contre le ciel. En me dirigeant vers la résidence du Dalaï Lama, je me suis frayé un chemin à travers une assemblée de jeunes moines en robes rouges. Les moines se rassemblent par petits groupes pour pratiquer leurs techniques de discussion. Un moine défendait sa position, tandis que d'autres, qui l'entouraient, le soumettaient à un feu roulant de questions sur des points précis de la logique bouddhique. Les moines criaient, applaudissaient, et, tout en discutant, se montraient mutuellement du doigt de façon théâtrale. De temps en temps, un éclat de rire ponctuait l'orageux débat. Le nuage de mousson au-dessus de Dharamsala était si épais que les moines disparurent dès que j'eus fait vingt mètres, mais j'entendais encore leurs voix désincarnées.

La résidence du Dalaï Lama apparut lentement au milieu de la brume. Thecken Choeling, ainsi qu'on l'appelle, est constituée de dix-huit bungalows de ciment éparpillés au milieu d'un enclos de deux hectares plantés de pins et de jardins. Le Dalaï Lama vit dans l'un des plus petits bungalows, tandis que les autres sont ses bureaux, les dortoirs des gardes du corps, le temple où il dispense son enseignement et une bibliothèque. Dans la loge du gardien, à l'entrée – nichée dans une imposante muraille –, des gardes du corps tibétains, des revolvers bombant leur veste, me fouillèrent, me firent passer par un détecteur de métal, vérifièrent mon identité et me demandèrent une signature. Le brouillard se transformait en pluie, et je me dirigeai péniblement vers le sommet de la colline, sous une charmille de bambous dégoulinants, en direction de ce que l'on appelle le bungalow des audiences. Je laissai mon parapluie dans le vestiaire de l'entrée, essuyai mes chaussures trempées et boueuses. Puis un vieux moine me fit entrer dans la salle d'audience. Une rangée de petites statues plaquées d'or et vêtues de robes de brocart multicolores se dressent sur un autel, le long d'un mur, tandis qu'une grande carte du Tibet en couvre un autre. A l'instant même où j'arrivais, j'entendis les pas du Dalaï Lama sur le sol de ciment, et le cliquetis du chapelet dans ses mains. Ses secrétaires, qui assistent à nos entrevues, étaient en retard.

— Commençons sans les attendre, proposa le Dalaï Lama.

Au moment où nous nous sommes assis pour évoquer Tsongkhapa, fondateur de l'ordre du Gelug (l'ordre du Dalaï Lama), une épaisse pluie de mousson commença à tomber.

Dans l'Amdo, une province éloignée au nord-est du Tibet, existe une religion appelée Tsongkha. C'est là que, en 1357, naquit le fondateur de l'ordre du Gelug. Plus tard, quand il s'installa dans le centre du pays, il fut surnommé Tsongkhapa. Lorsque les Mongols quittèrent le Tibet, il venait d'être ordonné moine à seulement dix ans. A quinze ans, c'était un jeune moine charismatique venu de province, qui étudiait avec une centaine des maîtres les plus respectés de toutes les écoles de bouddhisme. Dans les années 1370, la délimitation entre les différentes écoles de bouddhisme tibétain étaient claires. Comme je l'ai dit au chapitre 5, le Nyingma était l'école la plus ancienne qu'on dit fondée par Padmasambhava même si elle n'est apparue comme telle qu'après l'arrivée des autres sectes. Les adeptes du Kagyu suivent un chemin initié par Marpa et Milarepa. Ceux du Sakya sont connus pour leur science, et leur chef lama, ou hiérarque, a été vice-roi du Tibet à l'époque mongole. Enfin vient l'ordre réformé du Kadam, fondé par Atisha.

Même quand, après le départ des Mongols, le conflit entre les écoles s'intensifia, Tsongkhapa étudia avec de grands maîtres de chaque ordre. Ce qu'il considérait comme une décadence éthique des moines, en particulier ceux qui buvaient de l'alcool et n'étaient pas célibataires, perturbait Tsongkhapa, ainsi que la lutte entre eux pour la suprématie. Il voulait en revenir aux véritables racines du bouddhisme, abstinence incluse.

Le Dalaï Lama insiste sur les liens de Tsongkhapa avec Atisha, le réformateur indien du XIe siècle.

— Le lama Tsongkhapa suivait les traditions d'Atisha. Lui aussi était un réformateur. Comme Atisha, il contribua à rétablir une véritable obéissance des moines au code de conduite, à rétablir le respect du *Vinaya*.

Sa Sainteté m'expliqua de quelle façon les enseignements d'Atisha et de Tsongkhapa s'étaient fondus dans l'ordre du Nouveau Kadam, qui devint le Gelug. Il me semble que ce qui distingue le Gelug des autres écoles de bouddhisme, c'est l'attention portée à l'excellence académique, et au strict respect des vœux monastiques.

J'ai demandé au Dalaï Lama quel type de rapport personnel il entretenait avec Tsongkhapa.

— J'ai fait quelques rêves. Bien sûr, la tâche qu'il a accomplie est très remarquable, merveilleuse. Lorsque j'ai étudié ses commentaires sur un texte bouddhique indien, j'ai vu que chaque fois que l'enseignement était évident il faisait peu de remarques, mais que lorsque le texte original était difficile, il écrivait un long commentaire. Il essayait de comprendre pleinement ce que voulait dire le texte. Telle était la méthode du lama Tsongkhapa.

— Y avait-il, avant Tsongkhapa, de grands monastères au Tibet ? Ou ne sont-ils apparus qu'après lui ?

— Dans certains monastères, même avant Tsongkhapa, le nombre de moines atteignait dix mille. En 1950, le plus grand monastère était celui de Drepung, fondé par un disciple de Tsongkhapa. Je crois qu'il comptait près de huit mille moines et, comme je vous l'ai dit, je pense qu'à cette époque la moitié d'entre eux seulement était constituée de vrais savants, et que les autres étaient sans valeur.

En soulignant le fait que, avec le temps, même les Gelugpa s'étaient écartés des stricts principes, il eut un petit rire.

Tsongkhapa fonda Ganden, le premier monastère Gelugpa, en 1409. A sa mort, en 1419, ses disciples y enterrèrent son corps embaumé.

Le Dalaï Lama se rappelle Ganden en raison d'une visite qu'il y effectua en 1959, juste avant de quitter le Tibet. A l'époque de sa visite, Ganden comprenait deux douzaines de chapelles de taille respectable, avec de grandes statues de Bouddha. La plus grande chapelle, lors des cérémonies, pouvait contenir 3 500 moines. L'un des temples abritait encore la tombe de Tsongkhapa, incrustée d'or et d'argent. Dans les années soixante, lors de la Révolution culturelle, les Gardes rouges détruisirent les monastères de Ganden et la tombe de Tsongkhapa, et obligèrent un moine, Bomi Rimpotché, à porter sur son dos la momie afin de la faire brûler. Pour les Tibétains, les restes de Tsongkhapa étaient aussi sacrés que ceux de saint Paul pour un chrétien. Après que les Gardes rouges eurent brûlé la momie, Bomi, en secret, déroba au bûcher le crâne et un peu de cendres. La reconstruction, y compris une nouvelle tombe avec les reliques de Tsongkhapa, commença dans les années quatre-vingt ; elle est toujours en cours. Lorsque le Dalaï Lama visita la tombe, il connut une expérience étrange qui montre à quel point il se sent profondément connecté au fondateur du Gelug.

— En 1958, lors de mon examen final, ma conférence contradictioire devait avoir lieu dans un jardin de Ganden, se souvient-il.

Il lève une main et la dirige droit sur moi, en l'une de ces pauses de moine en train de débattre que j'avais remarquées le matin même. Il sourit, et continua :

— Un jour, je me trouvais à Ganden devant la tombe du lama Tsongkhapa, goûtant un moment de liberté. Je n'étais pas là pour un rituel ni une cérémonie particulière. J'étais seul et je me suis prosterné devant la tombe. J'étais si ému que j'ai cru que j'allais pleurer. C'était un sentiment très spécial.

Il me regarda, persuadé que j'avais compris que ce « sentiment très spécial » désignait un lien direct avec Tsongkhapa dans une vie antérieure.

Selon deux sources dignes de foi, le Dalaï Lama est persuadé qu'il a été, dans une vie antérieure, un disciple de Tsongkhapa, ayant avec le maître une connexion karmique. La tradition bouddhique interdit à un moine qui a atteint le degré de développement spirituel lui permettant d'être conscient de ses vies antérieures de les évoquer en public. Ce serait manifester un orgueil incompatible avec les enseignements de Bouddha. Quand je lui ai posé une question à propos de sa vie antérieure de disciple de Tsongkhapa, le Dalaï Lama m'a regardé sévèrement.

— C'est quelque chose de privé.

Lorsque j'ai insisté, il s'est mis à rire et a dit :

— Laissez-les parler de ça après ma mort !

L'« âme humaine » Tenzin Gyatso a eu plusieurs incarnations avant sa vie de Dalaï Lama. En cette vie, il est une manifestation de Chenrizi, le bodhisattva de la Compassion, mais il a des liens de connexion karmique avec d'autres vies, et l'un de ces liens le rattache à Tsongkhapa.

Revenant à la biographie religieuse de Tsongkhapa, j'ai posé au Dalaï Lama des questions à propos du bodhisattva de la Sagesse, Manjushri, qui, de bien des façons, est le frère jumeau de Chenrizi, le bodhisattva de la Compassion. J'avais vu à Lhassa des fresques représentant Manjushri, dans un arc-en-ciel apparaissant à Tsongkhapa. Je me demandais quel était le lien entre ces visions et les visions des prophètes juifs, chrétiens et musulmans, qui eux aussi reçurent des ordres divins à travers des apparitions se manifestant dans des halos d'Illumination.

— Les Tibétains pensent que Manjushri est apparu à Tsongkhapa lors d'une de ses leçons à Ganden.

— C'est arrivé fréquemment, pas uniquement à Ganden, répond le Dalaï Lama avec une profonde conviction.

— Pourquoi ?

— Pourquoi ?

En répétant ma question, il me regarde avec étonnement et se gratte la tête.

— Lorsqu'il était un jeune moine, Tsongkhapa ne voyait pas directement Manjushri. Ces visions ne commencèrent qu'après sa rencontre avec un maître de Kham, le lama Umapa Pawo Dorje, qui venait d'une famille très pauvre. Lorsque le lama Umapa était enfant, il était berger. Un jour, tandis qu'il se trouvait aux champs avec ses bêtes, il s'évanouit, et lorqu'il reprit conscience, Manjushri était devant lui.

— Et ensuite il a eu d'autres visions de Manjushri.

Je n'avais rien lu sur l'expérience du lama Umapa, mais ça ressemblait tellement à l'évanouissement de saint Paul sur la route de Damas que je pouvais deviner la suite.

— Oui, après ça, le lama Umapa a vu régulièrement Manjushri. Et le lama Tsongkhapa reçut des enseignements de son maître. Et finalement, lors de l'une des retraites de méditation de Tsongkhapa (*il avait environ trente ans*), une lumière bleue lui apparut, une petite boule.

Le Dalaï Lama plisse le visage en faisant un geste de la main devant ses yeux pour montrer la taille de la boule.

— Dans cette lumière bleue se trouvait Manjushri. Ensuite, chaque fois qu'il se posait des questions, l'image de Manjushri lui apparaissait.

— Et ils sont nombreux à l'avoir vue ?

— Non. Les autres n'ont vu Manjushri qu'en de rares occasions.

— Mais vous dites que Tsongkhapa recevait un enseignement direct de Manjushri ?

— Oui. Et peu à peu il devint célèbre, un savant et un maître. Des centaines de gens venaient recevoir son enseignement. Un jour Manjushri lui dit : « Maintenant ton enseignement est bon, mais tu ne te comprends toujours pas toi-même. Tu dois donc arrêter d'enseigner, et aller dans le sud du Tibet pratiquer plus intensément, accumuler plus de vertu, et alors tu obtiendras plus de réalisations. Quand certains de ses disciples apprirent cela, continua Sa Sainteté avec un petit sourire, ils vinrent se plaindre à lui. "Tant de gens reçoivent des immenses bénéfices de vos enseignements. Si vous arrêtez vos enseignements, comment pourrons-nous les sauver ?". »

En imitant la voix haut perchée des disciples en train de se plaindre, le Dalaï Lama eut un rire grave, comme s'il connaissait bien de tels arguments. Puis il reprit :

— Et c'est la même chose pour le Dharma Bouddha. Si ces enseignements s'arrêtent, c'est terrible pour lui. Le lendemain, le lama Tsongkhapa répéta ces plaintes à Manjushri. Celui-ci lui répondit : « Et alors ? Ecoutez-moi. Je sais ce qu'il en est, et si les autres se plaignent, peu importe. Ecouter leurs plaintes vous permet de pratiquer la tolérance. »

A la chute de cette plaisanterie spirituelle, le Dalaï Lama éclata de rire.

— Manjushri était un maître très sévère. Comme cela lui avait été ordonné, Tsongkhapa alla au sud du Tibet pour effectuer sa retraite. Manjushri lui précisa même combien de disciples pouvaient l'accompagner.

— Manjushri dirigeait la vie quotidienne du lama Tsongkhapa ? demandai-je, incapable de cacher mes doutes.

Il réfléchit à mes paroles, et au ton sur lequel je les avais prononcées, et se tut pendant plusieurs secondes.

Puis, répondant à mon incrédulité, il me sermonna :

— Oui, c'était à peu près ça. Ces expériences sont authentiques, confirmées. Le lama Tsongkhapa a fait des choses extraordinaires. Même à ma génération, pareilles choses peuvent se produire. J'en suis convaincu.

Sa profonde conviction me fit me demander, avec tristesse, ce que l'on peut éprouver lorsqu'on a une foi pareille. Elle me rappela aussi son explication de pareils « miracles ». Ils étaient visibles à toute créature humaine qui, à travers une pratique intense de la méditation, transformait son âme. Il y a deux niveaux de compréhension humaine, m'avait-il dit, et pour lui tous les deux sont réels.

Pour moi, Tsongkhapa était le fondateur d'une école de bouddhisme. Il s'agissait d'un personnage historique. Le Dalaï Lama partageait cette vision des choses, mais il voyait plus loin – pour lui, Tsongkhapa était guidé. Comme je ne crois pas à ce concept, j'ai demandé au Dalaï Lama de comparer Tsongkhapa à Milarepa, le yogi poète. J'espérais que sa comparaison m'aiderait à expliquer les forces mystérieuses dont le Dalaï Lama est profondément persuadé qu'elles guident l'histoire du Tibet.

— Qu'y a-t-il de semblable entre la vie et les méthodes de Milarepa et de Tsongkhapa, et qu'y a-t-il de différent ?

Le visage du Dalaï Lama se détendit tandis qu'il réfléchit pendant trente secondes à ma question. Apparemment, il n'y avait jamais pensé, ce qui confirma mon intuition que lui et moi voyions le monde de façon extrêmement différente.

Il commença lentement :

— Evidemment, tous deux sont de grands maîtres, d'authentiques pratiquants. Tous deux ont énormément développé leurs expériences sprirituelles, et atteint l'Illumination. On croit généralement que dans le cas de Milarepa ça s'est passé dans cette vie, et, dans celui de Tsongkhapa, juste après sa mort. Dans cette vie, Tsongkhapa était avant tout un moine, et il était plus savant ; il a donc été plus étudié.

Si, au début, ma question lui avait paru étrange, le Dalaï Lama, maintenant, s'échauffait à l'idée de comparer Milarepa et Tsongkhapa.

— Milarepa a capté l'essence du vide. Il a atteint la véritable essence sans beaucoup d'études. Pour cette raison, les adeptes de Milarepa (*l'ordre Kagyu*) insistent sur la pratique directe et la méditation. Dans le cas de Tsongkhapa, l'étude est très importante. Il a écrit des ouvrages essentiels. Mais il insistait sur la pratique. Ses livres offrent une explication des différentes écoles de pensée bouddhiste selon l'histoire indienne. Mais il a insisté sur le fait que ses livres étaient destinés à une véritable pratique du bouddhisme, et pas uniquement à la lecture.

— Il existe entre les deux hommes une différence littérale, dis-je, et leurs vies illustrent deux aspects du Tibet, non ?

— Oui. Milarepa chantait ses chansons spontanément, et ce sont d'autres personnes qui les mettaient par écrit. Il s'agit de chansons brèves. Alors que Tsongkhapa écrivait lui-même ses propres traités, qui sont de longs ouvrages. Mais les deux hommes ont atteint l'Illumination. C'est certain.

Le Dalaï Lama avait défini le cœur du bouddhisme tibétain. Ces deux voies, la méditation et l'étude, sont les deux approches d'un même but. Les nonnes et les moines tibétains, à quelque ordre qu'ils appartiennent, selon leur pente naturelle, suivent aujourd'hui l'une ou l'autre de ces voies, ou les deux. Je ne pouvais cependant toujours pas comprendre comment les bodhisattvas de la Sagesse et de la Compassion avaient guidé, au sens littéral du terme, les vies des créateurs de ces deux chemins. Mais la clarté avec laquelle le Dalaï Lama percevait l'essence du bouddhisme tibétain accroissait mon respect pour lui.

La renommée de Tsongkhapa comme Maître bouddhiste se répandit, au cours de sa vie, dans toute l'Asie, même auprès des empereurs Ming. Lorsque les Chinois chassèrent les Mongols, ils installèrent sur le trône un empereur chinois qui fonda la dynastie des Ming. Les Ming travaillèrent à reconstruire la Grande Muraille pour écarter les nomades étrangers. Leur puissance s'accrut, et ils se rapprochèrent des États voisins, espérant les repousser, ou les soumettre. Lorsqu'ils entendirent parler de Tsongkhapa et du pouvoir qu'il avait sur les Tibétains, ils lui envoyèrent une invitation.

— Deux fois il fut invité à la cour des Ming, et il refusa, dis-je au Dalaï Lama. D'autres lamas tibétains qui vivaient à la même époque se sont rendus à la cour des Ming, et ont reçu des titres chinois ronflants. Certains, même, se sont enrichis en faisant du commerce avec la capitale chinoise. Alors pourquoi Songkhapa a-t-il refusé l'invitation de l'empereur Ming de visiter Pékin ?

— Cela, à mon avis, montre qu'il se préoccupait peu de la fortune, ni de sa renommée...

— Ni de la politique, soufflai-je.

Il me lança un regard dur.

— La politique, répéta-t-il en marmonnant comme si ce mot était sale. La politique, je ne sais pas. Le lama Songkhapa n'était pas intéressé par son nom, ni par le prestige. Je crois que certains lamas tibétains comme le Karmapa (*chef de la secte Karma Kagyu*) ou le Cinquième Dalaï Lama, quand ils ont visité la Chine, ne l'ont pas fait pour des raisons politiques. Je crois que leur motivation était simplement d'essayer de propager le Bouddha Dharma. Cela dit, franchement, parfois, certains des autres Tibétains qui se rendirent en Chine recherchaient la fortune.

Il arriva que des princes et des moines tibétains convoitent une invitation de l'empereur Ming, car lorsqu'ils lui faisaient des cadeaux, ou lui payaient des tributs (puisque c'est ainsi que les Chinois considéraient ces cadeaux), ils recevaient en retour des cadeaux de bien plus grande valeur.

— Et cette fortune qu'ils recevaient n'était pas forcément utilisée pour un usage privé, mais pour construire des monastères. Mais, c'est vrai, je crois qu'ils cherchaient la fortune. Et donc ils répétaient à l'empereur de jolies paroles creuses, qui leur étaient retournées sous forme de choses solides, de l'or, par exemple. Ces visites des lamas tibétains n'avaient pas forcément des motivations politiques, mais leur impact était aussi politique.

Les empereurs de la dynastie Ming parlaient de ces missions de commerce comme de « missions de tributs », alors qu'il s'agissait de « missions d'échange ». Aujourd'hui encore, le gouvernement chinois mentionne ces missions comme une preuve que le Tibet était un vassal de la Chine des Ming.

— Le lama Songkhapa n'avait pas ces intérêts-là, conclut le Dalaï Lama. Il déclina l'invitation. Mais il envoya l'un de ses disciples les plus proches.

*

La liste des accomplissements de Songkhapa est longue. Il est célèbre pour avoir été guidé directement par le bodhisattva de la Sagesse, Manjushri, pour son implication dans les réformes monastiques, et pour ses commentaires précis et incisifs des écrits bouddhistes. Il est célèbre aussi pour les monastères que lui et ses disciples fondèrent, parmi lesquels Ganden, le premier monastère Gelug, en 1409.

Malgré ce que le Dalaï Lama m'avait dit, je voyais les monastères tibétains à la lumière séculière.

— Les monastères n'étaient-ils pas des bastions de culture, construits dans un monde de violence pour préserver de la destruction les écrits et l'art bouddhiques ?

— Oui, c'est exact. Mais la protection de ces choses matérielles est un effet secondaire. Pour moi, la fonction essentielle d'un monastère est de protéger la pureté d'une pratique spirituelle, et la lignée spirituelle qui la transmet. Voilà ce qui est préservé dans un monastère.

Les mots du Dalaï Lama ont un sens précis. Les monastères tibétains sont des lieux où les maîtres bouddhistes méditent, étudient, enseignent. Les écritures bouddhiques sur des pratiques particulières de méditation ne sont qu'un cadre pour l'enseignement oral de ces pratiques. Les enseignants sont entraînés par des maîtres qui, à leur tour, transmettent leur savoir à leurs disciples.

Le Dalaï Lama attache une grande importance à la transmission orale d'une génération à l'autre. Il est persuadé que les pratiques de méditation utilisées par les moines sont les mêmes qu'au temps du Bouddha, il y a mille ans. A travers un millénaire, la transmission orale, rigoureuse d'une génération à la suivante, garantit l'authenticité de l'héritage bouddhique. Les moines tibétains ne se lancent pas dans la pratique de la méditation sans avoir reçu d'instructions orales. Les bâtiments, les textes, l'art ne sont que des conséquences secondaires de la préservation et de la transmission de la tradition spirituelle orale. Il me regarda avec intensité pour voir si je l'avais bien compris, puis me dit :

— Le lama Tsongkhapa se montrait très sévère à propos du *Vinaya* car il voulait protéger les pratiques.

Le code éthique strict que doit suivre un moine est aussi un moyen de protéger les pratiques bouddhiques.

Avant de lui répondre, je réfléchis soigneusement à ce que venait de me dire le Dalaï Lama.

— Vous dites que les monastères étaient des outils destinés à préserver et à transmettre les pratiques bouddhiques. Et pourtant les moines, pour construire ces monastères, récoltaient de grandes fortunes. Et vous avez dit que beaucoup de monastères, au fil des siècles, se sont corrompus. Le lama Tsongkhapa s'inquiétait-il de ce que la fortune nécessaire à la construction et à l'entretien des monastères ne les corrompe ?

— Un jour, le lama Tsongkhapa, volontairement, a tendu son bol de quête à l'envers pour ne rien recevoir. Il craignait que les enseignements précieux que nous avons reçus du Bouddha ne soient détruits par des moines à la recherche de la fortune et du plaisir. En tendant à l'envers son bol de quête, Tsongkhapa voulait dire que cet enseignement superbe et merveilleux que nous avons hérité de nos maîtres spirituels risquait d'être corrompu par des pratiques et des influences néfastes. Il craignait que, plus tard, des imposteurs ne se prétendent de bons maîtres, et que cela ne pollue l'enseignement bouddhique. En fait, comme je vous l'ai déjà dit, Tsongkhapa pensait que même si l'ordre du Gelug, en termes d'apparence matérielle, pouvait un jour paraître fastueux et magnifique, il ne serait plus rien s'il était dépourvu de contenu et de pratiques spirituelles.

On sentait la souffrance dans la voix de Sa Sainteté. L'inquiétude qu'avait Tsongkhapa, il y a 600 ans, que la lignée transmettant le bouddhisme puisse être corrompue, répondait à celle du Dalaï Lama.

Malgré les réserves de Tsongkhapa, ses disciples suivirent l'exemple de leur maître, et fondèrent trois autres monastères. Tous grandirent jusqu'à se transformer en cités monastiques, logeant des milliers de moines. Ils devaient devenir les plus vastes, les plus riches et les plus puissants monastères du Tibet. Après la fondation de Ganden, en 1409, par Tsongkhapa, ses disciples fondèrent Drepung en 1416, et Sera en 1419. Tous trois se trouvaient non loin de Lhassa.

En 1445, Gendundrup, un disciple de Tsongkhapa, fonda Tashilunpo, à Shigatse, la deuxième ville du Tibet. Au cours de sa vie, Gendundrup ne fut qu'un très saint moine mais, rétroactivement, il devait être reconnu comme le Premier Dalaï Lama.

— Lorsque le Premier Dalaï Lama commença la construction du monastère de Tashilunpo, il était assez âgé. Pourtant, tous les jours, il donnait à ses élèves un enseignement bouddhiste, puis leur apprenait à dessiner et à construire des monastères. Pour finir, il leur demandait de rassembler de l'argent pour construire le monastère. Un vieux moine avait passé sa jeunesse à récolter de l'argent pour Tashilunpo et, plus tard, quand il fut vieux, il entra dans une retraite de méditation. A un moment donné, il dit : « Si j'avais passé ma jeunesse dans la retraite, j'aurais atteint un stade spirituel plus élevé. Mais j'ai sacrifié cela pour construire ce monastère, et servir Bouddha et un plus grand nombre d'êtres sentants. » Vous voyez, c'est pour cette raison que le Premier Dalaï Lama dit à ses disciples, à Tashilunpo : « Parfois je vous enseigne le Dharma, parfois je vous enseigne la construction, parfois je vous enseigne comment récolter de l'argent. Tous ces enseignements sont pour votre bénéfice, et, si vous n'êtes pas déterminés, tous mes efforts sont inutiles. » Il leur dit que le but principal de tout cela était de propager et de protéger le Bouddha Dharma et sa tradition spirituelle. Et il y avait dans tout ce travail quelque chose de positif, de nécessaire et même de bienvenu.

En pensant à cet ancêtre pragmatique, le Dalaï Lama souriait. Pour lui, la finalité des monastères est claire : l'argent aussi peut être un outil utile, si l'on s'en sert de façon juste. Même s'ils représentent potentiellement des pièges, les monastères sont un moyen de préserver la transmission de techniques spirituelles pour le développement des hommes par eux-mêmes. De même qu'une famille transmet les mêmes gènes d'une génération à la suivante, de même un monastère transmet d'une génération à l'autre les enseignements d'une famille spirituelle. Comme dans une famille, une erreur génétique est mortelle.

Cependant, au Tibet, les monastères devinrent plus qu'un moyen de préserver les enseignements. Ils devinrent le foyer des lignées de moines réincarnés, comme la lignée du Dalaï Lama. Le Deuxième Dalaï Lama était la réincarnation du moine Gendundrup, en même temps qu'une manifestation de Chenrizi, Gendundrup atteignit un état spirituel proche de l'Illumination, mais refusa de franchir l'ultime pas avant que toutes les autres créatures sentantes (et pas seulement les humains) l'aient atteint.

— Le Premier Dalaï Lama vieillissait. Il avait près de quatre-vingt-deux ans. Un jour que, comme tous les jours, il expliquait les écritures bouddhiques, il poussa un profond soupir et dit : « Maintenant, je suis près de mourir. » Un disciple répondit : « Maintenant, selon ce que vous nous avez dit, vous allez aller au Pur Pays des Bouddhas. – Non, répondit le Premier Dalaï Lama, je ne le souhaite pas. Mon seul souhait est de renaître là où il y aura le plus de problèmes et de souffrances. » C'est magnifique, poursuivit le Dalaï Lama, en levant les yeux avec un sourire radieux. J'ai lu ça il y a bien des années et j'ai été vraiment impressionné.

D'une voix douce, pleine de respect, il continua :

— Quand j'ai lu ça pour la première fois, je me suis mis à pleurer. Sa façon de penser a profondément influencé la mienne. Je préfère renaître continuellement en ce monde. Beaucoup de lamas préféreraient renaître à Shambhala (*un royaume près du paradis*), mais pas moi. Mes sentiments profonds à ce sujet ont été influencés par ce que j'ai lu, il y a bien longtemps, dans la biographie du Premier Dalaï Lama.

Même moi, qui ne suis pas croyant, je me sentis ému.

A travers Songkhapa et Atisha, le Premier Dalaï Lama hérita nombre d'idées essentielles de l'Inde, et il les a transmises, inchangées, au Quatorzième Dalaï Lama. La vision qu'a l'actuel Dalaï Lama de l'histoire du Tibet et nombre de ses idées philosophiques, spirituelles, politiques viennent de ce lignage. Ce qu'il croit à propos de la fonction d'un monastère est identique à ce que croyaient Tsongkhapa et le Premier Dalaï Lama. Il explique le juste usage de la richesse comme l'expliquait le Premier Dalaï Lama. L'idée du Premier Dalaï Lama selon laquelle un moine bouddhiste doit prononcer les vœux du bodhisattva et rechercher une renaissance humaine dans le monde humain, afin de guider les autres vers l'Illumination, est, encore une fois, un idéal bouddhique indien transmis à travers le prisme du Tibet, depuis le XIVe siècle jusqu'a l'actuel Dalaï Lama. Bien des aspects du Tibet, tel qu'il était avant l'invasion chinoise des années cinquante, débutent avec la vie et la mort de Tsongkhapa et du Premier Dalaï Lama.

Ces idéaux spirituels ont façonné l'histoire du Tibet, mais c'est parce que le Gelugpa a fini par acquérir un pouvoir politique et militaire immense que les chefs de cet ordre sont devenus les maîtres du Tibet. La transformation du Gelug d'ordre spirituel réformiste en école de bouddhisme dotée d'un grand pouvoir militaire fut un événement clef de l'histoire du Tibet. Paradoxalement, c'est le grand nombre de fidèles attirés par l'investissement spirituel des premiers maîtres du Gelug qui ont fini par donner aux Dalaï Lamas leur pouvoir politique et même militaire.

*

L'émergence des Gelugpa comme maîtres du Tibet se déroula sur fond de troubles politiques, qui débutèrent lorsque les Tibétains eurent chassé les Mongols.

Entre 1249 et 1368, les Mongols avaient maintenu sur le Tibet une suzeraineté assez lâche. Au cours de cette période, le pouvoir resta entre les mains du vice-roi tibétain et des monastères et des nobles qui suivaient les ordres des Mongols.

Après la mort de Phagpa, en 1280, les Mongols nommèrent successivement Régent impérial plusieurs chefs du Sakya, qui, en même temps, devenaient vice-rois du Tibet. Dans les provinces, les moines Sakya confiaient le pouvoir aux princes régnants locaux. Certains d'entre eux étaient aussi des moines bouddhistes. A partir de 1352, l'un de ces chefs régionaux, Chang-chub Gyaltsen, se révolta contre l'hégémonie Sakya. Après six années de guerre, Gyaltsen vainquit les Sakya.

Pour commencer, plutôt que de défier en même temps les Sakya et les Mongols, il se présenta à ceux-ci comme le nouveau vice-roi. En 1358 les Mongols, préoccupés de la révolte qui, en Chine, grondait contre leur domination, acceptèrent Gyaltsen comme vice-roi tout en sachant que son but ultime était l'indépendance du Tibet.

Après avoir tué le lama Sakya qui était au pouvoir, et avoir été reconnu comme le nouveau vice-roi, Gyaltsen remplaça les administrateurs Sakya par des hommes qui lui étaient fidèles et qui n'étaient pas recommandés par les Mongols. C'est de cette façon, entre autres, qu'il leur manifesta son indépendance. Il posta des troupes le long de la frontière chinoise, redistribua les terres plus équitablement, et réduisit les taxes. Revenant au système judiciaire tibétain créé par Songtsen Gampo et ses héritiers, il institua à nouveau des procès pour les suspects. (Sous les lois mongoles, en effet, le seul fait d'être suspecté valait automatiquement la peine de mort.)

En dépit de ces réformes, qui établissaient *de facto* l'indépendance du Tibet, Gyaltsen ne rompit jamais formellement avec les Mongols. Mais, dix ans avant la Chine, il avait libéré le Tibet de leur contrôle. La Chine et le Tibet n'étaient pas passés en même temps sous la domination mongole, et n'en furent pas libérés en même temps.

Gyaltsen mourut en 1364, six ans après avoir libéré le Tibet, et c'est son neveu, un moine, qui lui succéda à la tête de ce que l'on appelait le gouvernement Phagmodupa.

Quatre ans plus tard, en 1368, les Chinois chassèrent les Mongols, les repoussant au nord de la Grande Muraille, et établirent, à l'intérieur de la Muraille, la dynastie des Ming. Cette dynastie ne posséda jamais la totalité du territoire autrefois dirigé par les Mongols.

A la même époque, le Phagmodupa rompit ses derniers liens avec les Mongols, et le Tibet retrouva son entière indépendance. Le Phagmodupa dirigea la plus grande partie du Tibet, avec peu de concurrence, jusqu'en 1434, mais, au cours de cette période, plusieurs princes tibétains régnaient de manière autonome.

Les historiens chinois modernes récusent l'idée d'indépendance du Tibet en affirmant qu'il appartenait à la dynastie Ming. Cette dynastie accorda en effet des titres honorifiques aux princes et aux moines du Tibet oriental, qui désiraient traiter avec la Chine, et refusaient la domination du Phagmodupa. Ces alliances avec les principautés du Tibet oriental, voilà la preuve que la Chine met aujourd'hui en avant pour affirmer que les Ming ont dirigé le Tibet. En réalité, après que les troupes mongoles eurent quitté le Tibet, elles ne furent pas remplacées par des troupes Ming.

Après quatre-vingts ans de domination du Phagmodupa au Tibet central, un groupe d'opposants, au sein du gouvernement, commença à disputer le pouvoir aux héritiers de Gyaltsen. En 1435, l'hégémonie des Phagmodupa fut battue en brèche par le préfet de Rinpung, qui fit de Shigatse sa capitale. A partir de 1450, la guerre faisait rage, et les batailles entre les ordres ne tenaient pas à des différences philosophiques mais à la richesse et au pouvoir de factions rivales.

Les multiples factions princières du gouvernement s'allièrent avec divers ordres bouddhistes, ce qui entraîna des violences régionales, une province en attaquant une autre, et les moines d'un ordre rasant les monastères de ses concurrents.

Les princes Rinpung soutenaient l'ordre Kagyu et, vers 1500, les Kagyupa voulurent mettre à l'épreuve la puissance naissante du Gelugpa. En effet, les monastères fondés par Tsongkhapa et ses disciples se développaient rapidement, et les autres écoles de bouddhisme y voyaient une menace.

En 1565, les princes de la province de Tsang, autour de Shigatse, prirent le pouvoir sur les Rinpungpa, et devinrent suzerains du Tibet central. Comme ils soutenaient les Kagyupa, ils attaquaient fréquemment les Gelugpa et les princes qui, à Lhassa, étaient de leur côté. C'est sur cet arrière-plan troublé que les Dalaï Lamas apparurent comme des leaders à la fois politiques et religieux.

*

Lorsque l'actuel Dalaï Lama évoque cette période, il aperçoit clairement un fil rouge au sein de ce désordre. Le bodhisattva Chenrizi s'était manifesté à travers Songtsen Gampo et d'autres grands Tibétains, et il se manifestait maintenant à travers les premiers Dalaï Lamas afin de remplir la promesse faite à Bouddha, bien longtemps auparavant. Il lui avait promis de guider et de protéger le peuple tibétain, et, à travers son « plan », il respectait maintenant son serment.

— Le Plan impliquait un nouveau départ. Au cours de cette période, on pouvait envisager un plan à long terme, sur plus d'une ou deux générations. Il bénéficia non seulement à l'institution du Dalaï Lama, mais à toute la nation, ainsi qu'au Bouddha Dharma. Ce plan pour la nation se poursuivit du Premier au Cinquième Dalaï Lama. Ils se succédèrent l'un après l'autre, dirigés vers un seul but, vers une seule direction. Voila comment je vois les choses. Le Premier Dalaï Lama[1] établit, dans la région de Tsang, autour de Tashilunpo, une sorte de base du pouvoir ni militaire ni politique, mais un pouvoir soutenu par le peuple. Evidemment, en raison de la construction du temple de Tashilunpo, le Premier Dalaï Lama devint un lama encore plus important. Sa réincarnation (*Gedun Gyatso, le Deuxième Dalaï Lama, né en 1475*) vint au monastère de Tashilunpo, et y resta jusqu'à seize ou dix-sept ans. Il y eut alors

1 Gendundrup, reconnu rétroactivement comme le Premier Dalaï Lama.

des contestations, des jalousies, et le jeune Dalaï Lama fut forcé de quitter le monastère. Il se rendit à Lhassa, étudia, et devint abbé de Drepung. Sa popularité se développa à Lhassa et dans le Tibet central. Plus tard, il se rendit dans le Tibet du Sud et, en 1509, construisit son propre monastère, Chokhorgyal. Là, pour la première fois, il mit en forme le système consistant à identifier le prochain Dalaï Lama, réincarnation d'un autre Gelugpa, en utilisant le lac de vision de Palden Lhamo.

Les moines se rendaient au lac sacré de Lhamo Latso, où vit la déesse Palden Lhamo, pour méditer, en quête de visions qui les guideraient vers la prochaine incarnation de Chenrizi. Cette méthode de recherche s'est poursuivie jusqu'au Quatorzième Dalaï Lama.

— Entre-temps, continua Sa Sainteté, il établit un contact avec deux autres régions du Tibet, le Kongpo et le Dhagpo. A la fin du règne du Deuxième Dalaï Lama, son pouvoir était établi sur le Tibet central et sur le Tibet du Sud.

Pour l'actuel Dalaï Lama, c'est le Plan de Chenrizi qui guidait le Premier et le Deuxième Dalaï Lama lorsqu'ils s'appuyèrent sur un soutien populaire qu'ils étendirent peu à peu. Ils avaient ouvert la voie au Troisième Dalaï Lama, qui se rendit en Mongolie, et convertit les Mongols au bouddhisme.

Le Troisième Dalaï Lama, Sonam *Gyatso* (*Océan*), naquit près de Lhassa, en 1543, et fut reconnu comme une réincarnation du Deuxième Dalaï Lama. Il fit ses études au monastère de Drepung où il manifesta des dispositions remarquables, et dont il devint supérieur, comme l'avait été son prédécesseur. A la tête de l'un des quatre plus grands monastères Gelugpa, il vit son influence grandir si rapidement que, bientôt, les moines de Sera le reconnurent comme supérieur de leur institution. Les moines de Tashilunpo accueillirent avec joie son représentant. Ses pouvoirs s'étendaient très loin : lorsque l'un des suzerains du Tibet (soutenu par les Kagyupa) mourut en 1564, ce fut le Troisième Dalaï Lama, âgé de vingt et un ans, qui présida aux rites funéraires.

En 1570, le pouvoir croissant des lamas Gelug touchait la plus grande partie du Tibet, et le nom du Troisième Dalaï Lama était connu des pays voisins. Les Mongols, ces nomades qui venaient juste de fonder leur première ville, étaient attirés par la culture tibétaine, séduisante à bien des égards. Ils appréciaient le ferment intellectuel et spirituel du Tibet, l'entraînement rigoureux des moines tibétains, l'immense bibliothèque de textes bouddhiques indiens, et le grand nombre de monastères aux belles fresques, aux

Laird, 3

Ci-dessus, en haut : Les anciennes croyances indiennes sur les origines de l'univers ont, dès le VIe siècle, influencé les Tibétains.
Au cœur des fresques qui ornent les murs des monastères tibétains, se déploient les quatre versants d'une immense montagne, où des milliards d'univers cohabitent : depuis le plus haut des cieux jusqu'aux gouffres les plus profonds, en passant par le règne humain et le règne animal. D'autres aspects de cette vision du monde sont représentés sur une fresque cosmologique, au Bouthan. *Ci-dessus, image du bas* : Les premiers habitants du plateau tibétain s'y établirent il y a vingt ou trente mille ans. Des découvertes archéologiques le prouvent, ainsi que d'anciennes peintures sur pierre, représentant fréquemment des cavaliers.
Le Dalaï Lama, particulièrement au fait des découvertes archéologiques réalisées au Tibet, a étudié les théories bouddhistes à propos des origines de l'univers et de l'humanité. Il affirme que Bouddha autorise les hommes à croire aux preuves qu'ils découvrent, même si ces preuves sont en contradiction avec les anciens textes.

Laird, 3

Haut de la page : Selon le mythe tibétain des origines, le Bodhisattva Chenrizi communiqua à un singe mâle ce que le Dalaï Lama appelle « l'énergie » ou « la connexion karmique positive », et guida ainsi l'évolution des premiers Tibétains. L'arc-en-ciel symbolise cette énergie.

Ci-dessus à gauche : Le Dalaï Lama affirme que l'empereur Songtsen Gampo, de la dynastie du Yarlung, qui unifia le Tibet au VIIe siècle, avait une « connexion » avec le Bodhisattva Chenrizi, et qu'à sa mort, il fut transformé en un arc-en-ciel, qui se résorba en une mystérieuse et minuscule statuette de bois de Chenrizi *(ci-dessus à droite)*.

Laird, 4

Selon la croyance tibétaine, les deux premières statues bouddhistes parvinrent au Tibet avec les épouses chinoise et népalaise de Songtsen Gampo. Le Bouddha chinois, le Jo *(ci-dessus à droite)*, fut apporté de Chang'an par la princesse Wencheng, la plus jeune des épouses, tandis que la princesse népalaise arriva avec un Bouddha censé se trouver maintenant au temple de Ramoche, à Lhassa *(ci-dessus à gauche)*. C'est à peine si on les distingue aujourd'hui sous l'accumulation d'or, de diamants, de turquoises, de corail offerts par les pèlerins au fil des siècles. Au VIIe siècle, afin d'abriter le Jo, fut élevé le Jokhang, le plus ancien temple bouddhiste du Tibet, dans un style unique tibéto-népalo-indien. Malgré les multiples invasions et pillages, il contient encore quelques fragments de statues et de fresques *(ci-contre à gauche)* datant de l'époque de sa fondation, et qui montrent des influences indienne, népalaise (et même grecque) sur le développement de l'art tibétain.

Le Tibet est surtout réputé pour son art religieux, mais les Tibétains maîtrisaient aussi l'art de la guerre. Grâce aux chroniques de la dynastie Tang, on sait que les guerriers Yarlung étaient fameux pour leurs cottes de mailles rendant hommes et chevaux invincibles aux flèches. Les armes et les cottes de mailles *(ci-dessus)* étaient encore fabriquées au Tibet au XIXe siècle, mais rien ne prouve que c'est de la Chine que le Tibet acquit ses techniques de travail du fer.

Ci-contre, en haut à gauche : La représentation de Bouddha préférée du Dalaï Lama (vers 200 de notre ère, musée national de Lahore, au Pakistan) fut réalisée dans le royaume de Ghandara. Elle témoigne de l'influence grecque sur l'évolution des représentations de Bouddha. Le Dalaï Lama dit que l'aspect émacié de la statue rappelle que l'Illumination ne s'atteint qu'au prix d'un effort intense. Le Dalaï Lama n'a pas d'inclination esthétique particulière pour les représentations de Bouddha : à ses yeux, elles ont pour seul but d'inspirer effort et dévotion. *Ci-contre, en haut à droite* : La fresque de Bouddha qui se trouve à Drathang, au Tibet, date du XIe siècle. Elle est l'une des plus anciennes existant encore au Tibet, et montre la transmission d'Inde au Tibet, via la Chine, d'un style iconographique greco-indien. Tous les enseignements du Bouddha, et la majeure partie de l'inspiration artistique du Tibet, y sont arrivés directement d'Inde. *Ci-contre, en bas à gauche* : Le Bouddha de Mustang (vers 1800) manifeste des influences indienne et népalaise. Le réalisme primitif des premières statues du Bouddha, et les éléments stylistiques venus d'Inde, de Chine, du Népal et de l'Asie centrale se sont fondues en un style tibétain unique. *Ci-contre, à droite* : Une représentation du Bouddha, vers 1920, à Chensalingka, Lhassa.

Laird, 4

Laird

Collection of Shelly and Donald Rubin *www.himalayanart.org*

La dynastie Yarlung s'effondra après l'assassinat de Lang Darma – touché entre les yeux – par le moine Lhalung Palgyi Dorje *(en haut de la page)*. La scène se passe devant le Jokhang. En arrière-plan, on distingue le pilier portant le traité entre les Tang et le Tibet. Détails d'une fresque, Norbulingka, Lhassa (1956).

Le vieux Sakya Pandita fut invité par le prince mongol Godan à dispenser dans son camp des enseignements bouddhistes *(en bas à gauche)*. Il amena avec lui son jeune neveu Phagpa *(en bas à droite)*, qui survécut à son oncle, et devint le précepteur de l'empereur Kublai Khan. Détail d'un thangka, vers 1550.

Collection of Shelly and Donald Rubin *www.himalayanart.org*

Ci-dessus à gauche : Au VIIIe siècle, Padmasambhava aida à introduire le bouddhisme au Tibet. *Ci-dessus à droite* : Atisha, au XIe siècle, contribua à réformer le bouddhisme au Tibet. C*i-dessous à gauche* : Milarepa, le grand poète-yogi tibétain des XIe et XIIe siècles. Au XVe siècle, Tsongkhapa fonda l'ordre bouddhiste du Gelug et le monastère de Ganden *(ci-dessous à droite)*.

Laird, 3

Collection of Shelly and Donald Rubin *www.himalayanart.org*

Avant sa mort, Dusum Khyenpa, le Premier Karmapa, dit à ses disciples où il serait réincarné, créant ainsi le système des Tulku, un système unique dans lequel les maîtres bouddhistes reviennent guider leur ordre, ou leur monastère, génération après génération. Son maître Gampopa, disciple de Milarepa, se trouve au-dessus de lui. Ce portrait le montrant avec un menton volontaire et proéminent, dont on dit qu'il est historiquement exact, est un chef-d'œuvre de l'art tibétain, peint aux alentours de 1750.

Laird

Collection of Rubin Museum of Art

Ci-dessus : Tsongkhapa, fondateur de l'ordre du Gelug, auquel appartient le Dalaï Lama, recevant des instructions du Bodhisattva Manjushri, fresque du Norbulingka, Lhassa.
Ci-contre : Le Grand Cinquième Dalaï Lama, lui aussi un Gelugpa (vers 1750), commença vers 1645 la construction du Potala, peu après que le mongol Qoshot Gushri Khãn *(ci-dessous)* l'eut aidé à unifier le plateau tibétain. Fresque, Jokhang, Lhassa.

Laird

Laird, 3

En 1653, l'empereur Shunzhi invita le Grand Cinquième Dalaï Lama à Pékin, la capitale de l'empire mandchou. *Ci-dessus* : Fresque tibétaine représentant leur rencontre, Norbulingka, Lhassa. Les vastes monastères tibétains ne servaient pas uniquement à abriter des statues géantes – et cette statue qui se trouve à Gyantse et date de 1700 environ est très loin d'être la plus grande –, ils faisaient aussi office de bibliothèques et d'écoles *(ci-dessous, à gauche)*. Une fresque Nyingmapa représentant une position de yoga du bouddhisme tantrique.*Ci-dessous, à droite* : Sherpa, Népal oriental, années 1920.

Pitt Rivers Museum, University of Oxford, 2

Certains yogis bouddhistes Nyingma ou Kagyu modifièrent les règles du Vinaya suivies par les moines traditionnels. *En haut à gauche* : Des yogis itinérants avec corne en fémur humain et coupe en crâne humain, pratiquent les formes ésotériques du tantrisme, dont on dit qu'elles conduisent à l'Illumination en cette vie. *Ci-dessus à droite* : D'austères moines se rasent le crâne, portent des robes de moines traditionnels, et suivent de façon stricte les règles de la chasteté. Ces deux sortes de bouddhistes s'engagent souvent dans de longues retraites de méditation, mais les moines traditionnels commencent d'abord par effectuer de longues années d'étude.

Ci-contre : Les paysans et les nomades tibétains soutiennent les moines de tous les ordres, et visitent les monastères afin de gagner en mérite.

Laird Collection, 3

Ci-dessus : Dans les années 1890, les diplomates anglais en Inde tentèrent de négocier avec les Mandchous à propos des frontières entre le Tibet et le Sikkim. *Ci-dessous à gauche* : Lord Curzon finit par se rendre compte que, même si les Mandchous revendiquaient le Tibet, ils ne le contrôlaient pas, et que ce pays bénéficiait d'une indépendance de fait. *Ci-contre* : En 1904, Curzon envoya au Tibet une petite expédition militaire menée par sir Francis Younghusband .

Laird, 3

Après l'invasion britannique de 1904, et l'invasion mandchoue de 1908, le Treizième Dalaï Lama comprit qu'il était important de constituer une armée moderne, et les troupes tibétaines furent entraînées par des conseillers envoyés par plusieurs pays *(ci-dessus)*, tandis que les uniformes et les armes venaient d'Angleterre. Détail d'une fresque, Chensalingka, Lhassa, vers 1920.
Ci-contre : Tapis de selle de la cavalerie tibétaine, (collection privée).
Ci-dessus : Pièce de monnaie tibétaine (collection privée).

Pitt Rivers Museum, University of Oxford

Les invasions mandchoue et britannique, sans oublier ses années d'exil, convainquirent le Treizième Dalaï Lama d'effectuer des réformes lors de son retour au Tibet, en 1912. *Ci-dessus, au centre* : Lungshar Dorje Tsegyal fut envoyé en Angleterre en tant que représentant du Dalaï Lama et pour accompagner quatre étudiants que le Dalaï Lama espérait voir rentrer au Tibet dotés de techniques modernes. A son retour au Tibet, il fut nommé commandant en chef de l'armée tibétaine, et tenta de convaincre les monastères, et leurs larges populations de moines *(ci-contre)* de la nécessité de lever des impôts pour financer une armée moderne. Après la mort du Treizième Dalaï Lama, ses réformes furent mises de côté, et, pour finir, Lungshar fut arrêté et aveuglé. Il en mourut.

Lowell Thomas Collection, Marist College

Pitt Rivers Museum, University of Oxford

Selon la tradition, les prisonniers tibétains devaient purger une partie de leur peine chargés de chaînes et d'un carcan de bois. Cette punition était courante aussi dans la Chine mandchoue, et au Bouthan. La méthode choqua tellement le Quatorzième Dalaï Lama que, en 1950, il libéra ces prisonniers *(ci-dessus)*.
Ci-dessous : Une femme tibétaine, portant la coiffure typique, brûle de l'encens au-dessus de la vallée de Lhassa, 1949.

Lowell Thomas Collection, Marist College

Pitt Rivers Museum, University of Oxford

Le Treizième Dalaï Lama (*assis*) en compagnie de sir Charles Bell, vers 1907, et d'un domestique.

belles statues. Ayant entendu dire que Sonam Gyatso était une manifestation vivante du bodhisattva Chenrizi, les Mongols eurent le désir de le rencontrer.

*

Entre le XIVe et le XVIe siècle, les Mongols avaient subi 200 ans de revers et de catastrophes qui façonnèrent et refaçonnèrent l'Asie et l'Europe.

En 1368, les Chinois chassèrent les Mongols et fondèrent la dynastie nationale des Ming. Toghan Teemur, le dernier empereur mongol de Chine, accompagné de ses 6 000 hommes, se replia au nord de la Grande Muraille, sur ses anciennes pâtures de l'Asie centrale. En retrouvant un pays quitté depuis si longtemps, l'armée mongole désorganisa la fragile économie nomade de ceux qui n'avaient pas suivi Gengis Khān dans sa conquête de l'univers. Accoutumés à vivre dans un luxe que seule l'expansion peut apporter, les anciens seigneurs de Chine se battaient maintenant pour des pâtures ne produisant que de la viande, du fromage et du lait. Lorsque, en 1388, une armée Ming de 100 000 hommes envahit la Mongolie, les Mongols furent battus sur leur propre terre, et les princes mongols assassinèrent le petit-fils de Toghan. Les Chinois ne restèrent pas en Mongolie, mais l'humiliation subie par les descendants de Gengis Khān donna aux princes mongols l'occasion de réclamer leur autonomie. Au cours des siècles suivants, l'unité mongole fut rare, et brève. Le rêve de reconquérir le trône de Chine resta vivace, mais l'existence de factions tribales le rendait impossible. Si les Mongols voulaient de la farine, du riz, de la soie – ce que ne pouvaient leur fournir leurs troupeaux de moutons et de chevaux –, ils devaient continuer à mener des raids sur les villes chinoises.

Entre le XIVe et le XVIIIe siècle, époque où les Mandchous les dominèrent, les tribus mongoles organisèrent des raids en Chine et luttèrent entre elles pour une suprématie qui leur échappait toujours. Chaque tribu avait son propre prince, et l'idée de nation n'existait pas. Les plus grands princes mongols, lorsqu'ils avaient conquis le monde, avaient étudié le bouddhisme, ce qui n'était pas le cas des gens du peuple. L'empreinte que le bouddhisme avait pu avoir sur les Mongols s'était effacée au cours des siècles de chaos ayant suivi leur départ de Chine, en 1368. Les Mongols croyaient de nouveau aux chamans et à leurs offrandes sanglantes.

Les tribus mongoles, même si elles avaient perdu l'empire de Gengis Khān, dominaient une zone beaucoup plus vaste que la Mongolie actuelle.

Les tribus de la Mongolie de l'Est comprenaient, entre autres, les Khalkhas, qui vivaient dans ce qui constitue aujourd'hui la partie nord de la Mongolie, les Chahar, les Ordos et les Tumet, qui résidaient à l'origine dans ce qui est maintenant la Région autonome de Mongolie-Intérieure, en Chine. Les tribus de l'Est, qui comprenaient les descendants directs de Gengis Khān, et, en conséquence, prétendaient être les empereurs légitimes, n'étaient pas capables de s'imposer.

La confédération Oirat des tribus de la Mongolie de l'Ouest – les Qoshots, les Torghuud, les Khoyd, d'autres encore – était basée dans le bassin Dzoungare, à 1 500 kilomètres à l'ouest, dans ce qui constitue de nos jours la province de Xinjiang. Les Oirat refusaient les prétentions à la suprématie des tribus de l'Est. Pendant un certain temps, les Oirat faillirent soumettre les tribus de l'Est. En 1449, les Mongols, brièvement unis sous la domination des Oirat, massacrèrent plus de 100 000 Chinois, et capturèrent l'empereur Ming Ting-tsung. Mais les chefs Oirat ne purent poursuivre leur invasion de la Chine, et finirent par être reconduits au nord de la Grande Muraille. Un an plus tard, les Mongols relâchèrent l'empereur Ming, humilié. L'invasion de la Chine des Ming n'était que l'un des nombreux raids menés par les Oirat contre leurs voisins. Les Mongols ne devinrent jamais une partie d'un Etat chinois panethnique.

L'hégémonie des Oirat sur les Mongols de l'Est diminua à partir de 1455, mais ne cessa vraiment qu'en 1550, lorsque Altan Khān, un prince de la tribu des Tumet, reprit l'ancienne capitale impériale mongole de Karakorom. Altan, qui régna entre 1543 et 1583, fut le plus remarquable des princes mongols de l'Est, mais, en dépit de sa suprématie militaire, il ne fut jamais empereur. Le titre, à travers une autre branche des descendants de Genghis Khān, passa à Ligdan Khān qui n'était pas suffisamment fort pour soutenir se prétentions.

Pendant sa jeunesse, Altan était célèbre pour les opérations pirates qu'il menait contre les tribus chinoises au sud de la Grande Muraille. En 1529, 1530 et 1542, il conduisit des raids, et tous ceux qui le suivaient rapportaient du bétail et du butin. En 1550, il mit le feu aux faubourgs de Pékin. A cette époque, ses projets allaient au-delà du pillage. De tels raids étaient devenus la principale source de revenus des Mongols, mais Altan sentait bien que, si les

Chinois pouvaient rouvrir leurs marchés le long des frontières (fermés par les Ming afin de punir les Mongols), les tribus mongoles pourraient acheter ce qu'elles étaient incapables de produire.

En 1471, Altan avait vaincu les tribus mongoles de l'Est qui rivalisaient avec lui. Il ne pouvait unir les lointains Mongols nomades, mais il rejeta l'hégémonie de la confédération Oirat de l'Ouest, et la plupart des Mongols de l'Est le suivirent. Lorsqu'il commença la construction d'une capitale, Koko Khotan, la première cité mongole des temps modernes, Altan Khān était vieillissant.

Il tenta aussi de mettre fin à deux siècles d'attaques mongoles contre la Chine. En 1571, il fit la paix avec la Chine des Ming, et en moins de deux ans il avait forcé les Ming à rouvrir leurs marchés de frontières, de façon que les tribus de la Mongolie de l'Est puissent y vendre aux Chinois, avec un bon profit, leur excédent de chevaux. Grâce au commerce, les Ming pensaient apaiser les Mongols. De toute façon, comme ils étaient incapables de mettre fin militairement aux raids mongols, ils n'avaient rien à perdre. Selon les historiens mongols, Altan obligea les Ming à traiter avec lui en égal. Les historiens chinois, pourtant, soutiennent que le Seigneur de la Guerre mongol était en fait un loyal sujet de la Chine.

Au cours de ses raids contre la Chine et sur les franges du Tibet, Altan entendit parler de Sonam Gyatso, qui dirigeait le Gelugpa. Un de ses neveux lui dit que, maintenant qu'il avait vaincu les Oirat et s'était vengé des Chinois, il avait rempli son destin politique, et devait penser aux choses spirituelles. Ce neveu lui parla ainsi : « Il paraît que dans le pays des neiges de l'Ouest (le Tibet) vit maintenant, sous forme corporelle, le Puissant et Compatissant Prophète, bodhisattva Avalokiteshvara (Chenrizi). » Altan savait qu'on disait du *Tulku* Sonam Gyatso qu'il était une manifestation de Chenrizi.

En 1577, Altan Khān invita le Troisième Dalaï Lama en Mongolie. Sonam Gyatso fit plus de deux mille kilomètres pour le voir, ce qui prouve bien le pouvoir militaire du prince mongol. Lorsqu'ils se rencontrèrent, en juin 1578, ils échangèrent les titres honorifiques habituels.

Altan traduisit en mongol le mot tibétain de *gyatso* (océan) qui, en langue mongole, se dit *dalaï*. *Lama* était depuis longtemps un titre honorifique tibétain désignant tout maître bouddhiste réincarné – un titre qui n'était pas destiné à tous les moines, mais à ceux qui étaient reconnus comme des *Tulku*.

Ce n'est que plus tard que le titre mongol de *Dalaï Lama* fut appliqué, rétroactivement, aux deux prédécesseurs de Sonam Gyatso. Personne, de leur vivant, ne donna ce titre aux deux premiers Dalaï Lamas.

De nos jours, ce qui rend les choses encore plus compliquées, c'est que nombre d'auteurs ont traduit, à tort, *Dalaï Lama* par « océan de sagesse ». Le titre mongol en son entier, « le merveilleux Vajradhara, bel océan splendide des Mérites », donné par Altan Khān, est à l'origine une traduction des mots tibétains Sonam Gyatso (*sonam* signifiant « mérite »).

Lorsque j'ai posé, pour la première fois, une question au Dalaï Lama concernant son titre le plus célèbre, je ne possédais qu'une partie de ces informations. Il parut légèrement troublé. Lui aussi était au fait des traductions erronées.

— Je dois préciser quelque chose, a-t-il commencé d'un ton grave. Depuis le Deuxième Dalaï Lama, le véritable nom de chaque Dalaï Lama comporte le mot de Gyatso, qui, en tibétain, signifie « océan ». Aujourd'hui encore, je m'appelle Tenzin Gyatso. Le premier nom change, mais le deuxième (*le mot océan*) est devenu comme une partie du nom du Dalaï Lama. Tous les Dalaï Lamas, depuis le Deuxième, portent ce nom. Je ne suis donc pas vraiment d'accord sur le fait que ce sont les Mongols qui nous ont donné ce titre. C'était juste une traduction.

J'avais du mal à admettre que tant d'écrivains modernes aient commis l'erreur de traduire Dalaï Lama par « océan de sagesse », et que si peu aient compris ce titre comme le faisait Tenzin Gyatso.

— Est-ce que le mot Dalaï, qui, en mongol, signifie « océan », ne représente pas la sagesse?

C'est presque en criant que le Dalaï Lama me répondit :

— Non, il ne représente rien. C'est juste un mot! Ecoutez, un de mes balayeurs s'appelait Sangye, qui est le mot tibétain pour Bouddha, continua-t-il, exaspéré. Mais il était paresseux, et presque idiot. Il m'arrivait d'avoir à le reprendre sur son travail, et je disais, par exemple : « Oh, ce Bouddha ! » Son nom n'avait aucune signification ! termina-t-il en riant.

En 1578, lors de la rencontre entre Altan Khān et Sonam Gyatso, l'octroi d'un titre était un détail secondaire.

Les Tibétains sont persuadés que le Troisième Dalaï Lama convertit Altan au bouddhisme. La conversion du plus puissant des Mongols encouragea d'autres princes à se convertir à leur tour. Lorsque Altan Khān envoya des présents à son monastère, au Tibet, et finança la traduction et l'impression de textes bouddhistes, ils en firent autant. Altan Khān autorisa le Troisième Dalaï Lama à brûler toutes les statuettes de bois conservées par sa famille comme totems chamaniques. Il ordonna même à tous ses sujets de brûler leurs totems et de renoncer au chamanisme, sous peine de mort. Les sacrifices de sang furent interdits, et les chamans devinrent passibles de mort, tandis que les moines bouddhistes reçurent les mêmes prérogatives que les nobles mongols. Seules quelques rares pratiques survécurent à la conversion générale des Mongols au cours du XVIe siècle, conversion rendue possible par la loyauté des Mongols envers leurs princes, et la structure militaire de la société mongole. Lorsque les princes se convertissaient, le peuple les suivait.

Après sa rencontre avec Altan Khān, le Troisième Dalaï Lama donna une longue leçon de bouddhisme à une large assemblée de Mongols. Ils se réunirent à Koko Khotan, la capitale d'Altan (aujourd'hui Huhhot, capitale de la Région autonome de Mongolie-Intérieure). Le site de ces leçons devint un sol sacré, et Altan y finança la construction du premier monastère mongol, Thegchen Chonkhor.

Pour les Mongols, le Troisième Dalaï Lama est responsable de la conversion des tribus mongoles au bouddhisme. Non content d'avoir fondé un monastère, ses fidèles financèrent la traduction en leur langue des textes bouddhistes tibétains. Ils financèrent aussi la copie des textes tibétains en lettres d'or et d'argent. En moins de cinquante ans, presque tous les Mongols étaient devenus bouddhistes, et dix mille d'entre eux étaient moines. Une majorité de Mongols suivait l'ordre du Gelug, particulièrement dévoué au Dalaï Lama.

Le bouddhisme tibétain devint le principal bouddhisme d'Asie centrale, et, à mesure que la religion se répandait, le Dalaï Lama gagnait une influence immense comme leader politique et spirituel panasiatique, une sorte de souverain pontife bouddhiste.

Au cours du siècle suivant, les nomades mongols, qui se déplaçaient des frontières de la Russie à celles de la Corée, de la Chine, du Tibet et du moderne Kazakhstan, se convertirent au bouddhisme. Depuis toute l'Asie, le regard des Mongols était tourné vers Lhassa, la nouvelle Mecque bouddhiste. Il s'agissait d'une transformation religieuse, mais aux conséquences politiques et militaires importantes.

Les Chinois considéraient cette évolution avec intérêt, mais peu d'entre eux devinrent des pratiquants du bouddhisme tibétain.

La dynastie Ming, quasi obsessionnellement, consacra une grande part de son énergie à reconstruire et à renforcer la Grande Muraille, destinée à protéger la Chine des envahisseurs mongols. Mais bientôt une nouvelle stratégie se fit jour : la dévotion des Mongols au Dalaï Lama pourrait peut-être aider les maîtres de la Chine à les garder à distance. Cette idée devint progressivement un thème constant des relations politiques entre Mongols, Tibétains, Chinois et Mandchous.

La biographie du Troisième Dalaï Lama précise que sa visite en Mongolie était prédestinée par ses connexions karmiques passées. Les Mongols affirment que le Troisième Dalaï Lama, en rencontrant Altan, déclara : « Le Khān et moi avons eu des signes selon lesquels, ayant accompli des actes méritoires au cours de nos vies antérieures, nous devions nous rencontrer et ensemble propager la religion en cette vie. »

Selon l'actuel Dalaï Lama, le Troisième Dalaï Lama poursuivit les efforts du Premier et du Deuxième. Le Plan de Chenrizi se poursuivait.

— Le Troisième Dalaï Lama a œuvré pour répandre le Dharma parmi les Mongols, et nombre d'entre eux sont devenus ses disciples, ce qui accrut le pouvoir des Dalaï Lamas, et contribua à l'unification du Tibet par le Cinquième Dalaï Lama.

Si l'on regarde au-delà de la spiritualité qui unissait les deux hommes, il apparaît clairement que cette relation qui leur bénéficiait à tous les deux encouragea la propagation du bouddhisme.

Le Troisième Dalaï Lama proclama publiquement qu'il était une réincarnation du prêtre Phagpa, et Altan une réincarnation de Koubilaï Khān. Cette interprétation, alors qu'il luttait pour devenir empereur, lui fut très utile, surtout dans la mesure où c'est un autre prince qui était le véritable descendant de Gengis Khān. Le Dalaï Lama, dont l'ordre du Gelug subissait le harcèlement des Kagyupa et des princes qui les soutenaient, était maintenant en mesure de revendiquer l'appui de la plus grande puissance militaire de Mongolie.

Les deux hommes affirmaient que leur coopération dans des vies antérieures expliquait leur dévouement mutuel, comme prêtre et protecteur, dans cette vie – mais d'autres auraient pu considérer que cette explication était un vœu pieux en vue de manœuvres politiques. Cette curieuse forme de « réincarnation politique » devait se poursuivre à la génération suivante.

Après avoir mis en route la conversion des Mongols, le Troisième Dalaï Lama regagna le Tibet. En chemin, il reçut des autorités chinoises locales la prière d'user de son autorité sur les Mongols pour les empêcher de lancer les raids contre la Chine, qui, en dépit des accords de 1571 entre Altan et les Chinois, avaient continué.

L'influence croissante du Dalaï Lama se vit une fois de plus confirmée lorsque l'empereur Ming l'invita à visiter la capitale chinoise, invitation qu'il déclina en raison d'un engagement antérieur, quoiqu'il ne se trouvât qu'à 400 kilomètres de Pékin.

En ce temps-là, le pouvoir de l'empereur Ming ne s'étendait pas très loin. Autre signe de la puissance du Dalaï Lama : les princes dévots de Mongolie lui demandèrent de leur accorder un titre.

Le Troisième Dalaï Lama était parvenu à une fusion unique du religieux et du politique, fusion qui devait imposer l'institution du Dalaï Lama à travers toute l'Asie.

En 1580, le Troisième Dalaï Lama fonda le monastère de Lithang, dans le Kham. Le roi de Lithang renonça à son allégeance aux Kagyupa et se tourna vers les Gelugpa, à une époque ou les souverains de Lithang n'acceptaient aucune interférence des princes de Lhassa ou de Shigatse, et dirigeaient la région comme un royaume indépendant.

A la mort d'Altan Khān, en 1582, le Troisième Dalaï Lama accepta de retourner en Mongolie. En cours de route, il fonda un autre monastère, Kumbum, là même où, 230 ans plus tôt, était né Tsongkhapa, fondateur du Gelugpa. Kumbum devint l'un des plus grands monastères du Tibet.

En 1585, le Dalaï Lama était de retour en Mongolie, travaillant avec le fils d'Altan Khān afin de continuer à répandre le bouddhisme parmi les Mongols. De nouveaux princes se convertirent, et leurs tribus avec eux. Lors de son second séjour en Mongolie, le Dalaï Lama reçut une nouvelle invitation de l'empereur Ming, et cette fois il l'accepta.

Mais en 1588, lors de son retour au Tibet, il mourut, dix ans après avoir reçu le nom sous lequel les Dalaï Lamas devaient obtenir une reconnaissance définitive. Ses accomplissements durant les quarante-cinq années de sa vie sont étonnants, et nombre d'entre eux résultèrent de ses relations avec Altan Khān.

Les relations entre les fidèles tibétains et mongols ne s'achevèrent pas avec sa mort. En 1589, le Troisième Dalaï Lama se réincarna sous la forme d'un jeune Mongol, Yonten Gyatso, qui se trouvait être l'arrière-petit-fils d'Altan Khān. Plusieurs délégations de moines tibétains firent des rapports sur ce précieux enfant, et tous furent persuadés qu'il était la réincarnation de Sonam Gyatso.

C'est la seule fois dans l'histoire des Dalaï Lamas que Chenrizi se manifesta dans une enveloppe charnelle non tibétaine. L'enfant, descendant de Gengis Khān, fut reconnu par l'abbé du monastère de Ganden comme la véritable réincarnation de Chenrizi, puis éduqué par les moines tibétains envoyés en Mongolie. Le Quatrième Dalaï Lama avait douze ans lors de son premier voyage à Lhassa. Il quitta la Mongolie en 1601, accompagné de cavaliers mongols. A Lhassa, le Gelugpa, au cours d'une cérémonie somptueuse, l'intronisa officiellement. En obtenant le soutien intéressé des Mongols par la reconnaissance de l'adolescent comme Quatrième Dalaï Lama, les Gelugpa ouvrirent ainsi une porte à la participation d'étrangers aux affaires du Tibet.

Quand je fis remarquer au Dalaï Lama à quel point, aux yeux de nombreux historiens, il était évident que le Gelugpa avait laissé des motivations politiques influer sur le choix du Quatrième Dalaï Lama, il m'affirma qu'il s'agissait de simples suppositions.

— Ceux qui étaient partis à la recherche du Quatrième Dalaï Lama l'ont trouvé grâce à des investigations spirituelles, exactement comme dans mon cas. Ils ont cherché grâce à des visions et à des indications spirituelles, et il se trouve qu'ils ont découvert qu'il était réincarné dans la famille d'un chef mongol. Je ne vois rien de politique là-dedans.

— Mais c'était un descendant de Gengis Khān. Ce qui fournissait au Gelugpa, qui cherchait à en finir avec les attaques du Kagyupa, des alliés militaires. Ça ne peut pas être un hasard.

— Si vous êtes tourné vers la politique, me dit-il d'un ton rogue, alors peut-être que le Bouddha était un homme politique, avec un parti politique. Peut-être. Mais je n'en sais rien. Ça ne s'est peut-être pas passé à la suite d'un calcul politique, mais une fois que c'était arrivé, les politiciens ont vu qu'ils avaient quelque chose à y gagner. Cela, c'est possible.

Le jeune Mongol Yonten Gyatso eut des tuteurs excellents. Un de ses maîtres était le Premier Panchen Lama, un grand savant de son époque. Le titre de Panchen Lama signifie « Maître Grand Erudit ». Les Panchen Lamas sont une lignée de réincarnations de maîtres bouddhistes Gelugpa, des *Tulku*, comme le Dalaï Lama. Mais, alors que les Dalaï Lamas sont une manifestation du bodhisattva de la Compassion Chenrizi, les Panchen Lamas sont une manifestation d'Amitabha, le bodhisattva de la Sagesse. Avec le temps, le pouvoir des Panchen Lamas rivalisa avec celui des Dalaï Lamas, mais le lien spirituel est fort entre ces deux lignées de maîtres réincarnés.

Dans de nombreux cas, comme dans le cas du Premier Panchen Lama et du Quatrième Dalaï Lama, un Panchen Lama plus âgé était le maître d'un jeune Dalaï Lama. Il était aussi de tradition qu'un Panchen Lama aide à l'identification d'une incarnation du Dalaï Lama, et qu'un Dalaï Lama participe à la découverte d'un Panchen Lama.

En dépit de son rôle religieux, le Quatrième Dalaï Lama fut aussi un objet de tensions politiques. Comme les luttes entre les sectes bouddhistes tibétaines et les princes qui les soutenaient se poursuivaient, les cavaliers mongols qui avaient suivi le Quatrième Dalaï Lama à Lhassa y restèrent pour le protéger. Mais la présence de ces soldats étrangers était dangereuse, particulièrement à un moment où le Tibet était divisé entre de nombreux Etats, et où les Tibétains cherchaient à unifier leur nation.

Il arriva aux Mongols d'attaquer un établissement Kagyu pour venger ce qu'ils avaient perçu comme une offense : une rumeur s'était répandue, selon laquelle un poème écrit par un moine Kagyu insultait le Quatrième Dalaï Lama, et les Mongols, pour le venger, mirent à sac une étable et des maisons appartenant à des Kagyu.

En 1605, un prince soutenant les Kagyu mena un important corps de troupes à Lhassa et en chassa les cavaliers mongols du Quatrième Dalaï Lama. Cinq ans plus tard, les nobles tibétains fratricides et les monastères se prenaient à nouveau à la gorge. Lors d'une escarmouche dans la vallée de Lhassa, une bande de combattants anti-Gelugpa attaquèrent le monastère de Drepung, où le Quatrième Dalaï Lama, âgé de vingt et un ans, était en train d'étudier. Il parvint à s'enfuir. Pareilles escarmouches étaient chose courante. De tels conflits laissaient le Tibet désuni, et les Tibétains constamment en guerre les uns contre les autres. La présence militaire des Mongols était si forte, et leur dévotion si intense au jeune Dalaï Lama, que le retour des cavaliers mongols semblait inévitable. Mais en 1617 le Quatrième Dalaï Lama mourut, encore très jeune. Certains historiens prétendent qu'il fut empoisonné, mais l'actuel Dalaï Lama rejette cette supposition. Rien ne la prouve, ni ne prouve le contraire. Mais le fait même qu'elle existe traduit le climat de déliquescence du Tibet au début du XVIIe siècle.

La scène, dès lors, était prête pour la naissance de celui que les Tibétains nomment le Grand Cinquième Dalaï Lama.

Avant d'aborder son histoire, je suis revenu avec Sa Sainteté sur le rôle joué par la politique dans les rapports entre les Dalaï Lamas et les princes mongols de l'époque.

— Ce sont les autres qui ont vu dans leurs actions quelque chose de politique, leurs motivations n'avaient cependant rien à voir avec ça. Mais, comme je vous l'ai dit, peut-être leur œuvre a-t-elle été politisée par certains qui voulaient y gagner politiquement quelque chose.

Derrière l'étonnante croissance du pouvoir spirituel et temporel du Gelugpa entre le Premier et le Quatrième Dalaï Lama, l'actuel Dalaï Lama ne voit pas la politique, mais le Plan de Chenrizi.

— Quand j'observe toute cette évolution, on dirait qu'il y a un créateur, un Plan. Evidemment, le mot *créateur* n'est pas à prendre au sens de créateur de toute chose, comme un dieu. Il ne s'agit pas de ça. Comme nous l'avons vu dans la vie de Songtsen Gampo, il existe un lien entre le Tibet, ce peuple quasiment élu, et cette connexion karmique positive avec Chenrizi. C'est comme si les quatre premiers Dalaï Lamas étaient là pour préparer la voie au Grand Cinquième. En général, ce n'est pas ainsi qu'on explique les choses, mais c'est ce que je crois.

— Le bodhisattva Chenrizi poursuivait donc son Plan pour le Tibet ?

— En théorie, je dirais que oui. Mais si je dis que oui, vous risquez d'avoir l'impression qu'il existe un créateur absolu, ce qui prête à confusion. Tous ces accomplissements sont spontanés, se font naturellement. Si vous en tirez l'impression qu'il existe un créateur indépendant, un dieu quelconque, différent du Bouddha, vous êtes loin de la réalité.

— Pourquoi ? Quelle est la réalité ? demandai-je sans réfléchir à qui je m'adressais, et où allait notre conversation.

— La réalité ?

Il se tut et me regarda avec attention.

— Vous voyez, reprit-il, il y a les bodhisattvas individuels, Chenrizi ou Manjushri. Manjushri est l'incarnation de la sagesse de Bouddha. Chenrizi est l'incarnation de la compassion de Bouddha. Pas seulement d'un Bouddha, mais de tous les Bouddhas. Ce sont des choses difficiles à exprimer, à moins d'étudier ou de voir toute l'image du Bouddha Dharma.

— Alors la suite de ces événements historiques n'est pas façonnée par un unique facteur, comme la politique, mais par de très nombreux facteurs interdépendants ?

— Oui, c'est ça. Je crois que c'est l'énergie collective de la myriade de créatures sentantes qui habitent cet univers qui donne forme à cet univers. Et le karma du peuple tibétain est l'un de ces facteurs. Cela aussi, ça joue son rôle, vous voyez.

— Leurs motivations et leurs actes façonnent ce qui se passe.

— Oui. Mais pas seulement les Tibétains de cette époque, aussi ceux du futur, moi compris. Notre karma aujourd'hui, et dans le futur, a lui aussi participé à ces choses dans le passé.

Le futur affecte le passé. J'avais la tête qui tournait. Les physiciens affirment que le fait de considérer séparément le passé, le présent et le futur est une erreur. Le passé, le présent et le futur appartiennent à une réalité que nos sens limités sont loin d'être capables d'envisager. A travers une intuition spirituelle, le Dalaï Lama parvient à une conclusion similaire. Ses mots m'ouvraient à la fois plusieurs horizons, dans plusieurs directions. Les motivations politiques ne sont jamais plus qu'un fil dans le tissu complexe des affaires humaines. J'étais secoué, je ne m'attendais pas que les leçons du Dalaï Lama m'affectent si profondément. Le Dalaï Lama me regardait en silence.

— Le Plan que vous voyez, dans le passé, façonner la vie des premiers Dalaï Lamas se reflète-t-il aussi dans le karma et les actions des Tibétains de l'avenir ?

— Quand nous parlons de karma ou d'avenir, il y a des milliers d'opportunités différentes, qui *pourraient* être, car toutes ces possibilités sont interdépendantes. Vous savez, ce qui se passe au Tibet est souvent lié à l'Amérique, ou même à la vie sur d'autres planètes. Aujourd'hui, par exemple, je sens l'arrivée des Tibétains du futur. Certains viennent de très loin. Et ce sont leurs activités sur cette planète-là, ou dans cette galaxie, dans le futur, qui font aussi une différence ici et maintenant, et dans le passé.

Je l'écoutai conclure dans un silence captivé.

— De ce point de vue, le futur est quelque chose de *très* puissant et vaste. Il existe de nombreuses possibilités. Selon une de ces possibilités, un plan est apparu, le Plan, qui a guidé la vie des premiers Dalaï Lamas.

Ce jour-là, en quittant le Dalaï Lama, je doutais de tout ce à quoi j'avais cru jusque-là, y compris de ma non-croyance, et je m'émerveillais des infinies possibilités qu'il m'avait suggérées.

8

Le Cinquième Dalaï Lama et la montée des Mandchous 1617-1720

Ngawang Lozsang Gyatso, le Cinquième Dalaï Lama, naquit en 1617. Il réunifia le Tibet après des siècles de factions, et transforma l'institution du Dalaï Lama. Alors que ses prédécesseurs dirigeaient un ordre bouddhiste, lui dirigea une nation. Reçu à Pékin comme un égal, il s'assit sur un trône à côté du premier empereur mandchou de Chine. C'est sous ses ordres que les bandes de maraudeurs mongols combattaient à travers l'Asie, ou se tenaient tranquilles. Sur un sommet de Lhassa, il fit construire le Potala, demeure des futurs Dalaï Lamas, et symbole durable de la nation. Il est facile de comprendre pourquoi les Tibétains l'appellent le Grand Cinquième.

Le père du Cinquième Dalaï Lama était un yogi bouddhiste Nyingma qui ne pratiquait pas la chasteté et n'appartenait pas à l'ordre réformé du Gelug. Tout en passant beaucoup de temps à méditer, il engendra un fils. En évoquant le père du Cinquième Dalaï Lama, un Nagpa, c'est-à-dire un yogi avec des tresses, l'actuel Dalaï Lama se penche en avant sur son fauteuil.

— C'est une femme de son village de Chongye qui fut chargée de s'occuper de l'enfant. Il était très jeune lorsqu'elle le conduisit au monastère de Drepung : il n'avait que cinq ans. Avant de partir, cette jeune femme précisa que le Cinquième Dalaï Lama était très sage, qu'il ne pleurait jamais, et qu'il était facile de s'occuper de lui. Mais elle dit aussi qu'il buvait beaucoup de *chang* [1] ! »

A la pensée de l'enfant Dalaï Lama manifestant un goût pour la bière d'orge brassée à la maison, Sa Sainteté se mit à rire. Le

1. Bière.

Vinaya interdit l'alcool aux moines Gelug de l'ordre réformé de Tsongkhapa mais, pour les nomades ou agriculteurs tibétains ordinaires, le *chang*, comme aujourd'hui, se boit comme de l'eau.

— Et alors on lui interdit de boire ! conclut le Dalaï Lama dans un éclat de rire.

Les moines Gelug avaient découvert l'enfant selon les prescriptions de la tradition spirituelle établie. Un an après la mort du Quatrième Dalaï Lama, son principal assistant, Sonam Rapten, envoya des équipes à la recherche de sa réincarnation. Une des équipes de recherche fit un rapport à propos d'un enfant exceptionnel, à Chongye. En 1619, Sonam alla observer l'enfant, portant avec lui des objets ayant été utilisés personnellement par le Quatrième Dalaï Lama. Ils étaient mélangés avec des objets appartenant à d'autres personnes, mais l'enfant reconnut immédiatement « sa » propriété. Le Panchen Lama alla voir l'enfant, et lui aussi conclut qu'il s'agissait de la réincarnation du Quatrième Dalaï Lama.

La rivalité entre les ordres bouddhistes et entre les princes qui les soutenaient était toujours si intense que le roi de Tsang, installé à Shigatse et allié aux ordres bouddhistes Kagyu, tenta d'empêcher la recherche du Cinquième Dalaï Lama. Le Gelugpa, soutenu par les tribus mongoles Tumet, dut mener la recherche du Cinquième Dalaï Lama dans le plus grand secret. Les Kagyu, un peu plus tôt, avaient chassé de Lhassa les armées mongoles mais, en 1619, certaines étaient revenues et campaient à nouveau en dehors de Lhassa.

— Malgré cette interdiction du roi de Tsang, Sonam Rapten se mit en quête de la réincarnation du Quatrième Dalaï Lama. Pour obtenir l'autorisation d'introniser la réincarnation du Quatrième Dalaï Lama, il dut faire beaucoup d'offrandes au roi de Tsang.

Tandis que Sonam Rapten offrait des cadeaux au roi de Tsang, la pression montait. En 1620, les Mongols campés autour de Lhassa vainquirent les troupes du roi de Tsang stationnées là. Les Mongols chassèrent de Lhassa les forces militaires des Kagyupa, et une période de calme suivit. Deux ans plus tard, alors que, à Lhassa tout au moins, on était soulagé de la pression militaire, le Gelugpa se sentit suffisamment en sécurité pour révéler avoir trouvé le Cinquième Dalaï Lama, et l'avoir amené à Lhassa. Peu après, il y eut une nouvelle escarmouche entre diverses factions tibétaines, et le Cinquième Dalaï Lama dut se cacher. En 1625, au cours d'une nouvelle pause dans les combats, le Cinquième Dalaï Lama, âgé de huit ans, entra au monastère de Drepung, où le Panchen Lama lui dispensa son initiation de moine.

À cette époque, il était fréquent que des guerriers de différents ordres bouddhistes attaquent et rasent les monastères des ordres rivaux. Certains monastères Gelug se virent, par la force, convertis en établissements Kagyu. Les luttes entre ordres, entre régions, entre seigneurs locaux étaient si intenses que, virtuellement, les provinces étaient indépendantes de l'autorité centrale.

Le pouvoir des Mongols de l'Est diminuait, et ils étaient de moins en moins en mesure de protéger des attaques le Cinquième Dalaï Lama et les monastères de son ordre. En fait, la puissance des tribus mongoles (comme celle des Tumet d'Altan Khān, ou des Chahar, des Ordos, des Khalkhas – de tous les Mongols de l'Est qui avaient soutenu le Quatrième Dalaï Lama) déclinait depuis la mort d'Altan Khān, qui avait conduit à des conflits renouvelés entre les tribus mongoles.

Les tribus de la confédération Oriat, qui vivaient dans le bassin dzoungare, à l'Ouest, les tribus Qoshot, et d'autres encore, reprirent peu à peu de l'influence. En 1620, certains Qoshot avaient migré vers l'est, sur le Plateau tibétain, où elles s'étaient installées autour du lac Qinghai, dans la province de Qinghai. Elles luttaient, pour le contrôle des pâtures, contre les nomades tibétains et contre les Mongols de l'Est, comme les Khalkas et les Tumet, déjà installés dans la région. A la même époque, les tribus de l'Est restées en Mongolie étaient soumises à des attaques. Vers 1620, et même si elles ne devaient pas s'emparer de Pékin avant 1644, les tribus de Mandchourie avaient entamé leur lutte contre les Chinois. Les Khalkhas, les Tumet, les Ordos et les Chahar étaient assiégés par les Mandchous, et quelques-uns s'étaient déjà rendus – deux décennies avant que les Mandchous ne conquièrent la Chine. Avant même que les Mongols de l'Ouest, notamment les Qoshots, ne commencent leur ascension, les Mongols de l'Est étaient en déclin. Un des princes Qoshot qui avait migré du bassin dzoungare jusqu'au Plateau tibétain, autour de lac Kokonor, s'appelait Gushri Khān.

— En même temps qu'on faisait l'éducation du Cinquième Dalaï Lama, on envoyait des messages à Gushri Khān, lui disant combien, pour le Dalaï Lama, la situation était difficile au Tibet, et lui demandant de l'aide.

Gushri Khān, jeune prince dont l'étoile montait, répondit à la demande d'aide du Cinquième Dalaï Lama en promettant de le défendre avec ses armées. En lui demandant son aide, les Gelugpa mêlèrent le Tibet à une guerre qui durait depuis que les Mongols avaient été chassés de Chine, en 1368, entre Mongols de l'Est et de l'Ouest. La marche du prince Gushri Khān vers le lac Kokonor, à la frontière du Tibet, de la Mongolie et de la Chine des Ming, donna lieu à l'une des batailles de la guerre pour la suprématie entre tribus mongoles. Au lac Kokonor, Gushri fut vainqueur des Mongols de l'Est, installés là depuis 1630, lorsque Tsogtu Taji, un prince Khalkha, avait fui les attaques des Mandchous. Comme tous ceux qui s'étaient opposés à Gushri Kahn – qu'il s'agisse de Mongols ou de Tibétains –, Tsogtu Taji fut exécuté.

Le Régent du jeune Dalaï Lama, Sonam Rapten, espérait utiliser les armées de Gushri et leur dévotion au Dalaï Lama pour écraser ses opposants. Quand Gushri attaqua Tsogtu Taji, les Mongols de l'Est, anciens soutiens des Gelugpa, s'allièrent avec le roi de Tsang et les Kagyupa.

Cette histoire était compliquée, et je me suis demandé quand le Dalaï Lama en avait entendu parler pour la première fois. Durant son éducation au Tibet, il ne l'avait pas étudiée de façon formelle, mais plus tard, en Chine et en Inde, il avait effectué des lectures à ce sujet.

— Je pense que, très tôt, je savais, comme tout le monde, que le Troisième Dalaï Lama s'était rendu en Mongolie, que le Quatrième Dalaï Lama était mongol, et que, avec l'aide des Mongols, le Cinquième Dalaï Lama était devenu le maître du Tibet et avait fini par construire le Potala. Mais mes professeurs n'insistaient pas particulièrement sur l'histoire. Pour eux, seule comptait la philosophie bouddhique.

— Regrettez-vous de ne pas avoir étudié l'histoire étant enfant ?

— Non, je n'en ai aucun regret, dit-il avec un petit rire.

— Vous avez donc appris uniquement en écoutant les gens parler, et souvent ce qu'ils disaient était illustré par des peintures ?

— Oui. En écoutant les gens parler des peintures du Potala. Je me souviens que partout où il y avait une peinture représentant le Cinquième Dalaï Lama, il se trouvait au centre, que sur sa droite se trouvait son Régent, le *Desi*, et sur sa gauche Gushri Khān, et que le visage du Dalaï Lama était bon.

Un jour de 1985, me promenant dans le Potala, quelques mois après que la Chine eut, pour la première fois, ouvert le Tibet aux touristes, j'ai essayé d'identifier quelques-uns des personnages représentés sur les fresques couvrant les murs de chaque salle. J'ai découvert que la plupart des temples étaient décorés de peintures représentant les maîtres religieux, Bouddha, les anciens Dalaï

Lamas, et les bodhisattvas. Certaines fresques racontent aussi les événements majeurs de l'histoire du Tibet, comme la construction du Potala et du Jokhang. Ce fut une tâche difficile, même un livre d'histoire à la main, que d'interpréter ne fût-ce que quelques-unes de ces fresques. Il y a des milliers de mètres carrés de peintures religieuses et historiques.

Certaines fresques ont quinze ou vingt mètres de haut, certains panneaux s'étendent sur près de trente mètres. Plusieurs fresques furent peintes au temps du Cinquième Dalaï Lama, lors de la construction du Potala, entre 1645 et 1685, et d'autres furent créées entre le XVIIIe et le XXe siècle. En explorant, muni d'une lampe frontale, les profondeurs du Potala fermées aux touristes, j'ai même trouvé des images de Mao Tsé-toung, peintes au cours de la Révolution culturelle, par-dessus d'anciennes fresques bouddhiques.

Ces longs siècles de fresques offrent un point de vue unique sur l'histoire du Tibet, et le Quatorzième Dalaï Lama, enfant, passait tous les jours devant elles. L'un des sujets représentés le plus fréquemment au Potala, et j'en ai vu des dizaines d'exemples, était le portrait du Cinquième Dalaï Lama en compagnie du *Desi*, son Régent, et de Gushri Khān. Cette image apparaît dans de nombreuses salles du Potala.

Dans l'ancien temple du centre de Lhassa, le Jokhang, fondé par Songtsen Gampo, j'ai découvert une fresque plus grande que nature des trois mêmes personnages. Un jour, tandis que je l'étudiais, un vieux moine la montra du doigt et commença à s'adresser avec une grande ferveur à une assemblée de paysans. Les paysans tenaient leurs feutres noirs entre leurs mains calleuses, derrière leur dos, et se prosternaient devant la fresque. Ce n'est qu'occasionnellement qu'ils levaient les yeux sur le moine en robe rouge, qui leur expliquait l'histoire de Gushri Khān et du Cinquième Dalaï Lama, ainsi qu'une légende concernant cette fresque particulière.

Quand le Dalaï Lama a évoqué ces peintures, je lui ai posé une question à propos de la légende dont parlait le moine du Jokhang :

— Les gens de Lhassa m'ont dit que, parfois, cette peinture de Gushri Khān parle. C'est tout au moins ce qu'affirme une croyance locale. Et, un jour, une des images de Gushri Khān s'est prosternée devant le Dalaï Lama qui pénétrait dans le Jokhang. Avez-vous entendu ces histoires, enfant ?

— Non, jamais. Mais je me rappelle toujours une peinture de Gushri Khān, au Potala, avec sa moustache et son couvre-chef si particulier, et sa lourde robe, et le Dalaï Lama assis à côté de lui. Son visage m'a frappé. C'est comme ça qu'à travers ces peintures du Potala j'ai fini par avoir quelques connaissances à propos des Mongols et de leurs relations avec le Dalaï Lama. Il y a beaucoup de personnages de l'histoire du Tibet dont j'ai entendu parler pour la première fois par ces peintures. Il y eut aussi les *namtars*[1]. J'en ai lu quelques-uns. Mais malheureusement, ce n'est qu'en Inde, après mon départ du Tibet, que j'ai lu le *namtar* du Cinquième Dalaï Lama.

— Votre éducation a été très stricte !

Le Dalaï Lama rit avec moi. Je commençais à bien connaître son humour empreint d'autodérision.

— Je n'ai aucun regret.

— Il n'y avait donc, pour vous qui deviez vous trouver à la tête de l'Etat, aucune éducation politique ?

— Aucune. Juste l'expérience.

En attendant l'arrivée à Lhassa de Gushri Khān, le Cinquième Dalaï Lama fut éduqué de la même façon. Selon le Quatorzième Dalaï Lama, il se passa quelques années avant que le *Desi* ne demande de l'aide à Gushri Khān. C'est dans une biographie du Grand Cinquième que l'actuel Dalaï Lama apprit ce qui se passa ensuite.

— Les Mongols se montrèrent plutôt intéressés, et quand le Cinquième Dalaï Lama fut devenu adulte, aux alentours de sa quinzième année, on apprit que l'armée mongole allait arriver. L'attitude du Cinquième Dalaï Lama devint plus audacieuse. Entre-temps, le Régent décida de laisser le Dalaï Lama pratiquer un rituel en public. Il donna au jeune homme quelques instructions. Ensuite le Grand Cinquième exécuta un rituel tantrique, et maudit particulièrement le nom du roi Tsang, contre qui le rituel était dirigé. Beaucoup de spectateurs se mirent à avoir peur, se disant qu'il n'aurait pas dû mentionner spécialement ce roi. D'après son autobiographie, le Cinquième Dalaï Lama leur répondit : « Je l'ai déjà dit, il est donc trop tard, quelles que soient les conséquences. » Avant cela, c'était un jeune homme honnête et innocent, mais son Régent le poussa à parler ainsi contre le roi de Tsang.

Il s'agissait d'un moment critique. Après l'attaque nominale publique contre le roi, le Régent craignait que le roi n'attaquât le

1. Biogaphies des lamas célèbres.

Dalaï Lama avant que Gushri Khān n'ait eu le temps d'atteindre Lhassa.

Le Dalaï Lama cita de mémoire la réponse du Cinquième Dalaï Lama à son Régent effrayé :

— « C'est vous qui m'avez poussé, alors que la politique ne m'intéresse pas ! Vous m'avez forcé à le faire, et maintenant vous avez peur ? » Heureusement, les soldats mongols atteignirent Lhassa, et le Cinquième Dalaï Lama se trouva à la tête du gouvernement tibétain.

Il fallut trois ans aux Mongols de l'Ouest, les Qoshots menés par Gushri Khān, pour imposer le Cinquième Dalaï Lama comme chef d'un Tibet unifié.

En 1639, pendant la préparation de la campagne, le Régent du Cinquième Dalaï Lama, Sonam Rapten, justifia la guerre en disant que le Gelugpa avait été persécuté, et que le Tibet devait être unifié. Il dit au jeune homme qu'il avait besoin d'un soutien puissant et que, maintenant qu'il était là, on saurait l'utiliser. Gushri était impatient d'attaquer les provinces orientales du Tibet, Kham compris, où se trouvaient le Kalyupgpa et les autres opposants au Gelugpa. Lorsque les plans de guerre furent discutés avec le Cinquième Dalaï Lama, il refusa de s'associer à la violence, qu'elle soit justifiée ou non. Lorsque son entreprenant Régent lui demanda d'envoyer une lettre à Gushri Khān, lui demandant d'écraser ses adversaires, le Cinquième Dalaï Lama, jeune et idéaliste, répondit :

> Je suis censé être un lama. Mon devoir est d'étudier la religion, d'entrer en méditation, de prêcher... Trop de gens dans le passé ont souffert, et même été tués à cause d'activités politiques de ce genre. Je trouve que si nous agissons sans nécessité, ça pourrait bien nous arriver aussi.

Rapten, cependant, ignora le jeune moine et, en son nom, ordonna à Gushri d'attaquer. Le Cinquième Dalaï Lama entendit des murmures dans la pièce voisine, d'où l'on écrivait la lettre à Gushri. Il avait demandé à son Régent d'envoyer un message de paix, mais il se demanda « si le son de la flûte n'avait pas été transformé en chanson de l'arc ».

Au cours de l'hiver 1640, Gushri, avec une armée de cavaliers Qoshots renforcée par des volontaires tibétains, écrasa la résistance militaire au Kham. Ironiquement, certains des adversaires de Gushri étaient des Mongols de l'Est, Khalka et Chahar, qui s'étaient alliés avec le roi de Tsang et les forces anti-Gelug. Altan Khān et le Troisième Dalaï Lama auraient été surpris de ce retournement de l'histoire. Les Mongols de l'Ouest, menés par Gushri, furent victorieux de tous leurs adversaires. Les Mongols de l'Est combattant au Tibet furent vaincus, tandis que des envahisseurs mandchous écrasaient ceux qui étaient restés en Mongolie. Le vent tournait contre eux.

Bientôt, seuls les Tibétains et les Mongols de l'Ouest restaient indépendants d'un Empire mandchou en pleine expansion. Le lien était de plus en plus fréquent entre ce qui se passait au Tibet et en Asie centrale.

Au Tibet oriental, les Mongols de l'Ouest battirent les armées opposées au Gelugpa et résistant au gouvernement central. Il arrivait souvent à Gushri de mettre à mort les princes vaincus.

En 1641, après qu'eut été écrasée l'opposition au Tibet oriental, Sonam Rapten ordonna à Gushri d'attaquer le roi Tsang dans sa forteresse de Shigatse, au sud de Lhassa. Rapten était décidé à unifier le Tibet, et à mettre fin aux attaques contre le Gelugpa. Une fois de plus, le Cinquième Dalaï Lama s'opposa à son Régent, qui, une fois de plus, ignora le conseil de son maître. Pendant que Gushri faisait le siège de Shigatse, Rapten œuvra avec les adeptes du Gelug pour forcer à la reddition de petits districts isolés fidèles au roi de Tsang. Après que l'armée mongole eut marché sur Shigatse, beaucoup de petites principautés se rendirent sans combattre. Lors du siège de Shigatse par les Mongols, la ville résista plus que Rapten ne l'avait imaginé. Pendant un moment, l'issue du combat fut incertaine, et Rapten se mit à douter. Il demanda au Cinquième Dalaï Lama de servir de médiateur entre les deux armées. Le Cinquième Dalaï Lama fut « si troublé » qu'il dit à Rapten : « Je ne peux que vous faire des reproches. Ne vous ai-je pas répété bien des fois qu'il n'était pas sage d'engager le combat contre le roi Tsang ? »

Mais à ce stade-là, même lui sentait que le Tibet devait poursuivre la guerre : « Nous devons maintenant en finir avec cette guerre que vous avez si imprudemment commencée. Si Gushri Khān l'emporte, c'est parfait. S'il perd, nous devrons quitter Lhassa et nous réfugier dans un autre pays. »

Après cette semonce, Rapten redoubla d'efforts. En 1642, l'entreprenant Régent du Cinquième Dalaï Lama avait atteint ses objectifs : l'armée mongole pénétra dans la forteresse de Shigatse, et tua le roi Tsang. La puissance de l'armée Qoshot écrasa tous les soutiens du Kagyu, et mit fin aux factions au Tibet. Le sens militaire de Gushri, associé aux directions stratégiques de Rapten, avait prévalu.

Au début de l'été de 1642, le Cinquième Dalaï Lama, en grand apparat, se rendit à Shigatse et fut placé sur le trône dans l'impressionnante salle des audiences du roi Tsang. Gushri Khān et Sonam Rapten prirent place à ses côtés, sur des trônes légèrement moins élevés. Les peintres tibétains ont fait de cette image du couronnement un symbole : le Grand Cinquième Dalaï Lama, avec Gushri Khān d'un côté et Sonam de l'autre.

Des artistes copièrent le tableau sur les fresques des temples à travers tout le Tibet, en particulier sur les murs du Potala dont la construction débuta quelques années plus tard. Cette image symbolique du couronnement était celle que, enfant, le Quatorzième Dalaï Lama voyait si souvent. Elle représentait l'instant où le Cinquième Dalaï Lama était devenu le chef suprême, politique et religieux, du Tibet.

Une fois parvenu au pouvoir, le Grand Cinquième délivra un certain nombre de proclamations. Lhassa serait la capitale du Tibet. Il nomma des gouverneurs de districts, choisit des ministres, et promulgua un certain nombre de lois. Le jeune Dalaï Lama fit aussi de son Régent son Premier ministre ou, selon le terme tibétain, son *Desi*. L'autorité administrative se trouvait entre les mains du *Desi*, et le pouvoir militaire entre celles de Gushri, nommé roi du Tibet. Le Cinquième Dalaï Lama put alors se concentrer sur la religion. Lorsque, au cours des années suivantes, éclatèrent des révoltes régionales sporadiques anti-Gelug, l'armée de Gushri les écrasa et, parfois, les monastères qui avaient offert un refuge aux rebelles brûlèrent. S'ils n'étaient pas incendiés par les rebelles au cours du conflit, ce sont les vainqueurs qui y mettaient le feu avec des torches. Après 1642, Gushri et Sonam, souvent, conduisirent ensemble des armées contre ceux qui osaient contester la victoire du Gelug. Ces guerres menées au nom du Cinquième Dalaï Lama furent toutes victorieuses, sauf un raid sur le Bouthan, bastion, aujourd'hui encore, de la secte Kagyu. Là, l'armée tibéto-mongole fut défaite. L'année suivante, les rois de l'Inde et du Népal envoyèrent des émissaires au Cinquième Dalaï Lama pour le féliciter de son accession au trône.

A la mort de Gushri, ses fils héritèrent de son titre de roi, mais ils étaient sans influence car le Grand Cinquième en était arrivé à éclipser tout le monde. Il était considéré avec une admiration respectueuse, et même les Mongols le regardaient comme le chef suprême.

Quand j'ai demandé au Dalaï Lama de résumer les accomplissements de son révéré prédécesseur, il me dit :

— Je crois que le Cinquième Dalaï Lama a accompli quelque chose d'unique : il a établi son autorité sur tout le Tibet. Avant le Cinquième Dalaï Lama, il y avait des rois tibétains, qui, théoriquement, représentaient le gouvernement central, mais en réalité leur pouvoir était très limité et surtout régional. Alors que le Cinquième Dalaï Lama a unifié le Tibet de façon effective.

— D'une certaine façon, on peut dire qu'il était un roi guerrier, non ?

Le Dalaï Lama me cita un passage du *namtar* du Cinquième Dalaï Lama :

— Je crois qu'il se trouvait au monastère de Namgyal lorsqu'il a fait une remarque très drôle, très sarcastique : « Quand des gens, de toutes directions, se tournent contre vous, alors les choses deviennent douteuses. »

— Que voulait-il dire par là, selon vous ?

— Il avait combattu le roi Tsang, et après cette victoire il y eut encore une guerre avec le Bouthan. Il avait des ennemis de toutes parts. Quand il a dit ça, il était très sarcastique. Comment être le Dalaï Lama quand on doit lutter contre tant d'ennemis ?

— Mais n'est-ce pas une contradiction que de combattre au nom d'un moine, même s'il n'est pas chef des armées, et même si, à l'origine, il rejette l'usage de la violence ?

— C'est naturel. Il a mis en place un pouvoir central. Il est naturel que cela cause des problèmes.

— Oui, mais ne voyez-vous pas une contradiction entre pouvoir politique et pouvoir religieux ?

— C'est vrai. C'est vrai. Surtout pour un chef religieux, surtout pour un moine.

Entre le rôle du Grand Cinquième en temps que chef et son rôle en temps que moine, les contradictions étaient nombreuses. Gushri Khān était toujours la puissance du Tibet nouvellement unifié. Il matait toute rébellion.

— Il se considérait comme un Tibétain, pas comme un étranger. Il était devenu citoyen du Tibet. Au début, il était venu comme étranger, afin d'aider le Dalaï Lama. Le roi de Tsang et le Kagyupa menaçaient constamment le Cinquième Dalaï Lama. Le but de Gushri Khān, très simple, consistait à détruire l'opposition au Cinquième Dalaï Lama, ou l'institution du Dalaï Lama. Au début, il est venu défendre le Dalaï Lama, puis ça a évolué. Plus tard, après sa victoire, il n'est jamais rentré chez lui, dans le bassin dzoungare. L'hiver il restait à Lhassa, où il avait un palais, et l'été il était avec ses bêtes, dans des pâtures au nord de Lhassa. Ce n'était plus un étranger.

Je fis remarquer au Dalaï Lama que, même si Gushri était considéré comme un Tibétain, lorsque les Gelugpa utilisaient ses armées au Tibet, ils ouvraient la porte à d'autres interventions étrangères.

— Et même si cette stratégie a fonctionné à court terme, c'est exactement ce qui, plus tard, a posé des problèmes au Tibet, non ?

— C'est vrai. Oui.

Il me regarda en silence.

Les Tibétains, incapables de mettre fin aux factions, s'étaient, pour parvenir à l'unité nationale, appuyés sur un pouvoir militaire étranger. Ce geste dramatique devait avoir des conséquences à long terme. Même si, sur le moment, ce n'était pas visible, la dépendance du Tibet vis-à-vis des Mongols ouvrait la voie aux invasions mandchoues.

*

En 1644, deux ans après que le Cinquième Dalaï Lama eut unifié le Tibet, les Mandchous (anciennement les Jürchens), un groupe ethnique non chinois vivant à l'origine en Mandchourie, se ruèrent à travers la Grande Muraille, s'emparèrent de Pékin, et se lancèrent dans une guerre de dix-sept ans pour abattre les Ming. Déjà maîtres d'un vaste empire, ils ajoutèrent à leur territoire la totalité de celui des Ming. Avant de se tourner vers Pékin, ils firent la conquête méthodique des autres tribus non chinoises qui les entouraient, au nord de la Grande Muraille. Les Mandchous avaient vu comment la désunion des Mongols – en particulier entre les Mongols restés sur les steppes, et ceux qui vivaient luxueusement à Pékin – leur avait coûté le contrôle de la Chine.

Les princes et les tribus mongoles de l'Est, y compris les Chahar et les Tumet, qui vivaient juste au nord de la Grande Muraille, se soumirent aux Mandchous en 1636 avant que les envahisseurs n'atteignent la Chine. Deux ans plus tard, les Mandchous vainquirent la Corée. Quand ils s'emparèrent de la Chine, ils avaient unifié toutes les tribus nomades du nord de la Grande Muraille. Seuls les Mongols de l'Ouest, dans le bassin dzoungare, et les bandes de Gushri Khān, au Tibet, gardaient leur indépendance. Les tribus Khalkhas, des Mongols de l'Est, étaient encore indépendantes elles aussi (mais elles se trouvaient plus au nord, et ne touchaient pas à la Grande Muraille). Au cours des décennies suivantes, les Mandchous devaient passer un accord avec elles.

Les Mandchous, ensuite, renforcèrent l'unité qui avait échappé aux Mongols de l'Est depuis que les Chinois les avaient chassés en 1368. Les Mandchous savaient qu'il serait désastreux d'attaquer Pékin avant d'avoir soumis au moins les Mongols de la frontière nord de la Chine, ce que les Ming n'avaient jamais réussi à faire. Pour la première fois en près de 300 ans, les peuples au nord de la Grande Muraille se trouvèrent unis sous l'égide d'une tribu puissante. Pour finir, tous les Mongols allaient s'incliner devant le trône mandchou, et accepter d'en devenir les sujets. Sauf, évidemment, ceux que les Mandchous avaient exterminés.

Comme avant eux les Mongols conquérant la Chine, les Mandchous donnèrent un nom chinois à la dynastie qu'ils fondèrent, un nom choisi avant même l'invasion – de la même façon que les corporations chinoises prennent des noms anglais avant de faire du commerce aux Etats-Unis.

Les Mandchous nommèrent leur dynastie les Qing (prononcer *Ching*), ce qui veut dire, littéralement, « propre et pur ». Comme les Mongols avant eux, ils adoptèrent aussi, pour diriger leur nouvelle colonie, les outils administratifs chinois. Une fois de plus, bon nombre des fonctionnaires chinois qui avaient servi les Ming furent épargnés : ils apprirent à servir les nouveaux maîtres étrangers de la Chine. Les Mandchous ne représentèrent jamais plus de 2 pour cent de la population de l'Empire, et leurs empereurs cherchèrent à les empêcher de devenir chinois. Le mariage entre Mandchous et Chinois était interdit. Les fonctionnaires mandchous devaient parler et lire le mandchou, et devaient mériter leur place dans l'administration. Les officiers mandchous, afin d'assurer une domination solide, devaient aussi superviser les bureaucrates chinois.

Après la conquête, les Mandchous soumirent le reste des Mongols de l'Est, puis les Khalkhas, très au nord de la Grande Muraille, et consolidèrent leur administration de la Chine. Tandis que l'Empereur mandchou fortifiait son autorité, l'un de ses plus grands soucis était que les Mongols de l'Ouest, y compris Gushri Khān et ses bandes de Qoshot, au Tibet, et la demi-douzaine de tribus du bassin de Dzoungarie, ne menacent sa domination. Non seulement ils possédaient le pouvoir militaire, mais ils pouvaient se rallier autour de leur foi en le Dalaï Lama.

Pour les Mandchous, l'influence du Cinquième Dalaï Lama sur

les Mongols était déterminante. Après avoir soigneusement réfléchi à cette idée, je dis un jour :

— Avec son emprise sur tous les Mongols, le Dalaï Lama a peu à peu obtenu un immense pouvoir. Les Dalaï Lamas avaient presque un empire, mais un empire religieux, pas un empire politique.

— C'est exact.

En dépit de l'unité, forgée en grande partie par le pouvoir militaire mongol, il y avait encore des résistances occasionnelles à la domination du Tibet par le Cinquième Dalaï Lama. Les forces mongoles au Tibet, soutenues par les Tibétains fidèles au Gelugpa, écrasaient chaque rébellion, et la violence de ces soulèvements commença à décroître.

Un des premiers historiens tibétains contemporains, Tsepon Shakabpa, a écrit que, dans un cas au moins, en 1648, l'armée força des moines de plusieurs monastères Kagyu à se convertir à la secte Gelug.

Le refus du Dalaï Lama d'admettre que le Cinquième Dalaï Lama ait pu autoriser de telles conversions conduisit à l'une de nos nombreuses conversations sur les forces qui sous-tendent l'histoire du Tibet.

— Vous souvenez-vous, quand vous m'avez dit que le Cinquième Dalaï Lama n'avait pas détruit certains des monastères Kagyu et Nyingma ? Vous avez beaucoup insisté là-dessus. Mais j'ai lu plusieurs historiens sur ce sujet, et certains insistent sur des conversions forcées. Vous dites que certains moines se convertirent, mais que la violence n'avait pas été utilisée contre eux. Il semble y avoir une contradiction.

— Si vous utilisez le mot *forcés*, OK. En un sens, je crois que ces moines des monastères Kagyu adoptaient volontiers la nouvelle tradition. Mais parfois cela se fit par force. Je crois qu'on leur donnait des conseils, comme « maintenant, suivez la tradition du lama Tsongkhapa, et renoncez au Kagyu ». Je ne crois cependant pas qu'il y ait eu à cela des raisons politiques.

— Mais vous admettez qu'il ait pu y avoir des ressentiments des adeptes des autres écoles de bouddhisme tibétain, et qu'on utilisa la force ?

— Eh bien, selon moi, cela n'a pas forcément eu lieu pour des raisons politiques. Si seuls les Kagyupa s'étaient convertis, alors vous pourriez dire qu'il s'agissait d'une vengeance. Mais regardez, les monastères Sakya ont changé, eux aussi. Et pas les Nyingmapa. Je me souviens du *namtar* d'un maître Nyingma du Tibet de l'Ouest. Il fut écrit à la main à l'époque du Cinquième Dalaï Lama. Le moine rencontra, au Potala, le Cinquième Dalaï Lama, qui lui dit : « Ça serait magnifique que les enseignements Gelug et Nyingma soient tous deux largement répandus. » Le Cinquième Dalaï Lama, en suivant une voie non sectaire, officiellement et formellement, faisait preuve d'une grande sagesse. Pour devenir le chef de tout le Tibet, pour mener le gouvernement tibétain, c'était nécessaire.

Au XIXe siècle se développa au Tibet un mouvement bouddhiste indépendant des sectes. Nombre de moines importants, percevant l'insignifiance des différences spirituelles entre les sectes, tentèrent d'unifier les écoles de bouddhisme. Ils appelèrent ce mouvement le Rimey. Les mots du Dalaï Lama me rappelèrent le Rimey.

— Etes-vous en train de me dire que le Cinquième Dalaï Lama était presque un Rimey ? Qu'il voulait, bien avant ce mouvement, obtenir une fusion des différents ordres ?

— C'est cela. En général, on le considère comme le Grand Rimey. Tout le monde le considère ainsi, sauf le Kagyupa. Il a reçu l'enseignement Nyingma, l'enseignement Sakya. Dès son plus jeune âge, il a été intéressé par la tradition Nyingma. Ayant étudié au monastère de Drepung, il s'intéressa plus, naturellement, aux enseignements du Gelug. Mais, plus tard, il s'intéressa au Sakya. Et encore plus tard, à la fin de sa vie, il était plus intéressé par le Nyingma, et en particulier par les enseignements tantriques Dzogchen. Il était savant en ce qui concerne les traditions Nyingma, Sakya et Gelug, et c'est ce qui le rend unique. Il a écrit une strophe, je crois que ça se trouve dans son autobiographie, dans laquelle il affirme que même s'il a écrit des textes sur la tradition Gelug, il n'a jamais adhéré à l'ordre Gelug, exactement de même que lorsqu'il écrivait quelque chose sur la tradition Nyingma, il n'adhérait pas aux Nyingma. Il n'appartenait à aucune secte. Il est vrai aussi qu'il n'étudia pas beaucoup la tradition Kagyu, et que ses relations avec le Kagyu et le roi de Tsang n'étaient pas très bonnes.

Le Dalaï Lama distinguait le grand motif régissant l'histoire du Tibet, et il était clair qu'il voulait que les Tibétains ne se divisent pas à propos de leur passé mais s'unissent autour de lui. Malgré tout, les conséquences des divisions entre Kagyupa, Nyingmapa et Gelugpa, au temps du Cinquième Dalaï Lama, demeurent sensibles. Lorsque le Dalaï Lama dit que les relations du Cinquième Dalaï Lama avec le Kagyupa et le roi de Tsang n'étaient « pas très bonnes », j'ai fait les yeux ronds, et il l'a remarqué.

— Pourtant, insista-t-il, je crois qu'il avait des motivations différentes. Il ne s'agissait pas de motivations politiques. Il sentait vraiment que, en ce qui concerne les études scolastiques, la tradition du Gelug est la meilleure. Et il l'a donc délibérément répandue. Mais certains monastères – oui, des monastères Sakya, par exemple – ont été convertis par la force. Cela aussi, c'est possible. Sur pareils sujets, tout dépend beaucoup de la vision que l'on a de l'Histoire, et pas uniquement de l'Histoire elle-même. Prenez mon cas. Parfois, au cours d'une interview, je dis une chose sans aucune motivation politique. Mais des gens obsédés par la politique étudient ce que je dis mot à mot. En particulier les Chinois. Ils imaginent que le Dalaï Lama pèse ses mots, alors que pour moi c'est juste le premier mot anglais qui me vient. Et donc quelqu'un qui pense en permanence à la politique imaginera que chaque chose a toujours une signification politique, mais en fait ce n'est pas le cas.

J'ai passé quatre années de ma jeunesse dans l'Himalaya, en compagnie de villageois Nyingmapa, Sherpas népalais dans l'Everest. Ils m'ont enseigné une version différente de cette histoire. Les Sherpas du Népal sont persuadés que leurs ancêtres ont fui le Tibet dans les années 1640, et se sont réfugiés au Népal car ils étaient Nyingmapa. Aujourd'hui encore, tous les Sherpas sont Nyingmapa. Les légendes Sherpas affirment que leurs ancêtres craignaient, s'ils restaient au Tibet, de devoir combattre le Gelugpa, ou de devoir se convertir. En tant que bouddhistes, ils ne voulaient tuer personne, c'est en tout cas ce que racontent les légendes Sherpas. J'ai donc insisté auprès du Dalaï Lama, essayant de comprendre les racines de ce conflit – entre les Nyingmapa, les Kagyupa et les Gelugpa – qui, au cours de tant de siècles, a eu un tel poids émotionnel.

— Laissez-moi jouer un instant l'avocat du diable, insistai-je. Si j'étais un chef Nyingma ou Kagyu, si j'entendais le chef des Gelugpa dire ce que vous dites, et si j'étais sectaire, je pourrais répondre : « Il défend le Cinquième Dalaï Lama parce qu'il se refuse à admettre que la politique a inspiré ses actions, et qu'en fait le Cinquième Dalaï Lama voulait unifier le Tibet. Et en conséquence il a écrasé tous les autres ordres. » J'ai entendu des moines affirmer cela.

— C'est possible.

Mais il n'avait pas terminé. A la façon dont il regarda silencieusement le chapelet qui se trouvait entre ses doigts, je vis qu'il voulait en dire plus. Il compta sur son chapelet pendant quelques secondes, et je perçus un mantra sur ses lèvres.

— Il y a deux mois, reprit-il, j'ai reçu de Pékin une lettre d'un moine Kagyu. Il a maintenant quatre-vingt-dix ans. Il m'a écrit une lettre assez longue, m'expliquant qu'il venait du Kham, et que dans cette région ils sont, traditionnellement, Kagyupa. Il me dit que le Cinquième Dalaï Lama avait fait convertir au Gelugpa de nombreux monastères Kagyupa. Il me dit qu'au cours des trois derniers siècles, les gens de cette région en voulaient beaucoup au Cinquième Dalaï Lama. Et donc, en 1954, lorsque j'ai donné pour la première fois à Lhassa l'initiation au Kalachakra (*une pratique bouddhiste tantrique*), il évita délibérément de la suivre. Puis en 1954 ou 1955, alors que je me trouvais à Pékin, il rendit visite au Panchen Lama, mais évita délibérément de me rencontrer, à cause de ces 300 ans de souffrances. Et maintenant il avait entendu dire, et il se rendait compte, que je suivais sincèrement le Rimey, et il voulait, avant sa mort, me faire une sorte de confession. C'est pourquoi il m'avait écrit cette lettre.

Je suis supris de la rapidité avec laquelle le Dalaï Lama, toujours à la recherche de l'humanité commune à tous, est capable de franchir les barrières les plus complexes séparant les peuples. Il n'y a en lui aucune soif de pouvoir, et son attitude façonne sa vision du monde.

— Il s'était rendu compte que vous n'obéissiez pas, *vous*, à des motifs politiques. Et il se sentait coupable de s'accrocher à ces vieilles luttes, c'est ça ?

— C'est là que nous voyons la confusion des motivations. Mais en réalité le sentiment négatif *est* là. Depuis 300 ans, certains s'y accrochent.

*

Notre conversation revenait sans cesse sur les accomplissements et la personnalité du Cinquième Dalaï Lama. Nous parlions de tous les livres qu'il avait écrits. Le Dalaï Lama affirmait qu'ils étaient « excellents. Son style était unique, très magnifique, très clair. Son autobiographie n'est pas seulement lucide, mais pleine d'humour. En tant que personne, il était très drôle, et n'a jamais vécu dans le luxe. C'était quelqu'un de très simple, de très attentif ». Sa Sainteté se mit à rire en me racontant que le Cinquième Dalaï Lama mesurait la quantité de savon qu'emportaient les moines pour aller faire leur lessive dans le fleuve. Il mesurait même la quantité de thé consommée pendant la lessive, et en retenait une partie si un moine ne pouvait pas s'y rendre.

Le Dalaï Lama me raconta plusieurs anecdotes à propos d'un moine très petit et très fort, appartenant au cercle des intimes du Cinquième Dalaï Lama.

— Cet homme faisait toujours au Dalaï Lama qui le taquinait des remarques sarcastiques. Un jour, après avoir vérifié qu'il n'y avait pas de chaise, ni aucun autre objet sur lequel il puisse grimper, le Dalaï Lama lui demanda de suspendre un *thangkha* (un rouleau peint). Le petit moine regarda autour de lui, et ne trouva rien sur quoi grimper. Il prit une boîte dans laquelle étaient conservées les écritures bouddhistes, grimpa dessus, et essaya d'accrocher le *thangkha*.

Le Dalaï Lama marqua une pause, et continua sur le ton de la fausse piété.

— Le Dalaï Lama lui dit : « Ça ne convient pas. Il y a dans cette boîte des écritures sacrées. » Et le moine répondit : « Ça n'a pas d'importance, car les écritures sont à l'intérieur, et cette boîte a un couvercle. »

En me racontant cette histoire, le Dalaï Lama riait, comme si le Cinquième Dalaï Lama plaisantait avec nous à propos de la fausse piété.

Puis il me raconta une autre histoire, qui illustre aussi le fait que le Cinquième Dalaï Lama était plus intéressé par le bouddhisme en tant que moyen de transformer l'âme humaine que par les rituels sans signification et la fausse piété. Cette deuxième histoire repose sur le fait que les Gelugpa, en raison du couvre-chef particulier qu'ils portent au cours de certains rituels, sont parfois appelés les Coiffes jaunes.

Il cita de mémoire un passage de l'autobiographie du Cinquième Dalaï Lama :

— « S'il suffit de se mettre un chapeau jaune sur la tête, il est facile de contribuer à l'épanouissement de l'enseignement de Tsongkhapa. Mais en réalité, je vois que beaucoup de gens restent les mains vides, car ils ont perdu les enseignements hérités des grands maîtres du passé. »

En l'écoutant réciter ces paroles, je me suis rendu compte que le Quatorzième Dalaï Lama est beaucoup plus pragmatique, obstinément pragmatique, qu'on ne l'imagine en général. J'ai commencé à penser qu'il devait en avoir été de même pour Cinquième Dalaï Lama.

*

En 1652, exactement dix ans après l'unification du Tibet par le Cinquième Dalaï Lama et par Gushri Khān, le tout récent Empire mandchou envoya au Grand Cinquième une troisième invitation à visiter sa nouvelle cour, à Pékin. Comme il l'écrit dans son autobiographie, le Cinquième Dalaï Lama saisit cette chance de poursuivre la tâche de sa vie, « convertir au bouddhisme la Chine, le Tibet et la Mongolie ».

L'Empereur mandchou était juste « l'un des nombreux souverains du Tibet, de la Mongolie et de la Mandchourie, remplissant à la fois le rôle de disciple, de patron et de protecteur du Dalaï Lama ».

Les Chinois qui servaient à la cour mandchoue assistèrent aux mêmes scènes, qui les convainquirent, eux, du fait que le Tibet était une province gouvernée par la Chine. Les Mandchous perçurent cette visite selon un troisième point de vue. Ils voulaient utiliser le Dalaï Lama pour soumettre les Mongols qui menaçaient encore la Chine de leur domination. Il est clair que chacune des trois nations interprétait cette alliance selon ses propres objectifs.

Tandis que je lui dressais un panorama de ces événements, le Quatorzième Dalaï Lama m'observait attentivement.

— Les Tibétains, comme ce fut le cas avec les Mongols, avaient établi des liens avec les Mandchous *avant* que ceux-ci n'aient conquis la Chine. L'Empereur mandchou invita le Cinquième Dalaï Lama *avant* d'avoir conquis la Chine. Les premiers envoyés tibétains se rendirent à Moukden, la capitale mandchoue, *avant* que les Mandchous n'occupent Pékin. Le prêtre était prêt à rencontrer son nouveau patron, mais le voyage fut reculé de nombreuses fois. En fait, les Mandchous l'invitèrent trois fois, et le Cinquième Dalaï Lama ne fut finalement prêt à effectuer le voyage qu'après que les Mandchous se furent installés dans leur nouvelle capitale, Pékin. Il est donc évident que cette invitation n'a rien à voir avec la Chine. Il s'agissait d'une invitation des Mandchous.

— Vous voilà devenu historien ! s'amusa le Dalaï Lama. C'est parfait !

Je me mis à rire avec lui, mais, comme lui, je savais que ceux qui, aujourd'hui, travaillent pour le gouvernement chinois interprètent l'histoire différemment. Pour eux, le Cinquième Dalaï Lama était un fidèle vassal de la Chine et des nouveaux maîtres de la Chine, les Mandchous, des Chinois issus d'une minorité ethnique.

Il existe des preuves du fait que les Mandchous invitèrent le Dalaï Lama à Pékin pour qu'il les aide à contrôler les Mongols. Shunzhi, le premier empereur de Mandchourie, et qui contrôlait la plus grande partie de la Chine des Ming, n'avait que quatorze ans, mais il savait pourquoi, à sa cour, tant de gens insistaient pour qu'il invite le Dalaï Lama à Pékin, en 1652. Sous le règne du père de Shunzhi, l'empereur Hong Taji, les tribus mongoles de l'Est venaient juste de commencer à se soumettre aux Mandchous. Et Shunzhi écrivait : « Sachant que *tous les Tibétains et les Mongols obéissent aux lamas*, on envoya chercher le Dalaï Lama, mais l'empereur Hong Taji mourut avant que son envoyé ne soit parvenu à destination. » Les Mandchous n'invitèrent donc pas le Dalaï Lama en tant que vassal. Ils l'invitèrent en raison de son pouvoir.

A l'automne de 1652, le Cinquième Dalaï Lama était enfin en route pour la Chine, escorté de trois mille cavaliers armés. Certains étaient des Mongols de l'Ouest, la plus sérieuse menace à la conquête de la Chine par les Mandchous. Le jeune empereur était inquiet à l'idée de laisser ce groupe menaçant franchir la Grande Muraille, mais c'est lui-même qui avait lancé l'invitation. L'empereur Shunzhi écrivit : « Nous voulions aller au-delà de la frontière pour l'accueillir, mais nous avons réfléchi que s'il entrait dans le pays accompagné d'une telle multitude dans une année de mauvaises moissons, le pays en souffrirait. D'un autre côté, si nous n'allions pas l'accueillir... il risquait de retourner au Tibet... et les Khalkhas (les Mongols de l'Est au nord de la Grande Muraille, encore indépendants) ne se soumettraient pas. » Une fois de plus, la raison de l'invitation faite au Dalaï Lama apparaît clairement. Les Mandchous espéraient que le fait de manifester du respect au Dalaï Lama les aiderait à contrôler les derniers Mongols de l'Est encore en dehors de leur pouvoir.

L'Empereur s'adressa à ses conseillers mandchous et chinois pour qu'ils le conseillent sur ce délicat problème. Les fonctionnaires mandchous dirent : « Si l'Empereur va personnellement l'accueillir, les Khalkhas se soumettront, et il en résultera de grands avantages... Pourquoi, sans entrer dans la secte du lama, ne pas lui marquer notre respect ? »

Les fonctionnaires chinois, eux, dirent au jeune empereur que, puisqu'il était « le Seigneur de tout l'univers, il ne devait pas aller à la rencontre » du Dalaï Lama. Plus encore : dans la mesure où trois mille hommes accompagnaient le Dalaï Lama, « ils ne devaient pas être autorisés à pénétrer dans le pays. »

Shunzhi craignait tant les tribus khalkhas qu'il décida d'ignorer ses conseillers chinois. L'Empereur se souciait plus de protéger la Chine, sa récente conquête, que de défendre l'idée chinoise abstraite selon laquelle il régnait sur tout l'univers. Il était clair que les Chinois de la cour mandchoue n'avaient pas encore saisi la vision des choses qui était celle de l'Empereur : pour lui, il s'agissait d'un Empire mandchou, et non pas d'un Empire chinois. Selon les recommandations de ses conseillers mandchous, Shunzhi envoya au Cinquième Dalaï Lama une lettre l'informant qu'il irait l'accueillir au-delà de la Grande Muraille. Aucun souverain chinois n'avait encore jamais accordé une telle marque de respect à un souverain étranger. Avant que l'Empereur ne se fût mis en route, les Chinois de la cour essayèrent à nouveau de faire annuler le voyage. Ils remarquèrent des signes dans le ciel.

« Vénus avait osé défier » la clarté du soleil, écrivit un secrétaire chinois. Vénus brillant dans le ciel du matin signifiait que le pouvoir du Dalaï Lama était une menace pour l'Empereur. Une fois de plus, ses conseillers pressèrent Shunzhi de ne pas sortir de Chine pour accueillir le Dalaï Lama. « Se trouver en dehors de la frontière est moins sûr que se trouver à l'intérieur du palais. Un voyage à l'étranger est moins pacifique que le repos. Le Dalaï Lama vient d'un pays lointain. » Ils insistèrent pour que l'Empereur envoie des émissaires de haut rang pour accueillir le Dalaï Lama, disant que pareil geste « serait suffisant pour soumettre le cœur des Mongols ».

Chevaleresque, la République populaire de Chine cite ces documents de la cour mandchoue comme preuve de ce que le Tibet était sous l'administration d'un gouvernement central chinois. En réalité, ils parlent du Tibet comme d'un « pays étranger », « au-delà de la frontière », suggérant ainsi clairement le contraire de ce que les Chinois prétendent prouver. Lorsque j'ai fait remarquer cela au Dalaï Lama, il a souri, et dit :

— En ce temps-là, la Grande Muraille était considérée comme ce que nous appelons une frontière internationale. Oui, l'Histoire sait que Tibétains et Mongols vivaient au-delà de la Muraille, comme des peuples indépendants.

L'empereur Shunzhi, superstitieux, se plia aux prédictions des étoiles, non pas parce qu'il pensait que le Tibet ou les Mongols de l'Est appartenaient à son empire, mais, peut-être afin de se faire pardonner d'avoir rompu sa promesse d'accueillir le Dalaï Lama à l'extérieur de la Grande Muraille, l'Empereur en rajouta. Il envoya trois mille cavaliers, avec de riches présents, pour inviter le Dalaï Lama à Pékin. Lorsque cette armée mandchoue approcha de la caravane du Dalaï Lama, des milliers de bannières et de drapeaux de soie battaient au vent des steppes. Le Cinquième Dalaï Lama fut impressionné par « l'étonnant étalage d'épées, de parasols, de bannières, de drapeaux, et de musique » accompagnant l'approche des envoyés de l'Empire mandchou. Cette manifestation colorée du pouvoir mandchou, d'autant plus impressionnante qu'elle se détachait sur les steppes désertes et nues au nord de la Grande Muraille, « était un signe de ce que j'étais le souverain légal du Tibet, que je n'avais pas d'égal au Tibet ». Bien évidemment, ce n'était pas ce message-là que les Chinois de la cour mandchoue avaient voulu envoyer au Dalaï Lama.

— Selon vous, il s'agissait d'un souverain indépendant en visite officielle ?

— Oui, c'est ce que nous pensons. C'est ce que pensent les Tibétains.

— Et les documents mandchous disent la même chose ?

— Oui, dit le Dalaï Lama en levant les mains avec l'expression de quelqu'un qui a réfléchi à cette idée *ad nauseam.* Oui, les documents sont clairs.

— Et au cours de cette visite, bien des détails montrent que l'Empereur mandchou traita le Dalaï Lama comme un égal.

— Oui, lorsqu'ils se rencontrèrent, ils avaient le même siège et le même statut.

En janvier 1653, Shunzhi et le Dalaï Lama se saluèrent, et s'assirent pour boire une tasse de thé. Le visiteur descendit de cheval à l'intérieur du palais impérial.

— « L'Empereur est descendu de son trône et s'est avancé de 10 brasses[1], note le Cinquième Dalaï Lama. Il a pris ma main dans la sienne, et s'est enquis de ma santé. »

L'Empereur et le Dalaï Lama s'assirent, mais le Cinquième Dalaï Lama remarqua que son siège était « légèrement plus bas que le trône de l'Empereur ».

Ce détail est utilisé par Pékin comme une autre preuve de ce que le Cinquième Dalaï Lama était un vassal de la Chine. Le Quatorzième Dalaï Lama admet que « oui, l'autobiographie du Cinquième Dalaï Lama mentionne que le siège de l'Empereur était

1. Environ 19 mètres.

plus haut. Dans l'ancien temps, je crois que nous traitions la Chine comme un vaste pays. Ils étaient égaux, mais la Chine est un pays plus vaste, et c'est peut-être pourquoi le siège de l'Empereur mandchou était plus haut. C'est du moins le point de vue tibétain ».

Les documents de la cour mandchoue restent silencieux à propos de cette première rencontre à Pékin, mais ils notent cependant que le Dalaï Lama fut autorisé à s'asseoir en présence de l'Empereur.

Le Cinquième Dalaï Lama, lui, enregistra le moindre détail : « Lorsque le thé arriva, il me demanda de boire avant lui, mais je lui dis que ce n'était pas correct, et il accepta que nous buvions en même temps. Nous eûmes beaucoup de manifestations de respect mutuel. »

Le Dalaï Lama fut impressionné par cet empereur de quatorze ans. « Un personnage de lignée royale, même peu âgé, surpasse en éclat, par la grandeur de son lignage, les plus vieux ministres », écrit-il. Et même si l'empereur était jeune, « où qu'il soit placé, au milieu d'innombrables personnes parlant tant de langues différentes, il ressemblait à un lion sans peur se déplaçant sans freins. Il était extrêmement hospitalier ».

Le Cinquième Dalaï Lama passa plusieurs mois à Pékin, mais, comme tous les montagnards, il craignait les épidémies des basses terres, en particulier la variole. Il désirait partir, mais l'Empereur lui demanda de statuer sur une dispute religieuse qui, cet hiver-là, s'élevait à la cour. D'après ce détail, et d'autres, il semble que le Dalaï Lama, comme l'Empereur, était conscient du caractère essentiellement religieux de sa visite.

— La motivation du Cinquième Dalaï Lama, me dit son actuel successeur, la raison pour laquelle il se rendit à Pékin et rencontra l'Empereur, c'est qu'il voulait répandre le Dharma de Bouddha.

Selon Shunzhi lui-même, « on envoya chercher le Dalaï Lama » parce que « les Mongols obéissaient aux lamas », dans l'espoir que « les Mongols se soumettraient ». Non seulement l'Empereur reconnaissait les pouvoirs religieux du Dalaï Lama, mais il savait à quel point les Mongols respectaient son influence spirituelle. L'historien américain W. W. Rockhill résuma tout cela en 1910, lorsqu'il écrivit que le Dalaï Lama fut traité

> avec toute la pompe qui aurait été accordée à n'importe quel souverain indépendant, et on ne trouve dans les documents chinois rien qui indique qu'il ait été considéré différemment. Le pouvoir temporel du lama, soutenu par l'armée de Gushri Khān et la dévotion de

toute la Mongolie, n'était pas remis en question par l'empereur de Chine.

*

Le Potala est l'une des œuvres les plus durables du Cinquième Dalaï Lama, une structure matérielle symbolisant tous ses autres accomplissements. Où que l'on soit dans Lhassa, le Potala est la première et la dernière chose que l'on voit, un axe autour duquel semble tourner tout le Tibet. Architecturalement, il exprime un envol vers le haut et, en même temps, la domination de la vallée qui l'entoure. Les murs qui s'élancent, semblant surgir organiquement de la pierre, évoquent les plus anciennes forteresses tibétaines bâties sur des falaises.

Ses remparts blancs aveuglants et ses murs d'un rouge sombre apparaissent soudain, par un après-midi d'été, comme une immense forteresse plaquée contre l'horizon. Même à plus de trente kilomètres, les toits dorés qui le couronnent scintillent au soleil bien au-dessus du vert des champs de blé. La forteresse surgit d'une montagne escarpée, et se dresse comme une sentinelle solitaire au centre de la fertile plaine de Lhassa. Elle commande tous les abords de la ville. Souvent, on voit un car de touristes garé le long de la route, et cinquante visiteurs étrangers sortant leur appareil photo pour capter cette première apparition du symbole du Tibet. Une fois à Lhassa, les masses de pierre taillée des murs se dessinent au-dessus des toits, rendant le Potala visible de n'importe quel point de la ville.

Le Potala impressionne tous ceux qui le voient. Hugh Richardson et David Snellgrove, deux des plus grands spécialistes contemporains du Tibet, en sont témoins.

> Si seul le Potala survivait à tous les autres accomplissements du Tibet, les Tibétains auraient une preuve incomparable du génie unique de leur culture nationale.

A Lhassa, aujourd'hui, on aperçoit parfois le Potala, dans le lointain, flottant au-dessus des toits d'une dizaine de maisons de plaisir. Les jeunes Chinoises en talons hauts et pantalons de polyester de couleur vive se rassemblent pour discuter devant leurs échoppes, et s'épanouissent comme des tournesols émergeant des fentes des trottoirs. Cette scène donne à penser que le jour est arrivé où « seul cela survivra » – quand quelqu'un cherchant le Tibet doit garder les yeux fixés sur le Potala, commencé en 1645, sous la direction du Grand Cinquième Dalaï Lama.

Je ne suis pas le premier Occidental à affirmer, de façon romantique, que le Potala est le cœur du Tibet. Le premier groupe conséquent d'Européens à atteindre Lhassa appartenait à l'armée d'invasion anglaise, en 1904. Immanquablement, les magazines illustrés de l'époque lui consacrèrent des doubles pages montrant les troupes s'avançant en formation juste sous les remparts du Potala. Aujourd'hui, il en est toujours de même : la plupart des livres et des magazines consacrés au Tibet mettent le Potala en couverture.

Les Tibétains aussi voient le Potala comme un symbole, mais ce qu'il symbolise est, pour eux, différent. Ils sont des milliers à en faire le tour chaque jour : moines et nonnes, vieillards, vieilles femmes, jeunes garçons et jeunes filles. Pour les Tibétains, il s'agit d'une enceinte sacrée. Ils sont persuadés que, en en faisant le tour, ils acquièrent des mérites qui rendront leur renaissance meilleure. Des milliers de personnes parcourent quotidiennement ce chemin. Les jours de fête, leur nombre peut aller jusqu'à dix mille.

De nombreux pèlerins ne font pas vraiment le tour du Potala, et préfèrent se prosterner devant ses murs. J'ai regardé une vieille femme se jeter de toute sa longueur sur le sol pour se frapper le crâne contre la terre, et je l'ai entendue souffler en se relevant. Puis, de ses jambes tordues, arthritiques, elle s'est avancée jusqu'à l'endroit où sa tête avait marqué le sol, et a recommencé. A Lhassa, souvent, les pèlerins « marchent » de cette façon, plusieurs fois par jour, autour du Potala.

Pour ces fidèles d'aujourd'hui, et pour tous les Tibétains depuis que le Cinquième Dalaï Lama a commencé le Potala, au milieu du XVIIe siècle, cette construction est sacrée parce qu'elle abrite des manifestations de Chenrizi venu guider le peuple tibétain, et parce qu'elle renferme les tombeaux de la plupart des Dalaï Lamas. Selon la mythologie bouddhique, le bodhisattva Chenrizi a vécu au sommet d'une montagne au sud de l'Inde, appelée le mont Potala. Le Potala de Lhassa est le foyer de la réincarnation de Chenrizi au Tibet. Même si le Dalaï Lama ne vit plus là depuis 1959, les Tibétains continuent de se prosterner en en faisant le tour.

Les logements du Dalaï Lama, en Inde, ne sont pas une reproduction du Potala, et ne sont pas impressionnants. Par les larges fenêtres modernes de son bungalow, on voit des pins et des bambous. Au-delà s'élèvent les montagnes les plus boisées de l'Himalaya ; durant les mois de mousson, il tombe là plus de un mètre d'eau. Le domicile du Dalaï Lama est composé de petits cottages, et au total il n'y a pas plus de quelques dizaines de pièces. Malgré ces différences, j'ai vu des Tibétains faire, ainsi qu'à Lhassa, le tour du domaine du Dalaï Lama, cherchant des bénédictions par la circulation rituelle autour de sa résidence, comme s'il s'agissait d'un temple.

Regarder par les minuscules fenêtres de bois du Potala, c'est comme regarder depuis les fenêtres de l'unique gratte-ciel d'une cité plate. Tout est silencieux, sauf les corbeaux qui plongent et les faucons qui tournent dans le ciel, sifflant si près de vos oreilles que leurs ailes froufroutent dans l'air. Le Potala se dresse à 1 200 mètres, et, depuis l'intérieur, on n'a qu'une vue lointaine des montagnes nues entourant la vallée de Lhassa. L'hiver, elles sont vert kaki, ou blanches de neige, et l'été d'un vert brillant. Le fond de la vallée, tout en dessous, à quatre kilomètres, n'a rien à voir avec le luxuriant paysage semi-tropical qui entoure le Dalaï Lama en Inde. A Lhassa, les bonnes années il tombe trente centimètres d'eau par an. Juste devant le Potala s'étend aujourd'hui une place pavée large de trois cents mètres, copiée sur la place Tianan men de Pékin. Dans les années quatre-vingt-dix, quand les Chinois l'ont construite, un immense mât de trente mètres de haut a été dressé devant le Potala, et à son sommet flotte fièrement le drapeau chinois.

Lorsque notre conversation est tombée pour la première fois sur le Potala, j'ai demandé au Dalaï Lama quelle importance il y attachait, et il m'a répondu qu'il s'agissait juste d'un bâtiment. Pour comprendre son point de vue, je lui ai demandé de comparer le Potala avec le Jokhang, le premier temple construit par Songtsen Gampo.

— En tant que lieu de pèlerinage, lequel des deux est-il le plus important pour les Tibétains ?

— Ce qui est le plus sacré pour l'âme tibétaine, le Jokhang ou le Potala ? En général, les gens vont en pèlerinage au Jokhang, et une fois au Jokhang ils montent au Potala. Les gens du Kham et de l'Amdo, quand ils vont en pèlerinage, disent qu'ils vont au Jokhang. Pour moi, le siège du bouddhisme tibétain, c'est le Jokhang.

— Oui, mais le Potala est le siège de la nation.

— Le Potala est considéré comme le palais du Dalaï Lama. Pour cette raison, il a quelque chose de spécial. Il a été commencé par Songtsen, bâti comme une forteresse ou une résidence royale.

Donc, naturellement, le Potala était déjà quelque chose d'important à cette époque. Il a été construit sur le Marpori. Marpori signifie Montagne rouge. Le Potala a été construit au sommet de la Montagne rouge. Le bâtiment s'appelle Potala, et le mont Potala est une sorte de paradis, de demeure pour Chenrizi. Le Potala de Lhassa est lui aussi considéré comme un siège de Chenrizi, une demeure de Chenrizi.

Quand Tsongkhapa arriva à Lhassa, en 1380, le bâtiment construit sur le Marpori connaissait une mauvaise période.

— Il y avait juste un petit temple, où pouvait enseigner n'importe quel lama. Le lama Tsongkhapa, lui aussi, y donna une leçon. Il le mentionne dans son autobiographie.

— Donc les quatre premiers Dalaï Lamas vivaient juste en dehors de Lhassa, au monastère de Drepung, mais après l'unification du pays, le Cinquième Dalaï Lama s'installa sur les ruines de Marpori et commença la construction de ce vaste palais en 1655, juste trois ans après que Gushri Khān eut unifié le Tibet.

— Oui, c'est exact.

— Ecoutez-moi un instant. J'ai rencontré à Lhassa un Tibétain qui m'a raconté l'impression que lui a faite le Potala, quand il l'a vu pour la première fois, en 1968. Il avait grandi dans un minuscule village en dehors de Lhassa, et n'avait jamais voyagé de sa jeunesse. C'était un simple paysan. C'était l'époque de la Révolution culturelle, et, dans son enfance, tout dans sa vie était contrôlé par les Chinois : son école, où l'on enseignait en chinois ; l'histoire qu'on lui apprenait dans cette école ; le travail de son père ; le fait que sa famille aurait ou non de quoi manger. Tout était sous la mainmise des Chinois, et il me dit que ses maîtres lui avaient appris à se voir, lui et les siens, comme des barbares. Puis il est allé au Potala pour la première fois. Il s'est senti plein d'un respectueux effroi. Et quand il l'a vu, la première chose qu'il s'est dite, à voix haute, c'est : « Nous, les Tibétains, nous avons construit ça de nos mains ! » Pour lui, comme pour beaucoup d'autres, c'est un profond symbole du Tibet. Vous avez vécu à l'intérieur, et pour vous c'est un endroit glacial, et je me souviens que vous m'avez dit que, d'une certaine façon, ça ne vous plaisait pas de vivre là et que vous préfériez de loin le palais d'Eté. Ce n'est donc peut-être pas un lieu dont vous gardez de bons souvenirs.

Il mit fin à mon monologue par un éclat de rire bruyant, et, au bout de quelques secondes, je m'y joignis.

— Evidemment, pour tous ceux qui le voient de l'extérieur, c'est magnifique. Et même au-delà de ça : pour les Tibétains, surtout depuis que je suis parti, il est lié à des facteurs psychologiques, ou peut-être religieux. Quand je suis parti, il n'y avait plus de rayonnement, plus de magnificence. La lumière s'est arrêtée.

— Alors pourquoi quelqu'un a-t-il essayé de faire descendre le drapeau chinois installé en face du Potala ?

— Bien sûr, c'est un symbole, concéda-t-il à contrecœur. En fait, le Cinquième Dalaï Lama mentionne dans son autobiographie que c'est son maître, Yongzin Konchok Choephel, qui lui dit que le siège du gouvernement devait être installé au sommet de la Colline rouge de Marpori. Pourquoi ? D'abord, parce qu'il s'agit du centre de Lhassa. Ensuite, deux grands monastères Gelugpa, Sera et Drepung se trouvent tout près de là. A cette époque, les grands monastères étaient comme de grandes armées : il fallait une base à leur pouvoir. Et après sa construction, le Potala est devenu le symbole du gouvernement tibétain. En ce sens, il est peu à peu devenu celui de la nation tibétaine. Et je crois que, comme il était associé à Songtsen Gampo, c'était plus politique ou national. Il existait de vieux échos historiques reliant cet endroit au passé.

— En choisissant de construire en cet endroit, on reliait au passé le Potala et l'institution du Dalaï Lama, et ça leur donnait, à tous deux, une grande puissance sur l'âme du peuple tibétain.

— Oui. Cet endroit est considéré comme un endroit sacré de Chenrizi. Le père du Tibet était né là. Mais je crois que les raisons politiques immédiates, quand ce lieu a été choisi, concernaient sa situation. Il était stratégiquement situé. Et puis il y avait une muraille tout autour, pour la protection, une muraille construite au temps du Régent.

Quand il a mentionné la muraille entourant le Potala, je me suis rappelé la porte d'entrée au centre de la muraille, maintenant fermée, tandis que le poste de garde a été transformé en une petite boutique.

— Que ressentez-vous quand on vous dit que l'entrée principale du Potala est aujourd'hui fermée ? Aujourd'hui, un vieux Chinois habite dans ce poste d'entrée, et il y tient son échoppe de réparation de vélos. Il vit dans ce poste de garde par lequel chaque Dalaï Lama, du Cinquième au Quatorzième, entrait et sortait du Potala. Les Chinois n'ont pas fait ça par hasard, n'est-ce pas ?

— Non, dit-il en me regardant gravement. Je ne le crois pas. C'est symbolique, évidemment. L'effondrement du pouvoir et du gouvernement tibétains. Voilà ce dont il s'agit.

— Alors, quand un Tibétain essaie de faire descendre le drapeau chinois, à cinquante mètres de cette porte fermée, et qu'il le fait en sachant qu'il sera battu et enfermé...

— C'est très triste.

— Mais c'est aussi très fort.

— C'est un symbole de l'esprit, de la culture, de la détermination du Tibet. Je disais à des gens, je crois qu'il s'agissait de Tibétains, que, évidemment, leur culture est sophistiquée. Ils ont un long passé culturel, et une longue tradition bouddhique. Je crois qu'on peut presque dire que les meilleurs enseignements bouddhiques ont été donnés au Tibet, que cette nation est forte et unique. En raison de tout cela, le Tibet est considéré comme une nation fière. Les Tibétains sont confiants et déterminés.

— Et on peut voir dans le Potala une manifestation de cette force.

Ma métaphore l'amusa.

— Ce que ça signifie, je ne le sais pas. Mais, oui, le Potala a été construit très solidement. En 1910, au cours de l'invasion chinoise, même s'il y a eu des bombardements, il n'y eut pas de grands dommages. Puis, en 1959, l'artillerie a tiré sur le Potala. Les Chinois disent qu'ils ne l'ont pas fait, mais si, ils l'ont fait. Beaucoup d'obus, mais rien de grave. Le bâtiment est resté très solide. Les murs sont très solides. Il y a eu quelques dégâts à l'intérieur, mais le bâtiment lui-même a bien tenu.

— Qui a bâti le Potala ? Les ouvriers étaient-ils des serfs, des travailleurs payés, ou bien des gens venus par amour pour le Dalaï Lama ?

— Je crois qu'il s'agit d'un mélange de tout cela. Certains sont venus par amour, d'autres pour accomplir une corvée. On a demandé aux gens de venir et de participer à la construction. Mais on leur fournissait le gîte et le couvert.

Je savais qu'il s'agissait d'un vaste chantier. Selon les estimations, entre son début, en 1645, et sa fin, cinquante ans plus tard, plus de sept mille ouvriers y participèrent.

— Qui a fait les plans du Potala ? A moins qu'il n'ait pas obéi à des exigences d'architecture traditionnelle ?

— Je pense que si. Je crois que c'est le dernier *Desi* du Dalaï Lama (*le Premier ministre et Régent Sangye Gyatso*), celui de ses dernières années, qui en a fait le plan. Le Cinquième Dalaï Lama désirait agrandir le bâtiment (*celui de la forteresse en ruine datant de Songtsen Gampo*). Le travail a commencé, et puis il est mort. Il a fallu quinze ans pour achever le travail, et c'est le *Desi* qui s'en est occupé.

Comme notre conversation abordait le sujet de la fin du Cinquième Dalaï Lama, j'ai posé une question qui me trottait dans la tête depuis un moment.

— Vous dites que Songtsen Gampo et le Cinquième Dalaï Lama font partie de ce que vous appelez le Plan de Chenrizi. Et c'est la même chose pour le Potala ?

— Oui, répliqua-t-il d'un ton convaincu. Le Potala fait partie du Plan. Et, de ce point de vue, il représente un symbole du Tibet.

— Et le Cinquième Dalaï Lama ? Faisait-il partie du Plan, lui aussi ?

— Oui. Comme je vous l'ai déjà dit, le Plan est difficile à expliquer. Il y a de nombreuses possibilités. L'une d'elles, selon moi, est qu'il y avait un Plan entre le Premier et le Cinquième Dalaï Lama, mais qu'à l'époque du Sixième Dalaï Lama, malheureusement, il a échoué.

Avant sa mort, le Cinquième Dalaï Lama eut la prémonition d'un désastre. Il exprima à son dernier *Desi* sa crainte qu'il n'y eût, après sa disparition, des désordres au Tibet. Lorsque le Dalaï Lama le nomma *Desi* en 1679, Sangye Gyatso n'avait que vingt-sept ans, et selon certaines rumeurs non fondées mais persistantes, il était le fils du Cinquième Dalaï Lama. Malgré la jeunesse du *Desi*, dit l'actuel Dalaï Lama, le Grand Cinquième lui accordait une grande confiance. En fait, le *Desi* Sangye Gyatso est, de nos jours, considéré comme un érudit renommé. Selon le Dalaï Lama, le Grand Cinquième avait en lui une telle confiance qu'il lui ordonna « de garder secrète pendant treize ans la mort du Cinquième Dalaï Lama. Et le *Desi* allongea cette période de deux ans encore ».

Pendant les quatre siècles ayant précédé 1682, les Tibétains avaient utilisé uniquement, pour identifier les chefs des monastères, le système des Tulku réincarnés. Mais la mort du Cinquième Dalaï Lama fut le premier cas où ils usèrent de ce système pour découvrir le chef de l'Etat[1]. Sur un plan politique, cette première tentative s'avéra un désastre.

— Le Cinquième Dalaï Lama s'inquiétait-il des risques d'instabilité politique au cours des quinze ans qu'il faudrait pour découvrir et éduquer la prochaine réincarnation ?

— Oui, le Dalaï Lama s'inquiétait de cette période de régence, c'est pourquoi il dit au Régent : « Cache ma mort. » Même un homme politique peut, d'une certaine façon, envisager l'avenir. Le

1. Cette affirmation semble contradictoire avec ce qui a été dit plus tôt sur la découverte du Quatrième et du Cinquième Dalaï Lama, enfants (*N.d.T.*).

Dalaï Lama était quelqu'un d'une spiritualité très développée, et il est certain qu'il pouvait voir ce qui allait probablement se passer.

L'actuel Dalaï Lama me proposa alors spontanément de développer ce qu'il appelait « mes propres sentiments, mes propres spéculations » à propos du plus controversé des Dalaï Lamas, le Sixième. Le Dalaï Lama estime que le Plan exigeait du Sixième Dalaï Lama qu'il renonçât au célibat, et fondât au Tibet une dynastie royale héréditaire.

— J'ai lu dans la biographie du Cinquième Dalaï Lama qu'il prisait fort la tradition de père en fils des lignées Sakya, qu'il jugeait plus stable. Il disait que c'était différent du système Gelugpa de la réincarnation. Il disait que notre tradition est très instable Lorsque le Dalaï Lama mourait, il fallait attendre, puis commencer la recherche. Ensuite il faut attendre jusqu'à ce que le jeune garçon devienne mûr. C'est risqué ; des problèmes peuvent surgir. Et c'est ce qui est arrivé à la mort du Cinquième Dalaï Lama.

En 1682, quand le Cinquième Dalaï Lama mourut, âgé de soixante-huit ans, le *Desi* cacha sa mort. En conséquence, c'est en secret qu'il dut mener la recherche de son successeur. Le *Desi* découvrit un garçonnet de trois ans, Tsangyang Gyatso, en 1685. Trois ans plus tard, le *Desi* fit les vérifications nécessaires, et conduisit le garçon dans un monastère isolé, où il fut éduqué par des précepteurs. En 1697, l'année qui suivit l'achèvement du Potala, le *Desi* annonça que le Cinquième Dalaï Lama était mort depuis quinze ans, et que sa réincarnation avait déjà treize ans. En 1697, au Potala, Tsangyang Gyatso fut intronisé comme le Sixième Dalaï Lama du Tibet. Quoique le *Desi*, le Panchen Lama et ses précepteurs aient dispensé à l'enfant l'éducation traditionnelle d'un moine, il manifesta très tôt des dispositions différentes. Il préférait tirer à l'arc plutôt que d'étudier les textes bouddhistes, et quittait souvent les abords du Potala pour des concours de tir à l'arc dans le parc, avec un groupe d'amis. Malgré bien des prières pour qu'il cesse de « mener une existence frivole », le jeune Tsangyang Gyatso poursuivit son propre chemin. Il recula jusqu'à un âge très avancé le moment de prononcer ses vœux définitifs de moine et lorsque, à vingt ans, on l'en pressa, il refusa, purement et simplement. Et pire, il abjura les vœux préliminaires qu'il avait prononcés enfant.

En 1702, après cette rupture radicale – jusque-là, tous les Dalaï Lamas avaient été des moines ayant fait vœu de chasteté –, les abbés des trois plus grands monastères Gelugpa, ainsi que le petit-fils de Gushri Khān, qui avait été roi du Tibet, supplièrent le

Sixième Dalaï Lama de changer d'avis et de prononcer ses vœux de moine. Mais le Sixième Dalaï Lama décida de rester un laïque. Pire : il arpentait, la nuit, les rues de Lhassa d'une maison de plaisir à une autre. Il avait d'innombrables maîtresses, et n'en faisait pas mystère. L'adolescent qui allait boire dans les bordels composait des vers et des chansons romantiques qu'il chantait, dit-on, dans les rues, lors de ses virées nocturnes, des chansons qui devinrent populaires à Lhassa. Il n'écrivit pas, comme le Cinquième Dalaï Lama, des commentaires de textes bouddhiques, mais ses poèmes d'amour en tibétain sont mémorables :

Quand je médite, mon visage de lama
Ne parvient pas à apparaître à mon esprit
Quand je ne médite pas, mon visage d'amant
Est de plus en plus clair à mon esprit
Si je pensais au Dharma sacré
Aussi souvent que je pense à elle
Alors dans une seule vie, dans un seul corps,
Je deviendrais un bouddha !

Les Tibétains ont longtemps pensé, selon la vision commune, que le Sixième Dalaï Lama était un amateur de vin et de femmes. Mais en même temps ils soulignent que, « au niveau non commun » – pour ceux dont l'âme est purifiée –, le Sixième était un maître des pratiques tantriques de yoga sexuel, initié dans son jeune âge par le *Desi*, aux anciennes traditions Nyingma. Nombreux ont été ceux qui se sont posé la question : le Sixième Dalaï Lama était-il un maître tantrique ou bien un libertin, ou les deux ? On peut lire ses poèmes des deux façons.

Cette fille n'est-elle pas née d'une mère ?
Est-elle née d'un pêcher ?
Elle se fane plus vite
Que le bouton de pêche.

Une lecture superficielle de ce poème traduit la crainte, pour un garçon, que ne périsse l'étonnante beauté de son amie. Pour les autres – pour les yogis, disons –, il parle de l'impermanence dont le Bouddha a dit qu'elle sous-tendait toutes les joies et les souffrances humaines. Quelqu'un dont l'âme est purifiée pourrait même dire que les amours du Sixième Dalaï Lama évoquent les enseignements du Bouddha.

Le Quatorzième Dalaï Lama a beaucoup réfléchi à la courte vie et à la mort étrange du Sixième Dalaï Lama, et il a abouti à une explication nuancée du plus provocateur de ses prédécesseurs. Il a trouvé une voie moyenne entre les deux extrêmes. Il ne pense pas que le Sixième Dalaï Lama se soit dérobé uniquement pour pouvoir pratiquer les enseignements sexuels secrets associés aux pratiques de méditation des Nyingma Dzogchen.

Le Dalaï Lama dit que, selon lui (et il cite la biographie du Cinquième Dalaï Lama), il y a une raison pour que le Sixième Dalaï Lama ait renoncé à sa tunique de moine, et soit devenu laïque.

— Le Sixième Dalaï Lama s'est défroqué pour obéir à un plan. Si le Sixième Dalaï Lama s'était défroqué et qu'il était resté le Dalaï Lama, conservant le soutien populaire, alors il aurait eu un fils qui serait devenu roi. Ça aurait été mieux. La position du Dalaï Lama aurait été très forte, de père en fils. On n'aurait pas eu besoin de l'aide ni de la protection des Empereurs mandchous. Et les troubles qui ont duré du XVIIe au XIXe siècle (*plusieurs invasions du Tibet*) ne se seraient pas produits. Tel est mon sentiment, ma spéculation.

Cette interprétation de la vie et de la conduite du Sixième Dalaï Lama va au-delà de la vue de l'Histoire – vision commune contre vision non commune – que le Dalaï Lama m'a plusieurs fois exposée. Avec le Sixième Dalaï Lama, il ne s'agit pas seulement de savoir comment un yogi ou un laïque peuvent voir le même événement de façon différente. Le Sixième Dalaï Lama a tenté de transformer l'institution du Dalaï Lama, à la fois au niveau commun et au niveau non commun, et le Dalaï Lama pense que cette rupture avait été planifiée par Chenrizi.

— Il ne faut pas croire que le Sixième Dalaï Lama s'est défroqué parce qu'il voulait pratiquer le Dzogchen, m'avertit le Dalaï Lama. Ça n'a aucun rapport. Il a reçu les enseignements Dzogchen dès le début, du *Desi* Sangye Gyatso, et d'autres maîtres. Il s'est défroqué pour la raison évidente qu'il aimait les filles.

La simplicité de cette logique le fait rire, et il continue : « Je crois que c'est la raison commune. Et je vous ai dit la raison plus profonde, qui est mon opinion, même si elle n'est pas correcte », faisant allusion à l'idée que le Plan de Chenrizi voulait que le Sixième Dalaï Lama se défroque et fonde une lignée de rois tibétains mariés.

Mais ce ne devait pas être le cas. Les guerriers mongols et l'Empereur mandchou prirent cet amant entreprenant dans les filets de complots et de contre-complots, tandis que le *Desi* du Cinquième Dalaï Lama luttait en vain afin de manipuler les forces rivales pour le bénéfice du Tibet.

Quel que soit le Plan, si tant est qu'il y en ait eu un, que l'Histoire a suivi au cours des années suivantes, le sort du Tibet était en jeu. Le Cinquième Dalaï Lama semblait, même si, pour ce faire, il avait utilisé la puissance militaire étrangère, avoir assuré l'unification et l'indépendance du Tibet pour des générations. Pourtant, très peu d'années après, au cours de la régence du *Desi* Sangye Gyatso et du règne du Sixième Dalaï Lama, le pouvoir de l'Empereur mandchou Kangxi s'accrut et le Tibet – pour la deuxième fois seulement de son histoire – perdit sa totale indépendance.

9

Du Sixième au Douzième Dalaï Lama
1705-1900

Par la fenêtre de la salle d'attente du bungalow, je percevais le rire du Dalaï Lama. Il venait de donner une interview, et maintenant il était photographié dans le jardin. De telles séances sont si fréquentes que j'entendis rire également le photographe lorsque le Dalaï Lama voulut l'aider à monter le trépied. A côté de la fenêtre près de laquelle j'étais se trouvait un vitrine contenant quelques-unes des nombreuses distinctions obtenues par le Quatorzième Dalaï Lama. La citation pour son prix Nobel de la paix (mais pas la médaille d'or) se trouve dans un coffret de cuir, à côté de dizaines d'autres titres honorifiques d'universités à travers le monde. Ces souvenirs me rappelèrent que le Quatorzième Dalaï Lama est une personnalité connue du monde entier, tout comme ses prédécesseurs étaient, en leur temps, des personnalités du monde asiatique.

Gushri Khān s'était contenté de n'être roi du Tibet que de nom, laissant tout le pouvoir au Grand Cinquième Dalaï Lama et à son Régent. Produit de la culture de l'Asie centrale, Gushri passa les dernières années de sa vie avec ses troupeaux, dans les pâtures au nord de Lhassa. A sa mort, en 1642, son fils parut se satisfaire de suivre la même voie. Mais, en 1697, le petit-fils de Gushri, Lhazang Khān, tua son frère, s'empara du trône et devint le chef de la tribu des Qoshots, des Mongols de l'Ouest au Tibet. C'est cette année-là que le *Desi* annonça, avec beaucoup de retard, que le Cinquième Dalaï Lama était mort depuis quinze ans, et que le Sixième avait déjà été découvert et élevé en secret. Immédiatement, il intronisa le Sixième Dalaï Lama au Potala. Le *Desi*, qui dirigeait le Tibet depuis la mort du Cinquième Dalaï Lama, projetait de continuer à gouverner comme Régent du Sixième. Lhazang se sentit insulté que le *Desi* ait osé garder sa famille dans l'ignorance de ces événements majeurs. Le *Desi* et lui furent bientôt en conflit et tous deux se cherchèrent des alliances à l'étranger.

Lhazang, nouveau roi du Tibet, s'allia avec l'Empereur mandchou de Chine, et le *Desi* trouva des alliés parmi les Qoshots, qui étaient toujours basés autour du bassin dzoungare. Lhazang lui-même était Qoshot, mais son long séjour au Tibet l'avait mené à une rupture avec sa tribu. Les Mongols de l'Ouest, connus sous le nom de Dzoungares, représentaient la plus grande menace à la suprématie mandchoue. Ils souhaitaient vivement utiliser l'influence du Dalaï Lama sur tous les Mongols pour rallier ceux qui restaient indépendants des Mandchous. Ces soldats se rendirent rapidement auprès du *Desi* Sangye Gyatso lorsqu'il se heurta à Khazang Khān. Le *Desi* du Cinquième Dalaï Lama et le Cinquième Dalaï Lama lui-même, non contents du soutien de Gushri Khān, avaient des liens anciens avec les Dzoungares.

Galden, qui s'était proclamé roi de tous les Dzoungares (excepté des Qoshots du Tibet), menait une guerre hargneuse contre les Mandchous. Il cherchait l'unité afin de pouvoir se retourner contre les Mandchous et les défier pour le contrôle de la Chine. Les Dzoungares avancèrent beaucoup plus à l'est que leurs pâtures traditionnelles, et attaquèrent les derniers Mongols de l'Est indépendants, les Khalkhas. En 1688, à Jao Modo, les Mandchous infligèrent une sévère défaite aux armées dzoungares (le roi Galden mourut un an après), mais les Dzoungares ne renonçaient toujours pas à leur rêve d'unifier les derniers Mongols pour pouvoir attaquer les Mandchous et prendre eux-mêmes le contrôle de la Chine. Les Mandchous poussèrent leur avantage, étendant solidement leur contrôle plus à l'ouest. Ce n'est pourtant qu'en 1759, après qu'ils eurent éliminé les neuf dixièmes des Dzoungares au cours de batailles dans la région de Kashgar et Yarkand, que ces derniers ne représentèrent plus une menace pour eux. Au cours de ce siècle de luttes entre Dzoungares et Mandchous, l'institution du Dalaï Lama joua un rôle clef. C'est dans ce contexte général, en 1705, tandis qu'éclatait la guerre entre Dzoungares et Mandchous, que Lhazang marcha sur Lhassa pour déposer le *Desi* : il l'accusait d'avoir abusé du pouvoir, et installé un faux Dalaï Lama. La conduite du Sixième Dalaï Lama, en particulier ses nombreuses maîtresses, rendait cette accusation facile.

C'est sur ce moment critique de l'histoire du Tibet que je devais reprendre notre discussion. Une fois la séance photos achevée, le Dalaï Lama sortit du jardin, sourit, me serra la main et me conduisit dans la salle d'audience, un simple salon avec deux canapés et quatre fauteuils. Le Dalaï Lama s'assit en face de moi, jambes croisées, dans un fauteuil rembourré marron. Il connaissait l'histoire, que je lui résumai d'après mes lectures, mais ses pensées étaient bien loin des explications politiques que je lui donnais. Pour me faire comprendre le Sixième Dalaï Lama, le Quatorzième Dalaï Lama reprit des termes qu'il avait déjà utilisés au début de nos conversations. Il s'était servi du même schéma pour m'expliquer la raison pour laquelle les maîtres en méditation voyaient Milarepa effectuer des miracles que les gens du commun ne voyaient pas. Tandis que, moi, je percevais derrière l'histoire du Sixième Dalaï Lama des motifs politiques, lui y voyait un conflit entre les visions conventionnelle et non conventionnelle du monde.

— Vous savez, la pratique interne du Cinquième Dalaï Lama était le Nyingma. Et le Sixième Dalaï Lama avait été choisi par le *Desi.* Puis le *Desi* dispensa au Sixième Dalaï Lama les enseignements du Dzogchen Nyingma, qui peuvent comprendre le yoga sexuel. Et plus tard, le Sixième Dalaï Lama se défroqua – c'est-à-dire qu'il rejeta la robe de novice et refusa de prononcer les vœux de chasteté des moines. Conventionnellement – et le Dalaï Lama insista sur ce mot, pour que je le comprenne comme lui –, la conduite du Sixième Dalaï Lama n'était pas très bonne. Et Lhazang Khān suivait la voie du Gelugpa. Je crois que c'est l'une des raisons des frictions entre Lhazang et le *Desi.* Lhazang méprisait le Sixième Dalaï Lama et sa conduite, et il blâmait le *Desi*, qui lui aussi avait des femmes et des enfants.

— Vous m'avez dit que le Cinquième Dalaï Lama voulait, en un sens, unifier les divers ordres du bouddhisme au Tibet. Lhazang, lui, voyait le Sixième Dalaï Lama comme un imposteur, un homme à femmes qui avait violé les vœux de chasteté que doivent prononcer tous les Gelugpa. Il était fâché que le Sixième Dalaï Lama ne soit pas pur. Mais Lhazang Kahn avait aussi une soif de pouvoir, et se montrait sectaire vis-à-vis du Nyingma.

— Et il détestait personnellement le *Desi.*

Certains affirment que cette antipathie personnelle venait de ce que la reine, épouse de Lhazang, était amoureuse du *Desi.*

— Vous dites qu'à ce moment-là, le Plan pour le Tibet a échoué ? Quand vous affirmez cela, vous voulez dire le pouvoir religieux et politique qui avait conduit jusqu'au Cinquième Dalaï Lama, et qui prévoyait que le Sixième Dalaï Lama engendrerait une royauté héréditaire ?

— C'est ce que je veux dire. Mais c'est pure spéculation.

— Spéculation ? N'est-ce pas votre analyse historique ?

— Si, c'est une analyse à la fois historique, personnelle et spirituelle. Un mélange.

— Mais Lhazang Khān ne comprenait rien de tout cela. Il ne voyait que le niveau de réalité conventionnelle.

— Pauvre Lhazang Khān ! s'esclaffa le Dalaï Lama. Il avait une très petite tête. C'est ce que je suis en train de dire. Puis certains des monastères Gelugpa se mirent à soutenir Lhazang Khān et ses troupes. Il y avait un conflit sectaire entre les Nyingmapa et les Gelugpa.

Le Dalaï Lama m'expliqua beaucoup plus clairement que n'importe quel historien les motivations sous-tendant les actes du *Desi*, de Lhazang et du Sixième Dalaï Lama. Il me montra que Lhazang était un strict Gelugpa, horrifié de voir la corruption Nyingma détruire l'institution du Dalaï Lama.

— Les livres d'histoire parlent d'innombrables intrigues entre Lhazang et le *Desi*, qui finirent par mener à une guerre ouverte. Mais ça allait plus loin que des conflits de secte, non ? Lhazang Khān est venu, et a dit au *Desi* : « Je veux être un véritable roi. » A un niveau *conventionnel*, Lhazang, quoi qu'il ait dit au Sixième Dalaï Lama – « Tu n'es pas un pur lama » –, a utilisé les divisions entre sectes, dont vous parlez, comme une excuse pour prendre le pouvoir.

Tandis que je résumais ce chapitre de l'histoire du Tibet, le Dalaï Lama sourit et leva un sourcil en m'entendant souligner le mot *conventionnel,* comme je l'avais entendu le faire.

— Oui, continuez.

— Lhazang Khān, en 1705, tua le *Desi* du Cinquième Dalaï Lama. Puis, en juin 1706, il déposa le Sixième Dalaï Lama et envoya des troupes au Potala pour s'emparer du jeune homme de vingt-trois ans. Lhazang et l'Empereur mandchou prévoyaient d'envoyer le Sixième Dalaï Lama en exil en Chine. Les Tibétains craignaient qu'il n'en revienne pas vivant. Lhazang et l'Empereur dirent que le Sixième Dalaï Lama n'était pas une incarnation de Chenrizi. Ils parlaient à un niveau *conventionnel*, et ne croyaient pas à votre idée selon laquelle les actions du Sixième Dalaï Lama faisaient, à un niveau *non conventionnel*, partie du Plan de Chenrizi pour le Tibet. Ils voyaient un faux Dalaï Lama nommé par un *Desi* qui avait été tué parce qu'il essayait de prendre le pouvoir. Le Mandchou et Lhazang utilisaient la conduite du Sixième Dalaï Lama comme prétexte pour prendre le pouvoir au Tibet.

— Ce n'est pas la faute du Mandchou, mais des luttes internes des Tibétains. C'est le conflit des sectes au Tibet qui a permis que ça se passe ainsi.

J'étais abasourdi, une fois de plus, par ce qu'affirmait le Dalaï Lama. Ce n'était pas la soif de pouvoir de Lhazang ou des Mandchous désireux de contrôler le Tibet qui avait causé la mort du Sixième Dalaï Lama, mais le conflit entre les ordres bouddhistes tibétains qui avaient permis aux Mandchous de s'introduire au Tibet. Comme il l'avait déjà fait plusieurs fois, le Dalaï Lama imputait une responsabilité au Tibet, pas aux étrangers. Combien d'autres leaders mondiaux auraient-ils assumé de cette façon une responsabilité historique ?

— Quand Lhazang a affirmé que le Sixième Dalaï Lama n'était pas une manifestation de Chenrizi, et l'a enlevé du Potala, les gens du Tibet avaient-ils aussi perdu leur foi dans le Sixième Dalaï Lama ?

— Je n'ai pas lu que le peuple de Lhassa soit venu à son secours quand il a quitté le Potala. Ni qu'il ait essayé d'empêcher Lhazang de l'emmener. Ce n'est que lorsque le Sixième Dalaï Lama est arrivé près du monastère de Drepung que les moines sont venus pour essayer d'arrêter Lhazang. Les moines Gelug soutenaient le Dalaï Lama et étaient prêts à mourir pour lui. Ils lui étaient tous dévoués.

— Oui, les livres d'histoire disent qu'une foule de moines entoura les troupes de Lhazang et le Dalaï Lama, en juin 1706, tandis qu'ils approchaient du monastère de Drepung. Les moines en furie attaquèrent les troupes avec des pierres et des bâtons, s'emparèrent du Dalaï Lama, et le conduisirent à Drepung. Mais le lendemain les troupes de Lhazang encerclèrent Drepung, dirigèrent leur artillerie sur le monastère et menacèrent de faire feu. A ce moment-là, le Sixième Dalaï Lama sortit, accompagné seulement de quelques compagnons, et marcha en direction des troupes de Lhazang, au milieu du combat. Quand tous ceux qui étaient sortis avec lui eurent été tués – ils luttèrent jusqu'au dernier –, il se rendit aux troupes.

— Oui, s'il était resté à Drepung sous la protection des moines, il y aurait eu de nombreuses victimes. Et il pensait que si seule sa vie était menacée, c'était sans importance. Ainsi, vous voyez, il a accepté. Il a jaugé les circonstances. Les forces mongoles étaient beaucoup plus importantes que les forces tibétaines. Il y avait sept mille hommes armés. Ce n'est pas qu'il ait choisi d'accompagner les Mongols en Chine. Quand il s'est rendu, il a obéi à un motif religieux. S'il avait refusé, les Tibétains auraient souffert. Il sentait qu'il devait agir ainsi.

— Ainsi, le Sixième Dalaï Lama a senti qu'il devait se sacrifier pour sauver les autres ?

— Oui. Je crois que dans cette situation le Sixième Dalaï Lama a risqué sa propre vie pour sauver la vie des moines et le monastère de Drepung.

Les historiens négligent le sacrifice du Dalaï Lama, et préfèrent insister sur ses poèmes et ses maîtresses ; ce n'est pas le cas du Quatorzième Dalaï Lama. Le Sixième Dalaï Lama n'est pas le seul à avoir dû affronter une décision à prendre entre sa propre vie et le sort de sa nation. Le Quatorzième Dalaï Lama, de la même façon, a été confronté au même choix (ou à la même absence de choix) après que la communauté internationale a ignoré l'invasion du Tibet par la Chine, en 1950.

— Vous avez fait la même chose en 1954. Quand Mao vous l'a ordonné, vous ne vouliez pas aller en Chine. Vous vouliez aller en Inde, mais personne ne vous a aidé. Vous n'aviez pas le choix. Vous deviez aller en Chine, pour traiter avec les Chinois. Vous avez fait appel aux Nations unies et votre appel a été rejeté. Vous avez senti que si vous n'alliez pas en Chine, votre peuple souffrirait.

— Oui, vous avez raison. Il n'y avait pas le choix, c'est la même chose.

— Quand vous avez su que vous deviez aller en Chine pour traiter avec Mao Tsé-toung, comme le Sixième Dalaï Lama dut aller en Chine pour voir l'Empereur mandchou, qu'avez-vous ressenti ?

— Je me suis vraiment senti très seul.

Il se tut un instant, et regarda à l'intérieur de lui-même. Puis, avec un soupir, il releva les yeux sur moi et ajouta :

— J'ai ressenti de l'impuissance.

J'eus la respiration coupée par cette franchise. La pièce resta un long moment silencieuse. J'ai fini par retrouver ma voix :

— Et ensuite, qu'est-il arrivé au Sixième Dalaï Lama sur le chemin de la Chine ?

— Il existe deux versions de la mort du Sixième Dalaï Lama. Conventionnellement, on dit qu'il est mort, ou a été assassiné sur la route de Chine. Au niveau non conventionnel, il a disparu sur la route de Chine, et réapparu au sud-est du Tibet, puis il a voyagé dans le Sud, atteint Lhassa, et, finalement, la Mongolie. Il est resté là-bas une trentaine d'années. Telle est la vision non conventionnelle.

Comme pour Milarepa, Songtsen Gampo et toutes les grandes

figures de l'histoire du Tibet, le Dalaï Lama voyait deux niveaux dans la vie et la mort du Sixième Dalaï Lama. Au niveau conventionnel, le Sixième Dalaï Lama était peut-être un libertin, qui mourut sur le chemin de la Chine. Au niveau non conventionnel – un niveau dont le Dalaï Lama est persuadé qu'il existe pour les gens à l'esprit entraîné –, le Sixième Dalaï Lama utilisait le yoga ésotérique, érotique, pour atteindre de plus hauts états de conscience, puis il échappa à ses ravisseurs pour mener, longtemps après sa mort supposée, une vie secrète en Mongolie. Pour le Dalaï Lama, les deux visions, la vision conventionnelle, historique, et la vision non conventionnelle, mythique, sont exactes ; pour lui la réalité est composée de ces deux visions, imbriquées l'une dans l'autre. Comme il me l'avait déjà dit à propos des perceptions conventionnelle et non conventionnelle de la réalité, « les deux sont vraies ». Ou, tout au moins, les deux sont possibles, et il est impossible de traquer la réalité plus précisément.

Historiquement, au niveau conventionnel, Lhazang, petit-fils du Mongol Qoshot Gushri Khān, devint roi du Tibet puis, avec l'aide de l'Empereur mandchou, tua le *Desi* et le Sixième Dalaï Lama. Puis il accepta que le Tibet se transforme en protectorat mandchou. Il tournait ainsi le dos aux Mongols dzoungares, sa propre tribu.

Les Mandchous envoyèrent un représentant à Lhassa en 1709. Ce personnage, appelé un Amban, fut le premier étranger à résider là. Lhazang installa un « légitime » Sixième Dalaï Lama. Les Tibétains n'admirent jamais ce remplaçant comme une véritable manifestation de Chenrizi. Ce Sixième Dalaï Lama « légitime » créait un précédent qui devait rendre difficile pour les dirigeants étrangers de manipuler à des fins politiques le système tibétain de la réincarnation.

Dépités par la tournure que prenaient les événements, les moines tibétains, espérant libérer le Tibet de Lhazang et de ses protecteurs mandchous, envoyèrent des émissaires secrets aux Mongols dzoungares, avec lesquels le Cinquième Dalaï Lama et son *Desi* étaient depuis longtemps en contact. En 1717, les Dzoungares répondirent à leur supplique. Même s'ils affirmèrent que leur invasion était une aide apportée aux Tibétains, les Dzoungares, au cours de leur longue guerre avec les Mandchous, marchèrent sur Lhassa. Au début les Tibétains accueillirent bien les Dzoungares, qui avaient promis de tuer Lhazang et d'installer le Septième Dalaï Lama, que l'on venait de découvrir. Le jeune homme, comme l'avait prédit le Sixième Dalaï Lama avant sa mort, venait de renaître récemment dans la ville de Lithang, à l'est du pays.

Malheureusement, lorsqu'ils envahirent Lhassa, les Dzoungares n'avaient pas réussi à se saisir de l'enfant. Les troupes de l'Empereur mandchou avaient lutté pour le garder, car il était la clef de leur pouvoir au Tibet. Néanmoins, en 1717, les Dzoungares finirent par s'emparer de Lhassa et par tuer Lhazang. Ce faisant, ils ouvrirent la porte au chaos, meurtres et pillages qui retournèrent les Tibétains contre les Dzoungares. En 1720, après trois ans de gouvernement dzoungare, une armée mandchoue approcha de Lhassa. A ce moment-là, les Tibétains étaient prêts à accueillir les Mandchous, ne serait-ce que parce qu'ils avaient réussi à amener avec eux le Septième Dalaï Lama. Les Tibétains, libérés de leurs liens compliqués avec les descendants de Gushri Khān, retrouvèrent un gouvernement indépendant. C'est au cours de cette période que fut créé un vague protectorat mandchou.

Les nouvelles relations avec les dirigeants mandchous de la Chine furent un événement clef de l'histoire du Tibet.

— L'armée qui amena le Septième Dalaï Lama à Lhassa n'était-elle pas la première armée mandchoue à entrer au Tibet ? N'est-ce pas le moment où les dirigeants chinois, pour la première fois, utilisèrent leurs armées au Tibet ?

— Oui, vous avez raison.

— Ainsi les Tibétains ont bien accueilli la première armée mandchoue, qui comprenait des troupes chinoises, parce que, pour eux, les Mandchous venaient protéger et installer le Septième Dalaï Lama ?

— Oui. Je crois que l'Empereur mandchou a eu ce type de motivation. Protéger l'institution du Dalaï Lama. Les Mandchous envoyèrent même quelques personnages officiels, les Ambans, pour protéger le Dalaï Lama. Mais les documents tibétains parlent toujours d'une relation prêtre-patron (*choyon* en tibétain) entre le Dalaï Lama et l'Empereur mandchou. Ça a commencé lors de la visite à Pékin du Cinquième Dalaï Lama, certains disent même plus tôt. A l'origine, concernant cette relation, qui a quelque chose d'unique, les deux parties étaient sincères. Puis plus tard (*au cours des 150 années qui suivirent le protectorat mandchou*), l'esprit a changé et la relation est devenue plus politique, plus orientée vers le pouvoir. Et c'est alors que ça s'est compliqué.

En fait, la première armée mandchoue ne resta que trois ans – suffisamment pour que les Mandchous installent le Septième Dalaï Lama –, puis se retira. Là-dessus reprirent quelques combats entre factions tibétaines. A ce moment-là, les Mandchous voulaient surtout que les Dzoungares ne contrôlent ni le Tibet ni le Dalaï Lama, mais ne tenaient pas particulièrement à occuper eux-mêmes le Tibet. Même après avoir été chassés du Tibet, les Dzoungares restèrent, jusque dans les années 1760, une menace à l'emprise des Mandchous sur la Chine. Le Tibet n'était qu'une zone-tampon dans l'éternelle guerre des Mandchous et des Dzoungares pour prendre le contrôle des dépouilles de la Chine. Le Tibet n'était pas très riche, et se trouvait trop éloigné pour être incorporé à l'Empire mandchou.

Ce soir-là, alors que je repensais à notre entretien de la journée, me revint à l'oreille le terrible désespoir du Dalaï Lama évoquant son voyage en Chine – « De l'impuissance ». Il ne fait aucun doute que le Sixième Dalaï Lama ait ressenti la même impression d'impuissance quand ses geôliers mongols l'emmenèrent en Chine. A mes yeux, les moines de Drepung, qui avaient tenté d'empêcher, à l'aide de bâtons et de pierres, l'enlèvement du Sixième Dalaï Lama, devinrent le symbole du Tibet au cours des deux siècles qui suivirent – une nation faible sous un protectorat mandchou mal défini –, jusqu'à ce que le Treizième Dalaï Lama, au début du XXe siècle, n'essaie de créer une armée moderne. La nation que Songtsen Gampo, au VIIe siècle, avait unifiée comme une grande puissance militaire était devenue un pays isolé et impuissant.

Au cours de mon entretien suivant avec le Dalaï Lama, je lui ai posé des questions sur les relations du Tibet avec les Mandchous :

— Après 1720, elles ont changé, et peu à peu, alors qu'auparavant ils n'avaient pas de pouvoir politique, les Mandchous sont devenus au Tibet un pouvoir dominant.

— Oui, c'est exact. Je crois cependant qu'il est très important de mentionner un fait. Cela ne fut pas causé par une emprise plus grande du pouvoir mandchou. Il y avait aussi des querelles internes entre Tibétains et, après le Cinquième Dalaï Lama, l'institution même du Dalaï Lama était instable. En conséquence, l'Empereur mandchou de Chine envoya au Tibet un Amban pour aider le Septième Dalaï Lama. Et vous voyez la même chose lorsque les Népalais ont envahi le Tibet à l'époque du Huitième Dalaï Lama (*en 1792*). L'armée tibétaine, selon moi, fut déshonorée, vaincue, et les Mandchous vinrent à son secours comme patrons du Dalaï Lama. Ils sont venus pour aider à chasser les Népalais, mais quand ce fut terminé, l'armée partit.

Lorsque la deuxième armée mandchoue quitta le Tibet après

l'attaque du Népal, un haut personnage mandchou avertit les Tibétains qu'ils devaient essayer de mieux se gouverner eux-mêmes et défendre leurs frontières, parce que la prochaine fois les Mandchous ne viendraient pas à leur défense. Il est évident que les empereurs mandchous n'ont jamais voulu laisser au Tibet de troupes d'occupation. Ils souhaitaient juste maintenir un vague *statu quo* afin de s'assurer que des puissances ennemies n'utilisent pas le Tibet pour troubler leur emprise sur la Chine.

Tibétains et Mongols ont une croyance commune selon laquelle c'est le bouddhisme qui a érodé l'esprit martial qui leur est naturel. A ce propos, le Dalaï Lama dit : « Les Tibétains se sont désarmés eux-mêmes. »

Le Tibet comme Etat religieux, sans pouvoir militaire, apparut après 1720.

Entre le Septième et le Douzième, aucun Dalaï Lama ne gouverna le Tibet comme l'avait fait le Cinquième. La plupart moururent avant leur majorité. Des rares qui survécurent et essayèrent de gouverner, l'actuel Dalaï Lama dit qu'ils n'étaient « pas très capables ». Entre le Sixième et les premières années du Treizième Dalaï Lama, le Tibet fut gouverné par une suite de Régents.

— Sentez-vous une connexion forte avec les Dalaï Lamas, entre le Septième et le Douzième ?

— Non, pas beaucoup de connexion. Je n'ai jamais rêvé d'eux. Les seuls Dalaï Lamas dont j'aie rêvés sont le Cinquième et le Treizième.

Il ne le disait pas vraiment, mais je sentais que les rêves qu'il mentionnait faisant état d'une connexion avec deux Dalaï Lamas prouvaient ses liens, dans des vies antérieures, avec ces deux hommes. Il poursuivait leur but dans cette vie.

— Et le Plan de Chenrizi ?

— A l'époque du Sixième Dalaï Lama, le Plan débuté à l'époque du Cinquième a échoué. Je sens qu'à l'époque du Septième Dalaï Lama, il y eut une autre période avec un plan possible. Mais à partir de là, je sens qu'il n'y avait aucun plan. Le Huitième Dalaï Lama mourut jeune. Le Neuvième Dalaï Lama mourut alors qu'il n'avait que dix ans. Il était remarquable. Si cet enfant avait vécu, il aurait arrangé les choses. Il aurait pu être comme le Deuxième Dalaï Lama, un grand maître avec beaucoup de visions. Le Deuxième Dalaï Lama, dès qu'il fermait les yeux, avait beaucoup de visions de Bouddha et des bodhisattvas. Le Neuvième Dalaï Lama était comme ça, mais lui aussi mourut très jeune. Le Dixième et le Onzième Dalaï Lama moururent aussi très jeunes, et le Douzième, pareil. Ce n'est donc qu'à l'époque du Treizième Dalaï Lama que débuta un autre Plan, dirait-on.

Comme les Dalaï Lamas successifs mouraient très jeunes, ce sont des Régents qui, pendant 160 ans, dirigèrent le Tibet sous un vague protectorat mandchou. Plusieurs historiens occidentaux ont suggéré que nombre de ces jeunes Dalaï Lamas furent empoisonnés, soit par des Régents qui voulaient conserver le pouvoir, soit par les empereurs mandchous, qui voulaient maintenir au Tibet une série de Régents dociles plutôt que d'y voir un Dalaï Lama charismatique.

— Une des controverses majeures concernant cette période est le différend entre historiens tibétains et occidentaux à propos du sort de ces jeunes garçons.

— S'ils ont été empoisonnés, ou s'ils sont morts naturellement, dit le Dalaï Lama, prouvant ainsi avec quelle attention il suit de tels débats.

— Et vous avez insisté sur le fait qu'ils n'avaient pas été empoisonnés.

— Oui. Je n'accepte pas l'idée qu'ils aient été empoisonnés. Bien sûr, la responsabilité demeure, mais je sens que c'était surtout la négligence, la bêtise qui ont fait mourir si jeunes tant de Dalaï Lamas. Regardez ce qui s'est passé pour le Dixième, ou pour le Onzième. Selon sa biographie, il a été malade pendant quelques mois ; il toussait. Pour moi, ça ressemble à la tuberculose. Chez les adultes qui s'occupaient des Dalaï Lamas, il y avait une grande dévotion, mais ils ne savaient pas vraiment comment prendre soin d'eux. Ils considéraient ce jeune garçon comme Chenrizi, et pour eux une toux n'était rien. Alors, d'une certaine façon, ils étaient inutiles et stupides. Même aujourd'hui, quand les gens sont malades, certains disent : « Contentez-vous de prier. Vous n'avez pas besoin de traitement médical. » C'est stupide.

L'idée de spiritualité sans applications pratiques fit rire le Dalaï Lama.

— Et la pilule qui donnait de l'éclat ? Juste avant la mort de la plupart de ces enfants, leurs médecins leur donnaient une pilule qui faisait rayonner leur visage. C'est du moins ce qu'on raconte.

— Non, ce n'était pas du poison. Pourquoi auraient-ils fait ça ? L'éclat dont parlent les documents provient d'expériences spirituelles intérieures. Les Occidentaux ne comprennent pas que cette lumière autour de leur tête, cet éclat dont ils parlent, était l'émanation de leur propre réalisation, et n'avait rien à voir avec des pilules ni avec du poison.

— Quelles furent les conséquences pour la nation tibétaine du fait que, au cours de cette période, le pouvoir resta entre les mains des Régents ?

— Je crois que cela a eu de grandes conséquences. Je crois que le peuple n'était pas éduqué, et que ceux qui l'étaient l'étaient essentiellement à travers la religion, et en conséquence ne s'intéressaient ni à la politique ni à l'intérêt national. Le reste du peuple, en raison de son manque d'éducation, avait une vision très limitée. Dans de telles circonstances, l'autorité centrale est très importante, mais, à cette époque, l'autorité centrale était très faible, sur tous les plans. Tout allait très mal. Il y avait énormément de corruption, et je crois aussi que les Régents ne savaient pas ce qui se passait ailleurs, dans le reste du monde. Ils avaient un sens erroné de leur propre pouvoir, et du pouvoir réel de ceux qui les entouraient. Le problème principal était l'ignorance, car le Tibet était très isolé. Les institutions monastiques devinrent un obstacle au développement du pays, et le sectarisme de même.

— Ce sont les effets négatifs des régences. Quel est leur aspect positif ?

— Je ne dis pas que tout était négatif, et je ne défends pas non plus cette situation en disant que tout était positif. Les deux positions sont extrêmes, je crois. Mais oui, dans le cas du Tibet, la religion et le bouddhisme ont peut-être freiné un développement matériel ultérieur. Et il est certain que la population était maintenue à un bas niveau car il y avait beaucoup de moines et de nonnes. Et le système de la polyandrie (*deux frères partageant une femme*) a restreint la croissance de la population. Cela ne fait aucun doute. Cela dit, pour cette raison, l'économie se suffisait à elle-même. Et puis il y avait trop de moines, et de moines riches. Les institutions monastiques avaient trop d'importance spirituelle. D'une certaine façon, cela a freiné le développement de la nation, mais en même temps, malgré les hauts et les bas politiques, la race tibétaine est restée une grâce au bouddhisme. Cela ne fait aucun doute non plus.

Au cours de cette longue période de régence, les relations entre les empereurs mandchous et les Régents qui gouvernaient au nom du Dalaï Lama étaient, d'un point de vue moderne, ambiguës et confuses. Les Chinois et les Tibétains d'aujourd'hui en tirent des conclusions différentes. Le gouvernement chinois se sert de l'intervention mandchoue pour prouver que, à cette époque, sinon plus tôt, le Tibet faisait partie de la Chine. Les Tibétains en exil – et ceux qui sont encore au Tibet – nient que les Mandchous aient jamais eu un vrai pouvoir sur leur pays. Le gouvernement tibétain en exil, basé en Inde, insiste sur le fait que le Tibet n'a jamais fait partie de la Chine. Le Dalaï Lama a une interprétation plus nuancée.

— Vous m'avez dit qu'entre 1720 et 1900, à peu près entre le Septième et le Douzième Dalaï Lama, il existait une relation particulière entre le Tibet et les Mandchous, mais vous savez pourtant que nombreux sont les Tibétains qui rejettent totalement cette idée.

— Tel est mon point de vue.

— Le Tibet était-il officiellement un vassal de l'Empire mandchou ?

— Mon point de vue, c'est qu'il s'agissait d'une relation unique. Nous, les Tibétains, appelons ça une relation prêtre-patron. *Cho-yon*, comme on dit en tibétain.

— Je crois que nous en avons déjà parlé lorsque nous avons évoqué les relations de Phagpa et de Koubilaï Khān, non ?

— Oui, et alors je vous ai dit qu'aucune définition d'aujourd'hui ne correspond à ça, car ces définitions viennent de l'Occident. Dans certains cas, les Mandchous influencèrent, ou contrôlèrent les affaires du Tibet, mais les Tibétains y voyaient un acte de protection. Et donc ils l'acceptaient. Mais cette relation entre un prêtre et son patron, nous ne sommes pas capables de la transposer selon les lois internationales modernes. Les lois internationales modernes entre Etats proviennent de concepts occidentaux. Et donc la relation unique entre un chef ou un lama tibétain et un empereur mandchou ne peut pas être transposée en termes modernes.

— Ce serait peut-être plus clair si nous comparions cette relation entre les Dalaï Lamas et les empereurs mandchous avec les relations entre le pape, les rois et les empereurs d'Europe.

— Oui, je crois qu'on peut comparer les relations entre les empereurs mandchous et les Dalaï Lamas aux relations entre les souverains européens et le pape.

Lorsque j'ai rencontré le professeur Erberto Lobue, spécialiste italien de l'histoire et de l'art tibétains, et que je lui ai expliqué ce que pensait le Dalaï Lama, Lobue s'est étendu, avec toute sa science, sur le sujet.

> Si l'on connaît celle de l'Italie, il est facile de comprendre l'histoire politique du Tibet. Jusqu'en 1861, et pendant des siècles, l'Italie fut

une mosaïque de principautés et de royaumes indépendants, conspirant et se combattant sans cesse, et invitant régulièrement les armées étrangères – espagnole, française, prussienne – pour se débarrasser de leurs rivaux italiens. Malgré cela – ou peut-être en raison de leur compétition –, ils ont créé une civilisation merveilleuse, tout au moins en ce qui concerne la culture et les arts...

Dans une certaine mesure, on trouve au Tibet, tout au moins à partir du XIIIe siècle, l'application de stratégies politiques similaires. Au début du XVIIIe siècle, en particulier, les leaders religieux Gelugpa invitèrent les empereurs mandchous à les débarrasser des Dzoungares, à qui, un peu plus tôt, ils avaient demandé de les débarrasser des Qoshots, que le Cinquième Dalaï Lama avait appelés pour se débarrasser des rois de Tsang et de Beri, afin d'établir la suprématie de son ordre religieux sur tout le Tibet.

La conséquence du protectorat mandchou sur le Tibet fut la destruction des murailles de Lhassa, la nomination dans la capitale de deux représentants de l'Empereur, l'installation d'une garnison et signifia donc... la fin de l'indépendance du Tibet, tandis que le conservatisme excessif du clergé bouddhiste empêchait la naissance d'une classe politique laïque qui aurait pu mener à la création d'un Etat laïque – comme le Népal ou le Bouthan – capable de maîtriser la menace expansionniste de la Chine. C'était désespéré, comme l'Italie !

Lorsque j'ai suggéré au Dalaï Lama que les empereurs mandchous avaient manipulé le Tibet à des fins politiques, sans véritable dévotion envers le Dalaï Lama – comme les souverains européens le font avec le pape –, il ne fut pas d'accord.

— Mon sentiment sur les Mandchous est que certains d'entre eux étaient religieusement sincères, et que certains étaient très politisés. Vous ne pouvez pas généraliser, et dire que tous les Mandchous étaient politisés et manipulaient la situation. Je ne le crois pas. Au début, aucune des deux parties n'avait vraiment conscience de ce que leur relation avait de politique. C'était une relation spirituelle. Ensuite elle s'est corrompue, mais ce n'était pas prévu. Et plus tard, aujourd'hui, des gens plus intéressés par la politique considèrent cette vieille relation, et l'expliquent ou l'interprètent selon des idées nouvelles.

Le Dalaï Lama était si convaincu que la relation, à l'origine, était une relation purement spirituelle (et donc non sujette à des interprétations politiques, alors comme aujourd'hui) qu'il me dit que, à l'époque, certains Tibétains « appréciaient les interventions de l'Empereur mandchou pour protéger l'avenir du Dalaï Lama. Ça faisait partie des relations prêtre-patron ».

L'histoire mandchoue confirme l'opinion du Dalaï Lama. Une fois devenu empereur, en 1744, le prince mandchou Yonghegong transforma son palais de Pékin en temple bouddhique tibétain. Le temple du Lama reste l'un des sites les plus visités de la cité. Pour manifester la dévotion religieuse des Mandchous au bouddhisme tibétain, l'Empereur Qianlong construisit, au palais d'Eté mandchou, à Jehol, à des milliers de kilomètres au nord-est de Lhassa, une massive réplique du Potala. Elle aussi existe encore comme attraction touristique, ses murailles toujours décorées de fresques bouddhiques tibétaines du XVIIIe siècle. Comme les Mongols avant eux, les Mandchous s'identifiaient avec le bouddhisme tibétain, en partie comme un moyen de préserver leurs différences culturelles avec leurs sujets chinois. Les sujets chinois, de leur côté, restèrent confucéens, et ne cachèrent jamais leur mépris pour les Tibétains et leur religion.

Afin d'empêcher l'absorption des Mandchous par la population chinoise, supérieure en nombre, les empereurs mandchous mirent en valeur les différences culturelles et ethniques entre Mandchous et Chinois. La dévotion au bouddhisme tibétain faisait partie de ce plan, même si survécurent les pratiques chamaniques de leur religion traditionnelle. Pour protéger de la Chine les terres ancestrales mandchoues, les Mandchous construisirent une palissade de plusieurs centaines de kilomètres de long, et empêchèrent les paysans chinois de la franchir. Cherchant à préserver leur pureté ethnique, et, par extension, leur mainmise sur la Chine, ils interdirent aussi les mariages interraciaux (et toute forme de commerce) entre Mandchous et Chinois. Néanmoins, pour légitimer leur domination, les Mandchous encourageaient les princes mongols, en particulier ceux de la lignée de Gengis Khān, à contracter des mariages avec la famille impériale mandchoue. Tout cela prouve suffisamment que les Mandchous voyaient les Chinois comme un peuple distinct, asservi, et pas comme des égaux au sein d'un Etat chinois. Et nous n'avons pas besoin de chercher plus loin pour comprendre la raison pour laquelle les Chinois méprisaient les Mandchous, qu'ils considéraient comme des barbares.

Tout en défendant leur identité ethnique, les Mandchous adoptèrent librement certains aspects de la culture chinoise qui les aidaient à gouverner leurs sujets. Les Mandchous donnèrent à leur empire un nom chinois – la dynastie Qing (« Pur ») –, mais firent en sorte qu'il restât un Etat mandchou, gouverné au bénéfice des

Mandchous. L'appareil bureaucratique chinois fut absorbé quasiment tel quel, mais un Mandchou fut placé à chaque niveau pour garantir la loyauté des Chinois. Pour dominer la Chine, des collaborateurs chinois étaient indispensables aux Mandchous. Ils en trouvaient facilement, car servir les Mandchous ouvrait aux Chinois un chemin vers la richesse, même si nombre de Chinois méprisaient ceux qui aidaient des étrangers à dominer leur peuple.

Une fois que les Mandchous eurent achevé, entre 1688 et 1691, la conquête de ce qui est aujourd'hui la Mongolie, pays natal des Mongols de l'Est, ils commencèrent par interdire à leurs sujets chinois de s'y installer, et même d'y voyager. La vaillance des Mongols était utile, et devait, au moyen de la ségrégation, être préservée. Un empereur mandchou parla des tribus mongoles comme de la véritable Grande Muraille défendant les frontières du Nord. Les Mandchous craignaient que, si la culture chinoise se répandait parmi les Mongols, ceux-ci ne se ramollissent et ne soient plus utiles comme guerriers.

Au fil des siècles, les Mandchous adoptèrent vis-à-vis du monde extérieur certaines attitudes chinoises. Il furent, jusqu'à un certain point, sinicisés. Les empereurs mandchous, par exemple, acceptèrent avec enthousiasme la conception chinoise concernant le statut de ceux qui gouvernaient la Chine. En 1775, l'empereur Qianlong, dans une missive au souverain de Thaïlande, mit les choses au point : « L'Empire céleste règne sur le monde entier, et tous ses peuples forment une grande famille. » Le fait que les historiens chinois tentent, afin de justifier l'occupation du Tibet et d'autres pays, de transformer en conquêtes chinoises les conquêtes de la Chine des Ming par les Mongols et les Mandchous, relève du révisionnisme. En réalité, les Mandchous insistaient pour que les Chinois deviennent mandchous, ou, tout au moins, manifestent leur infériorité. Tous les Chinois, par exemple, devaient, sous peine de mort, arborer la traditionnelle queue-de-cheval mandchoue. Les Chinois durent abandonner leurs vêtements traditionnels et porter des robes mandchoues. Dans la culture populaire occidentale, ces queues-de-cheval et ces robes sont présentées comme un stéréotype chinois. Pour les partriotes chinois, elles sont le symbole de siècles de honte.

De quelque façon qu'on les définisse, les revendications des Mandchous sur le Tibet font partie d'une hégémonie de l'Empire mandchou sur l'ensemble de l'Asie, et pas d'une domination chinoise. Pendant environ un siècle et demi, entre 1750 et 1910, les Mandchous se prétendirent souverains du Tibet. Mais les Régents tibétains continuaient de gouverner, et les Mandchous ne basèrent jamais au Tibet, vaste comme le Texas et l'Alaska réunis, plus de 1 500 hommes. Ces petites troupes destinées à assurer la sécurité des représentants mandchous à Lhassa ne permettaient pas aux Mandchous de gouverner le Tibet, ni même d'y lever des impôts. Néanmoins, les documents impériaux Qing revendiquent le Tibet, ainsi que le reste du monde, comme un fief de l'Empire céleste. Les pays voisins des Mandchous ne repoussèrent pas franchement ces vagues prétentions. Les Européens aussi parlaient couramment de l'Empire mandchou comme de « la Chine », même si cette région comprenait ce qui constitue aujourd'hui la Mongolie. Les voyageurs européens constataient que les Chinois étaient sujets des Mandchous, mais cette nuance échappait aux lecteurs de base de l'histoire chinoise, et aujourd'hui encore la confusion est courante.

Quand j'ai mis la conversation sur ce sujet, le Dalaï Lama s'est montré curieux de cette idée de la suprématie mandchoue sur l'Asie comme conséquence du vieux système chinois des tributs entre peuples :

— J'ai très envie de comparer les relations des Mandchous avec le Tibet aux relations des Mandchous avec les Coréens, les Vietnamiens, ou les rois thaïs. Dans la mesure où les empereurs mandchous se considéraient comme suprêmes, je me pose des questions sur leur attitude, ou sur la façon dont ils traitaient les autres, et comment cela peut être comparé à la façon dont ils traitaient le Tibet.

— Si nous utilisons une terminologie moderne, il serait intéressant de savoir si les Mandchous se considéraient comme « souverains » de ces pays à la façon dont, aujourd'hui, le gouvernement chinois prétend avoir été, depuis des temps reculés, « souverain » du Tibet. Quant aux missions apportant des tributs...

— Oui. Aujourd'hui le gouvernement chinois met toujours en avant les missions de commerce tibétaines à l'époque mandchoue comme des « missions de tributs », et insistent sur les titres que les Mandchous donnaient aux prêtres tibétains. Mais s'il est avéré que les Mandchous traitaient le Tibet de la même façon qu'ils traitaient d'autres nations aujourd'hui indépendantes, il deviendrait difficile, pour le gouvernement chinois, d'affirmer que cela prouve que les relations entre les Tibétains et l'Empire mandchou étaient celles de sujets à maître.

— Oui, je crois que vous avez raison. Il faudrait étudier ça.

Le Dalaï Lama parut enthousiaste :

— Oui. Je pense qu'on pourrait faire quelques recherches. Cela nous aiderait à comprendre la réalité des relations entre le Tibet et les Mandchous.

Il me regarda de façon à me faire comprendre que je devais mener ma propre enquête, puis, avant de me congédier, me cita le nom de chercheurs tibétains ayant travaillé sur ce sujet.

Ce que je découvris en étudiant les relations des Mandchous avec l'Asie du Sud-Est se révéla fascinant. Comme ce fut le cas pendant 200 ans pour le Tibet, les gouvernants de la Thaïlande, du Laos, de la Birmanie, de la Corée avaient dit aux empereurs mandchous qu'ils les acceptaient comme suzerains (même s'il y eut quelques révoltes). Il n'y avait aucun lien avec l'Empire mandchou en dehors de celui qui était défini par les normes culturelles chinoises adoptées par les Mandchous et basées sur l'assomption de la suprématie absolue de l'Empereur. Tout ce qui concernait les affaires étrangères faisait partie d'une relation tributaire. J'ai découvert que plusieurs spécialistes – des maîtres du passé, comme John Fairbank, aussi bien que des chercheurs contemporains, comme Perry Link à Harvard, ou William Kirby à Princeton – sont d'accord avec le Dalaï Lama lorsqu'il affirme que cette ancienne coutume diplomatique (celle des tributs) ne peut être traduite exactement en termes modernes. Même si les Chinois prétendent le contraire, il n'y a aucune preuve selon laquelle les nations qui offraient des tributs à la Chine perdaient leur indépendance. On est généralement d'accord sur le fait que les relations tributaires à l'époque de la conquête impériale ne peuvent être utilisées pour définir les frontières entre Etats modernes.

Par exemple, les rois thaïs reconnurent les empereurs mandchous comme leurs suzerains en 1650, bien avant les Tibétains. Les représentants à Pékin des chefs thaïs et tibétains se prosternaient tous deux devant l'Empereur mandchou, mais les prétendues missions de tribut conduites par ces représentants étaient des missions commerciales – un monopole commercial profitable accordé par l'Empereur aux seuls gouvernements étrangers qui reconnaissaient officiellement son gouvernement en lui apportant un tribut.

Une fois sur le trône, les rois thaïs envoyaient une mission en Chine pour demander un titre, et la reconnaissance de leur royauté. Selon les documents mandchous de cette époque, les Tibétains faisaient de même pour chaque nouveau Dalaï Lama. Les Mandchous exigèrent le droit de nommer officiellement les rois thaïs, comme ils réclamèrent le droit de reconnaître officiellement la véritable réincarnation de chaque Dalaï Lama. En fait, les Thaïs et les Tibétains prenaient eux-mêmes sur ce sujet des décisions que les Mandchous se contentaient d'entériner. Ce système était profitable aussi bien aux Mandchous qu'à ceux qui leur envoyaient des tributs. Les rois thaïs utilisaient la grandeur du titre que leur donnait l'Empereur pour accroître leur pouvoir politique en Thaïlande, et en Asie du Sud-Est. Les prêtres tibétains, s'ils se rendaient chez les empereurs mongols, Ming ou mandchous, le faisaient pour ajouter à leur pouvoir au Tibet et en Asie centrale. Et de cette façon les Mandchous acquéraient du prestige dans toute l'Asie en montrant la procession des porteurs de tributs comme une preuve de leur pouvoir.

Les missions thaïs et tibétaines finirent par poser un problème aux empereurs mandchous : elles devenaient trop fréquentes et trop coûteuses. En conséquence, les Mandchous finirent par en limiter le nombre. Les tributs portés par le Tibet, la Corée, la Thaïlande aux gouvernements mandchous de la Chine et de l'Empire Qing ne confirment en rien l'affirmation des Chinois d'aujourd'hui selon laquelle ces nations feraient partie de la Chine depuis l'Empire mandchou. Néanmoins, dans le cas du Tibet, tel est exactement l'argument du gouvernement chinois. Cette vision des choses, enseignée dans les écoles chinoises, est largement acceptée en Chine ; elle est citée par les leaders et par les publications gouvernementales pour expliquer pourquoi, aujourd'hui, le Tibet appartient à la Chine. Au cours des années soixante, la Chine édita des cartes basées sur l'argument de la « réclamation mandchoue » qui affirmait que la Thaïlande, le Vietnam et d'autres pays voisins faisaient partie de la Chine.

Lorsque j'évoquai mes découvertes devant le Dalaï Lama, il ne parut pas surpris – elles confortaient ce qu'il soupçonnait –, mais il me fit néanmoins remarquer une chose importante.

— Vous voyez, les relations entre les chefs tibétains et les empereurs chinois étaient plus spirituelles. Les relations des empereurs mandchous avec les Thaïs et les Vietnamiens n'avaient aucun aspect spirituel. Il y a donc des choses similaires, et des choses différentes. Et tout cela est impossible à interpréter en termes juridiques modernes. Il y a aussi le fait que les Tibétains croient à la réincarnation. Pendant toute la période mandchoue, les Mandchous n'avaient pas le pouvoir de dire : « Cet homme, au Tibet, est, ou n'est pas, une réincarnation. » Ils se contentaient d'acquiescer à ce que les Tibetains disaient. La relation patron-prêtre était une relation unique, une relation difficile à définir aujourd'hui. Elle était basée sur le bouddhisme et la foi, pas sur la politique. Mais même si cette relation était de nature plus spirituelle, il arrivait qu'elle soit manipulée à des fins politiques, et c'est ce qui rendait les choses compliquées.

Deuxième différence cruciale entre les pays de l'Empire mandchou : certains, comme la Mongolie, furent directement occupés et administrés. D'autres, comme la Thaïlande et le Tibet, avaient leur propre chef d'Etat, et, dans ces pays, les troupes mandchoues étaient peu nombreuses. Le roi de Thaïlande et le Dalaï Lama avaient tous deux institué un système de corvées et pouvaient exiger de leurs sujets des travaux gratuits ; dans ces deux pays, il s'agissait d'une forme primitive d'impôts. L'Empereur mandchou, en dépit de son système de corvée en Chine et en Mongolie, ne pouvait exiger de travaux des sujets du Dalaï Lama ou du roi thaï. Les Mandchous mirent en place ce réseau économique complexe pour une unique raison : afin d'empêcher que des nations voisines ne menacent leur domination sur la Chine. Les Dzoungares avaient espéré utiliser l'autorité et le prestige du Dalaï Lama pour pousser les Mongols sous domination mandchoue à se révolter. Les Mandchous étaient décidés à noyer dans l'œuf de telles tentatives. Leur but ultime était de maintenir, en raison de sa richesse, leur mainmise sur la Chine. Mais le système utilisé par les Mandchous afin d'écraser les Chinois se retourna contre eux. La corruption finit par s'installer, et les Chinois apprirent à utiliser à leur propre profit les mécanismes du pouvoir mandchou : c'est le contraire de ce que recherchaient les Mandchous.

La Mongolie en est l'exemple le plus flagrant. Au début de la conquête de la Mongolie par l'Empire mandchou, en 1688, les Chinois ne pouvaient pénétrer en Mongolie, considérée comme un camp d'entraînement géant pour les Mongols, les meilleurs guerriers des Mandchous. Le système de corvées instauré par les Mandchous obligeait les Mongols à fournir pour le lendemain au gouvernement mandchou des courriers avec des chevaux, de la nourriture et des logements pour les courriers mandchous. Par un curieux retour des choses, les Chinois apprirent à exploiter un système destiné à perpétuer la domination mandchoue ; le profit effectué en Mongolie par les commerçants chinois donna aux Chinois un grand pouvoir sur les affaires mongoles.

Aux alentours de 1850, les Chinois avaient installé des échoppes dans tous les campements mongols. Après avoir versé des pots-de-vin aux fonctionnaires mandchous, ils utilisaient les chevaux et les courriers, obtenus par les Mandchous grâce au système de corvées, pour transporter gratuitement leurs propres marchandises en

Mongolie. Aucun marchand mongol ne pouvait rivaliser avec eux. De plus, les marchands chinois jouaient le rôle de banquiers locaux. Chaque famille mongole devait payer une taxe à l'Empereur mandchou. Mais les richesses mongoles étant constituées de chevaux et de moutons, ils devaient, pour acquitter leurs taxes, emprunter de l'argent aux Chinois. Les intérêts étaient si élevés que, rapidement, la plus grande partie des Mongols contractèrent de lourdes dettes envers les commerçants et les prêteurs. Si un bureaucrate mandchou lui créait un problème, le prêteur chinois se contentait de lui verser un pot-de-vin. Grâce à leur corruption du système mandchou, les Chinois, peu à peu, prirent, de l'intérieur, le pouvoir en Mongolie, suscitant un vif sentiment antichinois.

Une succession d'événements similaires se déroula en Chine, et, de même, dans la relation tributaire avec la Thaïlande. Les marchands chinois de Canton travaillaient avec des marchands thaïs de Bangkok (et des Chinois expatriés en Thaïlande) à corrompre le système des tributs, de façon que les marchands thaïs et chinois puissent gagner de l'argent grâce à un commerce interdit par les Mandchous. Les marchands désiraient un plus grand nombre de missions de tributs – seule occasion de commerce avec l'étranger – et, pour y parvenir, versaient des pots-de-vin aux fonctionnaires mandchous. Finalement, l'Empereur mandchou dut, en raison de leur coût, interrompre les missions de tribut en Thaïlande. Apparut alors un véritable commerce avec l'étranger, même si, jusqu'à la fin, les Mandchous entretinrent la fiction selon laquelle tous les pays de l'Asie du Sud-Est étaient leurs vassaux. L'histoire des relations de tributs, basées sur des traditions chinoises vieilles de 2 000 ans, et mises en place au XVIIe siècle par les Mandchous à travers toute l'Asie, devait jouer un rôle significatif au XXe siècle.

Lorsque j'ai expliqué au Dalaï Lama la façon dont les Chinois, au XIXe siècle, avaient pénétré dans tous les campements mongols, et fini par utiliser le système mandchou de corvées pour coloniser la Mongolie, il fut surpris. Au Tibet, entre 1750 et 1900, la situation fut différente, et de bien des façons.

Comme la nation mongole avait été détruite, dans une large mesure, par les taxes élevées imposées par les Mandchous et payables en argent que les Mongols n'obtenaient que des prêteurs chinois, j'ai posé une question au Dalaï Lama :

— Quels impôts le Tibet...

Il m'interrompit, interloqué :

— Les Tibétains n'ont jamais payé d'impôts aux Mandchous !

Il ignorait que la domination mandchoue sur ce qui constitue aujourd'hui la république de Mongolie (et la Région autonome de Mongolie-Intérieure, chinoise) avait pu être aussi stricte. Il fut effaré lorsque j'ai comparé l'histoire tibétaine et l'histoire mongole au cours de la période mandchoue, car il était évident que le Tibet était resté politiquement plus autonome, et économiquement libre des interférences mandchoues et chinoises. Enfant, le Dalaï Lama – par des hommes qui avaient gouverné le Tibet à l'époque mandchoue – avait entendu parler des relations de son pays avec les Mandchous. Il n'avait jamais entendu dire que les Chinois aient, à ce point, colonisé la Mongolie.

— Au moins nous, dans le Tibet central, sous juridiction tibétaine, nous n'avons jamais payé d'impôts à aucun gouvernement chinois, y compris à l'époque mandchoue.

Il faisait ici allusion au fait que, à la fin du XIXe siècle et au début du XXe, certaines régions de ce qui, sous le Cinquième Dalaï Lama et Songtsen Gampo, constituait le Tibet oriental avaient été incorporées aux provinces mandchoues de Chine, et que là, il se peut qu'aient été versées des taxes aux Mandchous.

— Et les corvées que les Tibétains devaient au gouvernement tibétain, elles n'étaient pas dues aux fonctionnaires mandchous résidant au Tibet, n'est-ce pas ?

— Non, elles étaient uniquement à l'usage du gouvernement tibétain. Si les représentants mandchous à Lhassa en avaient besoin, c'est le gouvernement tibétain qui devait donner des ordres pour qu'elles soient effectuées.

La raison de la surprise du Dalaï Lama était évidente. L'administration mandchoue, à Lhassa consistait en deux représentants, et en une troupe de quelques centaines d'hommes. Rien à voir avec les milliers de fonctionnaires et les dizaines de milliers de soldats qui, comme un filet, recouvraient la Mongolie.

— Y avait-il, à travers tout le Tibet, des centaines de boutiques chinoises, et les marchands chinois utilisaient-ils le système des corvées pour que leurs produits soient transportés au Tibet et vendus aux Tibétains ?

— Il n'y avait pas de centaines de boutiques chinoises au Tibet ! Il y avait peut-être quelques magasins à Lhassa. Et dans le sud du Tibet, peut-être y avait-il aussi quelques Chinois, mais ils étaient là depuis si longtemps qu'ils étaient devenus tibétains. Mais il n'y eut jamais un grand nombre de Chinois au Tibet.

Le gouvernement chinois de 1943 est d'accord avec l'affirmation du Dalaï Lama selon laquelle il n'y avait au Tibet central pas plus de 500 familles chinoises.

— Plus important : il était impossible pour les quelques commerçants chinois qui se trouvaient au Tibet d'utiliser le système des corvées. Les rares marchands chinois ne pouvaient se servir de ce système gouvernemental. Il était uniquement réservé à l'usage du gouverment.

— Eh bien, en Mongolie, dis-je, durant les dernières décennies de la domination mandchoue, il en allait différemment. Il y eut une corruption du système mandchou de corvées effectuées, dans un but colonialiste, par un grand nombre de Chinois, en particulier à la fin du XIXe siècle. Je crois qu'il est très important de souligner que ça ne s'est jamais produit au Tibet.

— C'est exact. Au Tibet, nous n'avions certainement pas ces milliers de boutiques chinoises. Et l'usage du système de corvées ne pouvait être autorisé que par le gouvernement tibétain, alors que, d'après ce que vous me dites, en Mongolie les Chinois l'utilisaient eux-mêmes. La grande différence, en tout cas, c'est que, en Mongolie, l'autorité d'user du système de corvées appartenait aux fonctionnaires mandchous. Au Tibet, ce ne fut jamais le cas. Seul le gouvernement tibétain possédait cette autorité.

— Oui. En ce sens, le Tibet et la Thaïlande sont plus comparables. Tous deux avaient le système de corvées, utilisé par leurs dirigeants comme un impôt sur leurs sujets, et les Mandchous n'eurent jamais autorité d'en demander l'usage à aucun des deux pays. On trouve un autre point commun entre le Tibet et l'Asie du Sud-Est. C'est le gouvernement du Régent tibétain qui dirigeait le Tibet, comme les rois thaïs dirigeaient la Thaïlande. Les missions de tributs, et les autres rituels par lesquels ils manifestaient leur respect aux Mandchous, étaient juste une fiction polie. Les Tibétains et les Thaïs, tout au moins, voyaient ces missions différemment de la façon dont les voyaient les Mandchous et les Chinois. Pour eux, elles ne signifiaient pas qu'ils constituaient une partie de la Chine, et ils continuaient à diriger leur pays.

— Oui, c'est exact. Je crois que l'exemple des Thaïs est comparable à celui des Tibétains.

— Les Mandchous, comme avant eux les Chinois, ou les dirigeants mongols de la Chine, prétendaient diriger le monde entier, et exigeaient que chacun se prosterne devant eux, et leur paie ce qu'ils appelaient des tributs. Les Thaïs et les Tibétains dirent : « Parfait, si c'est un moyen de faire du commerce avec la Chine, payons-leur ce qu'ils appellent des tributs. » Par ailleurs, ils pensaient pouvoir, afin de se faire respecter, exploiter les titres que leur donnaient les Mandchous. L'historien thaï que j'ai lu souligne très clairement ces deux points. C'était la même chose au Tibet.

— Oui, dans le cas du Tibet, c'était motivé par le profit. De plus, si quelqu'un affirmait avoir un lien avec l'empereur de Chine, ça ajoutait à son pouvoir, à son image sur le plan local. Et même, à l'entrée des temples et des monastères, ils plaçaient certains des présents reçus des empereurs de Chine ou les lettres et les titres obtenus des Mandchous. C'était le cas même au Potala, ou à Drepung, ou encore dans les monastères Sera de Lhassa.

Il m'en a donné un exemple. Dans les années cinquante, lorsque le Dalaï Lama visita les monastères de Sera, il vit que les moines, pour les cérémonies, arboraient une coiffe noire très particulière. Un empereur Ming l'avait donnée, accompagnée d'un titre, au cuisinier de Tsongkhapa, fondateur de l'ordre du Dalaï Lama, le Gelug. Les moines de Sera, comme tous les Gelugpa, sont censés, au cours de leurs rituels, porter des coiffes jaunes, ainsi que l'avait précisé Tsongkhapa, mais le Dalaï Lama s'aperçut que, pour un certain rituel, ils portaient cette coiffure héritée des Ming. Le Dalaï Lama décida de les taquiner.

— Pour plaisanter, je leur ai dit qu'ils considéraient l'empereur de Chine comme plus important que Tsongkhapa et que la lignée Gelugpa. Ils agissaient clairement contre la règle du *Vinaya*. La règle du *Vinaya* fut instituée par le Bouddha, et nous suivons le Bouddha, et puis nous négligeons la règle du Bouddha pour manifester notre grandeur avec l'appui d'un empereur de Chine.

— Et le but des empereurs mandchous était de contrôler les prétendus barbares des frontières grâce à des cadeaux et à des titres. Les titres et les babioles étaient bon marché par rapport au prix que ça leur aurait coûté d'envoyer des troupes sur la frontière. Ce qu'ils voulaient, c'était le contrôle.

— Oui, telle était la motivation des Mandchous. Mais au Tibet, à cette époque, le pire, c'est que les choses stagnaient et que personne ne contrôlait véritablement le gouvernement.

— N'y a-t-il pas une histoire que vous avez entendue enfant qui puisse décrire cette période de stagnation au Tibet, quand les Régents ont détenu le pouvoir pendant si longtemps ? La période durant laquelle ce ne fut jamais le Dalaï Lama qui gouverna est très longue, et je ne veux pas m'étendre là-dessus. Comment pourriez-vous la synthétiser ?

— Quand j'étais enfant, on répétait continuellement une formule. Je crois qu'elle était vraie aussi plus tôt, au cours de la période dont nous parlons. Ils disaient toujours que nous devions suivre la façon traditionnelle de faire les choses : on répétait ça continuellement. Ça montre clairement une sorte de stagnation. Il n'y avait aucun sens de progrès créatif. Si apparaissait une méthode nouvelle, créative, ils la regardaient comme négative. Ils voulaient garder ce qui se trouvait là, et préserver le passé. Ça a été leur plus grande erreur. Ainsi, le Tibet s'affaiblissait, et personne ne s'occupait de savoir ce qui se passait dans le monde extérieur.

10

Le Treizième Dalaï Lama
1876-1933

Cela faisait quatorze mois que, en fonction de ses disponibilités, le Dalaï Lama et moi évoquions l'histoire du Tibet, lorsque nous en sommes arrivés à son prédecesseur direct, le Treizième Dalaï Lama. D'après nos conversations précédentes, je savais qu'il ressentait avec lui une étrange « connexion ». Il était incapable de décrire précisément ce que signifie ce mot, mais, à diverses reprises, il avait sous-entendu qu'il était persuadé qu'il était une réincarnation du Treizième Dalaï Lama aussi bien que de Chenrizi, et qu'il n'éprouvait pas le même sentiment à l'égard de tous ses prédécesseurs.

Pour comprendre le Tibet moderne, et la place qu'y occupe le Dalaï Lama, il est nécessaire de connaître l'histoire personnelle du Treizième Dalaï Lama, telle que son successeur l'envisage, et telle qu'elle est familière aux spécialistes.

Thupten Gyatso, le Treizième Dalaï Lama, naquit le 27 mai 1876 à Thakpo Langdun, un village situé « à un jour de voiture au sud-est de Lhassa », me précisa le Dalaï Lama.

— Comment avez-vous entendu parler du Treizième Dalaï Lama pour la première fois ?

— Par différentes personnes, dont beaucoup avaient travaillé pour lui. Je crois que j'ai entendu parler de lui pour la première fois par les balayeurs du Potala et du Norbulingka, par les moines du monastère de Namgyal, au Potala, et par des fonctionnaires proches de moi. Je n'ai pas lu sa biographie.

— J'ai étudié un grand nombre d'histoires du Treizième Dalaï Lama. Lorsque les moines cherchèrent à savoir où le Douzième Dalaï Lama s'était réincarné, ils ont commencé, comme l'exige la tradition, par se rendre au lac des visions, Lhamo Latso. Un moine eut une vision dans l'eau du lac. Selon ses indications, les chercheurs trouvèrent rapidement le Treizième Dalaï Lama. Mais comme il n'avait que dix mois, ils durent attendre un an avant d'effectuer les épreuves. Lorsqu'ils placèrent devant l'enfant, mêlés à des objets appartenant à d'autres, des chapelets et des objets ayant appartenu au Douzième Dalaï Lama, il choisit ceux du Douzième Dalaï Lama. Selon le rapport historique, le Régent et les autres furent rapidement convaincus que cet enfant était sa véritable réincarnation, et, quand il eut dix-huit mois, le Régent confirma publiquement Thupten Gyatso. C'est ce qui a été enregistré, mais que savez-vous de sa petite enfance ?

Le Quatorzième Dalaï Lama haussa les épaules :

— Son éducation a été très normale.

Sir Charles Bell, officier britannique basé en Inde, qui passa plusieurs mois, entre 1908 et 1912, avec le Treizième Dalaï Lama, a lui aussi laissé des témoignages à propos de son éducation. Sa description m'a étonné : on aurait pu croire que Bell parlait de l'éducation du Quatorzième Dalaï Lama.

> Au cours de sa jeunesse, on ne lui enseigna ni l'histoire ni la géographie des autres pays, seulement celles du Tibet. Mais plus tard au cours de sa vie, après avoir visité la Chine et l'Inde, il apprit ces sujets par ses observations personnelles, ses voyages, ses questions. Il était particulièrement intéressé par les grandes puissances, et apprit tout ce qu'il put sur les souverains et les différentes nations du monde.

L'actuel Dalaï Lama se rappelle quelques détails concernant l'éducation de son prédécesseur.

— Son tuteur était le grand savant Phurchok Jampa Gyatso Rimpotché, et dès son plus jeune âge le Dalaï Lama a été assez dur. Il existe une étrange histoire. Un jour, alors qu'il étudiait, son tuteur le réprimanda. Sa Sainteté a perdu patience. Il a essayé, comme le font tous les enfants, de prouver qu'il était le plus malin. Le tuteur s'est énervé, et a dit : « Si tu n'étudies pas correctement, alors ce n'est pas la peine que je reste là. Je suis venu pour ton enseignement, depuis le petit ermitage où je médite, et si tu ne veux pas étudier, autant que j'y retourne. » Le tuteur s'en alla. Sa Sainteté ne dit rien pour l'arrêter, car lui aussi était quelqu'un de dur. Puis Sa Sainteté se demanda s'il allait revenir. Il se le demanda souvent. Et plus tard, chaque fois que le Treizième Dalaï Lama mentionnait le nom de son tuteur, il était très ému.

— Il semble que, jeune, il était têtu. Vous, vous n'auriez jamais fait ça, ajoutai-je en riant.

— Oui, c'est vrai, il était comme ça. Je n'ai pas ce genre de courage.

— Le Treizième Dalaï Lama était très volontaire.

— Et très dur. Mon jeune tuteur Trijang Rimpotché m'a dit qu'à l'époque du Treizième Dalaï Lama, ce genre de caractère, un mélange d'obstination et de dureté, était très utile. Ma nature était plus douce, me dit-il, et correspondait à mon époque.

Le Treizième Dalaï Lama, peut-être en raison de la dureté de son caractère, fut le premier Dalaï Lama, depuis 120 ans, à dépasser sa vingtième année. Son règne ne fut pas le règne bref et impuissant d'un enfant enfermé au Potala pendant que d'autres gouvernaient en son nom. Il naquit à une époque où le pouvoir mandchou diminuait. Comme le Grand Cinquième, il finit par gouverner le Tibet, même s'il dut, pour y parvenir, le disputer aux grandes puissances de son époque – la Grande-Bretagne, la Russie, la Chine. Pour son époque, il était cosmopolite. Il voyagea beaucoup (fût-ce sous la contrainte), et vécut un exil itinérant en Mongolie, en Chine, en Inde. A une époque déchirée par les conflits, il connut une vie tumultueuse. Le Tibet fut envahi deux fois : par les Britanniques en 1904, et en 1910 par les forces de l'Empire mandchou. Après la seconde invasion, le Dalaï Lama, plutôt que de se reposer sur des villageois non entraînés qui venaient à la défense du Tibet quand il était attaqué, créa une armée tibétaine et chassa du pays les dernières troupes mandchoues et chinoises. Au cours de la guerre, le Treizième Dalaï Lama envoya des émissaires à la Russie et à la Grande-Bretagne, et rencontra personnellement l'Empereur mandchou, l'impératrice douairière et le vice-roi des Indes. Il parcourait à cheval les étendues sauvages de l'Asie centrale, et, en Chine et en Inde, voyagea en automobile, en train, en bateau à vapeur. Il campa dans des yourtes mongoles, et passa du temps, à Calcutta et Darjeeling, dans des domaines coloniaux britanniques. A la fin de sa vie, il avait rendu au Tibet sa pleine indépendance, et réunifié l'Etat. Il reprit plein contrôle sur le Tibet oriental, que les Mandchous avaient annexé comme province chinoise, chassa les Chinois de presque toute la surface du Tibet ethnique, et déclara l'indépendance absolue de la nation.

Le Treizième Dalaï Lama commença à régner sous de mauvais auspices. En 1895, lorsque, tout jeune, il reçut le pouvoir des mains du Régent et fut intronisé, l'Empire mandchou et le Tibet étaient encerclés par des prédateurs : Japon et nations européennes. Dès les années 1870, à l'occasion des négociations avec les impérialistes japonais à propos de l'hégémonie sur la Corée et les îles Ryūkyū, les Mandchous s'étaient rendu compte que les anciennes relations tributaires imposées à la Corée et aux autres pays frontières – dont ils imaginaient qu'elles faisaient de la Corée une partie de l'Empire mandchou – n'avaient plus de valeur légale dans le monde moderne. Le Japon exigeait l'indépendance de la Corée, sous sa protection, et finit par forcer les dirigeants mandchous à l'accepter. La colonisation de la Corée par le Japon qui suivit fut un premier pas vers une colonisation de plus vastes régions de la Chine.

Le cas de la Corée ne faisait que présager des événements futurs. En 1880, malgré l'affirmation de « droits spéciaux » des Mandchous sur le Vietnam – basés, une fois de plus, sur l'ancienne coutume des tributs –, les Français ajoutèrent Hanoï et Haiphong à leur empire colonial en Asie du Sud-Est, alors en pleine expansion. Non seulement les relations tributaires des Mandchous étaient passées de mode et n'étaient plus reconnues par les Etats voisins sur lesquels les Qing essayaient de les appliquer, mais se voyaient purement et simplement rejetées car les Mandchous n'avaient plus pour les soutenir la puissance militaire suffisante. En 1884, au cours d'une bataille à propos du Vietnam entre les Mandchous et la marine française, la marine française l'emporta et tua 521 marins chinois et mandchous, ne perdant elle-même que 5 hommes. A la même époque, les Russes se pressaient sur les frontières nord de l'Empire mandchou, manifestant même de l'intérêt pour la Mongolie – qui, à la différence de l'Asie du Sud-Est et du Tibet, payait directement des impôts en argent aux Mandchous.

Encore pris au piège de la domination mandchoue, les Chinois, en voyant les colonialistes japonais et européens avancer à travers l'Asie, développèrent un sens aigu du nationalisme. Ce nationalisme chinois croissant exigeait maintenant des Mandchous que l'Empire mandchou incorpore dans l'Etat chinois les anciens pays tributaires. A la fin du XIXe siècle, les journaux étaient répandus, et même si, en tant que sujets mandchous, ils n'avaient rien à dire, les Chinois surveillaient de très près ce qui se passait à l'étranger.

En raison des incursions étrangères, les Chinois se sentirent doublement victimes – d'abord des Mandchous, qui occupaient la Chine depuis 1644, ensuite des Japonais, des Français, des Britanniques et des Russes qui dépouillaient leur pays de ce que le peuple considérait comme des pays frontières que la Chine devait diriger. Pour le mouvement révolutionnaire chinois en train d'éclore, les Mandchous étaient des étrangers. La ferveur révolutionnaire se développait ; elle reposait, au début, sur le rêve d'un Etat chinois dont seraient chassées toutes les autres races. Selon les Chinois de souche, comme Sun Yat-sen, qui finit par écarter les Mandchous pour fonder, en 1911, une république ethnique chinoise, les Mandchous laissaient les autres étrangers piller la Chine. « Des ennemis puissants ont empiété sur le territoire de Chine, et cette dynastie a morcelé notre sol sacré pour nourrir les nations étrangères », proclamait-il. Pour lui, il ne s'agissait pas d'un territoire mandchou. Le pays appartenait aux Chinois, et les Mandchous n'avaient pas le droit de le brader.

Lorsque les colonialismes européens et japonais s'intensifièrent, le nationalisme ethnique explosa. La Chine n'avait jamais existé en tant que nation moderne, distincte des divers empires qui avaient dirigé le pays. Aujourd'hui, parmi les savants, existe un consensus selon lequel le nationalisme chinois est une création du XXe siècle. Il prospéra au sein d'une population soumise à la loi mandchoue, incapable de défendre son pays contre l'impérialisme européen aussi bien que contre les envahisseurs mandchous. La première question, à propos de la nouvelle Chine, était la suivante : où se trouveraient ses frontières ? Devaient-elles être celles de l'empire Ming ? devait-on, pour les définir, prendre en compte les populations parlant chinois ? ou bien les Chinois allaient-ils faire en sorte que les frontières de leur territoire correspondent à celles des anciennes conquêtes mandchoues ?

Au début des années 1900, les Chinois considéraient que les anciens pays payant un tribut aux Mandchous appartenaient à la Chine, même si les dynasties chinoises précédant la conquête mandchoue – les Tang, les Song, les Ming – ne les avaient jamais dirigés. Sous une très réelle menace étrangère apparut un nationalisme chinois virulent.

Avec le temps, les nationalistes chinois allaient déposer la dynastie mandchoue et choisir de coloniser les pays frontières, la Mongolie et le Tibet, où les Mandchous, jusque-là, avaient interdit aux Chinois de s'installer. Les gouvernants de Pékin étaient convaincus que les Mongols et les Tibétains – en qui ils voyaient des barbares illettrés, vulnérables aux manipulations étrangères – ne pourraient jamais parvenir à une véritable indépendance. Ainsi que le disait un observateur chinois :

> C'est comme le jeune moineau qui se vante de savoir voler, le jeune lapin qui se vante de savoir courir. Ils n'échapperont sûrement pas aux dents des vautours affamés ou des tigres voraces...

Les vautours entourant l'Empire mandchou et le Tibet se rapprochaient. En Inde, le pouvoir britannique se développait, et il parvint au pied de l'Himalaya du Sud, vers le Tibet.

Sikkim était un royaume himalayen dont le Tibet prétendait qu'il était sinon son vassal, tout au moins un Etat tributaire. Son peuple adhérait aux ordres Nyingma et Kagyu du bouddhisme tibétain, et était en grande partie de race tibétaine. En 1890, les Britanniques, désireux de finaliser leur progressive annexion de Sikkim, négocièrent un traité avec les représentants mandchous de Chine, qui prétendaient contrôler le Tibet, et définirent les frontières du Tibet et du Sikkim. Le Tibet ne fut pas invité aux négociations. Les Britanniques plantèrent entre le Tibet et le Sikkim des poteaux frontières que les Tibétains arrachèrent aussitôt. Il y eut une série d'escarmouches, et Lhassa affirmait avec insistance que les Britanniques et les Mandchous ne pouvaient négocier seuls un traité frontière. Peu à peu, les Britanniques comprirent que la revendication Mandchoue d'un dominion sur le Tibet était une fiction, au même titre que les prétentions de l'Empire mandchou sur la Corée, la Birmanie, le Vietnam et la Thaïlande. Le Tibet ne reconnaîtrait jamais des traités négociés par les Mandchous, et si l'Inde voulait contrôler sa frontière avec le Tibet, elle devait traiter directement avec Lhassa.

George Nathaniel Curzon, vice-roi des Indes, essaya d'établir des contacts avec le véritable dirigeant du Tibet, le Treizième Dalaï Lama, mais ses lettres, ce qui l'ennuya beaucoup, lui revinrent sans avoir été ouvertes. Pire, certaines lui furent renvoyées apparemment intactes, mais remplies de bouse séchée. Par des intermédiaires, le Tibet informa les Britanniques que Lhassa n'entrerait en communication avec aucune puissance étrangère sans l'autorisation des Mandchous. Mais, comme les Britanniques le découvrirent bientôt, le Tibet utilisait la fiction du pouvoir mandchou pour échapper à toute discussion avec eux, car le Dalaï Lama n'avait aucun intérêt à établir des relations avec Londres. Cette ruse n'était que le début de la jonglerie du Treizième Dalaï Lama avec des empires coloniaux en compétition.

Le Quatorzième Dalaï Lama découvrit, tout jeune, l'étonnante histoire de son prédécesseur. Il l'apprit peu à peu, à travers des anecdotes entendues au cours de son enfance et de son adolescence. Elle s'anima quand il ouvrit des caisses de cadeaux offerts au Treizième Dalaï Lama par des envoyés étrangers, et qu'il avait conservées dans ses appartements personnels. Même si, plus tard, le Quatorzième Dalaï Lama fut enthousiasmé par une collection de peintures anciennes qu'il découvrit au Potala, et qui lui apprirent la spiritualité de Milarepa, dans son enfance il prit plaisir à des trésors plus terre à terre.

— Comment avez-vous découvert ces objets laissés par votre prédécesseur ?

— Quand j'étais très jeune, j'adorais les chasses au trésor. J'ouvrais de vieilles caisses, et je regardais ce qu'il y avait dedans. C'était mon habitude. Et plus tard, s'il était nécessaire que je dise ce qui se trouvait à l'intérieur de ces caisses, j'en étais capable. Quel genre de caisse se trouvait dans telle ou telle pièce, et le genre de choses qu'elle contenait. Je les connaissais bien.

— Et personne d'autre n'avait touché à ces caisses depuis la mort du Treizième Dalaï Lama ?

— Non, dit-il en secouant gravement la tête. Personne n'avait le droit de les ouvrir.

Il montra sa poitrine, et ajouta d'un air taquin :

— Personne, sauf moi.

— Qu'avez-vous trouvé dans ces caisses ?

— Un tas de choses. Au Potala, il y avait des robes de moine ayant appartenu au précédent Dalaï Lama, et qui étaient devenues inutilisables. Elles étaient très propres, évidemment. Il portait toujours des vêtements très propres. Mais elles étaient très anciennes et usées par de multiples lavages.

— Vous n'avez donc porté aucune de ces robes ?

— Non, jamais. Certaines étaient déchirées. Et comme il avait passé des années en Mongolie, le Dalaï Lama portait des vêtements de style mongol, que j'ai trouvés, mais comme moi je portais toujours des robes de moine, je ne pouvais porter ses vêtements. Il y avait deux caisses pleines de souliers occidentaux. J'avais très envie d'en porter une paire. C'était compliqué, parce que, d'un côté, ils étaient trop grands pour moi, et de l'autre, je devais ne porter, quand j'étais enfant, que des chaussures tibétaines. Quand j'étais petit, ils étaient de style trop occidental pour un moine. Je crois qu'il y avait vingt ou trente paire de souliers. Il ne les avait jamais portés. Il les gardait dans des caisses.

— Et vous aimiez ces souliers ?

— Oui. En fait, vous pouvez en voir les cicatrices.

Il rit, et se pencha.

Il baissa une de ses chaussettes et, sur une cheville délicate qui n'avait pas beaucoup vu le soleil, me montra une cicatrice rose.

— C'est en les portant que vous vous êtes fait cette cicatrice ?

— Pas exactement. Une des chaussures avait des clous dans sa semelle. C'était amusant de porter ces chaussures et de marcher lourdement, en faisant beaucoup de bruit. Elles étaient trop grandes, et je devais mettre du papier au bout des orteils pour pouvoir les porter. En fait, je suis tombé et le clou d'une chaussure m'est entré dans la cheville. Les balayeurs étaient très en colère contre moi quand j'ai sorti les chaussures et insisté pour les porter. Je crois que je ne les ai prises que deux fois, avant d'être intronisé, en 1950. Quand j'étais jeune, je voulais les porter, mais ça me faisait peur. Ensuite, j'ai été intronisé, et j'étais plus grand, puisque j'aurais pu les prendre. C'est d'ailleurs ce que j'ai fait et, un jour en vacances, je les ai prises pour courir.

— Au cours de votre jeunesse, qu'avez-vous trouvé d'autre ayant appartenu au Treizième Dalaï Lama ?

— Il y avait quelques montres. Certaines dataient du XVIIIe siècle, et l'une, sans doute, du XVIIe. Une de ces montres lui avait été offerte par le tsar de Russie, elle avait un diamant enchâssé. J'ai trouvé aussi beaucoup de brocart de soie. Il y avait des choses très diverses, en provenance de Chine, de Russie, d'Inde, d'Occident. Tout cela se trouvait au Potala lorsque j'y vivais. Et il y avait des choses encore plus variées au Chensalingka, à Norbulingka.

— Le Chensalingka était une résidence et un temple construits par le Treizième Dalaï Lama dans l'enclos du palais d'Eté, le Norbulingka, c'est bien ça ?

Il acquiesça, et poursuivit ·

— Au Chensalingka, il y avait sa collection de fusils. Certains étaient superbes. Le Treizième Dalaï Lama était très amateur de fusils. Moi aussi, ils me plaisaient bien.

— Vous vous en êtes servi ?

— Non. Jamais. Je n'en avais pas le droit. Même quand on me permettait de les regarder, il y avait des restrictions.

— Vous me dites qu'ils étaient superbes. En quoi ?

— Ils étaient très astucieux. Certains étaient très anciens, d'autres récents. Il y avait même une mitrailleuse russe, assez grosse, et du matériel de polo.

— Le Treizième Dalaï Lama jouait au polo ?

— Jamais. Mais ses gardes du corps y jouaient, et peut-être qu'il les regardait. Il y avait beaucoup de caisses. Certaines avaient été envoyées de Chine ou d'Inde en même temps que lui. D'autres restaient dans des dépôts, jamais ouvertes après leur arrivée à Lhassa. Mais moi, son successeur, je les ai ouvertes et je me suis servi des crayons, des taille-crayons, du papier. C'était presque comme un petit marché, plein de choses utiles. Il y avait même un appareil pour tailler les diamants !

— Vous n'aviez donc rien à acheter. Vous aviez déjà tout.

— Oui, dit-il en riant. Il y avait aussi beaucoup de gadgets pour élaguer les arbustes. Certains étaient de très bonne qualité. Je crois qu'ils venaient tous d'Angleterre.

— Il aimait beaucoup passer du temps dans son jardin, non ? J'ai lu un livre dans lequel il est dit qu'il a envoyé au tsar des boutures de roses du Tibet.

— Oui, il aimait les fleurs. Quand je vivais au Norbulingka, il y avait un vieux moine responsable des fleurs. Il avait occupé le même poste sous le Treizième Dalaï Lama. Ce moine n'était pas très patient, et il lui arrivait même, parfois, de s'impatienter avec moi. Comme le Treizième Dalaï Lama savait qu'il manquait de patience, un jour qu'il se promenait au milieu des fleurs dont s'occupait ce moine, il lui demanda : « Comment s'appellent ces fleurs ? » Le moine resta silencieux, sans répondre. Le Dalaï Lama lui posa la question une deuxième fois, mais toujours pas de réponse. Il la posa une troisième fois. Le moine lui répondit : « Vous le savez déjà ! »

En racontant cette histoire, l'actuel Dalaï Lama riait.

— Alors le Treizième Dalaï Lama n'avait plus rien à dire, sauf : « Vous êtes vraiment énervé, aujourd'hui », et il s'en allait.

— Arrivait-il au Treizième Dalaï Lama de se montrer plus dur que ça ?

— Oh ! oui. Certains des balayeurs se sont fait réprimander par le Treizième Dalaï Lama. Il en a même frappé quelques-uns. Mais il y en avait qui étaient très superstitieux et vivaient des expériences étranges. Ils disaient qu'après avoir été battus par le Dalaï Lama, ils étaient guéris de leurs maladies chroniques. Certains d'entre eux étaient encore vivants à mon époque, qui m'ont élevé. Ils m'ont raconté des histoires montrant sa dureté. Un vieux moine du Norbulingka me dit qu'un jour que le Treizième Dalaï Lama s'impatientait contre lui, il prit sa canne (*comme pour le battre*). Le moine sauta dans une mare profonde, au Norbulingka. A cause de sa robe, il a commencé à flotter et n'a pas coulé. Mais le moine essayait de mettre la tête sous l'eau, pour se noyer. Alors le Dalaï Lama a tendu sa canne, par laquelle le moine avait eu si peur de se faire battre, pour le tirer de là.

— On dirait que vous avez appris bien des choses sur le Treizième Dalaï Lama à travers les balayeurs et les trésors que vous avez trouvés dans des caisses, au Potala et au Norbulingka.

Il se mit à rire.

— Oui, mais apprendre ne m'intéressait pas tellement. Je cherchais juste des trésors ! Evidemment, j'ai découvert aussi les télescopes. Ils ont beaucoup servi à développer, dès mon plus jeune âge, mon intérêt pour l'astronomie. Je crois que c'était juste un cadeau qu'on lui avait fait et qui avait été mis de côté ; il ne s'en servait jamais. Mais quand je les ai trouvés, ils sont devenus pour moi un trésor. Je me souviens en avoir installé un sur le toit du Potala pour regarder la Lune. C'est la première fois que j'ai vu les montagnes de la Lune, et les ombres des montagnes sur les cratères.

Pour le Dalaï Lama, ce fut une découverte importante. Lorsqu'il vit ces ombres, il sut que, contrairement aux enseignements des textes bouddhiques, la Lune ne produisait pas elle-même sa lumière. Cette découverte encouragea en lui une foi dans la science qui a duré toute sa vie. Mais le Dalaï Lama trouva au télescope d'autres usages.

— Je me servais aussi du télescope pour regarder les prisonniers dans la cour de la prison, au pied du Potala.

La vue des conditions dans lesquelles vivaient les prisonniers fut l'une des découvertes qui poussèrent le jeune Dalaï Lama à remettre en question le gouvernement du Tibet.

Evoquant les télescopes et les autres cadeaux de son prédécesseur qui avaient changé sa vie, il me dit :

— Le Treizième Dalaï Lama prenait grand soin de préserver tous ces cadeaux, même si son propre style de vie, ses habitudes alimentaires, tout ça restait très simple.

— J'ai remarqué que vous avez trouvé, parmi ce qui appartenait au Treizième Dalaï Lama, beaucoup d'objets d'origine russe. Une montre avec un diamant enchâssé, cadeau du tsar, et des fusils russes. La première fois que le Treizième Dalaï Lama a fui le Tibet, c'était en 1904, juste avant que les Britanniques n'arrivent à Lhassa. Les Britanniques, en 1904, prétendirent qu'ils envahissaient le Tibet de crainte que les Russes ne l'utilisent comme base d'attaque contre l'Inde.

— Il est évident que le Treizième Dalaï Lama avait un grand désir d'établir des relations avec la Russie, et je crois aussi que, au début, il était sceptique vis-à-vis de l'Angleterre. Et puis il y avait Dorjiev. Pour les Anglais, il s'agissait d'un espion, mais en réalité c'était un véritable savant, et un moine bouddhiste sincère, qui éprouvait une grande dévotion pour le Treizième Dalaï Lama.

Agvan Dorjiev (1854-1938) est l'un des personnages les plus fascinants de l'histoire tibétaine. Dorjiev était un moine bouddhiste né au sein de la tribu mongole des Bouriates, dans ce qui est aujourd'hui la république russe de Bouriatie, au centre de la Sibérie, le long de la rive occidentale du lac Baïkal. La Bouriatie fut, à partir de 1666, envahie et colonisée par les Russes, mais ils n'éliminèrent pas les Bouriates, qui, tout en devenant sujets du tsar, restèrent bouddhistes. Pour Dorjiev, comme pour les bouddhistes de Mongolie, Lhassa restait une terre sacrée et le Dalaï Lama, en raison de ce que le Troisième Dalaï Lama avait accompli avec les Mongols, demeurait le plus grand professeur et hiérarque bouddhiste. Dorjiev avait quatorze ans lorsqu'il commença à étudier le bouddhisme, mais rapidement il se rendit en Mongolie pour poursuivre ses études, et, en 1890, âgé de trente-six ans, finit par arriver à Lhassa. Il devint si savant en fait de bouddhisme que, bien qu'il fût étranger, les Tibétains le nommèrent tuteur assistant du jeune Dalaï Lama. Grâce à ce contact proche avec le Dalaï Lama, il devint l'un des conseillers politiques auquel il faisait le plus confiance. Par comparaison avec la façon dont, dans leur propre pays, les Mandchous traitaient les Mongols, Dorjiev était satisfait de la façon dont l'Empire russe traitait les Bouriates, et il y joua un rôle crucial, encourageant le Treizième Dalaï Lama à considérer la Russie comme un patron potentiel contre l'influence chinoise et britannique.

En 1897, deux ans après qu'il eut reçu le pouvoir des mains du Régent, le Treizième Dalaï Lama avait suffisamment confiance en sa propre autorité pour ne plus prendre la peine de consulter les représentants de l'Empereur mandchou en ce qui concernait la nomination de personnages officiels au Tibet. L'illusoire contrôle mandchou sur le Tibet avait disparu. Assumant la réalité du pouvoir, le jeune Dalaï Lama voyait avec une inquiétude croissante les incursions anglaises au sud du pays. Lhassa s'agita lorsque des espions britanniques furent pris en train de dresser des cartes en cachette. Dorjiev, conseiller du Dalaï Lama pour la politique étrangère, dit au jeune homme que si les Mandchous, devenus impuissants, plutôt que de protéger le Tibet comme le voulait la relation prêtre-patron, participaient à son démembrement – ainsi que les Tibétains en avaient l'impression dans le cas du Sikkim –, le Tibet devait se trouver un nouveau patron. Dorjiev donna lui-même son point de vue par écrit :

> La nécessité de trouver le patronage d'une nation étrangère a été secrètement débattue au Tibet, au plus haut niveau, dès lors que les fonctionnaires chinois, ayant reçu des pots-de-vin des Britanniques,

avaient privé le Tibet du pays de Sikkim. J'étais présent lors de ces réunions, et j'ai exprimé l'opinion qu'on devrait donner la préférence à la Russie.

En évoquant cette période, l'actuel Dalaï Lama me dit :

— Nous, les Tibétains, à cette époque, nous qualifions en général les gens comme les Anglais, qui étaient très forts, de *tendra*, c'est-à-dire des ennemis du Dharma. Je crois que certains moines chinois, et les fonctionnaires mandchous, avaient aussi cette attitude. Nous avions en commun cette perception selon laquelle les Anglais et les Occidentaux étaient les ennemis du Tibet, et les Mandchous les patrons du Tibet.

Comme le Tibet était un Etat religieux, le concept de *tendra* impliquait le dégoût et la peur des étrangers, ce qui explique pourquoi le Treizième Dalaï Lama alla jusqu'à refuser d'ouvrir les premières lettres des Britanniques. Les monastères conservateurs, sur lesquels le Dalaï Lama s'appuyait, tendaient, en raison de leurs croyances bouddhiques communes, à continuer à soutenir les Mandchous. A la même époque, la peur des missionnaires chrétiens, dont les Tibétains pensaient qu'ils étaient soutenus par les Indes anglaises, fut l'un des facteurs contribuant à la perception des Britanniques comme *tendra*.

— Et donc, naturellement, on ne faisait pas confiance aux Britanniques. Comme nous n'avions pas de contacts avec eux, on n'avait même pas le courage de rencontrer les ennemis du Dharma.

Dans cette situation, et avec Dorjiev qui poussait le Dalaï Lama à se tourner vers les Russes, il n'y avait pas deux solutions.

Une fois prise la décision de chercher un nouveau patron, Dorjiev fut assez pragmatique pour se rendre en Russie et demander à parler directement au tsar, tout simplement. A Lhassa, on ne se doutait pas qu'un envoyé du Dalaï Lama demandant une audience au tsar affolerait les Britanniques. Dorjiev ne fit rien pour dissimuler son voyage en Russie, et des comptes rendus parurent dans les journaux anglais. Curzon, le vice-roi, vit là une intrigue russe afin de menacer l'Inde à partir d'une nouvelle base, le Tibet. Dorjiev étant, de façon évidente, un espion russe – son pays natal, la Bouriatie, faisait partie de la Russie et Dorjiev avait la nationalité russe –, Curzon décida qu'il était « nécessaire de préserver le *statu quo* du Tibet », ce qui impliquait que Londres s'assurât que ni troupes russes, ni armes russes ne soient autorisées à entrer au Tibet. Selon la presse, un diplomate russe discutait avec les Mandchous du projet d'un Tibet indépendant sous protectorat russe. Depuis des dizaines d'années, l'indépendance de la Corée et du Vietnam vis-à-vis de la Chine était un euphémisme pour désigner une occupation militaire et ce fait, joint aux folles rumeurs à propos de Dorjiev, l'« espion russe », affola Curzon.

Pour finir, une alliance avec le Tibet n'intéressa pas les Russes, qui rejetèrent les propositions de Dorjiev. Moscou ne discuta pas non plus de l'indépendance du Tibet vis-à-vis des Mandchous : ce que publiait la presse était entièrement faux. Le Tibet était trop isolé, trop inaccessible, ne représentait pas un marché pour écouler les produits russes, et on n'y trouvait rien à extraire. Les conservateurs de Londres, cependant, refusèrent d'accepter ces explications données par le ministère des Affaires étrangères russe. En novembre 1902, Curzon décida d'envoyer une armée au Tibet – il était convaincu qu'il trouverait à Lhassa soit des troupes russes, soit des armes russes, conséquences d'un traité secret entre les deux pays. Les événements devaient lui donner tort sur tous les plans.

La Chine mandchoue et la Russie protestèrent contre l'invasion britannique, en 1904, mais aucun des deux pays n'apporta son aide au Tibet. Sous couvert d'une mission commerciale, les Britanniques avancèrent dans le sud du Tibet, et Lhassa refusa de négocier avant qu'ils ne soient retournés à la frontière. Londres insista pour qu'ils marchent jusqu'à Lhassa. Les minuscules milices tibétaines – ne consistant pas en un corps organisé, mais essentiellement en paysans qui, armées de fusils à mèche et d'épées, se soulevaient pour défendre leur pays – se massèrent pour bloquer la route de Lhassa.

Lors de la rencontre décisive, 1 500 Tibétains mal équipés se heurtèrent à 3 000 soldats britanniques, dont certains étaient armés d'une version primitive de la mitraillette, le Maxim, qui tirait sept cents balles en quatre-vingt-dix secondes. Lors du massacre de Guru, les Britanniques tuèrent six ou sept cents Tibétains. Pas un seul Britannique, ni Népalais, ni Indien ne fut tué. Lorsque les survivants tibétains se retirèrent, après que les mitraillettes eurent ouvert le feu, ils ne coururent pas, mais – peut-être inconscients de ce qui se passait – marchèrent, très lentement, alors que les Britanniques continuaient de tirer. Les officiers et les troupes britanniques furent horrifiés de leur macabre tâche. Un soldat écrivit à sa mère : « J'espère que je n'aurai plus jamais à tirer sur des gens qui se retirent en marchant. » Et un autre, lui aussi à sa mère : « J'étais si malade de cette boucherie que j'ai arrêté de tirer, alors que le général nous avait dit d'en tuer autant que possible. »

L'armée britannique ne rencontra plus de résistance. Le 30 juillet

1904, le Treizième Dalaï Lama nomma un Régent pour gouverner le Tibet en son nom, et, suivi de quelques fidèles parmi lesquels Dorjiev, partit pour l'exil. Le 2 août, les Britanniques entraient dans Lhassa – ville dans laquelle aucun Anglais n'avait pénétré depuis 1811 – et n'y découvrirent aucune preuve de l'implication de la Russie dans les affaires du Tibet.

— Pourquoi s'est-il enfui en Mongolie ? Ça a été l'une des décisions les plus funestes de sa vie. Pourquoi est-il parti ?

— Personnellement, je crois que c'était une erreur. Evidemment, on ne peut pas lui en vouloir, parce qu'à ce moment-là, personne ne savait ce qu'étaient les Britanniques, et personne ne savait ce qu'allait faire l'armée britannique. Mais, plus tard, l'armée britannique parut disciplinée. Quand ils rencontraient des obstacles, une résistance, ils tuaient, c'est vrai. Mais sinon ils n'incendièrent pas les monastères, ne volèrent pas, ne pillèrent pas. Quand ils sont arrivés à Lhassa, ils ont campé dans leur propre camp, et ont négocié avec le gouvernement tibétain. Ils étaient très disciplinés et, plus tard, les Tibétains comparèrent leur façon d'agir avec celle des Chinois et des Mandchous lors de leur invasion (*en 1910*). Eux brûlaient les monastères et pillaient des villages. Et lorsqu'ils sont arrivés à Lhassa, ils ont occupé les maisons. Si l'on en juge d'après la relativement bonne conduite des Britanniques, si le Treizième Dalaï Lama était resté à Lhassa pour discuter, ça aurait peut-être eu un résultat plus positif.

— Ainsi, selon vous, c'était une erreur ?

— Oui. Quand il est parti, il pensait aller en Chine en passant par la Mongolie. Mais tout ça s'était décidé très vite, de même que ma fuite, en 1959, s'est décidée très vite. Lorsque le Dalaï Lama est arrivé au monastère de Reting, le lama de Reting lui a offert ses services, y compris des tentes, des vivres, d'autres chevaux. Ils ont continué d'avancer, et sont arrivés en Mongolie.

Quand il partit pour cet exil qui devait durer huit ans, le Treizième Dalaï Lama en avait vingt-huit. Après trois mois d'un voyage difficile – plus de 2 000 kilomètres à travers le nord du Tibet, plateau sauvage, venteux, dénudé, dont la plus grande partie est à plus de 5 000 mètres d'altitude, puis par le désert de Gobi –, il arriva enfin à ce qui est aujourd'hui Ulān Batār. En raison de leur dévotion aux Dalaï Lamas, les Mongols le reçurent bien.

— Ses relations avec les moines et les monastères étaient excellentes. En Mongolie, à cette époque, il était de tradition que les moines approchent les savants, et demandent à faire un débat. Il acceptait de telles requêtes, et ils débattaient avec lui. Pour cette raison, il passa beaucoup de temps à étudier les écritures, de façon acharnée. Comme il devait débattre, il devait étudier. Il débattit, et l'emporta un grand nombre de fois, souvent contre des savants de renom. Plus tard, il passa du temps à expliquer les textes bouddhiques, non pas sous forme de leçons publiques, mais en les expliquant très sérieusement à quelques moines. En fait, en Mongolie, il se conduisit comme un maître, et pas comme le Dalaï Lama. A Lhassa, le Dalaï Lama donnait des leçons publiques, mais le reste du temps il ne se conduisait pas comme un maître ordinaire. Pendant son séjour en Mongolie, le Treizième Dalaï Lama poursuivit l'étude du Dharma, à la fois de façon officielle et en privé. J'ai appris cela lors d'un de mes voyages en Mongolie, lorsque l'un des vieux moines mongols me dit que son maître avait reçu des enseignements du Treizième Dalaï Lama.

— Son séjour en Mongolie a-t-il eu une grande influence sur lui ?

— Oui. Les balayeurs m'ont dit qu'il avait appris la langue mongole, qu'il la parlait assez couramment, et qu'il était influencé également par le style vestimentaire des Mongols. Donc, malgré la situation politique et quelques malentendus avec un prêtre mongol, il développa une relation très particulière avec les monastères et le peuple. Les Mongols étaient déjà très très dévoués aux maîtres bouddhistes, et ils se montrèrent très dévoués au Dalaï Lama.

— Et pendant qu'il était en Mongolie, que se passait-il, sur un plan politique, entre la Grande-Bretagne, le Tibet et les Mandchous ?

— Je ne connais rien à cet aspect politique. Il vous faudra effectuer des recherches.

*

L'invasion britannique suscita chez les Chinois et les Mandchous la crainte d'un Tibet occupé par les Anglais. L'Empire Qing était déjà confronté à des menaces impérialistes sur ses frontières sud-est, et une colonisation britannique du Tibet aurait placé des forces anglaises sur la frontière occidentale, à quelques centaines de kilomètres de provinces très peuplées. La crainte que le Tibet ne soit utilisé par des étrangers fut l'une des causes qui finirent par provoquer l'invasion mandchoue de 1910, et l'invasion chinoise de 1950. L'incursion britannique obligea à une redéfinition drastique de l'ancienne relation patron-prêtre, et contribua à la naissance du nationalisme ethnique chinois.

Les Mandchous – l'Empire Qing – étaient devenus suzerains du Tibet en 1720, avec l'installation du Septième Dalaï Lama. Mais cette relation n'était pas définie de façon rigoureuse, et les Mandchous ne tentèrent pas d'absorber le Tibet comme l'une de leurs provinces. Les Tibétains ne payaient pas d'impôts aux Mandchous, comme le faisait la Mongolie, qui est aujourd'hui indépendante. Le Tibet conservait aussi son propre système légal et administratif, avec ses propres fonctionnaires, tandis que les autorités chinoises et mandchoues gouvernaient directement la Mongolie. Dès 1792, l'Empereur mandchou Qianlong savait que le Dalaï Lama et ses ministres « pouvaient faire ce qu'ils voulaient dans leur administration des affaires du Tibet, et ignorer... les fonctionnaires mandchous incompétents », qui étaient, en théorie, censés gouverner le pays. Cette relation nébuleuse le devint encore plus au cours du XIXe siècle, en raison des menaces auxquelles, de tous côtés, les Mandchous devaient faire face. La rébellion Taiping (1850-1863) – en partie suscitée par un désir des Chinois de chasser les Mandchous – fit, selon les estimations, entre vingt mille et quarante mille morts, et faillit mettre à bas le régime mandchou. Au cours du XIXe siècle, le Tibet dut mener deux guerres contre le Népal et contre le Ladakh, une province indienne, et l'armée mandchoue ne participa à aucune des deux expéditions. Lorsque le Treizième Dalaï Lama arriva au pouvoir, en 1895, les Mandchous n'étaient plus capables d'intervenir dans les affaires du Tibet. Leur attention était focalisée ailleurs – jusqu'à l'invasion du Tibet par les Britanniques. Les révolutionnaires chinois, qui n'avaient pas chassé leurs maîtres mandchous, voyaient les choses de façon très simple : le Tibet faisait partie de la Chine, et les Britanniques l'envahissaient.

Au cours de l'été 1904, désireux d'assurer le retrait des troupes installées à Lhassa, les fonctionnaires laissés en charge au Tibet par le Treizième Dalaï Lama capitulèrent. Selon la convention qui en résulta entre le Tibet et la Grande-Bretagne, le Tibet accepta l'annexion du Sikkim par les Britanniques, donna à l'Inde contrôlée par les Anglais le droit d'ouvrir des comptoirs dans le sud du Tibet, et de stationner des troupes anglaises pour les protéger, et accepta de ne pas entretenir de relations avec des Etats étrangers, y compris la Chine. Londres ordonna aussi à Lhassa de payer des dommages de guerre aux Britanniques. Le Tibet devenait ainsi un protectorat anglais, mais la Grande-Bretagne n'assumait aucune responsabilité dans sa défense. Ce traité, premier document signé selon la tradition européenne entre le Tibet et un autre Etat, reconnaissait au Tibet le droit de négocier et de signer des traités comme n'importe quel Etat. Si les Britanniques avaient respecté cet accord, le Tibet serait devenu un protectorat comme le Sikkim. Mais ce ne fut pas le cas.

Pendant ce temps, depuis la Mongolie, le Dalaï Lama renvoyait Dorjiev en Russie en quête, une fois de plus, du soutien du tsar Nicolas II. Le Treizième Dalaï Lama écrivait maintenant « qu'il demandait protection contre les dangers qui menacent ma vie, si je rentre à Lhassa, ce qui est à la fois mon intention et mon devoir ». Il ne reçut pas de réponse. Comme les Britanniques, les Russes voulaient s'assurer que personne n'utilise le Tibet pour les menacer. Aucune nation n'avait intérêt à ce que le Tibet fût un Etat indépendant, ni le vassal d'un ennemi. Pour Londres comme pour Moscou, la solution politique, même si depuis un certain temps le Tibet se gouvernait tout seul, était de reconnaître une revendication mandchoue, délibérément floue, sur le pays. Le moment était opportun : le Dalaï Lama, exilé et sous le coup d'une proclamation mandchoue le déposant, n'avait plus de pouvoir. A Lhassa, les Mandchous tentèrent d'ouvrir une école, et échafaudèrent des plans pour incorporer l'élite du gouvernement tibétain à une administration mandchoue. Le pire était encore à venir.

Tandis que, en Mongolie, le Dalaï Lama attendait une intervention russe, l'Etat mandchou en cours d'effondrement essaya de se défendre contre les agressions étrangères. L'invasion de 1904 rendit furieux les Mandchous et leurs sujets chinois. Les relations d'origine entre le Tibet et les Mandchous, aussi mal définies qu'elles pussent être, n'avaient jamais tendu à une assimilation du Tibet. En réponse directe à l'invasion britannique et au traité qui en était résulté, le numéro deux de l'Etat mandchou, l'impératrice douairière Ts'eu-hi, et les fonctionnaires qui l'entouraient instaurèrent dans l'est du Tibet une domination directe des Mandchous, et installèrent des colonies chinoises. Les fonctionnaires mandchous chassèrent de Batang les administrateurs tibétains et tentèrent de limiter le pouvoir des monastères. Ils interdirent aux moines de faire de nouvelles recrues et – encore pire pour les Tibétains qui considéraient les étrangers comme des ennemis du Dharma – autorisèrent la présence de prêtres catholiques français.

En mars 1905, les Tibétains se révoltèrent. Ils massacrèrent les fonctionnaires mandchous et deux missionnaires français qui, incapables de convertir les Tibétains, s'étaient mis du côté des Mandchous dans leur tentative de coloniser la région grâce à des fermiers chinois dociles. En réponse, 2 000 Mandchous marchèrent sur la région, et exécutèrent les fonctionnaires tibétains, y compris les abbés des monastères, brûlant même un monastère. Pékin félicita Zhao Erh-feng, le magistrat mandchou qui avait mené la campagne, pour avoir « aidé à l'avancée de la civilisation ».

L'année suivante, dans l'ouest du Tibet, des moines qui s'étaient rendus après avoir subi un siège mandchou furent exécutés, et des temples chinois furent construits à la place de temples tibétains. Pour la première fois, Lhassa reçut l'ordre de payer des impôts au gouvernement mandchou, et les Tibétains durent prendre des noms chinois. On faisait, de toutes sortes de façons, la promotion de la colonisation chinoise, y compris par une proclamation du magistrat mandchou Zhao adressée aux colons chinois. Il y expliquait l'attitude à avoir envers les Tibétains :

> Les gouvernants tibétains sont à jamais chassés... Qui maintenant pourra vous empêcher d'aller là-bas ? Les émigrants qui amèneront leur famille s'apercevront qu'il est possible d'y vivre beaucoup plus économiquement qu'en Chine. L'homme non marié trouvera les femmes plus nombreuses que les hommes... Les femelles sont industrieuses, les mâles paresseux... Une fille du pays prise pour femme vous sera d'une grande assistance, car ces femmes portent l'eau, font cuire les repas... Aucune dot n'est nécessaire, il suffit de vêtir sa femme.

Des efforts similaires de colonisation eurent lieu, à la même époque, en Mongolie, en Mongolie-Intérieure et en Mandchourie. Alors que les empereurs mandchous avaient toujours protégé les Mongols et les Tibétains comme étant des ethnies distinctes, et interdit aux Chinois d'apprendre la langue mongole ou même d'épouser des Mongoles (même si, à la fin, les Mandchous épousaient des Chinoises), les normes culturelles changeaient. Dans l'opinion des Mandchous, l'assimilation culturelle était le seul moyen d'unifier un Etat assez fort pour préserver son intégrité. L'Empire mandchou posait les bases de l'incorporation du Tibet, de la Mongolie, et de la Mandchourie en tant que provinces chinoises. Les Mandchous avaient administré chacune de ces régions de façon différente, mais leur motivation avait toujours été d'empêcher les Chinois, si nombreux, d'absorber les Mandchous, les Mongols et les Tibétains. Mais l'opinion avait changé. Les empereurs chinois, les Tang comme les Ming, avaient usé de l'assimilation ethnique, dans le cas des tribus frontalières, comme un moyen de défendre et d'étendre la nation chinoise. Les Mandchous avaient compris cette stratégie et, pendant des siècles, n'en avaient pas voulu. Maintenant, alors qu'ils allaient disparaître, ils étaient prêts à reconsidérer la situation.

Ayant, par leur invasion du Tibet, participé à déclencher ces événements, les politiciens britanniques décidèrent qu'il reviendrait trop cher de faire du Tibet un véritable protectorat anglais, comme ils l'avaient fait pour le minuscule Sikkim. Le Tibet était vaste, et coûterait cher à défendre. En conséquence, certaines clauses de la convention de 1904 furent annulées par le Foreign Office, qui jugea que les officiers en place avaient outrepassé leur pouvoir. Pour finir, la Grande-Bretagne conclut deux nouveaux traités, l'un avec la Russie et l'autre avec la Chine des Qing, intitulée, selon les termes anglais, le « Gouvernement de la Chine ».

Le traité de 1906 avec les Mandchous disait, entre autres :

> Le gouvernement de Grande-Bretagne s'engage à ne pas annexer le territoire du Tibet et à ne pas interférer dans l'administration du Tibet. Le Gouvernement de la Chine assure qu'il ne permettra à aucun Etat étranger d'interférer avec l'administration interne du territoire du Tibet.

Par cette convention avec la Chine à propos du Tibet, la Grande-Bretagne sous-entendait que l'Empire mandchou n'était pas une nation étrangère en relation avec le Tibet, mais ne disait pas que le Tibet faisait partie de l'Empire chinois. Les Britanniques n'avaient rien mentionné de tout cela dans leur traité de 1904 avec le Tibet, et ni Londres ni les Mandchous n'informèrent Lhassa de l'accord de 1906, entre deux puissances étrangères à propos de son sort. Après avoir introduit les Mandchous et commencé à initier un accord afin de protéger les intérêts anglais en Inde, Londres, en 1907, se tourna vers la Russie, et signa un second traité par lequel les deux Etats acceptaient de reconnaître « le principe de la *suzeraineté* de la Chine sur le Tibet ». Pour la première fois peut-être, les anciennes relations entre les Mandchous et les Tibétains étaient définies selon des termes européens.

Alors que les documents mandchous ne commettent jamais cette erreur, les documents britanniques confondaient couramment l'Empire des Qing avec la Chine. A travers ces traités avec les Mandchous et la Russie, la Grande-Bretagne donnait aux Mandchous des droits sur le Tibet que l'Empire Qing n'avait jamais eus. Pour l'Empire, il s'agissait d'une énorme victoire, car les puissances occidentales, jusque-là, n'avaient pas reconnu la suzeraineté des Qing.

Avec ce document en main, les Mandchous étaient devenus suzerains du Tibet, ce qui, selon les termes européens, signifiait que le Tibet, officiellement tout au moins, n'était plus indépendant. Ni le Treizième Dalaï Lama ni les Tibétains ne participèrent à ces accords. Selon les précédents européens, le statut d'un Etat ne peut être modifié si cet Etat ne participe pas à l'accord de modification. Il était donc impossible aux traités entre la Chine, la Russie et la Grande-Bretagne de modifier le statut du Tibet.

Dans les documents britanniques des premières années du XXe siècle, la Chine se trouvait peu à peu assimilée à l'ensemble des territoires appartenant à l'Empire mandchou. A la même époque, les Chinois de l'Empire mandchou, qui commençaient à imaginer ce que serait une nation chinoise une fois chassés les Mandchous, étaient de plus en plus inquiets de voir les anciennes nations tributaires entourant l'empire du Milieu colonisées, ou absorbées dans des sphères d'influence japonaises ou européennes. Les Chinois, même s'ils n'avaient jamais dominé ne fût-ce que la moitié du territoire conquis par les Mandchous, assimilaient l'Empire mandchou avec leur propre vision de ce qu'était la Chine. L'obsession de voir des provocateurs étrangers déchirer la Chine – aidés par les impérialistes mandchous – encouragea un nationalisme chinois virulent qui persiste encore aujourd'hui.

La Chine, sans doute parce qu'elle est persuadée que les nations européennes, pour justifier leurs interventions colonialistes des XIXe et XXe siècles, avaient menti à propos de son histoire, se méfie énormément de toute intrusion étrangère. Aujourd'hui, les Chinois sont toujours furieux que les impérialistes étrangers aient dépouillé leur pays de ce qui, à leurs yeux, lui appartenait. Paradoxalement, le Grand Jeu que la Grande-Bretagne impérialiste et la Russie avaient joué sur le dos du Tibet se termina par la reconnaissance, de la part de chaque pays, des droits nominaux de l'Empire Qing sur ledit Tibet.

*

Armé du résultat de mes recherches, je suis revenu voir le Dalaï Lama. Je lui ai brièvement raconté, avec indignation, le jeu joué par la Russie et la Grande-Bretagne, mais le Dalaï Lama m'a répondu par des éclats de rire. Avant de m'envoyer les découvrir par moi-même, il connaissait déjà les grandes lignes de l'histoire.

— Oui, il y a eu pas mal de duplicité ! dit-il en secouant la tête, sans doute étonné de voir à quel point les Occidentaux, si elle ne les concerne pas, connaissent peu l'Histoire. Je crois que, pour faire pièce à l'influence russe, les Britanniques souhaitaient une sorte d'influence mandchoue. Je crois que c'est volontairement que les Britanniques, dans les traités, sont restés vagues, car ce flou servait leurs intérêts. Ils essayaient simplement d'écarter l'influence russe du Tibet. Ils utilisaient nominalement l'expression d'« influence mandchoue » sur le Tibet car ça leur était utile. Le mieux était de conserver un vague *statu quo*. Pas de véritable contrôle mandchou, pas d'influence russe, pas de contrôle de l'Inde britannique.

Lorsque les Mandchous répondirent à l'invasion britannique du Tibet en envahissant eux-mêmes le pays, les Britanniques furent aussi étonnés que les Tibétains. Le Treizième Dalaï Lama voyait ces événements depuis son lieu d'exil. En 1908, il avait quitté la Mongolie, s'était arrêté au mont Wutaishan, montagne sacrée pour le bodhisattva Manjushri, et avait été jusqu'à Pékin, sa destination finale. Les Russes ne l'avaient pas aidé. Il avait été « déposé » par les Mandchous. Mais en raison de ce que faisaient les Mandchous dans le Tibet oriental, et de ce qu'on racontait de leur présence accrue à Lhassa, rentrer chez lui n'était pas une solution. Le Treizième Dalaï Lama se rendit à Pékin dans une tentative désespérée de conclure avec les Mandchous un accord qui lui permette de rentrer au Tibet en toute sécurité. William Woodville Rockhill, consul américain dans l'Empire mandchou, et premier Américain à avoir jamais rencontré le Dalaï Lama, fait remarquer que le moine avait reçu plusieurs invitations pressantes de l'Empereur mandchou, mais qu'il les avait refusées, précisant qu'il se rendrait à Pékin quand il sentirait que le moment en serait venu.

En septembre 1908, le Treizième Dalaï Lama arriva enfin dans la capitale, usant de la même interprétation de la relation prêtre-patron que le Quatorzième Dalaï Lama aujourd'hui : « J'y suis allé, écrivit le Treizième Dalaï Lama, parce que le Grand Cinquième et l'Empereur mandchou avaient conclu un accord pour s'aider mutuellement, à la façon dont peuvent s'aider un prêtre et un laïque. »

Les Mandchous, afin de donner une légitimité à leur gouvernement, voulaient installer le Dalaï Lama comme homme de paille à Lhassa. Les journalistes occidentaux à Pékin racontent que les

Mandchous avaient dépouillé le Treizième Dalaï Lama de toute autorité temporelle, et personne n'imaginait qu'il puisse la retrouver.

A Pékin, l'accueil qu'il reçut des Mandchous fut spectaculairement différent de celui qu'avait reçu le Cinquième Dalaï Lama en 1653. Alors que le Cinquième Dalaï Lama avait été reçu comme un égal, l'impératrice douairière Ts'eu-hi exigea que le Dalaï Lama se prosterne devant l'empereur-marionnette Guangxu. Le Treizième Dalaï Lama refusa et les fonctionnaires impériaux passèrent deux jours à négocier un compromis. Pour finir, le Dalaï Lama accepta de plier un genou – de faire une génuflexion, comme celle de lord McCartney en 1792. Quelques jours après cette rencontre, tandis que le Dalaï Lama continuait à discuter les détails de son retour à Lhassa (discussions au cours desquelles on lui garantit qu'il continuerait à diriger le Tibet), l'Empereur mourut dans des circonstances louches et, le lendemain, ce fut le tour de Ts'eu-hi – qui, depuis 1875, détenait réellement le pouvoir. Tandis que, dans son rôle de prêtre des empereurs mandchous, le Dalaï Lama pratiquait le rituel des morts, le « dernier empereur », Puyi, âgé de deux ans, monta sur le trône. En fait, c'est son oncle qui prit le pouvoir, et devint le nouveau Régent. Même dans ce chaos final, les Mandchous avaient montré que, selon leur point de vue, le Dalaï Lama était un inférieur. Le nouveau titre qu'ils lui donnèrent dit les choses clairement : « vice-régent loyal et soumis ».

Le Quatorzième Dalaï Lama a une interprétation différente, en particulier de la génuflexion devant l'Empereur.

— Les Tibétains, à cette époque, voyaient dans l'Empereur une incarnation du bodhisattva Manjushri. Alors pourquoi ne pas s'incliner devant lui ? Il ne s'agissait pas de subordination à un maître, mais de religion. Nous, les Tibétains, nous avons toujours identifié cela à une relation prêtre-patron, et le Dalaï Lama est venu en tant que prêtre.

Quand j'ai insisté pour que le Dalaï Lama me parle des relations entre Lhassa et l'empereur mandchou, je l'ai senti agacé que je n'aie pas encore compris à quel point les Tibétains de cette époque étaient détachés de la politique.

— En voici un exemple très parlant. Un jour, les hauts fonctionnaires de l'entourage du Treizième Dalaï Lama ont participé à un déjeuner organisé par l'impératrice douairière. Ils ont rapporté chez eux, dans leurs poches, des dumplings du repas, et les ont conservés comme quelque chose de sacré. Ils considéraient que, comme ils venaient de la table de l'Empereur, ils étaient sacrés, et ils les distribuèrent comme du *prasad*[1]. Telles étaient leur dévotion et leur foi.

De façon ironique, alors que les croyances des Tibétains entourant le Treizième Dalaï Lama, à Pékin, étaient aussi conservatrices, le Dalaï Lama, lui, perdait sa piété traditionnelle. Dans son *Portrait d'un Dalaï Lama*, Charles Bell, qui devait, quelques années plus tard en Inde, rencontrer le Treizième Dalaï Lama et devenir le premier Occidental à passer du temps avec un Dalaï Lama, écrit que le moine se demandait si l'Empereur « était vraiment... une incarnation... du Seigneur de la Sagesse (le bodhisattva Manjushri) ». Les expériences vécues par le Treizième Dalaï Lama avaient modifié, en même temps que ses croyances religieuses, sa façon de considérer la Russie, le Tibet, l'Etat mandchou.

La dynastie mandchoue avait beau s'approcher, à petits pas, de sa fin, elle exerçait encore une forte pression sur le Dalaï Lama et sur le Tibet. Zhao Erh-feng, le magistrat mandchou qui, en 1905, avait mené l'invasion du Tibet occidental, fut envoyé à Lhassa, quatre ans plus tard, accompagné d'une armée de 2 000 hommes. Il avait reçu l'ordre, alors même que le Dalaï Lama avait été autorisé à y rentrer, de poursuivre l'assimilation du Tibet. Les troupes de Zhao, en chemin, se conduisirent de façon si barbare que les Tibétains le surnommèrent « le Boucher ».

— Que faisaient-elles donc, ces troupes ?

— Oh, elles étaient très mauvaises. Très mauvaises. Sans discipline. Elles agissaient comme une armée de l'ancien temps. Elles prenaient tout ce qu'elles voyaient. Elles tuaient, elles violaient, ainsi de suite. Dès leur arrivée à Lhassa, elles exécutèrent plusieurs fonctionnaires, et je crois qu'un fonctionnaire laïque fut blessé. Et cette même nuit le Dalaï Lama, qui venait d'arriver de Chine, quitta Lhassa pour l'Inde, en hâte.

Les monastères et les nobles du Tibet n'avaient pas pensé à constituer une armée moderne.

— Dans des occasions pareilles, ils rassemblaient les gens du coin. A cette époque, il n'y avait pas d'armée tibétaine organisée. Traditionnellement, quand une crise se produisait, tout homme valide participait. Par exemple, des moines du monastère de Sera, ou tout au moins un certain nombre d'entre eux, étaient recrutés comme soldats. Il n'existait pas d'armée permanente.

— Le Treizième Dalaï Lama venait juste de voir l'Empereur, à

1 Sacrement béni par les dieux et donné aux fidèles dans les temples hindous.

Pékin, et aussitôt ces barbares sont arrivés et ont commencé à tuer des gens. Il a dû être bouleversé.

— Naturellement.

— Peut-être, à cause de sa colère contre les Mandchous, de sa déception, s'est-il rendu compte que les Britanniques, après tout, n'étaient pas si mauvais ?

— C'est exact. Juste après son retour à Lhassa, un mois après, les armées mandchoue et chinoise sont arrivées à Lhassa, et le Dalaï Lama est parti précipitamment pour l'Inde.

Avant d'entamer son deuxième exil, le Treizième Dalaï Lama a lancé un appel aux Britanniques et au reste du monde. « Nous sommes très inquiets, et supplions les puissances d'intervenir et d'obtenir le retrait des troupes chinoises. » Et, inquiétante préfiguration des événements à venir, pas un seul pays n'est intervenu tandis que les troupes chinoises, sous commandement mandchou, occupaient Lhassa et s'acheminaient vers un contrôle administratif du Tibet, chose encore jamais réalisée par aucun gouvernement chinois ni mandchou.

Alors que le Treizième Dalaï Lama fuyait Lhassa, les Mandchous, à la différence de ce qu'avaient fait les Britanniques, le poursuivirent. Une fois de plus, comme en 1904, ils « déposèrent » légalement le Dalaï Lama, mais les Tibétains ne prêtèrent aucune attention à cette loi. Grâce à des domestiques fidèles qui, restés à l'arrière près d'une rivière, avaient allumé des feux pour retarder les troupes, et à des paysans tibétains qui menèrent une campagne de désinformation (le Treizième Dalaï Lama, plus tard, riait en décrivant les villageois envoyant les Mandchous dans toutes les directions, sauf celle qu'il avait prise), le Dalaï Lama parvint en Inde sain et sauf.

En mars 1910, le Treizième Dalaï Lama vivait en exil à Darjeeling, où il attendait anxieusement des nouvelles de son pays. Londres envoya l'un des rares Anglais parlant tibétain, sir Charles Bell, l'officier responsable de la supervision du Sikkim, pour qu'il discute avec le Dalaï Lama. Bell, plus tard, écrivit que, lors de leur première rencontre, Thupten Gyatso,

> au premier coup d'œil... ne ressemblait en rien à un roi. Une silhouette massive, marquée de la petite vérole, des traits manifestant l'origine plébéienne d'un fils de paysan. Mais, au Tibet, les choses ne se passent pas comme ailleurs. De plus, il était complètement hors de son élément. Son royaume envolé, il n'avait aucun des ornements de la royauté. Pas de palais, pas de prêtres, pas même les

vêtements convenables, tant sa fuite avait été rapide et soudaine. Et pourtant il était le dieu-roi du Tibet, l'incarnation de Chenrizi lui-même... Pauvre Dalaï Lama ! D'abord une fuite devant l'expédition anglaise de 1904, avec pour conséquence cinq années d'exil en Mongolie et en Chine. Et maintenant la fuite devant les Chinois, sans espoir, apparemment, de jamais rentrer dans son pays.

Après leur première rencontre, Bell transmit au vice-roi, à Calcutta, les requêtes constantes de Thupten Gyatso qui réclamait assistance. Tandis qu'ils attendaient une réponse, Bell et le Dalaï Lama prirent l'habitude d'avoir des conversations fréquentes. Bell dit au Dalaï Lama que la politique britannique consistait à « donner à la Chine un contrôle quasi total sur le Tibet, en insistant pour qu'elle n'interfère ni au Népal, ni au Sikkim, ni au Bouthan », pays qui, tous, étaient alors, *de facto*, des protectorats britanniques. Le Dalaï Lama répondit que les Mandchous, une fois qu'ils contrôleraient le Tibet, s'en serviraient pour menacer l'Inde, ou les protectorats anglais de l'Himalaya. « Il ne fallut pas longtemps pour que sa prédiction ne soit réalisée », écrivit Bell. Aussitôt qu'ils eurent affermi leur emprise sur le Tibet, les Chinois revendiquèrent, par la voie diplomatique, le Népal et le Bouthan. Comme le Tibet, le Népal et le Bouthan avaient envoyé des tributs aux empereurs mandchous, à Pékin, mais les Mandchous n'avaient jamais gouverné aucun de ces Etats. En suivant le même raisonnement selon lequel la Chine moderne réclame le Tibet, ils appartenaient à la Chine. Pour finir, ni les Qing, au cours de leurs dernières années, ni la Chine n'envahirent aucun de ces deux Etats.

Trois mois après l'arrivée du Dalaï Lama à Darjeeling et son appel à l'aide, et malgré la pugnacité des Mandchous au Tibet, Bell eut le triste devoir de lui dire que « les Britanniques n'interviendraient pas entre le Tibet et la Chine. Quand je lui ai transmis ce message, alors que nous étions assis dans le silence de sa chambre, il fut si surpris et déçu que pendant une minute ou deux, il fut incapable de parler. Ses yeux... étaient ceux d'un homme poursuivi par le destin. Rapidement, pourtant, il se reprit, et évoqua ce sujet calmement et de façon raisonnable ».

Bell rencontra une cinquantaine de fois le Dalaï Lama au cours des vingt-sept mois de son exil indien. Le Dalaï Lama le tenait au courant de ses demandes officielles d'aide au Népal et au roi d'Angleterre, mais fut assez avisé pour ne pas lui parler de ses tentatives secrètes, par l'entremise de Dorjiev, pour approcher le tsar. La Russie répondit aux demandes secrètes de Dorjiev par l'envoi d'une note diplomatique en Angleterre. Bell eut le triste et inconfortable devoir d'annoncer au Dalaï Lama que non seulement la Russie le repoussait une nouvelle fois, mais que l'Angleterre était au courant. Selon Bell, « pendant quelques instants, il fut incapable de parler. Ce fut la seule occasion où je vis le Dalaï Lama rougir, mais il rougit beaucoup ». Le Dalaï Lama expliqua à Bell que s'il avait tenté d'approcher les Russes, c'était uniquement parce que les Britanniques avaient rejeté ses demandes, et qu'il l'avait fait en secret pour éviter à Bell toute complication avec ses supérieurs. Bell fut impressionné par ce flair politique. « En tout cas, on ne pouvait pas dire du représentant du Bouddha qu'il n'était pas intelligent », écrivit-il.

Le Dalaï Lama donna à Bell un grand nombre de ces mêmes précisions que, en vue de ce livre, son successeur a partagées avec moi. Le Treizième Dalaï Lama dit que « le Tibet, pendant des siècles, s'était quasiment gouverné lui-même, même si les histoires chinoises prétendent le contraire », et que les Chinois « ont toujours fait mine de regarder les Tibétains comme des sauvages ». Il était au courant du sac de la capitale Tang par les Tibétains, et du traité d'égalité, datant du IXe siècle, entre le Tibet et les Tang. Il se plaignait de ce que les Mandchous aient manipulé l'Histoire et prétendu que les Tang avaient vaincu Lhassa.

Pour diriger les forces qui, au Tibet, continuaient à mettre les Mandchous sur la défensive, le Dalaï Lama utilisait des émissaires secrets. Au cours de leurs longues conversations, le Treizième Dalaï Lama informa Bell de ses tentatives. L'envoyé britannique remarqua que, même quand il racontait des trahisons qui auraient fait pleurer des hommes plus solides, le Dalaï Lama parlait toujours « d'une voix basse, calme, ponctuée parfois d'un rire chaleureux ». Comme l'Angleterre refusait de leur vendre des armes, les Tibétains luttaient contre les Mandchous, dotés d'armes européennes, avec leurs fusils à mèche. Le Dalaï Lama poursuivit ses conversations courtoises avec Bell, alors qu'il savait qu'il n'était qu'un messager. Plus important : cet Anglais qui parlait tibétain était, dans cette sombre période, l'un de ses seuls avocats, et il le savait.

C'est en Inde, sous la férule de Bell, que le Dalaï Lama apprit les techniques occidentales de gouvernement. Il se montra intéressé par la façon dont l'administration de Londres, à travers un impressionnant système de voies ferrées, d'écoles, de postes, de bureaucrates et de nombreux cantonnements militaires, gouvernait les vastes étendues du sous-continent indien. J'ai demandé au Quatorzième Dalaï

Lama en quoi les années indiennes de son prédécesseur l'avaient marqué, lui, Tenzin Gyatso.

— Quand j'étais jeune et que je vivais au Potala, lorsque j'en ai entendu parler pour la première fois, je me disais que ça avait dû être une époque merveilleuse. Vous savez, pour moi à l'époque, aller en Inde, ça voulait dire passer du bon temps, aller en pèlerinage sur les lieux sacrés bouddhiques. Un de mes assistants était aussi membre du *Kashag*[1] et me parlait souvent de ses propres expériences d'envoyé du gouvernement tibétain. Il me disait combien Calcutta était une grande ville, combien le pont Howrah était grand. Il me racontait comment, quand il passait sur le pont Howrah, il comptait les poteaux électriques. Il disait qu'avant d'avoir pu terminer un mantra, il voyait déjà un autre poteau. Et, évidemment, ce qui était le plus intéressant, c'était ses visites au zoo de Calcutta, et tous les animaux qui se trouvaient là. J'avais l'impression que l'Inde était immense. Je me disais, c'est vraiment merveilleux, et j'avais envie de faire moi-même le voyage.

Le Treizième Dalaï Lama, lui aussi, visita le zoo de Calcutta et manifesta la joie que son successeur imaginait dans ses rêves d'enfant. En particulier la joie quand, alors qu'il vivait à Hastings House, le grand domaine plein de coins et de recoins où le vice-roi des Indes logeait ses invités, le Treizième Dalaï Lama parla au téléphone pour la première fois. Bell raconte que ça lui plut tellement qu'il l'appelait sous le moindre prétexte, et que chaque conversation s'achevait sur « un étranglement de rire ».

Malgré une telle hospitalité, la politique britannique resta pendant plusieurs années, jusqu'en 1911, non engagée à l'égard du Tibet et du Treizième Dalaï Lama en exil.

— Mon impression, dit le Quartorzième Dalaï Lama, c'est que, au début, le gouvernement britannique ne faisait pas attention à lui, et avait l'intention de rester neutre. Il était une sorte d'hôte. Même s'il avait, au Tibet, quelques activités politiques, il était considéré comme une personne ordinaire venue du Tibet et qui restait en Inde. Mais la situation a changé du tout au tout à l'intérieur du Tibet et de la Chine. Alors, je crois que les Britanniques l'ont pris plus au sérieux.

C'est la chute de l'Empire mandchou, en 1911, qui suscita un changement d'attitude chez les Britanniques. Depuis l'invasion du Tibet central, l'année précédente, le gouvernement chinois du

1. Le cabinet tibétain.

Tibet causait quelques soucis à Londres. Les Mandchous soulevaient des problèmes concernant la frontière avec l'Inde, proclamaient leur souveraineté sur le Népal et le Bouthan, et excitaient les tribus de la frontière contre les Britanniques. Lorsque l'Empire mandchou s'effondra et qu'émergea une nation dirigée par les Chinois, Londres commença à reconsidérer sa politique de neutralité. Guidés, via des courriers secrets, par le Treizième Dalaï Lama en exil, les Tibétains profitèrent de la lutte, dans leur pays, entre Mandchous et Chinois, et s'en prirent aux occupants. A la suite d'une rapide succession d'événements, les soldats chinois au Tibet attaquèrent leurs officiers mandchous, et, tandis que l'Empire s'effondrait, les Tibétains vainquirent les Chinois et les Mandchous. Privés du soutien de la Chine, que le chaos submergeait, les Mandchous et les Chinois du Tibet ne représentaient plus une menace. En juin 1912, le Treizième Dalaï Lama proclama la complète indépendance du Tibet, et les forces tibétaines – une armée de volontaires sans beaucoup d'entraînement, venus de chaque village, de chaque monastère – repoussèrent les forces mandchoues du Tibet oriental jusqu'au fleuve Mékong. Cet automne-là, les Chinois et les Mandchous qui restaient et qui s'étaient tous rendus furent expulsés du pays et conduits en Inde. Enfin, en janvier 1913, après huit années d'exil, le Treizième Dalaï Lama rentra à Lhassa.

Les Mongols, eux aussi, réagirent à l'effondrement de l'Empire mandchou et, en 1912, déclarèrent leur indépendance. Après la chute de l'Etat mandchou, ni les Tibétains ni les Mongols ne désiraient se joindre à la République chinoise, qui apparaissait dans les régions à majorité chinoise de l'Empire défunt. Comme les Mongols et les Tibétains ne s'étaient jamais considérés comme chinois, l'idée leur en aurait semblé absurde.

— Je pense qu'après que l'Empereur mandchou a été détrôné et que la Chine est devenue une république, la nature même de la vieille relation entre le Tibet et les Mandchous n'était plus valide. Il n'y avait donc plus de raison de permettre aux Mandchous et aux Chinois de garder une armée au Tibet. Toutes furent chassées. Dès que l'Empereur mandchou fut détrôné, les Tibétains se sentirent libérés de leur ancienne domination. Comme il n'existait plus entre eux de relation spirituelle, ils chassèrent du Tibet toutes ces forces étrangères. Tant que l'Empereur mandchou était présent, il existait encore un contrôle mandchou. Nous l'acceptions, car ça faisait partie de la relation prêtre-patron. Quand il y eut une véritable tentative de modifier la nature profonde de cette relation, de passer d'un plan spirituel à un plan politique, les Tibétains n'étaient plus prêts à l'accepter.

— Mais les Chinois affirmaient que le Tibet faisait partie de la République chinoise, non ? Ils proclamaient que tous les pays qui avaient appartenu à l'Empire mandchou faisaient maintenant partie de la nouvelle République de Chine.

— Oui, c'est exact.

— En fait, après le retour à Lhassa du Treizième Dalaï Lama, le gouvernement de la République lui a envoyé une lettre, lui disant que ses titres lui avaient été restitués. Ils lui demandaient aussi de se joindre à la République chinoise, un souhait étrange puisque la Chine affirmait que le Tibet faisait déjà partie de la Chine. Le Treizième Dalaï Lama a répondu en disant qu'il n'avait jamais réclamé de titres chinois, et que le Tibet était maintenant une nation indépendante. C'est cela ?

— Oui, c'est ce qu'il a fait. Le Dalaï Lama a refusé le titre chinois. Il a dit : « Je ne veux pas de titre des Chinois, occupez-vous de votre pays. Ne vous inquiétez pas de nous. »

— Aujourd'hui, la Mongolie est une nation indépendante, mais la base légale de son indépendance vis-à-vis de la Chine n'est pas différente de celle du Tibet. Elle s'est séparée de l'Empire mandchou en même temps que le Tibet, pour les mêmes raisons. Si la Chine a légalement quelque droit sur le Tibet, elle a le même droit sur la Mongolie. Si l'Histoire prouve que le Tibet appartient à la Chine, alors elle prouve la même chose pour la Corée, le Vietnam du Nord, la Thaïlande, le Bouthan et le Népal. Dans tous les cas, l'argument est similaire. Mais il n'a été appliqué que dans celui du Tibet.

— Exact, tout à fait exact. Et culturellement, ethniquement, linguistiquement, le Tibet est très différent de la Chine. Alors que les rapports entre la Chine, les Vietnamiens et les Coréens sont beaucoup plus étroits. Ils ont nombre de points communs. Tous leurs textes classiques sont écrits en chinois. Ça n'a jamais été le cas du Tibet. Le Tibet, dès le début, n'a jamais été comme ça. Aucun de nos anciens textes n'est écrit en chinois.

— Ce problème trouve sa source en 1911, quand les leaders de la révolution chinoise, comme Sun Yat-sen, ont décidé que la seule façon dont ils pouvaient prétendre posséder toutes les anciennes conquêtes mandchoues était de montrer que l'Histoire prouvait que tous les peuples de l'Empire mandchou étaient, d'une certaine façon, des Chinois. Mais ça s'est produit tard au cours de la révolution. Au début, Sun Yat-sen considérait la révolte des Chinois contre les Mandchous comme celle d'un peuple contre un autre.

— Vous devriez vous pencher là-dessus ! Mais c'est vrai, Sun Yat-sen considérait les Mandchous comme des étrangers. C'est exact.

Après avoir chassé les Mandchous et établi la République chinoise, Sun Yat-sen, fondateur de la Chine moderne, se rendit en procession, avec son cabinet, sur la tombe de l'empereur Yongle de la dynastie Ming (1369-1644). En tant que premier leader chinois d'un Etat chinois depuis la conquête mandchoue, en 1644, Sun Yat-sen alla parler à ses ancêtres. Il leur offrit un sacrifice selon le rite confucéen, puis s'adressa à eux comme s'ils étaient encore en vie :

> La politique des Mandchous a été une politique extrêmement tyrannique. Motivés par le désir de soumettre perpétuellement les Chinois, les Mandchous ont gouverné le pays au plus grand détriment du peuple. La race chinoise, aujourd'hui, a enfin restauré le gouvernement du peuple de Chine... Le peuple est venu ici pour informer Votre Majesté de la victoire finale.

Lorsque j'ai raconté ça au Dalaï Lama, je lui ai demandé s'il savait que le jeune Mao Tsé-toung, en 1911, considérait lui aussi les Mandchous comme des étrangers.

— Je l'ignorais.

— Dans le livre d'Edgar Snow, *Red Star over China*, Mao raconte ce qu'il a ressenti quand il a coupé la queue-de-cheval mandchoue que tous les Chinois, sous peine de mort, étaient forcés de porter. Il l'a coupée pour montrer qu'il se libérait de l'oppression mandchoue.

— Il l'a coupée ?

— Oui. A travers toute la Chine, au cours de la révolution de 1911, les Chinois ont montré qu'ils n'étaient plus sous la domination mandchoue en coupant leur queue-de-cheval. Depuis 1644, ils étaient obligés de se coiffer selon la mode mandchoue.

Comme tous les Chinois, Mao savait que la révolution de 1911 était une révolte contre les Mandchous. Dans le livre de Snow, Mao raconte comment, après une bataille rangée, il vit « s'élever le drapeau des Han... C'était une bannière blanche, avec les caractères Han ». *Han* est le mot moderne pour « Chinois ». La révolution lança le drapeau avec un seul mot : *Chinois* ! Ce drapeau sema la terreur chez tous les Mandchous, car au cours de la révolution les Chinois les avaient massacrés par milliers, comme lors de la révolte Taiping au XIXe siècle.

Pendant la majeure partie de cette période, entre 1911 et la fondation de la République populaire de Chine, en 1949, les Mandchous qui vivaient en Chine durent dissimuler leur identité ethnique, et apprendre leur langue maternelle à leurs enfants chez eux, en secret. En 1911, les massacres de Mandchous étaient si fréquents que des milliers d'entre eux s'enfuirent en Mandchourie, leur patrie, et évoquèrent l'idée de créer un nouvel Etat ethnique séparé de la Chine. Le fait que les Mandchous n'étaient pas chinois, et que, en conséquence, la façon dont le Tibet se comportait avec l'Empire mandchou ne créait pas de précédent pour les relations des Tibétains avec Pékin, est une chose dont le Dalaï Lama est très conscient, mais que les historiens chinois refusent d'admettre. Pour eux, les Mandchous, comme les Tibétains et les Mongols, sont des Chinois appartenant à des minorités ethniques. Aujourd'hui, cependant, avec la récente traduction des archives mandchoues de la période 1644-1911, les chercheurs étudiant l'histoire de la Chine ne sont plus prêts à prendre les mots « Mandchou » ou « Qing » comme synonymes de « Chine », et commencent à comprendre ce que Tibétains et Mongols savaient déjà en 1911. Lorsque les Mandchous furent chassés, les Mongols, les Tibétains et les Chinois cherchèrent, naturellement, leur indépendance.

En 1912, un an après la déclaration d'indépendance du Tibet et de la Mongolie, Sun Yat-sen déclara que la république de Chine était dorénavant un Etat multiethnique composé de Mandchous, de Mongols, de Tibétains, de Han, de Ouïgours (l'ethnie majoritaire de la province de Xinjiang). Ses déclarations sur les tombes des Ming, exaltant les Chinois et condamnant les Mandchous, furent oubliées. Promouvoir une population pluriethnique était, pour Pékin, le seul moyen de prétendre avoir hérité du droit de gouverner la Chine, en dépit du fait que les groupes ethniques qui ne reconnaissaient pas ce droit peuplaient 60 pour cent du territoire. La République populaire concrétisa la plupart de ces revendications territoriales de Sun Yat-sen par des invasions (sauf dans le cas de la Mongolie-Extérieure), puis, pour les rationaliser, développa une vision de l'histoire encore enseignée dans les écoles.

*

Pour les nationalistes chinois, l'indépendance du Tibet, en 1912, était une plaisanterie orchestrée par les impérialistes britanniques, de même que l'indépendance de la Mongolie était orchestrée par les Russes (la seule différence étant que Moscou réussit, alors que Londres échoua). Pour les Mongols et les Tibétains, l'indépendance était essentielle en raison du nombre de tentatives brutales des Chinois de les assimiler culturellement et ethniquement, en particulier au cours des dernières décennies de l'Empire mandchou. Une union avec la Chine aurait semblé un geste vers une disparition ethnique et culturelle.

Malheureusement, la révolution de 1911 ne mit pas fin aux conflits à l'intérieur de la Chine. Ce ne fut que le début de dizaines d'années de chaos et de guerre civile, suivis par l'invasion japonaise et la Seconde Guerre mondiale, puis par un retour à la guerre civile, au cours desquelles il n'y avait pas d'Etat central. Les Chinois, incapables, pendant un demi-siècle, d'unifier et de gouverner leur propre peuple, n'avaient certainement pas la capacité de dominer le Tibet et la Mongolie. C'est pourquoi la déclaration d'indépendance du Treizième Dalaï Lama, en 1912, déclaration rejetée par les gouvernements chinois successifs, resta une réalité jusqu'à l'invasion du Tibet par la Chine, en 1950.

Depuis son retour à Lhassa en 1913, jusqu'à sa mort en 1933, le Dalaï Lama travailla sans répit à l'indépendance du Tibet. Au cours de ces années, il se consacra à la réforme du gouvernement, à la défense de la nation et aux négociations avec les éléments de la société tibétaine qui résistaient à ses efforts.

— Je crois qu'il a tout le temps vu que la façon dont le Tibet était gouverné était passéiste, dit l'actuel Dalaï Lama, et qu'il savait qu'une modernisation était nécessaire. C'était le plus important. Il œuvra donc à la modernisation du Tibet. Et l'un des aspects de cette modernisation à laquelle il travailla fut l'armée du Tibet.

Quand les troupes chinoises se révoltèrent contre les Mandchous, la population de Lhassa fit l'expérience de l'absence d'armée pour se défendre. Pendant des mois, les Tibétains luttèrent contre les Chinois, et les combats divisèrent la capitale en deux zones, l'une chinoise et l'autre tibétaine. Les soldats mettaient des sacs de sable sur les maisons, creusaient des tranchées et des tunnels. La vieille cité sainte résonnait des tirs de barrage et des explosions. A un moment donné, les Chinois attaquèrent le monastère de Sera. Le conflit, cependant, ne se déroulait pas toujours sur des bases ethniques. On vit des moines chinois lutter aux côtés des Tibétains, et des moines du Tibet oriental du côté des Chinois. De telles défections, on doit le dire, n'eurent pas d'influence sur l'issue des combats.

— Ces moines tibétains venaient de régions proches de la frontière chinoise, et ils étaient donc, mentalement, proches des Chinois. Pour cette raison, quand ils prenaient leurs armes à feu, ils faisaient semblant de les diriger contre les Chinois. Mais quand ils commençaient à faire feu, ils les retournaient contre les Tibétains.

— Et comment le Treizième Dalaï Lama les traita-t-il, à son retour ?

— Il prit des mesures, mais j'en ignore les détails.

En réalité, plusieurs fonctionnaires tibétains se déclarèrent pro-chinois. Avant le retour du Dalaï Lama à Lhassa, les forces tibétaines en arrêtèrent et en exécutèrent un grand nombre, dont deux membres du Kashag, le cabinet tibétain. Après le retour du Dalaï Lama, les Tibétains démantelèrent au moins un monastère, et les autres monastères limitèrent les admissions de moines du Tibet oriental.

Curieux de l'idée de moines combattants, j'ai posé une question au Dalaï Lama :

— Ainsi, des moines ont combattu lors de la guerre contre la Chine ?

— Les moines de Drepung n'ont pas eu à combattre car, à Lhassa, la plus grande partie des combats a été effectuée par les moines de Sera.

— Quand les moines combattent, ne violent-ils pas les enseignements du *Vinaya* ?

— Ils doivent auparavant rendre leurs vœux à leur monastère, et ne commencer à combattre qu'ensuite. Ils ne combattent pas avec leurs robes de moine. Quand on est moine, on ne peut pas combattre.

— Après les combats, ils prononcent à nouveau leurs vœux ?

— Oui, si c'est fait dans les formes, ça ne pose pas de problèmes. Ils doivent d'abord se défroquer, et, pour ce faire, aller voir un maître et lui rendre leurs vœux de moine. Evidemment, le meurtre est toujours un péché. Mais au moins, si les vœux on été rendus, le précepte fondamental des moines n'est pas transgressé. La nonne ou le moine, alors, devient un laïque, mais évidemment tuer reste un péché. Mais il existe des degrés qui dépendent des motivations. Tuer pour se défendre ou pour défendre les autres, ou tuer pour le profit n'est pas la même chose.

— Après toutes ses années d'exil, après la guerre au Tibet et l'expulsion des Chinois, le Dalaï Lama rentre enfin à Lhassa. Quelle est alors sa préoccupation principale ?

— Dès qu'il a repris le pouvoir, il a commencé à effectuer beaucoup de changements. Lorsqu'il est revenu d'Inde, il était plus mûr et, plus important, il avait voyagé en Chine et en Inde. Il avait vu les conséquences d'un gouvernement faible au Tibet. Toutes ces expériences eurent une influence sur lui. Il est très clair qu'il a vraiment commencé la modernisation du Tibet. La peine de mort a été abolie, ainsi que la pratique consistant à couper la main d'un criminel. Il a ouvert un hôtel des Monnaies pour battre monnaie. Il parlait aussi de faire en sorte que le peuple tibétain soit plus représenté au gouvernement. Il a créé une police et instauré des gardes du corps pour le Dalaï Lama, a installé l'électricité à Lhassa. Il a ouvert au Tibet une école à la mode occidentale. Il a envoyé en Angleterre quatre jeunes gens pour qu'ils apprennent dans une école anglaise. Et un cinquième, Lungshar, les a accompagnés, et lui aussi a appris beaucoup en Angleterre.

Lungshar Dorje Tsegyal appartenait à une riche famille aristocratique qui avait servi le Cinquième Dalaï Lama. Lorsque, en 1912, il accompagna les quatre étudiants en Angleterre, il était plus qu'un simple chaperon. Le Dalaï Lama fit de lui une sorte d'ambassadeur. Lungshar étudia l'histoire et les institutions des démocraties occidentales, et en particulier le remplacement, à travers l'Europe, des monarchies héréditaires par des gouvernements élus. Londres était intransigeant sur un point : le Tibet ne devait avoir de contact direct avec aucun pays. Mais le Dalaï Lama et Lungshar savaient, tous deux, qu'il était dans l'intérêt du Tibet de cultiver, au cas où les relations se dégraderaient avec l'Angleterre et la Chine, le plus possible d'alliances étrangères. Lungshar visita, en dehors de l'Angleterre, et en dépit des objections anglaises, six pays d'Europe. En 1914, quand il rentra au Tibet, il était convaincu que modernisation et réformes étaient essentielles à la survie du pays. Lungshar fut un soutien essentiel du programme de modernisation du Dalaï Lama.

— Cette campagne de modernisation prit bien des aspects. Le Treizième Dalaï Lama créa des examens, dans les monastères, pour les moines occupant des postes à responsabilité, n'est-ce pas ?

— Oui, il fit passer des examens aux moines, et il écartait ceux qui échouaient. Il se montrait très strict envers les fonctionnaires laïques et les moines chargés de pouvoir. Je trouve que c'est une bonne chose – avec ces gens haut placés, il faut se montrer strict. Mais avec les gens du commun, il était très gentil. Et je crois même qu'il avait une voiture à Lhassa, avec un chauffeur. Mais lui-même n'apprit jamais à lire ni à parler l'anglais.

— Et, comme vous l'avez dit plus tôt, l'armée tibétaine fut l'un des objets de ces réformes ?

— Oui. Il a organisé aussi les forces militaires. Je crois qu'au début il a adopté le modèle russe, et que certaines manœuvres étaient dirigées par des moniteurs mongols, à la façon russe. Puis un Japonais est venu enseigner à l'armée tibétaine. Et plus tard, tandis que le Dalaï Lama vieillissait et que les relations avec l'Angleterre s'affermissaient, l'armée tibétaine a suivi le modèle britannique. Elle ne se contentait pas de suivre les méthodes d'entraînement britanniques, et les Anglais allèrent jusqu'à apprendre à l'orchestre de l'armée tibétaine l'hymne national britannique. C'est idiot, ajouta le Dalaï Lama en riant.

— Oui, j'ai parlé à des gens qui en furent témoins, qui ont vu, en 1950, les cuivres de l'armée tibétaine jouer le *God save the Queen*, alors que les Tibétains ne savaient pas ce que ça voulait dire. Mais, de cette façon, les Britanniques donnaient parfois l'impression d'aider le Dalaï Lama. Ils l'ont aidé à créer une armée.

— Il leur est arrivé de lui fournir des armes, ajouta le Dalaï Lama.

— Mais en même temps, ai-je dit, ils vendaient des armes aux Chinois et continuaient à demander au gouvernement tibétain de reconnaître la suzeraineté chinoise, même quand le Tibet était complètement indépendant. Ils sont même parvenus à convaincre les Tibétains de signer un traité reconnaissant la suzeraineté chinoise sur le Tibet – le traité de Simla, en 1914 –, mais les Chinois refusèrent de le signer, et il ne fut jamais appliqué. Malgré tout, les Britanniques se servirent de ce traité pour négocier une nouvelle frontière entre l'Inde et le Tibet, qui cédait une région à l'Inde coloniale. Même s'il leur est arrivé de les aider, il semble que les Britanniques utilisaient les Tibétains.

— Oui. Comme je vous l'ai dit, il y avait beaucoup de duplicité. A la même époque, le Treizième Dalaï Lama essayait de copier des choses qu'il avait vues dans d'autres pays. Il fit construire des quartiers généraux, où l'armée et les gardes du corps étaient logés, et en général il y recevait les représentants étrangers.

— Vous ne semblez pas estimer beaucoup les rituels militaires.

— Ils sont ridicules. En fait, vraiment, comme vous le savez, j'aime les choses informelles, et les formes militaires sont excessives. Ça ne sert à rien. Les Chinois adorent ça, et c'est ridicule.

— Tout le monde soutenait-il le Dalaï Lama dans ce processus de modernisation ?

— Il avait quelques adversaires. Quelques adversaires très déterminés. Il y avait au Norbulingka un moine qui se conduisit très mal, et fut renvoyé. Il y eut aussi des opposants quand le Treizième Dalaï Lama mena à bien des réformes concernant les hauts dignitaires lamas. Certains, incapables de maintenir la pureté du *Vinaya*, furent chassés. L'un des lamas chassés, beaucoup plus tard, se montra très hostile au Dalaï Lama.

— Ces dignitaires lamas et ces moines haut placés furent-ils chassés parce qu'ils n'étaient pas capables de rester chastes ? Est-ce ainsi qu'ils offensaient le *Vinaya* ?

— Oui, et plus tard mon jeune tuteur a connu l'un de ces hommes, et il m'a raconté que l'un des moines chassés se plaignait toujours du Dalaï Lama. Il disait que le Dalaï Lama n'était pas un être humain, mais un démon.

— Il y avait donc une véritable opposition au début de la modernisation ?

— Oui, c'est exact.

Dès le départ, le Dalaï Lama fit face à une énorme opposition à ses projets d'armée moderne. Au début, cette armée connut quelques succès. Elle repoussa les Chinois dans le Tibet occidental. Mais pour maintenir la force qui avait remporté cette victoire, et améliorer l'armée, il fallait de l'argent. Le seul moyen pour le Treizième Dalaï Lama d'en obtenir consistait à augmenter les impôts sur les domaines des plus grands monastères et des familles nobles. Quand il suggéra qu'il pourrait imposer les moines et les seigneurs, il suscita une vive opposition. Les spécialistes discutent afin de savoir combien il y avait de serfs, mais, selon une estimation, un monastère de Lhassa – le monastère de Drepung – possédait à lui seul 185 domaines avec 20 000 serfs (et paysans), 300 pâtures, et un troupeau de 16 000 têtes. Ces biens, imposés en orge et en beurre, fournissaient le principal revenu des 10 000 moines de Drepung qui, ainsi, étaient nourris et pouvaient se consacrer à leurs services religieux. La plupart des Tibétains estimaient ces rituels essentiels à la survie de la nation. L'Etat, plutôt que de payer directement pour ces services, accordait aux monastères le droit de prélever un certain pourcentage des produits. Un nouvel impôt sur les domaines serait payé par les moines et, par extension, par les services religieux. Le poids des impôts était déjà si lourd que les paysans et les serfs ne pouvaient en supporter plus. La tentative de créer une armée moderne suscita donc, en attaquant leur principal revenu, la colère de très nombreux moines, les éléments les plus conservateurs de la société. A cette époque, les moines constituaient jusqu'à 30 pour cent de la population.

Lungshar servit de paratonnerre au Dalaï Lama dans le conflit l'opposant à ceux qui résistaient à la création d'une armée moderne. Le Treizième Dalaï Lama nomma Lungshar au gouvernement, à un poste où il pouvait aider à trouver de l'argent pour l'armée, et rapidement il commença à forcer les plus gros propriétaires terriens du Tibet, qu'il s'agisse de monastères ou d'aristocrates, à payer des impôts plus conséquents. Au début, il obtint quelques succès – en 1929, le Dalaï Lama le nomma commandant en chef, et Lungshar augmenta la taille de l'armée et le salaire des troupes –, mais son arrogance et son dédain de la faction monastique conservatrice finirent par causer sa chute.

Un des détails qui effrayaient le plus les moines était que Lungshar fournissait aux soldats et aux officiers des uniformes de style britannique. Leur seule apparence fournissait des armes aux moines affirmant que les Britanniques étaient les ennemis, et que les réformateurs finiraient par détruire le Tibet.

Le conflit du Treizième Dalaï Lama avec les forces conservatrices de la société s'accrut de façon spectaculaire quand il essaya d'imposer les domaines du Neuvième Panchen Lama, à Shigatse.

Les Panchen Lamas constituent l'une des lignées spirituelles les plus respectées du Tibet : pour les Gelugpa, le Panchen Lama vient juste après le Dalaï Lama. Depuis le XVIIe siècle, les Panchen Lamas jouent un rôle dans la recherche d'un nouveau Dalaï Lama, et les Dalaï Lamas aident à découvrir l'incarnation d'un nouveau Panchen Lama. Malgré leur lien spirituel – tous deux sont des bodhisattvas qui ont renoncé au nirvana pour guider les autres vers l'Illumination –, les deux lignées sont, historiquement, des adversaires politiques, ne fût-ce que parce que les Panchen Lamas n'ont pas de position officielle, alors que les Dalaï Lamas dirigent le Tibet.

Quand le Dalaï Lama demanda au Panchen Lama de fournir 25 pour cent de l'impôt nécessaire à la constitution d'une armée, ce fut la rupture. Les Panchen Lamas cultivaient leur indépendance vis-à-vis de Lhassa, et protégeaient jalousement leur statut. Les Britanniques aussi bien que les fonctionnaires mandchous, à différentes époques, avaient tenté d'utiliser à leurs propres fins l'animosité politique entre les Panchen Lamas et les Dalaï Lamas. Au cours des deux années que le Treizième Dalaï Lama avait passées en Inde, les Mandchous avaient invité le Panchen Lama à Lhassa et, tout en refusant d'autoriser les Mandchous à le mettre à la place du Dalaï Lama, il s'installa au Norbulingka, le palais d'Eté du Dalaï Lama, et assista à quelques cérémonies en compagnie de fonctionnaires mandchous.

— Les relations entre le Panchen Lama et le Treizième Dalaï Lama étaient, officiellement, difficiles et négatives, mais, en privé, il y avait entre eux une profonde connexion spirituelle. De nombreux exemples prouvent entre eux une communication personnelle, et ça serait donc une grave erreur que de dire que leur relation était entièrement négative.

— Pourtant, lors de la fondation de l'armée, il y eut des problèmes.

— Oui. Ça a commencé en 1908, quand le Dalaï Lama se trouvait en Inde. On croyait, on racontait – et j'ai vu des photographies qui le prouvent – que, au Norbulingka, le trône du Dalaï Lama fut écarté et le trône du Panchen Lama installé à sa place. Nombre de fonctionnaires tibétains et de gens du peuple en furent blessés.

— En quoi cela a-t-il influé sur la création de l'armée ?

— En conséquence, dans les années vingt, Lungshar, le commandant en chef, et Lobsang Tenkyong, un moine haut placé qui travaillait avec lui, furent chargés tous deux de lever des impôts pour l'armée. Pour ce faire, ils taxèrent assez lourdement le monastère de Tashilunpo (*dirigé par le Panchen Lama*). Le Panchen Lama, plusieurs fois, en appela au Dalaï Lama, mais le Dalaï Lama refusa de diminuer l'impôt. Pour cette raison, le Panchen Lama s'enfuit en Chine.

Cet événement donna aux Chinois l'occasion de s'immiscer dans les affaires du Tibet, et fournit une occasion de démontrer aux étrangers que les Tibétains n'étaient qu'un ensemble de principautés ennemies qui avaient besoin de la Chine pour les chapeauter. Et donc, même si une armée avait été créée – la modernisation de l'entraînement et de l'équipement était en cours, et on avait levé 10 000 hommes de troupe –, la recherche de fonds nouveaux suscita pour finir une crise majeure entre le Dalaï Lama, le Panchen Lama et les moines conservateurs qui ne voyaient pas l'utilité d'une armée. Après la fuite du Panchen Lama, le tapage et le débat public obligèrent le Treizième Dalaï Lama à reculer en ce qui concerne les nouveaux impôts.

— Il est clair, dis-je, que le Dalaï Lama a été forcé de renoncer à son programme de réformes. Il rétrograda tous les officiers qui, au gouvernement, étaient favorables à la modernisation. Il ferma l'école anglaise fondée pour fournir une alternative à l'enseignement monastique. Pour finir, malgré le succès de l'armée contre les Chinois dans le Tibet oriental, les moines affirmèrent que les soldats menaçaient le bouddhisme, le Dalaï Lama et l'autorité des monastères du Tibet. Le Tibet a laissé passer sa meilleure occasion de créer un Etat moderne et de survivre dans le monde moderne.

Le Dalaï Lama m'écouta, puis me dit d'une voix douce :

— Il y a du vrai dans ce que vous me dites. Sa Sainteté (*le Treizième Dalaï Lama*) dit très clairement qu'il y avait, parmi les fonctionnaires et même dans le public, une tendance à suivre une voie traditionnelle, la façon dont on faisait les choses dans le passé. Chaque fois que des gens faisaient une chose qui ne suivait pas la voie traditionnelle, il y avait une opposition. *Ngarlam*, comme on dit en tibétain (*le fait de suivre la voie traditionnelle*). Mon opinion est que ça venait de l'ignorance et de la bêtise, et que ce n'était pas forcément causé par une campagne politique intelligente menée selon un plan par les forces conservatrices du gouvernement.

— Ce n'était pas simplement les fonctionnaires qui ne voyaient pas l'utilité d'une armée ?

— Je crois que quand certains vieux moines, ou certains lamas, percevaient une touche de modernisation, ils y voyaient la main de l'Angleterre, et ils pensaient sincèrement que les Britanniques étaient les ennemis du Dharma. Dans la modernisation, ils voyaient de l'athéisme. Et peut-être peut-on adresser une critique au Treizième Dalaï Lama. Après tout, il avait le pouvoir, et comprenait la nécessité d'effectuer des changements. Il y a eu un peu de résistance, et il aurait dû lutter, pousser son plan plus avant parce qu'à la fin la vérité l'aurait emporté. Il aurait dû exprimer ses raisons en public, et ils auraient compris. Mais il ne l'a pas fait, et voilà son erreur. Alors oui, on peut le critiquer.

— Tout ça avait à voir avec une bonne quantité de conservatisme doublé d'ignorance.

— Je vais vous en donner un autre exemple. Ce problème n'a pas pris fin en 1920. En 1950 encore, quand déjà les Chinois pénétraient au Tibet oriental, il y avait à Lhassa un fonctionnaire, Phuntsong Tashi, qui avait pour mission d'écouter la radio pékinoise, et de faire, de temps en temps, un rapport au bureau du Régent. C'était juste avant que je n'arrive au pouvoir. Un jour il mentionna nettement le danger d'invasion chinoise. Et alors Nyedroen, le Chambellan, le rassura en disant : « Ne vous inquiétez pas de ça, car nous sommes un lieu de lamas, de dieux, de divinités, et nous n'avons pas à nous inquiéter de l'armée chinoise ».

La véhémence dans la voix du Dalaï Lama me surprit.

— C'est stupide, conclut-il. C'est juste de l'ignorance, et une foi aveugle.

*

A Lhassa, par un bel après-midi d'automne, je longeais de tristes maisons de plaisir. Des Chinoises n'ayant pas trouvé de travail à Chengdu, dans la province de Sichuan, étaient alanguies devant des boutiques vides. Je suis passé devant la station de télévision, avec ses parois tapissées de plaques de verre bleu, aussi moderne que ce que l'on peut trouver en Europe ou au Japon. Depuis mon taxi, qui roulait vite, je voyais se refléter le Potala, comme en un miroir brisé. Au Norbulingka, mon chauffeur chinois s'arrêta devant un long mur blanc entourant ce vaste domaine, à la lisière de Lhassa. Quand une Chinoise, devant le Norbulingka, m'a demandé un ticket, j'ai fait semblant de ne pas comprendre et je suis passé par la porte massive, peinte de couleurs vives, qui menait au parc.

J'ai flâné en direction du Chensalingka, un bâtiment de pierre blanche construit par le Treizième Dalaï Lama à la fin de sa vie, tout au fond de la partie ouest du vaste domaine. Le mot « palais » est trop pompeux pour le Chensalingka, qui n'est pas plus grand que bien des maisons modernes en Europe ou en Amérique du Nord. J'ai regardé ma montre – j'étais en avance – puis fait un détour par un sentier bordé de hauts peupliers. Leurs feuilles venaient de changer de couleur ; à la lumière de l'après-midi, elles étaient dorées et frémissaient dans la brise de fin d'été. A côté de l'une des maisons de pierre blanche qui parsèment le parc, j'ai aperçu l'épave de la Mini Austin du Treizième Dalaï Lama, des mauvaises herbes poussant à travers son moteur rouillé.

A trois heures de l'après-midi, très exactement, j'ai rencontré un gentleman chinois (qui doit rester anonyme, sous risque d'être emprisonné), et lui ai donné la somme convenue de cinq cents dollars en liquide. Il m'a conduit à une petite porte à l'arrière des appartements privés du Treizième Dalaï Lama, et l'a ouverte. Pendant que nous montions une volée de marches, j'entendais, au rez-de-chaussée, un groupe de touristes accompagnés jusqu'aux palanquins officiels qui avaient été utilisés par le Treizième Dalaï Lama. Le rez-de-chaussée du Chensalingka est maintenant un musée, mais les étages, où vivait le Treizième Dalaï Lama, restent fermés au public. J'avais entendu dire que ces pièces abritaient quelques fresques qui pourraient intéresser le Quatorzième Dalaï Lama, et j'avais distribué des pots-de-vin afin de pouvoir entrer dans le bâtiment, et les photographier.

Les cinq pièces étaient vides. A toutes les fenêtres, des rideaux de soie jaune jetaient une ombre dorée sur les planchers de bois ciré, autrefois recouverts de plusieurs épaisseurs de tapis anciens.

Ils avait depuis longtemps été pillés, et emportés en Chine. Les autels nus, eux aussi, avaient été privés de leurs statues. Plus grave : tous les documents du Treizième Dalaï Lama, autrefois rangés ici, avaient disparu, et il y avait peu de chances pour qu'ils réapparaissent un jour. Le gentleman chinois à qui j'avais donné mes cinq cents dollars me conduisit dans la pièce principale, et me montra son bracelet-montre. J'avais deux heures devant moi. Puis il est sorti, et bientôt j'ai perçu l'odeur du tabac qu'il fumait, assis sur le seuil à l'extérieur. J'ai sorti mes appareils photo, installé le trépied, allumé les flashes et commencé à photographier les fresques.

Je reconnus dans cette pièce celle où le Treizième Dalaï Lama, à la fin de sa vie, avait fait prendre de lui un portrait en noir et blanc, car les fresques apparaissaient sur la photo. Les belles fresques religieuses, sur la plupart des murs, n'étaient pas ce que je recherchais. Puis, dans une petite pièce, j'ai découvert une grande carte – une fresque représentant le Norbulingka à l'époque du Treizième Dalaï Lama. On voyait la muraille extérieure blanche, intacte, entourant tout le domaine, dans la banlieue ouest de Lhassa. On voyait le Potala, au loin, et au-delà, Lhassa. C'était une carte peinte, de un mètre sur deux. Pour moi, en raison des détails historiques qu'elle donnait sur Lhassa au début du XXe siècle, c'était un véritable trésor.

Dans un coin de la carte, je vis un dessin représentant l'armée tibétaine. C'était sans doute, dans tout le Tibet, la seule peinture de l'armée dans ses quartiers du Norbulingka. Les soldats étaient figurés en train de s'adonner à des activités diverses : à la barre fixe, jouant au football, défilant en rangs, s'entraînant sur des cibles avec leur British Enfilds .202. Les jambes des soldats étaient entourées de ces leggings verts à l'ancienne dont les soldats britanniques se servaient durant la Première Guerre mondiale et dans l'Inde coloniale. Ils portaient des uniformes verts, et les officiers avaient sur la tête des coiffes contre le soleil, qui auraient eu un sens pour un officier colonial de la reine Victoria. Enfin, on voyait le Treizième Dalaï Lama en personne, dans la cour de Chensalingka, le bâtiment même où je me trouvais. Vêtu de la robe mongole qu'il affectionnait, il accueillait le premier d'une longue file de pèlerins venus recevoir sa bénédiction. Non loin de lui, plusieurs de ses mastiffs tibétains bien-aimés tiraient sur leurs chaînes.

Au cours des dernières années de sa vie, il passait de plus en plus de temps dans son domaine entouré de murs du Norbulingka. Il avait ses chiens, ses fleurs, et des entretiens fréquents avec des gens venus de tout le Tibet pour le consulter à propos du gouvernement, ou pour recevoir sa bénédiction. Malgré la pression qui s'exerçait sur lui, il trouva le temps d'effectuer une retraite de méditation de trois ans, trois mois et trois jours : il s'enferma dans le Norbulingka et y resta dans un complet isolement. Si l'on en croit les photos, à la fin de sa vie, il vieillit rapidement. Les centaines d'hommes de troupe qui vivaient avec lui à l'intérieur du domaine – dans des baraquements, au sein du vaste parc – n'étaient pas affectés par l'échec des réformes qui auraient pu sauver le Tibet. Au cours de ses dernières années, il fit de son mieux pour contrôler les factions qui semblaient décidées à détruire la nation. Mais l'esprit de discorde s'intensifia, et la duplicité britannique paraissait sans limites. La complexité de cette période, redevenue vivante, me sauta aux yeux tandis que je photographiais la carte peinte dans les appartements du Treizième Dalaï Lama, à Lhassa.

*

Plus tard, quand je me suis rendu en Inde, j'ai montré au Quatorzième Dalaï Lama les photographies que j'avais faites de la carte murale. Il savait exactement où elle se trouvait, et évoqua chacun des bâtiments représentés.

— Et ce batiment-là, qu'est-ce que c'est ?

— Il s'appelle le Kelsang Phedrang. Durant sa construction, le Dalaï Lama limita la consommation de tabac. Le Treizième Dalaï Lama visitait le chantier, et un jour il est arrivé derrière le mur et a entendu un des ouvriers dire à voix haute : « Ce tabac est très utile quand on a faim. Et quand on a soif, il vous remplit la bouche. Mais le Dalaï Lama vient de le limiter. Je me demande pourquoi. »

Le Quatorzième Dalaï Lama se mit à rire, et dit :

— Le Treizième Dalaï Lama a tout entendu, et il est parti sans faire de bruit.

— Il a levé les restrictions ?

— Non. Ce que je veux dire, c'est que, quand des pauvres se plaignaient de cette façon, il ne s'en mêlait pas. A la même époque, alors qu'ils construisaient le grand mur blanc entourant le Norbulingka, des habitants de Lhassa (*un père et son fils*) donnèrent des pierres pour le mur blanc. Plus tard, j'ai connu à la fois le père et le fils. Le père était moine au monastère de Namgyal (*situé à l'intérieur du Potala*) et quand je l'ai rencontré, il avait quatre-vingts ou quatre-vingt-quatre ans, mais il était encore en bonne forme physique. Lors de la construction de ce mur, le vieux père se rendit au Norbulingka avec quelques pierres sur sa mule. Là, sur le chantier, après qu'il eut déchargé les pierres, la mule commença à partir dans une mauvaise direction. Soudain, il aperçut quelqu'un vêtu d'une robe mongole, et muni d'une canne. Il cria : « Pourriez-vous arrêter cette mule ? », et l'homme se servit de sa canne pour arrêter la mule. Plus tard, le moine se rendit compte que cet homme en robe mongole était le Treizième Dalaï Lama. Vous voyez, ses relations avec le peuple étaient très simples. Avec les fonctionnaires et les moines de haut rang, il était plus strict, mais il se montrait très simple avec les moines ordinaires et le peuple, et je crois que c'est une bonne chose.

— Avez-vous d'autres raisons de penser que le peuple tibétain était proche de lui ?

— Quand le Potala fut peint en blanc, dit le Dalaï Lama en me montrant la fresque que j'avais photographiée à Lhassa, des habitants de Shol (*la ville aux pieds du Potala*) vinrent y travailler. C'était un travail assez dangereux. Un jour, une femme se cramponnait, très haut, et elle a glissé. Elle se trouvait à une hauteur de dix étages, et l'outil de cuivre qu'elle tenait à la main lui a échappé. En touchant le sol, il a fait beaucoup de bruit. Et elle aussi a glissé, mais heureusement elle a pu s'asseoir. Et l'un de mes gardes du corps, qui était très vieux, me dit qu'au moment où elle glissait, la femme a hurlé : « Thupten Gyatso ! » – le nom du Treizième Dalaï Lama. Ce qui signifie qu'à cet instant où elle se sentait perdue, sa première réaction a été de crier son nom. Ce qui prouve une grande dévotion. Au fond de leur cœur, les gens croyaient.

*

Cette journée passée à Lhassa à photographier la carte murale s'écoula très vite et soudain, la lumière de la fin d'après-midi filtra à travers les rideaux. Le gentleman chinois est revenu, et a insisté pour que nous partions. Au rez-de-chaussée, au lieu de se diriger vers la grande porte, il m'a conduit vers un bâtiment minuscule, réduit à une unique pièce et ignoré des plans, juste à côté. Je ne comprenais pas pourquoi il m'amenait là, car, tandis que nous approchions d'un énorme mastiff noir qui grondait, près du bâtiment, grattant le sol et grinçant des dents, il paraissait très nerveux et agité. Le chien portait un collier tibétain – d'épaisse laine rouge –, et des taches couleur sable mouchetaient son pelage noir de jais. J'ai regardé mon guide s'approcher prudemment du chien qui grondait – sa chaîne le tenait tout juste à distance – et je me suis souvenu de ce que le Quatorzième Dalaï Lama m'avait raconté, lors de l'un de mes premiers entretiens avec lui, à propos des mastiffs de son prédécesseur.

— Après son retour d'Inde, la vie du Treizième Dalaï Lama a été très active. Il écrivait beaucoup, répondait à beaucoup de demandes, tout ça de sa propre main, même pour ce qui concernait le gouvernement. Il passait aussi beaucoup de temps dans le jardin, et il s'occupait de ses gros chiens. Au moins une fois par semaine, il les nourrissait de sa main. Ces chiens – certains offerts par le peuple, souvent des mastiffs très féroces, et beaucoup de nouveaux, sauvages et non dressés –, aussi féroces et nouveaux fussent-ils, lorsque le Dalaï Lama les nourrissait, devenaient obéissants, amicaux, humbles.

Ce mastiff-là ne risquait pas de devenir obéissant, ni amical. Je craignais qu'il ne rompe sa chaîne. Mon guide partageait mes craintes, et sans me dire ce qu'il y avait à l'intérieur, il jeta sa cigarette, sortit une clef, et me fit entrer dans une pièce à peine éclairée. Là aussi, une étoffe de soie jaune voilait les fenêtres, et les murs, du sol au plafond, étaient recouverts de fresques étonnantes. Quand j'ai compris que je me trouvais dans la pièce où était mort le Treizème Dalaï Lama, j'ai donné à l'homme un petit supplément.

Il n'y avait qu'une seule pièce, et tandis que je m'installais pour photographier les fresques, mon guide s'assit sur une caisse vide dans la minuscule antichambre, et me regarda opérer. Dans un coin de la chambre, une belle fresque représentait des dieux et des titans se battant au-dessus de l'arbre de l'immortalité ; ses lignes délicates et ses feuilles d'or brillant étincelaient à chaque éclair de mon flash. Sur une autre, des pics neigeux encerclaient et cachaient le royaume de Shambhala, d'où des troupes de combattants, armés d'étranges appareils, marchaient vers une grande bataille, au cours du conflit général qui, selon les *Tantra* Kalachakra Tantra, doit éclater dans les siècles à venir. Les fresques étaient trop complexes pour que je les assimile en aussi peu de temps ; de plus, sachant que le Treizième Dalaï Lama était mort en ce lieu, je me sentais comme un intrus. Quand j'eus fini de photographier, je regardai les arbres, par la fenêtre. Le doux gazouillis des moineaux sous la corniche résonnait dans la pièce vide. J'eus la perception du temps passé depuis la mort du Treizième Dalaï Lama, et je me suis à nouveau posé des questions sur le Plan auquel son successeur croyait.

Lorsque je l'ai retrouvé, en Inde, et lui ai parlé des fresques, je lui ai demandé :

— Selon vous, le Plan, pour le Treizième Dalaï Lama, a échoué à la fin. Mais que prévoyait ce Plan ?

— Je sens que dans le domaine spirituel, il y eut, en raison des examens qu'il mit en place, et de la façon dont il révoquait les moines qui n'étaient pas purs, des progrès au Tibet au cours de son existence. Et sur un plan temporel, selon son dernier testament, il voulait effectuer des modernisations. Vous savez que je ne suis pas d'accord, mais il précisait que pour défier la Chine et l'Inde, et nos voisins plus petits, nous devions avoir une armée, et il a construit des usines d'armement. Voici comment il améliora le pouvoir temporel. Il pensa à l'autodéfense, au pouvoir militaire de la nation tibétaine. Et il pensa à la frontière encore non finalisée entre la Chine et le Tibet. Il y avait un accord provisoire, et il voulait le finaliser. Il avait visiblement un authentique désir d'établir des relations avec la Russie, et je crois aussi qu'en raison de l'invasion, il était un peu sceptique vis-à-vis de l'Angleterre.

— Mais rien de tout cela n'a marché. Les Russes l'ont repoussé ; les Anglais, à la fin, ne lui vendaient plus les armes nécessaires pour que son armée soit suffisamment forte, et même les Tibétains ne le laissaient plus constituer l'armée dont il estimait que le pays avait besoin pour survivre. Et, pourtant, vous affirmez qu'il y avait un Plan à l'époque des Treizième et Quatorzième Dalaï Lamas !

— Pas du Quatorzième, dit-il vivement. Juste pour le Treizième. Oui, à l'époque du Treizième Dalaï Lama, il y avait un Plan. Et quelques années avant sa mort, après l'échec de ce Plan, il organisa sa mort et s'occupa de la recherche de son successeur, le grand Quatorzième Dalaï Lama.

Il eut à cette idée un rire joyeux qui lui gonfla le visage et lui secoua tout le corps.

— Ou le stupide Quatorzième Dalaï Lama, ajouta-t-il. Le Quatorzième Dalaï Lama lui-même n'a rien à voir avec le Plan. Je me contente de suivre les traces du Treizième Dalaï Lama.

*

Par la fenêtre, il n'y avait rien à voir, hormis une rangée d'arbres qui n'étaient sans doute pas là à la mort du Treizième Dalaï Lama, en 1933. Et la pièce, en dehors des fresques, était vide. Mais pourtant je suis resté là, à regarder.

Une fois de plus, j'ai reposé la même question à l'actuel Dalaï Lama :

— Alors, comment définiriez-vous le Plan ayant dirigé la vie du Treizième Dalaï Lama ?

— Le Plan du Cinquième Dalaï Lama a été désorganisé, et je pense qu'ensuite, pendant de nombreuses années, il y eut un vide, de l'incertitude. La vie du Treizième Dalaï Lama aurait dû, selon le Plan, durer cent ans. C'était une prédiction.

— Une prédiction faite par qui ?

— Un célèbre lama tibétain, Pema Garwang, un grand lama. Un jour, au cours d'une vision, il rencontra une vieille femme qui était censée être la mère du Dalaï Lama. La femme dit : « A l'origine, ce rosaire comportait cent perles. Puis il a été utilisé, des perles sont tombées, et maintenant il n'en reste plus que cinquante-sept ou cinquante-huit. » La vie du Treizième Dalaï Lama était censée durer cent ans, mais apparemment tous ses efforts pour envoyer des étudiants en Angleterre, pour moderniser le pays, pour créer des usines, toutes ces activités ont modifié le Plan.

Pour l'actuel Dalaï Lama, la vie de son prédécesseur a été écourtée par ses efforts pour la défense du Tibet.

*

Mon guide ouvrit la porte, et le chien, qui avait cessé d'aboyer quand nous étions entrés dans la maison, recommença à hurler. Dès que nous fûmes sortis de la pièce où était mort le Treizième Dalaï Lama, l'homme me quitta. Je pris un chemin pour traverser le parc du Norbulingka, il en prit un autre, et c'est donc seul que j'avançai dans le crépuscule.

J'ai fini par demander au Dalaï Lama :

— Qui était le Treizième Dalaï Lama ?

— A un certain niveau, le Treizième Dalaï Lama était un être humain solitaire, dit-il avec lassitude. Il est né et il est mort, il a été malade, et un jour il est tombé de cheval, et ensuite il a été plus prudent.

Sa voix passa de la lassitude à un rire joyeux.

— Tel est le niveau humain, conventionnel.

— Lorsque vous évoquez le Treizième Dalaï Lama tombant de cheval, vous précisez ce détail pour montrer qu'il était aussi très humain.

— Oui.

— Mais l'esprit de Chenrizi aussi était présent.
— Toujours ces deux niveaux.
C'était loin d'être la première fois que nous évoquions ce sujet.

*

Après la mort du Dalaï Lama, le 17 décembre 1933, à l'âge de cinquante-huit ans, Lungshar, son vieux commandant en chef, fit une ultime tentative pour mener à bien les réformes. L'historien Tsepon Shakabpa la qualifie d'œuvre d'un « bandit politique », qui voulait modifier le gouvernement du Tibet et le service civil. L'actuel Dalaï Lama voit les choses de façon différente.

— En fait, le Treizième Dalaï Lama faisait pleine confiance à Lungshar. Lungshar était le fonctionnaire laïque qui avait conduit en Angleterre les quatre étudiants, et était revenu avec eux. A leur retour, ces quatre garçons ont très bien réussi. L'un a installé l'électricité dans une partie de Lhassa, et l'autre un télégraphe. Puis Lungshar, après son retour, a commencé la modernisation de l'armée, essayé de créer une armée moderne. Malheureusement, ces plans échouèrent en raison du problème d'impôts que nous avons évoqué. Après la mort du Dalaï Lama, Lungshar eut un projet de réforme concernant la régence entre le Treizième et le Quatorzième Dalaï Lama. Au lieu de nommer un Régent unique, un moine, il eut l'idée d'avoir deux ou quatre hommes, moitié laïques, moitié moines.

— Il voulait atténuer le pouvoir des moines au cours de la régence, c'est bien cela ?

— Il voulait une combinaison de moines et de laïques. Après le Treizième Dalaï Lama, selon la tradition, c'est un moine réincarné, un lama, Reting Rimpotché, qui fut nommé Régent. Mais Lungshar organisa une rencontre secrète (*de tous ceux qui souhaitaient poursuivre la campagne de modernisation du Dalaï Lama*). Un moine qui assista à cette rencontre secrète me dit plus tard que leur principal but était que le gouvernement tibétain soit dirigé par des fonctionnaires, et pas par des lamas. Lungshar affirmait que les lamas n'ont aucune expérience de l'administration.

— Il n'avait pas forcément tort.

— Oui, c'est tout à fait exact. Mais l'autre parti (*les conservateurs religieux opposés à la modernisation*) et le Régent l'accusèrent d'essayer de fonder une république. Ils l'accusèrent d'être un traître au gouvernement. Il fut mis en prison, et aveuglé.

Après la mort du Treizième Dalaï Lama, on arracha les yeux de Lungshar.

Cinq mois seulement après la mort du Treizième Dalaï Lama, tous ceux qui avaient trempé dans le mouvement de réformes de Lungshar furent accusés de trahison. L'arrestation et le rapide procès de Lungshar, son horrible châtiment, terrifièrent et firent taire les réformistes. Ça faisait si longtemps que personne n'avait subi la peine de l'aveuglement que les spécialistes payés pour aveugler Lungshar ne connaissaient que par ouï-dire les méthodes employées par leurs pères. Ils sabotèrent le travail, et, après avoir été aveuglé, Lungshar ne survécut pas longtemps. Avec cet acte horrible, la faction conservatrice du pouvoir tibétain affirmait clairement que, durant la régence à venir, on ne parlerait plus de modernisation, d'armée moderne ou d'écoles modernes.

11

Les premières années du Quatorzième Dalaï Lama 1935-1950

C'était un humide matin de mousson à Dharamsala, dix-huit mois après le début de nos entretiens. J'attendais le Dalaï Lama dans sa serre, juste devant son minuscule cottage. Le bungalow d'audience, le cottage personnel du Dalaï Lama, les bureaux, le temple, tous les bâtiments du domaine entouré de barrières, sur la colline au-dessus de Dharamsala, avaient disparu dans les nuages. A l'abri de la pluie sous un toit en fibres de verre, j'observais, en attendant son arrivée, sa collection de plantes en pots.

Le Dalaï Lama sortit de son cottage, jeta un coup d'œil au ciel noir, et ouvrit le parapluie bordeaux, de la couleur de sa robe, qu'un garde lui avait tendu. C'était un samedi, et même si en général il ne reçoit pas de visiteurs durant le week-end, il avait accepté de poursuivre nos conversations quotidiennes, car, même si nous touchions au bout du voyage – un voyage à travers l'histoire du Tibet –, il nous restait beaucoup de choses à dire.

Nous avons pourtant commencé par profiter de ses fleurs. Il me montra un énorme bégonia.

— Cette pousse, je l'ai rapportée du Massachusetts. Ces bégonias et ces pivoines sont mes fleurs préférées.

Deux douzaines de pots étaient alignés sur des tréteaux de bois, sous le toit transparent. Sous les interminables pluies de mousson, les plantes seraient mortes, et c'est pourquoi le jardinier avait installé un toit. En dehors du bruit de la pluie sur la serre, le jardin du Dalaï Lama, protégé des foules grouillantes et du vacarme de l'Inde, était silencieux. On coupait soigneusement les feuilles mortes de chaque fleur, et elles étaient immaculées. Je me suis penché pour les sentir et observer leurs couleurs vives, et sans un soldat indien silencieux muni d'une arme automatique noire et qui montait la garde sous la pluie, je ne me serais pas cru en Inde.

Je suivis le Dalaï Lama sur un chemin pavé, entre deux rangées d'arbres, en direction du bungalow d'audience, afin d'y reprendre notre conversation. Nous en étions à un moment crucial de l'histoire du pays, à un moment où le Dalaï Lama est la personne la plus qualifiée pour l'évoquer : sa propre vie.

Il est né sous le nom de Lhamo Dhondup, le 6 juillet 1935, dix-huit mois après la mort de son prédécesseur, dans le village de Taktser, au nord-est du Tibet. Les Tibétains appellent sa province natale l'Amdo (elle fait aujourd'hui partie de la province chinoise de Qinghai, et n'appartient même pas au fragment du Tibet intitulé sur les cartes chinoises Région autonome du Tibet).

Ses parents étaient des paysans tibétains, qui tiraient du lait et du beurre de leur troupeau de yaks, de la laine de leur quatre-vingts moutons, des œufs de leurs poules, et de l'orge, du sarrasin et des pommes de terre de leurs champs. Sa mère, Dekyi Tsering, accoucha de lui sur un matelas de paille dans l'étable à vaches, derrière la maison, près des tas de fumier et des veaux en train de téter. Quelques jours plus tard, elle était de retour dans les champs, le jeune Lhamo accroché dans son dos. Elle porta seize enfants, mais seuls onze sont parvenus à l'âge adulte. Son père, Choekyong Tsering, marchand de chevaux, souffrait d'une mauvaise santé, et perdait beaucoup de bêtes. Après la naissance de Lhamo, sa santé s'améliora soudain. Plus tard, les voisins affirmèrent avoir vu un arc-en-ciel au moment de la naissance de l'enfant.

— Le fait que vous soyez né en Amdo avait-il une signification, comme vous le dites pour les lieux de naissance des anciens Dalaï Lamas, entre le Premier et le Cinquième ?

— Evidemment, mais on n'en est pas certains, dit-il. Selon moi, le Panchen Lama et moi-même sommes nés tous les deux à la frontière avec la Chine, tous les deux en Amdo. Aujourd'hui les gens de l'Amdo éprouvent un sentiment particulier envers le Tibet, car le Dalaï Lama et le Panchen Lama viennent tous deux de cette région. Au cours des siècles précédents, ils étaient séparés du Tibet central, mais comme nous venons tous les deux de l'Amdo, ils s'en sentent plus proches. En ce sens-là, ça a eu un effet.

En Amdo, la bordure nord-est du Plateau tibétain descend dans les plaines de la Chine de l'Ouest. A une plus haute altitude, toute culture est impossible, et seuls peuvent survivre des troupeaux disséminés. Les yaks se portent bien à 6 000 mètres d'altitude, mais en dessous de 2 500 mètres ils sont malades. Le village de Taktser, à 3 000 mètres environ, est à la frontière de deux mondes, car l'élevage des yaks et l'agriculture y sont tous les deux possibles. Toute la région s'étend le long d'une frontière naturelle, devenue une frontière à la fois politique et ethnique. Jusqu'au XVIIIe siècle, l'Amdo n'était habité que par des Tibétains, mais après qu'ils se furent heurtés aux Mongols et aux Chinois sur la bordure est du plateau, la région fut peu à peu peuplée par d'autres groupes ethniques. Le sentiment de connexion entre les Tibétains de l'Amdo et les Tibétains du centre s'est affaibli, et le dialecte de l'Amdo est devenu de plus en plus distinct.

Au cours des quatre derniers siècles, c'étaient des chefs tibétains locaux qui dirigeaient l'Amdo, parfois en tant que sujets de Lhassa, parfois en tant que sujets des Mongols, des Mandchous ou, au XXe siècle, du gouvernement nationaliste chinois. Dans les années trente, le seigneur de la guerre musulman Ma Pufang s'empara du nord-est de l'Amdo au nom du faible gouvernement central de Chiang Kai-shek, et l'incorpora à la province chinoise de Qinghai. Il dirigeait la région depuis la ville qui s'appelle aujourd'hui Xining, capitale du Qinghai. En Amdo, les Tibétains, d'ordinaire, parlent tibétain, et je fus donc étonné lorsque le Dalaï Lama me dit qu'à Taktser (qui, en 1935, se trouvait officiellement sous le contrôle de Ma Pufang), alors que seulement deux propriétés sur dix-sept appartenaient à des Chinois, sa famille n'avait pas le tibétain comme langue principale.

— En ce temps-là, dans mon village, on parlait un mauvais chinois. Enfant, j'ai commencé à parler chinois, mais c'était un mauvais Xining, un dialecte chinois.

— Ainsi votre première langue était un dialecte régional, un mauvais chinois qu'on pourrait appeler le chinois de Xining. Ce n'était pas le tibétain. Vous avez appris le tibétain en arrivant à Lhassa ?

— Oui. C'est exact, mais, voyez-vous, mon frère Lobsang Samten était entré avant moi au monastère de Kumbum et, là-bas, on parlait le dialecte de l'Amdo. Au monastère, ils parlaient le tibétain de l'Amdo. Dans les autres villages, on parlait le tibétain de l'Amdo. Mais dans mon village, je ne sais pas pourquoi, mes parents parlaient ce mauvais chinois de Xining.

— Taktser était vraiment à la frontière de la Chine, et il y avait donc eu une lente pénétration de la Chine dans cette zone.

— Oui, c'était vraiment à la frontière.

— J'ai entendu dire que, selon une croyance populaire tibétaine, le Treizième Dalaï Lama, ayant lutté toute sa vie pour libérer le Tibet de l'influence chinoise, avait décidé, avec sa renaissance, de planter un clou dans le talon des Chinois. Il disait : « Là, dans le lointain Nord-Est, c'est aussi le Tibet. »

— Je n'ai pas entendu raconter ça, mais les événements, aujourd'hui, montrent clairement qu'il y a eu un certain bénéfice (*de cette réincarnation en Amdo*). Car les gens de l'Amdo, après plusieurs siècles d'éloignement, ont développé des sentiments plus proches pour le Tibet central.

*

En 1934, Reting Rimpotché, du monastère de Reting, à cent kilomètres au nord de Lhassa, jeune et politiquement inexpérimenté, fut choisi comme Régent. N'importe quel Tibétain, même s'il n'est pas moine réincarné, ni Rimpotché (le Précieux) peut devenir Régent, mais Reting Rimpotché fut choisi en partie parce qu'on disait qu'un lama de si haut rang, avec de telles connaissances spirituelles, était qualifié pour mener la recherche de la réincarnation du Dalaï Lama précédent. Néanmoins, c'est le talent politique du nouveau Régent, et pas son talent spirituel, que le gouvernement chinois mit aussitôt à l'épreuve. Résisterait-il aussi astucieusement que le précédent Dalaï Lama à l'absorption du Tibet par la Chine ?

Reting Rimpotché autorisa les Chinois à conduire à Lhassa, en 1934, ce qu'ils appelèrent une « mission de condoléances ». Selon le gouvernement nationaliste, le peuple chinois voulait exprimer de sincères condoléances au Tibet pour la mort du Treizième Dalaï Lama. La mission apporta avec elle l'équivalent de 3,5 millions de dollars, dont une grande partie fut donnée aux factions puissantes à Lhassa, en particulier à Reting Rimpotché, et aux autres moines. Les envoyés chinois pressèrent alors le Tibet de signer un document reconnaissant que le Tibet faisait partie de la Chine, ainsi que le voulaient tous les gouvernements chinois depuis la chute des Mandchous, en 1911.

Lhassa avait l'intention de préserver l'indépendance de la nation. Le Tibet entretenait des relations avec les pays voisins, comme le Népal et le Bouthan, et la Mongolie et le Tibet, peu après la chute de l'Empire mandchou, s'étaient mutuellement reconnus comme Etats indépendants. Mais en dehors de la Grande-Bretagne, qui maintenait soigneusement une assistance ambiguë et intéressée, le Tibet n'avait pas de liens diplomatiques avec les grandes puissances. La Russie s'entendait avec les Britanniques pour dire que la Chine était suzeraine du Tibet, mais admettait aussi que le Tibet était tombé sous influence britannique. A la même époque, la Chine était convaincue que le nationalisme tibétain et le désir d'indépendance du pays étaient le résultat de machiavéliques manœuvres de Londres. Comme la mission de condoléances donna à quasiment chaque moine de Lhassa deux dollars d'argent chinois, il n'est pas surprenant qu'une fraction de la capitale se soit montrée amicale avec les envoyés chinois. D'autres tibétains sentaient que le pays devait adhérer au testament moral du Treizième Dalaï Lama, qui avait toujours insisté sur l'indépendance, avait usé de la force pour chasser les Chinois, et formellement refusé de permettre l'introduction d'une influence chinoise.

Reting Rimpotché, et ceux qui, dans les grands monastères, le soutenaient, balayèrent les préoccupations suscitées par la Chine. Il limita aussi les achats d'armes à l'Inde, et commença à démobiliser l'armée tibétaine. Lorsque la mission de condoléances retourna en Chine, les Chinois parvinrent à convaincre le Régent Reting d'autoriser la présence à Lhassa d'un opérateur radio chinois, en compagnie de quelques collaborateurs. Cette présence réduite devint, ainsi que l'avaient craint ceux qui lui étaient opposés, peu à peu plus importante, si bien que, dans les années quarante, la Chine avait à Lhassa une mission permanente. Le gouvernement tibétain affirmait que la radio était simplement un moyen de discuter d'intérêts communs, en particulier à propos des conflits dans le Kham, au sujet de la frontière. Les deux nations ne s'étaient jamais mises d'accord sur la frontière entre le Tibet et la Chine, et il y avait souvent des frictions. Le point de vue de la Chine sur la station radio fut clairement exprimé : « Pour cimenter les relations entre le gouvernement central et le Tibet, et faciliter la direction des affaires dans la zone frontière, le gouvernement chinois a décidé de laisser un représentant à Lhassa. »

En 1935, Reting Rimpotché commença à mettre à bas l'œuvre à laquelle le précédent Dalaï Lama avait consacré toute son existence : non seulement il entama des relations avec la Chine, et selon les bases exigées par les nationalistes, mais il refusa d'acheter des armes et d'entraîner l'armée correctement. La petite armée que le Dalaï Lama avait recrutée s'étiola.

Un an après qu'il eut été choisi, Reting Rimpotché entreprit la part la plus importante de sa mission : la recherche du Quatorzième Dalaï Lama. Il se rendit au lac Lhamo Latso, et médita en regardant ses fonds. Cinq cents ans plus tôt, l'esprit gardien du lac, la déesse Palden Lhamo, avait promis au Premier Dalaï Lama, au cours de l'une de ses visions, qu'elle protégerait la lignée des réincarnations du Dalaï Lama. Traditionnellement, la déesse envoyait une vision au Régent afin de le guider dans sa recherche du nouveau Dalaï Lama. Reting Rimpotché attendit 1936 pour dire ce qu'il avait vu au fond du lac. Cette année-là, il réunit l'Assemblée nationale et annonça que sa vision lui avait montré le Dalaï Lama réincarné dans l'Amdo, une province de l'Est. Il avait vu dans le lac la lettre tibétaine *Ah*, ainsi que quelques autres détails, qui le dirigeaient vers une maison particulière d'un village particulier de l'Amdo. Pour finir, trois équipes de recherche quittèrent Lhassa, toutes se dirigeant vers l'est, et l'une d'elles suivit les présages donnés par Reting Rimpotché.

D'après la vision du Régent, l'équipe de recherche qui devait trouver le petit Lhamo commença par se diriger vers la ville éloignée de Jyekundo. Là, elle rencontra le Panchen Lama, qui avait fui la Chine dans les années vingt après avoir refusé de payer à Lhassa les taxes demandées par le Dalaï Lama pour monter une armée, et qui maintenant tentait en vain de négocier son retour au Tibet. Le temps que durent les longues discussions entre les gouvernements tibétain et chinois (Lhassa refusait qu'il soit accompagné par des soldats chinois), le Panchen Lama était resté coincé à Jyekundo, où il étudiait calmement des rapports concernant des enfants exceptionnels nés dans la région après la mort du Treizième Dalaï Lama. Comme le Quatorzième Dalaï Lama me l'avait dit, le lien spirituel entre les deux lignées de lamas réincarnés, en dépit des rivalités politiques, n'avait jamais disparu. Le Panchen Lama avait entendu parler d'un garçon intrépide à Taktser, et son nom fut inscrit sur la liste de l'équipe de recherche. Le Panchen Lama mourut l'année suivante, sans jamais être rentré au Tibet.

En mai 1937, l'équipe de recherche atteignit Kumbum, le plus grand monastère d'Amdo – fondé sur le lieu de naissance de Tsonghapa –, aperçu dans la vision du Régent. Taktser n'était pas loin de Kumbum, mais l'équipe voulut d'abord aller rendre hommage au pouvoir politique local, en la personne de Ma Pufang, ce qui retarda jusqu'en septembre son arrivée à Taktser.

Pour jauger le garçon au naturel, un Tulku nommé Ketsang Rimpotché, qui dirigeait l'équipe de recherche, échangea ses vêtements avec ceux d'un domestique. L'équipe se fit passer pour une troupe de voyageurs, et demanda aux parents de Lhamo de la nourriture et un logement pour la nuit. Ketsang s'assit silencieusement dans la cuisine avec les autres domestiques tandis que les parents de Lhamo s'occupaient du « grand lama » dans la pièce principale de la maison.

Le Dalaï Lama ne se rappelle rien de ce moment qui devait changer son existence : il n'avait que deux ans. Depuis, cependant, tous ceux qui étaient présents lui ont raconté la scène. Il entra dans la cuisine et trouva Ketsang Rimpotché, lama réincarné du monastère de Sera, assis près du feu, un vieux rosaire entre les mains. Le rosaire avait appartenu au Treizième Dalaï Lama. Le gamin alla vers lui, sans peur, et dit : « Je veux ça. » Ketsang Rimpotché répondit : « Si tu sais qui je suis, je vais te donner ce rosaire. » Alors le gamin dit : « Sera Lama, Sera Lama », identifiant le lieu d'où venait Ketsang Rimpotché.

— Quand l'équipe de recherche est arrivée chez nous, ils ont affirmé que je parlais le dialecte de Lhassa. Je ne me souviens plus, mais ma mère m'a dit que je parlais avec l'équipe de recherche un langage qu'elle ne comprenait pas. Cela signifie que je parlais la langue de ma vie antérieure.

Il sourit et secoua la tête : aujourd'hui encore, ces histoires le laissent quelque peu sceptique.

Le fait d'avoir été reconnu comme un lama du monastère de Sera et la façon dont le garçon s'accrochait à son rosaire impressionnèrent Ketsang Rimpotché. Le lendemain matin, lorsque l'équipe partit, Lhamo, dit-on, pleura, les suppliant de le laisser les accompagner. Convaincus qu'il s'agissait probablement du Quatorzième Dalaï Lama, les membres de l'équipe de recherche revinrent à Taktser quelques jours plus tard, et déclarèrent aux parents que le garçon allait être officiellement mis à l'épreuve. Les parents pensaient que l'équipe cherchait une simple réincarnation ; il ne leur vint pas à l'esprit qu'elle cherchait le prochain Dalaï Lama. Car, de façon curieuse, deux des frères de Lhamo avaient déjà été reconnus comme des réincarnations, et la famille n'en était plus surprise.

De nombreux objets ayant appartenu à feu le Dalaï Lama – et des objets similaires qui ne lui avaient pas appartenus – furent placés sur une longue table, devant le garçon. Sans la moindre hésitation, Lhamo choisit chacun des objets du Dalaï Lama et écarta les autres : « C'est à moi. » Sur la douzaine de garçons mis à l'épreuve, aucun ne choisit plus d'un seul objet authentique, et l'un des enfants refusa même de s'approcher de l'équipe de recherche.

Il tardait à l'équipe de ramener Lhamo à Lhassa, mais Ma Pufang exigea une rançon pour l'enfant – environ 32 000 livres en argent chinois, ce qui représente à peu près 2,5 millions de dollars d'aujourd'hui. Cette demande retarda de près de deux ans le départ de Lhamo, alors même que l'équipe de recherche assurait au Seigneur de la guerre ne pas avoir de certitude à propos de l'enfant, et vouloir simplement le mettre à l'épreuve, parmi d'autres, à Lhassa. L'équipe chercha de l'argent dans la région, et envoya des courriers à Lhassa pour demander des instructions. A l'automne de 1937, les parents de Lhamo Dhondup le conduisirent au monastère de Kumbum, où il passa les vingt mois suivants. L'équipe de recherche finit par emprunter l'argent de la rançon à des musulmans chinois en route pour La Mecque, via Lhassa. Les pèlerins, à Xining, donnèrent à Ma Pufang la somme exigée, et les Tibétains les remboursèrent à Lhassa ; la transaction leur fut profitable.

La Quatorzième Dalaï Lama resta au monastère de Kumbum jusqu'en juillet 1939. Ses deux frères reconnus comme des lamas réincarnés se trouvaient déjà à Kumbum, étudiant pour devenir des moines.

— Vous rappelez-vous Kumbum ?

— Une seule chose. Je me souviens de mon frère aîné portant une robe de moine et étudiant dans le monastère pour sa leçon quotidienne. Comme j'étais trop jeune pour étudier, je me contentais de jouer dehors. Je me souviens lui avoir demandé de sortir pour jouer, mais il ne pouvait pas. Et puis je me souviens du professeur de mes frères. Un vieux moine. Je rampais sur ses genoux, et je m'asseyais dans les plis de sa robe de moine, où on a bien chaud. J'étais très heureux que les moines soient si disciplinés et travaillent si dur pour apprendre. Moi, je me sentais complètement libre, j'allais partout où j'en avais envie. Et un jour, depuis l'intérieur de la robe du moine, j'ai vu un élève avec un long visage rouge. Il était triste parce qu'il n'avait pas bien étudié, et son maître s'apprêtait à le battre avec une palette. J'étais effrayé. Encore aujourd'hui, je me souviens de la peur sur le visage de l'élève, et de la couleur de la palette. Je me souviens de ça. Mais avec moi le maître était très gentil, et quand j'étais assis sur sa robe, il me donnait des pêches.

Thubten Jigme Norbu, le frère aîné du Dalaï Lama, avait déjà seize ans lorsque son petit frère arriva à Kumbum. Lobsang Samten, l'autre frère reconnu comme une réincarnation, n'avait que quatre ans, et il était toujours triste de sa séparation d'avec ses parents. Norbu et Samten savaient ce que c'était que d'être élevés par ces moines étranges, sans femmes autour d'eux. Dans son livre, écrit avec l'assistance de Heinrich Narrer, Norbu raconte comment

Samten et lui, après le départ de leurs parents, passèrent leur première nuit avec leur petit frère, âgé de deux ans :

> Lhamo Dhondup « fondit en larmes, et nous supplia de le ramener à la maison. A cette époque, j'avais presque dix-sept ans, mais face à un tel chagrin j'étais toujours impuissant. Lobsang Samten fut le premier à se joindre aux sanglots du petit Lhamo, mais il ne me fallut pas longtemps pour fondre en larmes à mon tour. Une ultime tentative pour changer les idées de mon petit frère en lui montrant les flocons de neige dansant devant la fenêtre échoua, et nous nous sommes retrouvés en larmes tous les trois ».

Enfin, peu avant l'aube du 21 juillet 1939, après des mois d'attente, Lhamo Dhondup reçut l'autorisation de se rendre à Lhassa.

— Je fus installé sur un grand trône, et j'avais un serviteur devant moi. Il avait de grands yeux ronds. Je me souviens que c'était le matin, très tôt, et plus tard, à Lhassa, ce même serviteur est devenu mon professeur. Je me souviens que j'étais assis sur le trône, et qu'il était debout, devant moi. Il y avait aussi quelques moines occupant des postes officiels.

Après une cérémonie de départ, tôt le matin, la caravane de Lhamo Dhondup, 50 hommes et 350 mules et chevaux, prit le chemin de Lhassa, à travers le nord-est du Tibet, dépourvu de routes. Le Dalaï Lama garde peu de souvenirs de ce voyage qui dura dix semaines. Il se rappelle les vastes plaines, les petites colonies de peuplement qu'ils traversaient, et les distances énormes entre elles. Il se rappelle surtout avoir voyagé dans un palanquin spécial tiré par deux mules. Et, à l'intérieur, le petit Lhamo Dhondup, qui venait d'avoir quatre ans, et son frère de six ans, Lobsang Samten. Les parents du Dalaï Lama et le cadet de la famille, Gyalo Thondup, onze ans, étaient à dos de mules et de chevaux. Son frère aîné, Norbu, était resté à Kumbum pour y achever ses études, et sa grande sœur était demeurée avec son mari dans la ferme familiale.

— Vous souvenez-vous du voyage jusqu'à Lhassa ?

— Oh oui, ce fut un long voyage.

— Vous étiez si petit, vous n'aviez que quatre ans. Quelle impression vous faisaient les étendues sauvages que vous traversiez ?

— Je me contentais de jouer avec mon père, mes frères, et les gens qui s'occupaient du palanquin. Quand Lobsang et moi étions fâchés, nous nous asseyions chacun à une extrémité du palanquin, et le muletier était content parce que le palanquin se balançait.

Quand il n'y avait pas de dispute entre mon frère et moi, nous étions assis au milieu du palanquin, et c'était beaucoup plus difficile de le faire se balancer. Et je me souviens des soucis que nous causions aux hommes. Avant Nagchu (*à dix jours de marche au nord-est de Lhassa*), il n'y avait pas de gardes du corps. Puis les gardes du corps sont arrivés de Drapchi (*le camp des gardes du corps, à Lhassa*). Ils avaient apporté un tas de pois, dans leurs cosses. Je me souviens que des soldats me donnaient des pois dans le palanquin.

Conduite par des guides et des muletiers, la caravane de Lhamo Dhondup traversa des rivières en crue, des passes glacées, des plaines immenses où des troupeaux de yaks sauvages, de chevaux, d'antilopes couraient librement. En cours de route, alors que personne, dans la caravane, ne savait encore qui il était, le Régent Reting Rimpotché annonça que le garçon de Taktser était le Quatorzième Dalaï Lama. Il ne fit cette déclaration qu'une fois que la troupe eut quitté l'Amdo, contrôlé par Ma Pufang.

La caravane finit par atteindre la banlieue de Lhassa, où le Régent avait fait dresser d'immenses tentes sur une plaine herbeuse. Au centre se trouvait une tente jaune, qui avait appartenu au Treizième Dalaï Lama. Quelqu'un porta Lhamo Dhondup à travers les milliers de fidèles venus l'accueillir, et l'assit sur un trône, à l'intérieur de la tente. Une personnalité officielle lut une déclaration selon laquelle Lhamo Dhondup était le Quatorzième Dalaï Lama. Ses parents étaient annoblis. Le 8 octobre 1939 – le Dalaï Lama avait juste quatre ans –, il effectua la dernière étape de son voyage vers Lhassa.

— Y avait-il beaucoup de gens venus vous accueillir ?

— Je ne me souviens plus, dit-il en riant.

— Vous étiez assis sur un trône très haut, et il y avait beaucoup de gens.

— Oui, c'est exact. Mais je ne m'en souviens plus. Je me souviens cependant d'une chose. Après la cérémonie, Reting Rimpotché voulait que je reste avec lui quelque part. Et je ne voulais pas. Je voulais rejoindre ma mère. Alors Reting Rimpotché a appelé un immense garde du corps, Simkhang Tsugor Jhampa. Il avait d'énormes yeux globuleux, très rouges. J'ai eu très peur.

Dès l'instant où Lhamo était arrivé à Lhassa, le Régent avait manifesté son pouvoir, et demandé l'isolement du Dalaï Lama.

Sur le chemin de Lhassa, les milliers de fidèles entourant le Dalaï Lama s'arrêtèrent au Jokhang, fondé par Songtsen Gampo 1 300 ans auparavant, pour permettre au jeune garçon de rendre hommage au plus vieux temple bouddhique du Tibet. La procession, ensuite, serpenta, par-delà le Potala, jusqu'au parc du Norbulingka. Reting Rimpotché avait décidé – et aujourd'hui encore le Dalaï Lama lui en est reconnaissant – que le petit garçon s'habituerait plus vite au Norbulingka qu'au venteux Potala.

Le Dalaï Lama voyageait dans un énorme palanquin recouvert de soie jaune. Il était si large et encombrant, presque de la taille d'une petite pièce, qu'il fallait deux douzaines d'hommes pour le porter, des officiers, vêtus de robes vertes, avec des coiffes rouge vif aux bordures garnies de glands. Les nobles de Lhassa, dans leurs plus belles robes de soie, se joignirent à la parade des officiers, des chevaux, des musiciens, des porteurs de bannières. La procession traversa l'enceinte extérieure blanche, ne dépassant pas six mètres, qui entourait le Norbulingka, puis approcha de la muraille intérieure, jaune, que seuls purent franchir le Dalaï Lama et ses serviteurs les plus proches. Une section de la muraille intérieure fait près de huit mètres de haut, et enclot un petit cottage de pierre construit au cours du règne du Septième Dalaï Lama.

Le garçon descendit du palanquin et fut conduit à travers le jardin intérieur, puis gravit la petite volée de marches de granit menant aux trois pièces de l'Uyab Podrang. C'est là que le Dalaï Lama passa sa première année à Lhassa, perpétuellement à l'ombre du vieux et sombre genévrier qui poussait au-dessus de sa maison. Les murs intérieurs de l'Uyab Podrang étaient couverts de fresques représentant des épisodes de la vie du Grand Cinquième et de Songtsen Gampo, et des positions secrètes du yoga. Une énorme carte peinte de Lhassa au XVIIIe siècle occupait tout un mur. C'est dans ces pièces que, tout en lui enseignant la philosophie bouddhique, ses premiers maîtres racontèrent au Dalaï Lama, en passant, ses premiers éléments de l'histoire du Tibet.

Durant les quatre années suivantes, le fils du paysan de l'Amdo découvrit peu à peu une nouvelle vie. Au cours de sa première année en tant que Dalaï Lama, sa mère, son père, ses frères lui rendirent souvent visite au Norbulingka, mais lui-même ne quittait que rarement le domaine. Le gouvernement finit par faire don à la famille d'un grand domaine à Lhassa. Ses études devenant plus astreignantes, le Dalaï Lama vit de moins en moins les siens. Le Régent séparait progressivement le jeune Dalaï Lama de ses parents, de même qu'il écartait peu à peu tout ce qui pouvait menacer son pouvoir absolu. Le jeune garçon n'était pas conscient de ces luttes politiques. Il vivait dans un monde à part, ne sortant que dans son palanquin pour affronter des foules qui, à son passage, se prosternaient. Pour les Tibétains, le Dalaï Lama était si sacré qu'ils n'osaient pas le regarder dans les yeux.

Aujourd'hui, la dévotion des Tibétains en exil ne surprend pas le Dalaï Lama. Depuis ses quatre ans, il a été l'objet d'une dévotion si intense qu'il en a pris l'habitude. Quand je le vois au milieu d'immenses foules de fidèles, je me demande quelle influence une telle adoration a pu avoir sur le jeune garçon qu'il était.

— Quel âge aviez-vous quand vous vous êtes, pour la première fois, rendu compte que vous étiez un Tulku, un Rimpotché, un lama réincarné ?

— J'avais peut-être cinq ou six ans. Ma mère m'a raconté qu'un jour j'avais insisté pour aller au Chensalingka (*un bâtiment construit par le Treizième Dalaï Lama à l'intérieur du domaine du Norbulingka*). Elle m'a raconté que nous étions entrés dans une pièce, que j'avais montré une caisse et demandé qu'on l'ouvre. Je devais y trouver mes dents. Les fonctionnaires l'ouvrirent, et y trouvèrent les fausses dents du Treizième Dalaï Lama. Je ne me souviens plus de ça, mais ma mère me l'a raconté.

— Vous souvenez-vous de quelqu'un, à Lhassa, vous disant : « Vous voilà revenu ! » Croyaient-ils vraiment que vous étiez la réincarnation du même homme ?

— J'ai connu une expérience de ce type avec Tsarong Dasang Damdul, dont les gens, à l'époque, ne pensaient pas qu'il était très religieux, car il était proche des Occidentaux, et que son mode de vie, y compris ses vêtements et sa nourriture, était plutôt occidental. Un jour qu'il était venu m'offrir un *khata*, une écharpe blanche rituelle, nous parlions à bâtons rompus de ses propres expériences avec le Treizième Dalaï Lama. Et alors il m'a dit : « Et aujourd'hui le Treizième Dalaï Lama a endossé un âge si merveilleux », et il s'est mis à pleurer, à pleurer.

— Qu'est-ce que cela vous a fait lorsque vous vous êtes rendu compte, pour la première fois, que les gens pensaient que vous étiez la réincarnation du Treizième Dalaï Lama ?

— C'était un fait acquis. Je n'y prêtais pas d'attention particulière. Il y avait un grand savant, Gen-nyima. Plus tard, il m'a donné certains enseignements. Dans les quelques années qui ont suivi la mort du Treizième Dalaï Lama, on n'avait pas de nouvelles de sa réincarnation. Alors ce savant, Gen-nyima, devint nerveux, inquiet. Quand je suis arrivé à Lhassa, il est venu assister à toutes les cérémonies de mon arrivée. Il est rentré au monastère de Drepung rempli de joie et de satisfaction. A cette époque, c'était étrange, nombre de personnages officiels, comme ce grand savant, Gen-nyima, remarquaient comment un garçon si jeune se comportait au cours des cérémonies. Au cours de telles cérémonies, même des gens âgés étaient parfois effrayés, mais ce jeune garçon ne manifestait aucun signe de crainte, ni de surprise. Plus tard, Gen-nyima me dit qu'après avoir observé ça, il savait que j'étais la réincarnation du Dalaï Lama. Il m'a dit . « Maintenant, moi, ce vieillard, je peux mourir en paix. » Voilà le genre de confirmation que je recevais. Quand j'ai eu cinq ou six ans, j'ai peu à peu éprouvé le sentiment que j'avais le droit d'affirmer que j'étais le Dalaï Lama.

Deux mois après l'arrivée du garçon à Lhassa, le Régent lui rasa le crâne, et, quoique n'ayant pas encore prononcé ses vœux monastiques, il commença, officiellement, à étudier. Il fut intronisé au Potala le 22 février 1940, et reçut le nom de Jampel Ngawang Lobsang Yeshe Tenzin Gyatso. Selon la tradition, ses deux premiers noms étaient ceux du Régent. En raison d'une crise politique qui survint un peu plus tard à propos de Reting Rimpotché, il perdit ces noms. Aujourd'hui, il est le plus souvent connu par les deux derniers, Tenzin Gyatso. Les membres de sa famille, et de nombreux Tibétains, l'appellent simplement Kundun : la Présence, ou Présence du Bouddha. Jusqu'à une époque récente, seuls les Tibétains parlant anglais l'appelaient le Dalaï Lama, mais cet ancien titre mongol si fréquemment utilisé par les médias gagne aujourd'hui du terrain au Tibet.

Comme les noms qui lui avaient été donnés quand il avait quatre ans et demi, chaque détail de sa vie quotidienne et de son éducation, y compris ce qu'il mangeait, ce qu'il lisait, les gens qu'il voyait, se trouvait entre les mains des moines, sous les ordres du Régent Reting Rimpotché. Les rencontres avec les membres de sa famille étaient moins fréquentes, et il ne parlait qu'avec eux, avec ses maîtres, avec ses domestiques et avec le Régent. Pendant les audiences accordées à quelqu'un d'autre, il restait silencieux. Selon la tradition, le Régent avait sur le Dalaï Lama un pouvoir absolu jusqu'à ses dix-huit ans, âge légal de la maturité. Mais, pour le Régent Reting, cette période fut dramatiquement interrompue.

Il fallut plusieurs années au jeune Tenzin Gyatso pour se rendre compte que son premier Régent était notoirement corrompu. Apparemment plus amateur de fêtes, de chevaux et de femmes que de rites ou de méditations, Reting Rimpotché abusait de son pouvoir et de celui des fonctionnaires qui l'entouraient : non seulement il vendait à son profit les charges du gouvernement, mais il éliminait toute personne, tout clan noble qui osait le défier. Les normes que le Treizième Dalaï Lama avait imposées à l'armée, aux moines, aux fonctionnaires s'érodèrent au cours de la régence. L'armée, en particulier, souffrit sous Reting Rimpotché. Il démantela certaines unités et limita les achats d'armes. En même temps, il acceptait des présents du gouvernement chinois, qui cherchait à affaiblir le Tibet. On félicitait le Régent d'avoir découvert le Quatorzième Dalaï Lama, ce qui exigeait les visions spirituelles d'un Tulku, mais on le condamnait pour son ignorance de l'administration, son esprit de vengeance, la façon dont il désorganisait l'armée, les violents complots politiques qui affaiblirent l'Etat au cours des années qui précédèrent l'invasion chinoise de 1950.

En février 1941 – le Dalaï Lama avait six ans et demi –, Reting Rimpotché démissionna brutalement de sa fonction de Régent. Officiellement, il était le principal tuteur du Dalaï Lama, mais le jeune Tenzin Gyatso passait plus de temps avec certains de ses professeurs, en particulier avec le vieux moine Taktra Rimpotché. Pour Sa Sainteté, le départ de Reting Rimpotché ne fut donc pas dramatique. Le Régent démissionna sans doute de crainte que son non-célibat, notoire, n'entachât la cérémonie au cours de laquelle le Dalaï Lama, en 1942, devait prononcer ses vœux monastiques. Pour le sort du Tibet, il était considéré comme vital que le moine conduisant l'ordination du Dalaï Lama soit pur, et c'était toujours le Régent qui présidait à cette cérémonie. Il était évident que Taktra Rimpotché observait strictement les rèles du *Vinaya*, et le Régent savait qu'il pouvait compter sur lui pour lui rendre sa place ultérieurement, après l'ordination du Dalaï Lama.

En 1942, le Dalaï Lama, âgé de sept ans, fut placé sur le trône et prononça ses vœux. Sa vie se partageait entre études et jeux, le matin, et encore des leçons dans l'après-midi. En hiver il habitait au Potala, et l'été au Norbulingka. Des serviteurs mâles et des moines l'entouraient tout le temps. De cette période datent ses premiers souvenirs précis. Ce dont il se rappelle avec le plus de plaisir, ce sont ses jeux et son étrange bande de compagnons. Comme on l'a dit plus haut, il appelle les moines de bas rang et les domestiques du Potala des « balayeurs ». En effet, ils balayaient les nombreuses chapelles, entretenaient les lampes à huile, portaient de l'eau aux autres moines, et s'occupaient des besoins quotidiens du Dalaï Lama. Presque tous étaient des adultes, mais comme le Dalaï Lama était coupé de sa famille et des autres enfants, ils devinrent ses vrais amis.

— Mes compagnons de jeu étaient les balayeurs, et quelques moines qui s'occupaient des différentes chapelles. En fait, les premiers mots anglais que j'ai entendus furent prononcés par des balayeurs ayant appartenu à l'armée tibétaine. Ils gardaient de leur entraînement quelques mots de mauvais anglais, comme « Présentez armes ! », mais avec la prononciation tibétaine, ça donnait « *Prasan arm !* ». Dans les années vingt, les officiers tibétains étaient entraînés par des officiers britanniques, et ils se souvenaient de ce qu'ils avaient appris. « Attention ! » devenait « *Tenion !* », « Repos » devenait « *Pos* », et pour « Feu ! », ils disaient « *Aim Tak !* ».

En imitant cette horrible prononciation, le Dalaï Lama riait.

— Pourquoi vous ont-ils appris ces mots ?

— Ces balayeurs m'apprenaient les exercices militaires pour que nous puissions jouer. On jouait avec des fusils de bois. Je suis devenu un spécialiste des saluts militaires. Aujourd'hui encore, quand la police indienne me salue (*lors d'une garde d'honneur*) et commet une erreur, je peux facilement la déceler. Nous avons eu les mêmes professeurs : les Anglais.

— Avec les balayeurs, à quel genre de jeux jouiez-vous ?

— Il y avait au moins dix balayeurs, et nous avions tous des fusils de bois.

— Sur le toit du Potala ? demandai-je, essayant d'imaginer la scène.

— Non ! Au Norbulingka, me dit-il, étonné que je puisse me montrer aussi obtus. Les vieux balayeurs qui étaient d'anciens soldats me rejoignaient, et nous défilions à travers les jardins.

— C'était vous le commandant ?

— Non. Celui qui jouait le commandant, c'était l'un de ces anciens militaires. Je suivais ses ordres.

— Vous vous allongiez dans l'herbe, et vous jouiez à la guerre ?

— Oui, dit-il, tout joyeux.

— Et à quels autres jeux jouiez-vous avec eux ?

— A l'opéra.

— Vous jouiez à l'armée, et vous jouiez à l'opéra ?

— Ce n'est qu'à Lhassa que j'ai vu pour la première fois un opéra tibétain. Et c'était si facétieux, si drôle. C'est du moins ce que je pensais quand j'étais jeune. J'appréciais les plaisanteries (*les pantomimes entre les parties chantées*), et ce n'est que plus tard que j'ai acquis le goût de l'opéra dans son ensemble. En vieillissant on réfléchit à la signification de l'ensemble, la façon dont les chants sont interprétés, et ainsi de suite.

— Vous avez vu des opéras au Norbulingka ?

— Oui, mais on jouait sur des opéras dansés. D'abord, on jouait aux soldats, et ensuite on jouait à l'opéra et enfin, à la fin de la journée, on jouait de nouveau aux soldats. Oui, mes jeux ont été d'abord l'armée, puis la danse. Mais je n'avais pas le droit de chanter.

Pensant aux sauvages mouvements acrobatiques des danseurs d'opéra tibétain, qui souvent sautent en l'air et effectuent des triples sauts avant d'atteindre le sol, je lui ai demandé :

— Et les sauts ? Vous essayiez d'en faire ?

— Un des balayeurs les faisait très bien, mais nous, on jouait juste les histoires de l'opéra.

— Vous avez dû devenir très proche de ces hommes, vos premiers amis !

— Oui, en particulier d'un domestique, le maître de la cuisine, que j'appelais Ponpo (*le patron*). Il n'avait pas d'histoires à raconter, mais c'est lui qui m'a nourri, entre mes quatre ans et 1965 ou 1966. Il m'a aussi accompagné en Inde en 1959. Même si, bien sûr, il était moine, il était pour moi comme une mère adoptive.

L'affection du Dalaï Lama pour Ponpo – un de ses trois assistants personnels – est légendaire. Le maître de la cuisine alla accueillir l'enfant quelques jours avant son arrivée à Lhassa. Depuis ce jour-là et jusqu'à sa mort, Ponpo et le Dalaï Lama furent inséparables. Ponpo avait un gros grain de beauté marron, et quand le Dalaï Lama avait quatre ans, après qu'il avait été séparé de sa mère, il lui arrivait de le sucer. Pendant plusieurs années, enfant, le Dalaï Lama ne supportait pas de ne pas apercevoir Ponpo, ne fût-ce qu'un coup d'œil sur sa robe rouge, dans la cuisine à côté de la salle de classe. Le Dalaï Lama éprouvait un grand attachement pour ce moine ordinaire, et pendant des années il a réfléchi à la raison de cet attachement profond.

— Il n'avait pas d'éducation, mais il était très honnête. Quand il est mort, quand son corps a lâché, je l'ai regardé, et ici – le Dalaï Lama montre sa poitrine – c'était très clair. Son âme intérieure était très légère. J'étais ému, je pleurais. Alors que même quand ma mère est morte, je n'ai pas pleuré.

— Vous étiez très intime avec lui.

— Oui, et quand il est mort, je me suis dit : « Oh, les humains sont de la même espèce que les singes. » C'est pareil avec les chiens. Au fond, la personne la plus importante pour eux, c'est celle qui les nourrit. Je crois que c'est la même chose avec celui qui m'avait nourri. Il n'avait pas d'éducation, n'était pas très éloquent, et n'avait pas d'histoires à raconter, mais d'une certaine façon j'étais très proche de lui, parce qu'il me nourrissait tous les jours.

*

Les premières années du Dalaï Lama à Lhassa consistaient en leçons et en jeux, mais il était de plus en plus conscient de son rôle particulier.

— Quand, enfant, vous vous êtes rendu compte, un jour, que vous étiez un Tulku, vous avez dû comprendre que cela allait transformer toute votre existence. Peut-être vous êtes-vous dit : « Je ne pourrai pas être un paysan, je ne pourrai pas être un nomade, je dois être un Tulku, je n'ai pas le choix. C'est maintenant écrit. » Vous rappelez-vous ce sentiment ou quand vous l'avez éprouvé ?

— Parfois..., commença-il, rêveur. (Puis il se tut un long moment avant de poursuivre :) Destination fixée. Enfin, on réalise que servir a un but, une utilité. J'ai compris cela au cours d'un hiver de retraite. Mon principal tuteur (*après la démission de Reting Rimpotché*) était Taktra Rimpotché. Il me regardait toujours très sévèrement, il regardait tout le monde comme ça. Au cours de cette retraite d'hiver au Potala, pendant plusieurs semaines je n'ai pas été autorisé à sortir (*pour jouer*). J'étais toujours à l'intérieur. Le matin il y avait une leçon, et une autre l'après-midi. Chaque leçon durait une heure et demie, et je devais rester complètement silencieux, sauf pour réciter ce que j'avais appris. Puis, surtout l'après-midi, quand le soleil baissait et que les ombres des montagnes s'allongeaient, je me sentais parfois un peu frustré. Mon tuteur, Taktra Rimpotché, récitait (*la prière, ou le texte à étudier*) en même temps que moi, mais il s'endormait paisiblement, et je devais continuer à réciter seul.

Le Dalaï Lama se tut, mais maintenant je savais qu'en de tels instants je ne devais pas lui poser de questions. Après un long silence, il reprit :

— Je me sentais un peu enfermé. Je me sentais frustré, comme en prison. A cet instant, quand le soleil se couchait, j'entendais les bergers revenir des pâtures en chantant et je me disais : « Oh ! eux, ils sont heureux, et moi je suis avec mon tuteur, dans une pièce sombre. » J'éprouvais ce sentiment de solitude. Quand j'étais très jeune, j'avais ce genre de sentiment, d'expérience.

— Ressentiez-vous de la colère, ou un ressentiment du fait de ne pas mener une vie normale ?

— Non, dit-il sans hésitation. Comme je viens de vous le dire, ça ne m'est arrivé que quelques fois, quand j'étais très jeune. Sinon, j'étais heureux, et j'aimais ma vie – mes compagnons de jeux ! Malgré la différence d'âge entre eux et moi, ils étaient très joueurs, très gais. Pleins de joie et de bonheur. Ils plaisantaient tout le temps. Grâce à eux, je ne me suis jamais senti isolé.

— Et l'un de vos terrains de jeux, en hiver, dans votre jeunesse, c'était le Potala. Vous m'avez raconté comment vous l'avez exploré, et comment vous avez découvert les objets ayant appartenu au Treizième Dalaï Lama, son télescope, etc. Mais quand vous étiez enfant, éprouviez-vous un sentiment particulier envers le Potala ?

— Oui, j'aimais ouvrir les caisses, et j'ai trouvé aussi des manuscrits, des manuscrits anciens, et, évidemment, les tombeaux et les stoupas (*des anciens Dalaï Lamas*), incrustés de joyeux précieux. Il y avait aussi le trésor du palais, appelé le trésor du dieu Vaishravana, le dieu de la Richesse. On aurait dit qu'il y avait une telle quantité d'or...

— Vous avez vu cet or ?

— Non, je n'y suis jamais allé. Ce sont mes ministres qui y allaient. Chaque année, ils allaient vérifier que l'or se trouvait toujours là !

— Quand, enfant, vous exploriez toutes les pièces du Potala, n'aviez-vous pas peur ?

— Si. Je n'osais pas visiter les endroits sombres, à cause des démons. J'avais particulièrement peur de rencontrer un démon appelé Arko Lhamo. Dans les profondeurs du Potala, il y avait une pièce où l'on rangeait le ciment, et les balayeurs appelaient cette pièce Arko Lhamo.

— Et ils vous faisaient peur avec ça ?

— Oui. Quand j'étais petit, ils me disaient qu'Arko Lhamo y habitait. Vous savez, il y faisait noir vingt-quatre heures sur vingt-quatre. J'avais une peur terrible. On racontait que les gens voyaient des apparitions, au Potala, ils voyaient apparaître différentes choses. Il courait toutes sortes d'histoires. Evidemment, si l'on admet qu'il existe différents types d'esprits, on doit admettre des choses pareilles.

— Alors, quand vous étiez enfant, les balayeurs vous effrayaient avec des histoires de fantômes ?

— Oui.

— Et quelles expériences positives avez-vous eues là-bas ? En dehors d'avoir appris un peu d'histoire en regardant les fresques, et du temps merveilleux que vous avez passé avec les peintures de Milarepa, de quoi vous souvenez-vous ?

— Lorsque j'avais du temps libre, sans leçons, l'hiver au Potala, alors en général j'allais regarder l'histoire de la vie du Cinquième Dalaï Lama peinte sur les murs, et j'allais voir les peintures sur la tombe du Treizième Dalaï Lama. Il y a des peintures sur les tombes, mais celles du Treizième Dalaï Lama nc sont pas aussi belles que celles du Cinquième.

Laissant de côté le thème de ses explorations solitaires pour en revenir à ses amis, je lui ai parlé à nouveau des balayeurs.

— En plus d'être vos compagnons de jeux, que vous ont-ils appris ?

— Je crois qu'ils sont les premiers à m'avoir appris l'aspect négatif du système de gouvernement existant au Tibet. Ce sont des gens simples qui me l'ont enseigné, et c'est alors que j'ai commencé à sentir qu'il était important d'effectuer quelques modifications. Le Régent et les hauts dignitaires étaient corrompus et malhonnêtes. Par exemple, une famille noble, la famille Pala, avait un serf qui est venu de leur domaine pour accuser la famille de je ne sais quoi. Et les services du Régent ont ordonné que ce serf soit jugé, subisse une punition.

— En quoi l'accusation consistait-elle ?

— Je ne sais pas. Une personne âgée est venue plusieurs jours de suite aux bureaux (*au Potala*) et avec l'aide des balayeurs, que j'ai rejoints, j'ai écouté (*en cachette*) leur conversation. Les fonctionnaires du Régent étaient liés à la famille Pala. Et donc lorsqu'ils ont reçu les plaintes de ce vieil homme – et il était très virulent –, ils ont commencé à discuter avec lui. Mais les fonctionnaires se comportaient mal et ne le laissaient pas parler. Je sentais qu'il était important pour moi de connaître la malhonnêteté de ces procédés, de savoir ce qui se passait. Il était très rare que les fonctionnaires me remettent un rapport négatif. A cette période, avant que j'aie le pouvoir ou des responsabilités au gouvernement, ce sont les balayeurs, les moines ordinaires qui me servaient d'informateurs... Oui, vraiment, ils ont beaucoup contribué à mon éducation.

— Ils vous aidaient à espionner votre propre gouvernement.

— C'est exact, et je crois que c'était très profitable. Les balayeurs m'ont aidé à apprendre la réalité du gouvernement. Tous étaient assez pauvres. Comme balayeurs, il n'y avait pas de nobles.

— Pour vous ça paraît évident, mais nous, nous ignorons tout cela. Vous viviez dans un monde différent de celui des gens d'aujourd'hui. Les serviteurs des rois, en Angleterre ou en Russie, étaient parfois d'une classe sociale très haute.

— Les balayeurs chargés des temples du Norbulingka et du Potala étaient des gens du peuple. Les moines occupant des postes officiels au gouvernement, la plupart d'entre eux, étaient aussi des gens du peuple. Seuls quelques-uns étaient des aristocrates.

— Vous m'avez dit que vous utilisiez votre télescope pour observer, depuis le toit du Potala, les prisonniers dans le village de Shol. En les regardant, avez-vous aussi commencé à vous faire du souci pour le Tibet ?

— Non. La plus grande partie de mes préoccupations me venaient des balayeurs. Ils me montraient la vie des gens ordinaires, tous les impôts qu'ils devaient payer, la discrimination, l'injustice. C'est d'eux que j'ai appris la plus grande partie de tout ça. Evidemment, il y avait une prison au Potala. Il existait même un endroit – un peu comme une maison d'arrêt – pour les moines et les prisonniers politiques. Et les prisonniers ordinaires, je les regardais dans la cour en dessous, depuis le toit du Potala, avec mon télescope. La plupart d'entre eux étaient mes amis. Je regardais leur vie de tous les jours (*mais il ne les rencontra jamais*). Beaucoup étaient des criminels, mais, enfant, je les plaignais quand même. Certains portaient cette chose de bois...

— Ce large carcan de bois que j'ai vu en photo ? Comme punition ?

Ce carcan était plutôt somme une souche, mais une souche que les prisonniers gardaient autour de leur cou pendant des années.

— Oui, et quand je suis arrivé au pouvoir, j'ai libéré tous les prisonniers.

— Donc, enfant, vous avez vu tout ça, et, peu à peu, vous vous êtes intéressé aux réformes ?

— Oui, et aussi en raison d'une connaissance accrue concernant la technique et le matériel moderne. Plus je mûrissais, plus j'avais envie de modernisation.

— Et la raison pour laquelle, en dehors des quelques magazines que vous lisiez et de votre goût pour réparer des machines, vous avez appris des choses sur la modernisation et sur l'Occident, c'est suite à vos rencontres avec votre professeur, Heinrich Harrer, l'auteur de *Sept ans au Tibet* ?

— Professeur est un mot trop fort. Au début, il est venu au Norbulingka comme technicien, pour travailler sur le générateur du projecteur de films. Nous avons pris l'habitude de nous asseoir et de discuter, il parlait tibétain tout à fait couramment. J'avais envie de tout savoir sur l'Occident, ses pays, son mode de vie. Et j'ai fini par apprendre l'anglais. Mais avant Heinrich, j'avais déjà étudié l'anglais avec un électricien, et, après lui, j'ai étudié avec Jigme Taring. Même après 1951, il arrivait à Jigme de venir au Norbulingka comme jardinier. Sa principale tâche, c'était le jardin, mais en même temps je passais du temps avec lui, à étudier l'anglais, en particulier la grammaire.

— A travers ces amitiés et vos études, vous vous êtes intéressé à la science et à la technologie et vous avez eu de plus en plus envie de moderniser le Tibet, c'est bien ça ?

— Un jour, j'ai voyagé sur une route étroite. Je me suis dit que si nous pouvions l'élargir, on pourrait facilement y faire passer une voiture. Avant même d'accéder au pouvoir temporel (*en 1950*), je me suis de plus en plus enthousiasmé pour cette idée. J'avais vraiment le désir de faire une route menant de l'Inde au Tibet, et à Lhassa. Au cours de mon adolescence, il y avait quelques voitures à Lhassa. Pourquoi ne pas faire une route, me suis-je demandé ? Ces quelques voitures qu'il y avait à Lhassa me plaisaient bien, mais elles arrivaient à Lhassa sur le dos de porteurs. C'était fou. Utiliser une voiture, c'est très agréable, et très utile. Mais il aurait été bien mieux de faire une route de l'Inde au Tibet. Même les réserves d'essence devaient être apportées à Lhassa à dos d'hommes et d'animaux. Plus tard, en 1948, quand une délégation diplomatique est revenue à Lhassa, elle a apporté un grand réfrigérateur, et de grandes caisses.

— Ceux qui devaient porter de telles charges à travers les passes en altitude souffraient beaucoup, non ?

— Oui. Et seul un petit nombre de privilégiés profitaient de tout cela, alors qu'un grand nombre de gens souffraient pour les porter.

L'éducation informelle du Dalaï Lama – jouer aux soldats, espionner son gouvernement – contrebalançaient la rigueur de sa vie. Il passa en effet ses premières années à Lhassa à apprendre les cinq grands textes bouddhiques indiens, qui avaient été traduits en tibétain plusieurs siècles auparavant. Une fois qu'il eut appris ces textes par cœur, il les étudia, en discutant avec ses tuteurs. Pour finir, il lut des dizaines de commentaires de chaque texte. Il devait maîtriser ces sujets et s'entraîner aux débats publics pour pouvoir passer son *Geshe* (un doctorat en études bouddhiques). Un moine de renom avait souligné, de façon concise, les grandes lignes de chacun des textes. Ça allait de « l'étude des étapes de l'esprit nécessaires à la réalisation de l'état de vide, de la libération et de l'Illumination » aux règles et à la discipline pour les vœux monastiques, en passant par les « constituants physiques et mentaux des êtres sans limites, états de réincarnation, karma, émotions et attitudes dérangeantes, chemins vers la libération », etc. Le Dalaï Lama me dit que son éducation différait de celle de n'importe quel jeune moine Gelug sur quelques détails, notamment l'importance accordé à une belle écriture. Il avait un professeur de calligraphie qui travaillait quotidiennement avec lui, car l'écriture était un domaine dans lequel le Dalaï Lama devait se montrer maître.

Curieusement, c'est à travers ces leçons de calligraphie qu'il commença à comprendre en quoi ses craintes croissantes concernant l'avenir du Tibet et le besoin d'un gouvernement plus efficace étaient proches des craintes et des prophéties du Treizième Dalaï Lama. En 1932, un an avant sa mort, le Treizième Dalaï Lama prédit, dans ce que l'on appelle son *Dernier Testament*, qu'il allait bientôt mourir. Mais sa mort n'était que la plus banale des prophéties de ce texte curieux, et toutes se sont réalisées.

— Quand l'avez-vous étudié ?

— Je me servais de ce texte pour m'entraîner à la calligraphie. Je pense que mon professeur, lorsqu'il choisit pour moi ce modèle, l'a fait intentionnellement.

En lisant la belle traduction anglaise du *Dernier Testament*, effectuée par Glenn Mullin, on en apprend plus que de toute autre source écrite sur qui est le Quatorzième Dalaï Lama, sur ses convictions concernant le Tibet et son histoire.

> J'ai maintenant presque cinquante-huit ans, et il me sera bientôt impossible de vous servir plus longtemps. Chacun doit en être conscient, et commencer à envisager l'avenir quand je ne serai plus là. Entre moi et la prochaine incarnation, il y aura une période au cours de laquelle vous devrez vous débrouiller tout seuls.
> Nos deux voisins les plus puissants sont l'Inde et la Chine, et tous deux ont des armées puissantes... Pour cette raison, il est important d'entretenir une armée efficace de soldats jeunes et bien entraînés.... Si nous ne nous préparons pas à nous défendre nous-mêmes... nous avons peu de chances de survivre.
> Nous devons en particulier nous défendre contre les barbares communistes rouges, qui apportent, où qu'ils aillent, la terreur et la destruction. Ils sont le pire du pire. Ils ont déjà englouti la plus grande partie de la Mongolie... Ils ont pillé et détruit les monastères, obligeant les moines à rejoindre leurs armées, sous peine de mort... ne permettant pas de subsister ne fût-ce qu'au seul nom de « Dharma Bouddha »... Il ne faudra pas longtemps avant que nous ne voyions les rouges à nos portes. Ce n'est qu'une question de temps... et quand cela se produira, nous devrons être prêts à nous défendre. Sinon, nos traditions spirituelles et culturelles seront totalement éradiquées. Les noms mêmes de Dalaï Lama et de Panchen Lama seront effacés... Les monastères seront pillés et détruits, et les

> moines et les nonnes massacrés ou chassés. Le grand œuvre des nobles souverains passés du Dharma sera mis à bas, et toutes nos traditions spirituelles et culturelles persécutées, détruites, oubliées... Nous deviendrons les esclaves de nos conquérants... et nous passerons des jours et des nuits dans de grandes souffrances, dans la terreur.
> Nous devons donc, maintenant, tant que la force de la paix et du bonheur est en nous, tant que nous avons encore le pouvoir de contrôler la situation, accomplir tous les efforts possibles pour nous protéger contre le désastre qui nous menace. Nous devons utiliser des moyens pacifiques quand ils sont appropriés, mais, s'ils ne le sont pas, ne pas hésiter à recourir à des moyens plus violents. Travailler à cela avec diligence maintenant, tant qu'il en est encore temps. Ainsi nous n'aurons pas de regrets.
> L'avenir de notre pays est entre nos mains... Je vous supplie de vous dresser tous ensemble, et de travailler au bien commun... Une personne seule ne peut nous protéger de la menace qui approche... Eviter les rivalités mesquines, les égoïsmes mesquins... Nous devons lutter ensemble pour le bien de tous... afin d'assister le Dalaï Lama dans sa tâche consistant à prendre soin du Tibet.
> Ceux qui n'agiront pas correctement dans cette époque critique auront le sort qu'ils méritent... Pour l'instant, ils restent assis, et passent le temps paresseusement, mais il ne leur faudra pas longtemps pour regretter leur apathie...
> Je sens que le bonheur et la prospérité du Tibet dureront le temps qu'il me reste à vivre. Après ma mort, il y aura de grandes souffrances, et chacun de vous, individuellement, supportera les conséquences de votre façon d'agir, telles que je les ai décrites plus haut.
> Nombre de rituels extérieurs ont été accomplis, et ils le sont toujours, pour que je vive longtemps. Mais, en fait, la chose la plus importante que le peuple puisse faire pour moi, c'est d'accomplir ce rituel intérieur consistant à garder dans le cœur ces conseils que je vous donne... Pensez à ce que je vous dis, car l'avenir est entre vos mains.

Malheureusement, entre 1933 et 1950, tant que le Tibet possédait « la force de la paix et du bonheur », la nation ne fit aucun effort pour moderniser le gouvernement et l'armée. Le Quatorzième Dalaï Lama grandit en voyant ignorés les avertissements de son prédécesseur.

— Compreniez-vous, quand vous étiez jeune, la signification du *Dernier Testament* ?

— Oui, tout à fait. Et j'en connaissais des passages par cœur, parce que j'ai lu le testament du Treizième Dalaï Lama presque tous les jours. Mon professeur, au début, m'aidait à l'apprendre mot à mot. Et il y mentionne très clairement les rouges et la destruction de la Mongolie.

Les communistes soviétiques envahirent la Mongolie avant la mort du Treizième Dalaï Lama, et ce que racontèrent les survivants l'impressionna beaucoup.

— Dès votre plus jeune âge, vous avez été élevé avec l'idée que le Tibet était menacé, en particulier par le communisme ?

— Oui. Il y avait aussi de vieux moines du monastère de Namgyal (*au Potala*) qui étaient allés en Mongolie. L'un d'eux avait travaillé, en Mongolie, pour le Treizième Dalaï Lama, donc vous voyez, lui et d'autres avaient été témoins de ce qui s'était passé là-bas. Un de ces moines racontait toutes ces histoires de destructions effectuées par les communistes en Mongolie.

Après leur révolte contre l'Empire mandchou, en 1911, les Mongols avaient subi un sort encore pire que les Tibétains. Tandis que les Chinois, perdus dans leur guerre civile, étaient incapables d'occuper la Mongolie (pas plus que le Tibet), plusieurs armées soviétiques, dans les années vingt, envahirent le pays. En 1942, Staline extermina le bouddhisme en Mongolie. Tout ce que le Dalaï Lama avait annoncé que les communistes chinois feraient au Tibet, les Soviétiques l'avaient déjà fait en Mongolie. Comme il y avait au Tibet beaucoup de moines mongols, et en raison de l'antique lien entre les deux pays, les Tibétains étaient parfaitement au fait du cauchemar qui se déroulait là-bas.

— A côté de ces réflexions sur la Mongolie, quelle est la principale signification de ce testament politique ?

— Il consiste à moitié en prédictions. Je pense qu'il faisait des prédictions en se basant sur ses expériences, sur ce qu'il avait vu. En se basant sur le passé, il révélait ce que l'avenir réservait, et c'est exactement ce qui est arrivé.

— Il est arrivé exactement ce qu'il prédisait ?

— Oui. Il nous prévenait que les rouges allaient venir au Tibet, et il disait que si nous ne parvenions pas à nous défendre par tous les moyens, alors ce qui était arrivé à la Mongolie arriverait à notre pays. Il nous prévenait que tous les aristocrates souffriraient, et que tous les gens ordinaires souffriraient aussi, et que tous les monastères seraient détruits. Il donnait des avertissements de ce genre.

— Dans votre jeunesse, quand vous avez vu ces problèmes, quand vous avez vu que rien n'était fait, qu'avez-vous pensé du gouvernement du Régent, de votre gouvernement ? Vous arrivait-il de poser des questions au Régent ? Vous arrivait-il de le critiquer ?

— Oh, oui !

— Il ne vous écoutait pas ?

— Vous savez, il ne s'agissait pas de critiques directes. En général, on bavardait dans son dos.

— Vous ne pouviez rien dire directement à votre Régent parce qu'il était trop puissant, c'est cela ?

— Trop puissant, en quelque sorte...

Il se tut un instant, ne sachant comment m'expliquer la situation. J'étais étonné de l'honnêteté avec laquelle il explorait pour moi ces sujets délicats.

— Vous aviez de la répugnance à critiquer votre Régent ?

— Oui, il y avait une *sorte* de répugnance, dit-il d'un ton hésitant.

On aurait dit que, même aujourd'hui, les choses, pour lui, n'étaient pas claires. Pendant quelques secondes, il regarda son chapelet en silence, puis reprit :

— Et il y a aussi que, au début, j'étais très jeune, et qu'à cette époque je n'avais pas l'habitude de rencontrer des gens, de parler avec eux. Chaque fois que je rencontrais le Kashag (*le cabinet*), c'était très formel, très cérémonieux. Je ne pouvais rien dire. En théorie, le Dalaï Lama pouvait intervenir, mais j'étais trop jeune, et il y avait (*peut-être, de ma part*) un manque d'intérêt. Je ne sais pas. Bref, conclut-il d'un ton de regret, je n'étais pas directement impliqué, et je n'ai pas joué un rôle actif.

*

L'historien K. Dhondup a écrit « qu'il est très triste pour le Tibet » que Reting Rimpotché et Taktra Rimpotché aient réalisé à la lettre ce contre quoi avait prévenu le Treizième Dalaï Lama, « gérant de façon très dure l'administration du Tibet, la considérant comme une source d'enrichissement personnel et un moyen de récompenser leurs amis et leurs soutiens, et de punir leurs ennemis et ceux qui les critiquaient. Ce fut l'une des périodes les plus sombres de l'histoire du Tibet ».

C'est l'époque durant laquelle grandit l'actuel Dalaï Lama, les dix années qui précédèrent l'invasion chinoise de 1950. Au début, l'administration de Taktra Rimpotché se plia aux désirs de son prédécesseur, nommant des membres personnellement recommandés par Reting Rimpotché, mais Taktra eut bientôt une approche personnelle de la situation. Il chassa tous ceux qui soutenaient le précédent Régent. Reting Rimpotché, à l'origine, avait pensé que, après quelques années comme Régent, Taktra lui rendrait le pouvoir à sa demande. Mais en 1946, il était devenu évident que celui-ci n'en avait aucunement l'intention. De plus, il suivait une ligne plus antichinoise que Reting Rimpotché, et cette politique suscita une opposition dans certains milieux. Reting Rimpotché fut bientôt impliqué dans un complot visant à assassiner le vieux Régent. La lutte pour le pouvoir atteint son point ultime lorsque Taktra Rimpotché obtint la preuve incontestable que Reting Rimpotché avait fait des propositions au gouvernement du Guomindang, dirigé par Chiang Kai-shek : il était prêt, après l'assassinat de Taktra Rimpotché, à accepter de signer un traité donnant à la Chine la suzeraineté sur le Tibet, à la condition que la Chine lui fournisse une aide militaire contre ses ennemis de l'intérieur. Mais Taktra agit le premier et, en avril 1947, se déroulèrent plusieurs semaines de combats sanglants. Des milliers de moines soutenant Reting Rimpotché se soulevèrent contre le Régent et des fusillades éclatèrent autour de Lhassa. Le Régent Taktra finit par vaincre les rebelles, et Reting Rimpotché fut capturé, interrogé, et, avant qu'une sentence ait été prononcée, assassiné dans les donjons du Potala.

Le jeune Dalaï Lama, depuis les toits du Potala, voyait les combats avec son télescope, tandis que les coups de feu résonnaient dans la vallée de Lhassa. Il n'avait que onze ans, mais, en raison de l'éducation que lui avaient donnée ses balayeurs, qui lui avaient déjà montré la réalité du gouvernement du Tibet, il ne fut pas totalement surpris par cette petite guerre entre moines.

— En fait, au début, Reting Rimpotché et Taktra Rimpotché avaient de bonnes relations. Taktra Rimpotché était le disciple de Reting (*pour commencer, il y avait entre eux une connexion spirituelle*). Puis survint une lutte pour le pouvoir. Reting Rimpotché a voulu reprendre le pouvoir à Taktra Rimpotché, et Taktra Rimpotché a refusé de le lui rendre. Et alors Reting Rimpotché a essayé de tuer Taktra Rimpotché.

— Comment savez-vous tout cela ?

— J'ai lu une lettre écrite par Reting Rimpotché. Elle disait : « Assurez-vous que le pouvoir ne reste pas entre les mains de ce vieux moine. Ce que je veux dire, c'est que ce vieux moine ne doit pas rester vivant. »

— C'est ce qui a mis le feu aux poudres. Et, là-dessus, les moines bouddhistes ont commencé à s'entretuer.

— Oui, c'est une grave erreur. On m'a approché pour voir si je pouvais intervenir, mais j'étais totalement impuissant.

— Ces événements vous ont-ils rendu plus cynique ? Pensiez-vous, auparavant, que tous les moines obéissaient à des motivations religieuses ?

— Non, ça ne m'a pas fait changer d'opinion. De tels combats (*entre les moines*) étaient chose courante au Kham (*dans le Tibet oriental, au sud de l'Amdo*). Au cours de l'histoire du Tibet, les moines des monastères se sont souvent battus.

— Et que pensez-vous de la mort du Régent, Reting Rimpotché ? Quand il a été tué, il n'a pas été exécuté par le gouvernement, non ?

— Il s'agissait d'un meurtre... Ce n'était pas une exécution légale. Il y a deux versions à propos de ce qui s'est passé. Certains disent qu'ils lui ont enfoncé un *khata* (*une écharpe rituelle*) dans la gorge, d'autres disent qu'on l'a émasculé avant de le tuer.

— Et ça s'est passé au Potala !

— Oui, au Potala.

— Vous étiez dans ce bâtiment quand le Régent a été assassiné ? Vous saviez ce qui se passait ?

— Oui. Mais je ne l'ai appris que plus tard.

Le jeune Dalaï Lama, en 1947, dut faire face à une autre tragédie : l'année de la guerre civile, son père, Choekyong Tsering, mourut. Gyalo Thondup, l'un des frères aînés du Dalaï Lama, affirme que Tsering fut empoisonné par des ennemis qu'il s'était faits à Lhassa au cours des conflits entre factions. Le Dalaï Lama dit que l'empoisonnement n'est qu'une spéculation sans fondements et, de fait, on n'en a aucune preuve. On sait que le père du Dalaï Lama soutenait Reting Rimpotché, et qu'il mourut quelques mois seulement avant l'assassinat de l'ancien Régent.

La mort de leur père est l'un des nombreux sujets qui séparent le Dalaï Lama et Gyalo Thondup. Dès leur arrivée à Lhassa, leur éducation et leur vie divergèrent de façon spectaculaire. A son arrivée, le Dalaï Lama n'avait que quatre ans, et il reçut une éducation de moine. Il reconnaît que ses professeurs ne l'ont pas spécialement éduqué à devenir chef d'Etat, ni ne lui ont appris ce qu'était le monde moderne. Les moines croyaient moins au Tibet en tant que nation, et à l'importance du nationalisme, qu'au bouddhisme, à la communauté des moines et à l'importance des monastères. Le concept moderne de nation-Etat leur était étranger. L'éducation du Dalaï Lama reflétait cette réalité. Elle reflétait aussi la croyance spirituelle traditionnelle selon laquelle la rapacité, la colère, l'ignorance, le désir, l'orgueil causent des souffrances dans le monde, et qu'une âme et un cœur purifiés – et non pas la politique – peuvent seuls atténuer les souffrances des hommes.

Gyalo Thondup, à son arrivée à Lhassa, avait onze ans, et devint bientôt ami avec les membres de la mission chinoise. Depuis que Reting Rimpotché les avait autorisés à installer une antenne radio, quelques fonctionnaires chinois vivaient en permanence à Lhassa. Après avoir reçu de la mission quelques leçons de chinois, le frère du Dalaï Lama commença à s'intéresser à l'histoire des relations sino-tibétaines. Il apprit que la Chine était un Etat moderne, et le Tibet un pays attardé dans lequel il était impossible de recevoir une éducation moderne. Chiang Kai-shek, le leader chinois, proposa de payer pour que Gyalo Thondup soit éduqué en Chine et pour superviser son éducation.

En 1946, celui-ci persuada sa famille, et le gouvernement tibétain, de l'autoriser à aller étudier en Chine. Il affirma que, à la cour de Lhassa, isolée, il était important que quelqu'un sache parler chinois. Malgré les réserves du gouvernement, qui soupçonnait Chiang Kai-shek de chercher un moyen de manipuler le Dalaï Lama, Gyalo Thondup reçut l'autorisation de partir. Depuis 1950, Gyalo Thondup, qui parle couramment le chinois, le tibétain et l'anglais, a été parfois approché par des fonctionnaires taïwanais, chinois, anglais ou américains souhaitant entrer en contact avec le Dalaï Lama. Dès 1946, Chiang Kai-shek le destinait à ce rôle. Le jeune Gyalo Thondup, d'avril 1947 à l'été 1949, partagea les repas de la famille du leader nationaliste, et il été éduqué par des professeurs choisis par les Chiang.

Selon lui, « Chiang Kai-shek voulait que certains membres de la famille du Dalaï Lama reçoivent une éducation plus poussée, de façon à pouvoir gouverner le Tibet. Le général Chiang Kai-shek et son épouse étaient très ouverts à cette idée, et se sont montrés très gentils avec moi. Le généralissime m'a dit : "Si tu veux vraiment l'indépendance, je te soutiendrai. Je soutiendrai l'indépendance du Tibet" ».

Pour Gyalo Thondup, les moines n'ont pas dispensé au Dalaï Lama l'éducation nécessaire à un futur chef d'Etat. Lorsque j'ai posé au plus jeune des deux frères une question à propos du regard critique que son aîné porte sur son éducation, il l'a écartée d'un geste.

— Il a passé un long temps en Chine, me dit le Dalaï Lama, comme si ça expliquait tout. Il n'a passé que deux ans à Lhassa, et puis il est parti en Chine.

— Et en Chine, il a reçu une éducation historique et politique donnée selon un point de vue chinois. Il dit que vous n'avez pas reçu l'éducation historique et politique indispensable pour être à la tête d'un Etat.

— Je ne suis pas d'accord. Je ne regrette pas l'éducation que j'ai reçue. Je crois que ce n'est pas le problème. De toute façon, l'histoire, c'est une chose qu'on peut toujours apprendre par les historiens.

Ce qu'apprit en fait de géographie et d'affaires internationales le jeune Dalaï Lama, il l'apprit de façon informelle, grâce à son contact avec les quelques étrangers qu'il rencontrait au cours de ses activités quotidiennes, et à travers les magazines, les cartes, les journaux et la conversation.

— Quel âge aviez-vous quand vous avez vu votre première carte du Tibet ?

— Je ne sais pas exactement, mais j'étais déjà à Lhassa. Quand j'étais enfant, j'avais quelques cartes qui avaient appartenu au Treizième Dalaï Lama, avec les noms en anglais traduits en tibétain. La principale occasion que j'aie eue d'apprendre la géographie et les cartes, c'est lorsque j'ai été attiré par des livres illustrés sur les deux guerres mondiales. Et puis aussi le magazine *Life*. Certains de ceux qui parlaient anglais s'arrangeaient pour que je le reçoive. La géographie de l'Europe était donc très claire pour moi, mais le Tibet et la Chine n'étaient pas très clairs, et la géographie américaine n'était pas claire du tout. Mais ces images dans les livres et les magazines, c'est ça qui a vraiment éveillé mon intérêt pour les cartes et pour la technologie. Cet intérêt venait surtout de ces livres illustrés.

— Quelles guerres, quelles batailles vous intéressaient-elles ?

— Les images qui montraient les machines, c'est ce qui m'a intéressé, au début. Les avions. Les vieux tanks de la Première Guerre mondiale étaient si maladroits, puis sont arrivés les avions, et de bien meilleures machines pour la Seconde Guerre.

— Vous étiez très impressionné par ces machines de guerre. Etait-ce par leurs prouesses techniques ? Ou bien était-ce juste que vous étiez un enfant et que vous trouviez que les machines, c'était super ?

— Je crois que la guerre m'impressionnait vraiment, même si, bien sûr, le fait qu'il y ait des morts me mit mal à l'aise. Mais, au départ, en regardant les cartes, mon principal sentiment fut que l'Allemagne et l'Italie n'étaient pas très grandes. Et la France, l'Angleterre, l'Amérique étaient toutes du même côté. J'avais donc l'impression que l'Allemagne et l'Italie étaient maltraitées par ces grandes nations. Et donc, sur le coup, avant d'en savoir plus, mes sympathies allaient à l'Allemagne.

— A l'époque de la Seconde Guerre mondiale, vous n'aviez

vraiment aucune éducation politique. Il est vrai que vous n'aviez que onze ans à la fin de la guerre.

— Je ne savais rien des nazis, ni des atrocités de l'Holocauste. Je n'en avais aucune idée. J'étais juste un enfant qui regardait une carte, et à cause de la grande taille des pays d'un côté, et de la taille plus petite de l'Allemagne, j'avais de la sympathie pour elle. Puis ensuite, évidemment, j'ai, peu à peu, entendu parler de l'Holocauste et de la guerre, et j'ai appris ce que les Allemands avaient fait.

Les tuteurs du Dalaï Lama étaient des moines ne sachant rien de la guerre qui faisait rage à l'extérieur, et donc incapables d'éduquer sur ce point le futur chef d'Etat. Ce qui est surprenant, c'est tout ce que le Dalaï Lama est parvenu à apprendre du monde extérieur *malgré* ses tuteurs.

— Au printemps de 1947, le président Harry Truman a lancé ce qu'on a appelé la doctrine Truman. A cette époque, les Etats-Unis avaient le monopole des armes atomiques. Ce n'est qu'en 1950 que les Soviétiques ont fabriqué leur première bombe. Il semblait donc facile à Truman d'annoncer que les Etats-Unis étaient prêts à aider les peuples libres, où qu'ils soient dans le monde, qui voulaient se gouverner eux-mêmes. Il dit que la politique des Etats-Unis devait consister à leur porter assistance, où qu'ils soient.

— C'est donc cela ? me demanda le Dalaï Lama avec un sourire pincé. C'est vrai qu'il s'agit d'une promesse très vague, ajouta-t-il en éclatant de rire.

— Je me demandais quand vous aviez, pour la première fois, entendu parler de ces vastes projets politiques.

— Je crois que je me rappelle, vaguement, avoir entendu, un jour, une émission de radio, qui passait mal. Il y avait aussi un journal tibétain publié à Kalimpong, et il s'agissait de notre unique source de nouvelles en tibétain. Grâce à ce journal mensuel, le *Sargyur Melong* (*Le Miroir tibétain*), j'ai vu des photos, et ça m'a donné très envie de le lire.

— Quand avez-vous entendu parler pour la première fois des Etats-Unis ?

— En 1943, j'ai reçu un courrier de FDR, dit nonchalamment le Dalaï Lama, faisant allusion à une lettre, accompagnée de quelques cadeaux, que le président Roosevelt lui envoya en 1943, par le biais d'une mission secrète au Tibet sous couvert de l'OSS (Army's Office of Strategic Services).

A cette époque, le Dalaï Lama avait huit ans.

J'avais entendu parler de cette lettre, mais j'étais toujours surpris par le naturel avec lequel le Dalaï Lama mentionnait des choses pareilles. Sa désinvolture concernant les riches et les puissants de ce monde, qu'il avait tant fréquentés, me rappelait solennellement que le moine souriant assis en face de moi avait traité avec chaque président, depuis Franklin Roosevelt jusqu'à George W. Bush. Rares au monde sont ceux qui peuvent en dire autant.

Lorsque, deux ans après Pearl Harbor, Roosevelt envoya cette lettre, les Etats-Unis n'avaient dans l'est de l'Asie qu'un allié potentiel : la Chine. Le Japon impérial avait conquis le reste de la région. Face à cette triste réalité, Roosevelt savait que, en l'absence de bases aériennes en Chine depuis lesquelles attaquer le Japon, les alliés ne pourraient jamais vaincre Tokyo. Leur seul moyen d'acquérir de telles bases était de soutenir le gouvernement de Chiang Kai-shek, qui avait fui la Chine côtière pour se réfugier au sud-ouest du pays. Comme cette région était coupée de la mer, les Etats-Unis envoyaient des avions-cargos depuis l'Inde britannique, par-dessus l'est de l'Himalaya et du Tibet. Pour les Etats-Unis, soutenir la Chine était d'un intérêt stratégique tel que le gouvernement américain était prêt à payer n'importe quel prix. On estime que ce pont aérien par-dessus l'Himalaya coûta la vie à 1 500 pilotes américains. Washington envisageait une autre alternative : construire une route, à travers le Tibet, entre les ports de l'Inde et la Chine de l'Ouest. Dans les années quarante, seule une guerre pouvait justifier une telle entreprise, c'est-à-dire mettre en contact les Etats-Unis et le Tibet.

Lorsque, au nom des Etats-Unis, la Chine proposa au gouvernement tibétain de construire une telle route, la permission fut refusée. Pour tout dire, le chef d'une équipe chinoise de constructeurs de route, qui s'était aventuré trop profondément à l'intérieur du Tibet, fut tué. Les Tibétains redoutaient la construction, en temps de guerre, d'une route entre l'Inde et la Chine à travers leur pays, de peur que la Chine ne s'en serve, après la fin des hostilités, pour envahir le Tibet. Le refus de Lhassa surprit Washington, et mit la Chine dans l'embarras. La fiction selon laquelle la Chine contrôlait le Tibet avait été contée aux Etats-Unis, qui jusqu'alors n'avaient pas prêté grande attention aux revendications chinoises sur le Tibet.

Avant la Seconde Guerre mondiale, le seul contact de l'Amérique avec le Tibet avait consisté en achats de queues de yaks blancs pour fabriquer la barbe du père Noël. Désormais désireux de trouver à tout prix un accord avec Chiang Kai-shek, Roosevelt accepta, si la Chine laissait les Etats-Unis utiliser ses bases pour

Pitt Rivers Museum, University of Oxford, 2

DIIR / Tibet Museum, CTA

Ci-dessus à gauche : Lhamo Dhondup, Quatorzième Dalaï Lama, à l'âge de quatre ans, photographié au monastère de Kumbum, dans l'Amdo (Tibet), vers 1939.
Ci-dessus à droite : A l'âge de dix ans, à Lhassa, vers 1945. Remarquez les souliers traditionnels en laine blanche, et la robe de moine (la photo a été prise après qu'il eut prononcé ses premiers vœux).
Ci-contre : Reting Rimpotché, Régent du Tibet, avec ses chiens, vers 1936, dans le jardin de son domaine, à Lhassa.

Vers 1936, Reting Rimpotché *(assis)*, Régent du Tibet, en robe de moine, une bouteille d'eau ornée de brocart à la main. L'homme qui l'accompagne était un membre du Dhob Dhob, branche de moines robustes faisant office de gardes du corps ou de police du monastère. Ils rembourraient leurs robes pour paraître plus massifs. Il tient une *khata* dans la main gauche.

DIIR / Tibet Museum, CTA

Lhamo Dhondup à l'âge de quatre ans, en compagnie d'envoyés de Ma Pu-fang, au monastère de Kumbum, Tibet.

Laird

Les régents du Tibet faisaient appel aux visions du lac de Lhamo Latso pour les guider dans leur choix à chaque nouveau Dalaï Lama. Fresque de Norbulingka, vers 1954, Lhassa.

Laird

Pitt Rivers Museum, University of Oxford

Lowell Thomas Collection, Marist College

Laird

Ci-contre, en haut : Dans sa résidence de Takster, les parents du Dalaï Lama et des moines du monastère de Sera regardent le jeune Lhamo Dhondup choisir sans hésiter des objets ayant appartenu à son prédécesseur.
Ci-contre, en bas : A Lhassa, les parents du Dalaï Lama furent anoblis et reçurent des propriétés, son père se mêla de politique. Une grande part de la vie du jeune Dalaï Lama – y compris les souliers qu'il portait *(photo ci-dessus)* – obéissait à la tradition.
Son second Régent, Taktra Rimpotché *(en haut, à la gauche du Dalaï Lama)* livra une guerre au premier Régent, Reting Rimpotché.
Gyalo Thondup, le frère aîné du Dalaï Lama *(ci-contre)* arriva rapidement à quitter Lhassa pour aller étudier en Chine.

Lowell Thomas Collection, Marist College

Laird

Pitt Rivers Museum, University of Oxford

Dans les années 1940, le Quatorzième Dalaï Lama (*ci-contre, à gauche*, photo prise en 1949 ; *à droite*, fresque, 1954), était dépourvu de pouvoir politique. Lors des rencontres organisées par son Régent, il restait silencieux. Lorsqu'il sortait dans Lhassa, son palanquin faisait partie d'une longue procession comprenant des musiciens et des porteurs de bannières. *Ci-dessus* : Le domaine du clan Phala, en dehors de Lhassa était typique des demeures de l'aristocratie tibétaine.

Laird

Ellis R. Back, Collection of Karen Boatman

Lowell Thomas Collection, Marist College

Ellis R. Back, Collection of Karen Boatman

Laird

Ci-contre, en haut à gauche : Le drapeau tibétain appartenant au général Derge Sey. Il fut sans doute donné au Chinois lorsque Derge Sey se rendit, en 1950.

Ci-contre, en haut à droite : De l'or, des diamants, des turquoises, sur un trône fabriqué dans les années 1950 pour le Quatorzième Dalaï Lama au Norbulingka, Lhassa.

Ci-contre, en bas : Des officiels déjeunent avec Lowell Thomas, au ministère des Affaires Etrangères Tibétaines, en 1949. Selon la coutume, les documents officiels sont classés sur les Piliers. Lhassa.

Ci-dessus : Le général Derge Sey, et une partie de l'armée tibétaine, à Markham, dans l'est du Tibet, en 1949, moins d'un an avant sa reddition face aux Chinois.

Ci-contre : A l'automne 1950, les nobles et les officiels de la cour du Dalaï Lama en plein pique-nique, ne vinrent pas répondre à un message radio annonçant l'invasion. Fresque, Norbulingka, Lhassa, vers 1956.

DIIR / Tibet Museum, CTA

Ci-dessus, de gauche à droite : Le Panchen Lama, Mao Tse-toung et le Quatorzième Dalaï Lama, 1954.
Ci-contre, en haut : Le Dalaï Lama et Chou En-lai, 1954.
Ci-contre, en bas, de gauche à droite : Le Panchen Lama, le Dalaï Lama et Nehru en Inde, 1956.

The Norbulingka Institute, Sidhpur, India, 2

The Norbulingka Institute, Sidhpur, India

DIIR / Tibet Museum, CTA

Ci-dessus : Le Dalaï Lama à cheval, au cours de son épuisante évasion de Lhassa, en route vers l'Inde, en 1959.

Ci-contre : Le Dalaï Lama et son entourage arrivent en Inde. A sa droite, son domestique de confiance, Thupten Phala. La fuite du Dalaï Lama fut l'un des événements les plus médiatiques de l'année 1959.

Ci-contre, en haut à gauche : Un portrait de Mao Tse-toung et un slogan peints par-dessus une fresque bouddhiste, à Lhassa, au cours de la Révolution culturelle, 1992.

Ci-contre, en haut à droite : De jeunes Tibétaines chantent en l'honneur du Président Mao, Tibet occidental, 1992.

Ci-contre, en bas : A travers tout le Tibet, des milliers de monastères et de temples furent démolis pendant la Révolution culturelle. Lhassa, 1992.

Laird, 3

Laird

Drepung, à côté de Lhassa était l'un des plus grands monastères du monde. Dévasté au cours de la Révolution culturelle, il est aujourd'hui en cours de reconstruction. Parmi les ruines de Drepung, en 1997, les fidèles sauvèrent, pour l'exposer et la vénérer, une grande tapisserie de Bouddha.

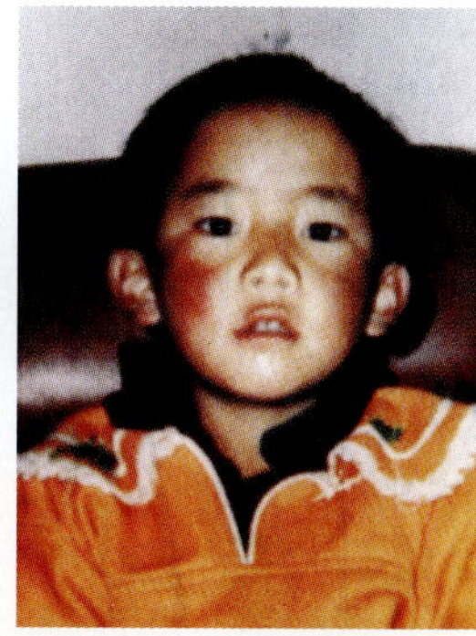

DIIR / Tibet Museum, CTA, 3

Laird

En haut :
A gauche : Le Dalaï Lama avec le pape Jean Paul II.
Au centre : Choekyi Gyaltsen, le Dixième Panchen Lama, peu avant sa mort soudaine, en 1989.
A droite : Gedhun Choekyi Nyima, le Onzième Panchen Lama, connu comme le plus jeune prisonnier politique du monde, est détenu, depuis qu'il a été identifié par le Dalaï Lama, dans un lieu tenu secret tandis que la Chine présente un autre enfant comme la « véritable » réincarnation du Dixième Panchen Lama.
En bas : Lorsqu'il était encore légal de posséder, d'exposer et de faire commerce de photographies de Sa Sainteté le Dalaï Lama, les Tibétains en vendaient un grand nombre, comme ici, à Lhassa, en 1993. On l'y voit notamment avec Bill Clinton, Tony Blair, et sur des photos religieuses avec le Panchen Lama. Aujourd'hui, l'exposition et la vente de ces photographies sont interdites au Tibet.

Laird, 4

Ci-dessus, à gauche : Les nomades tibétains font toujours paître leurs yaks dans la vaste plaine de Barka, au pied du mont Gurla Mandhata, dans le Tibet de l'ouest *(à droite)*. *Ci-dessous à gauche* : Le Dix-septième Karmapa, chef de l'ordre Karma des Kagyu, né au Tibet en 1985, reconnu par le Dalaï Lama et le gouvernement chinois, s'enfuit en Inde en 1999. *A droite* : Les enfants tibétains manifestent toujours une grande dévotion en se prosternant devant le temple du Jokhang, à Lhassa, 1992.

attaquer le Japon, de l'aider, après la guerre, à affirmer son contrôle sur « ses territoires ». Pour la Chine, cela incluait le Tibet et la Mongolie. Toujours opposé au colonialisme européen en Asie, Roosevelt affirma qu'il s'engageait à aider la Chine à chasser du continent asiatique les puissances coloniales.

Cet accord entre la Chine et l'Amérique se trouva rompu lorsque le Tibet refusa qu'on construise une route à travers son territoire. Après ce refus, Washington fut bien forcé de prendre en compte le problème épineux posé par l'existence de ce pays. La Chine elle-même dut admettre qu'elle ne contrôlait pas le Tibet, et reconnaître ainsi l'indépendance de fait d'un pays plus petit qu'elle. Et si la Chine ne contrôlait pas le Tibet, le Tibet était-il un Etat indépendant ? Pour finir, Roosevelt et l'OSS, espérant toujours construire une route vers la Chine, envoyèrent au Tibet deux agents secrets, Ilia Tolstoï (petit-fils du romancier, émigré aux Etats-Unis) et Brooke Dolan, pour qu'ils mènent une enquête. L'Amérique eut un premier aperçu de la profondeur du conflit entre la Chine et le Tibet lorsqu'elle demanda l'autorisation de se rendre au Tibet. Lhassa repoussa la demande de visas des agents de l'OSS, demande passée par le canal du ministère chinois des Affaires étrangères. Les astucieux bureaucrates de l'OSS envoyèrent alors une demande de visa par le biais du bureau, situé à Calcutta, des affaires coloniales britanniques. Depuis de nombreuses années, tout en admettant la suzeraineté – et pas la souveraineté – de la Chine sur le Tibet, la Grande-Bretagne reconnaissait l'indépendance de fait du Tibet, insistant sur sa complète autonomie concernant sa défense, sa monnaie, sa politique étrangère, etc. Contacté par les Etats-Unis par l'intermédiaire de la Grande-Bretagne, le Tibet donna aux agents de l'OSS l'autorisation de quitter l'Inde pour Lhassa. Les agents avaient ordre de continuer jusqu'en Chine, de façon à inspecter le terrain pour une éventuelle route, mais les Tibétains, cependant, dirent très clairement que les Américains devraient retourner en Inde.

Le Dalaï Lama, âgé de huit ans, donna audience aux deux agents, Tolstoï et Dolan, à leur arrivée à Lhassa.

— Inutiles ! éclata de rire le Dalaï Lama en se rappelant des rencontres officielles.

La tradition imposait qu'il ne dise rien à ses visiteurs, et qu'eux-mêmes ne lui disent rien. C'est en silence qu'il acceptait les présents des envoyés étrangers, et qu'ils acceptaient en retour le *khata* rituel qu'il leur offrait. Puis l'audience privée était terminée.

Pendant leur séjour à Lhassa, les agents exprimèrent leur sympathie pour les Tibétains, et le ministre des Affaires étrangères du Tibet, Surkhang Dzasa, expliqua aux Américains l'histoire compliquée des relations sino-tibétaines. Le Tibet n'avait jamais fait partie de la Chine. Regardez autour de vous, dit-il aux Américains. Est-ce que vous voyez des Chinois ? Est-ce que quelqu'un parle chinois ? Comme l'expliqua Surkhang, « le Tibet doit son indépendance à la Grande-Bretagne... et le gouvernement tibétain aimerait voir... l'Amérique soutenir la Grande-Bretagne dans son effort pour maintenir l'indépendance du Tibet ». Surkhang voulait dire que le Tibet sentait que la Grande-Bretagne avait aidé à prévenir les incursions chinoises, et espérait que les Américains soutiendraient cette tentative. Le discours du ministre était totalement différent de l'interprétation chinoise des événements, selon laquelle la Grande-Bretagne prêtait activement la main à l'indépendance du Tibet.

Tolstoï et Dolan persuadèrent le gouvernement tibétain que les Etats-Unis éprouvaient beaucoup de sympathie pour la liberté des petits pays opprimés, où que ce soit dans le monde (même si, de façon à ne pas contrarier les revendications chinoises, Roosevelt avait envoyé lettre et présents au Dalaï Lama en tant que leader religieux, et pas comme chef d'un Etat indépendant). Séduit par l'idée d'un soutien étranger accru, le gouvernement tibétain modifia sa décision concernant le retour en Inde des agents américains, et les autorisa à poursuivre leur voyage jusqu'en Chine. Pour finir, les agents secrets conclurent qu'il était impossible de construire une route à travers le Tibet. Mais, même si les deux gouvernements n'avaient pas la même appréciation des événements, des relations avaient été établies entre Washington et Lhassa. Le Tibet était convaincu que, à la fin de la guerre, il aurait un nouvel allié pour l'aider à se défendre contre l'invasion chinoise. Car, aux yeux d'un nombre croissant de Tibétains, dès lors que la Chine se serait libérée des Japonais, une telle invasion était inévitable.

Par ailleurs, jamais le Tibet ne se rendit compte que Roosevelt, sans mener sa propre enquête, avait pris pour argent comptant la définition chinoise de leurs frontières communes. La politique américaine vis-à-vis du Tibet, telle qu'elle fut initiée à la fin de la guerre, reste fondamentalement la même aujourd'hui, même si de nombreux Américains, appartenant ou non au gouvernement, soutiennent que cette politique n'a pas de fondement historique.

*

La veille, j'avais questionné le Dalaï Lama à propos des cadeaux que Roosevelt lui avait envoyés. Le lendemain, alors que nous prenions place, il avait une surprise pour moi.

— Elle vient de Tolstoï et de Dolan, me dit-il en me mettant une boîte dans les mains.

A l'intérieur se trouvait une montre en or Patek Philippe, qui indiquait les phases de la lune et les jours de la semaine.

— On peut dire que Rosevelt avait bon goût. Quel âge aviez-vous quand vous avez reçu ce cadeau ?

— Sept ou huit ans.

— Elle a déjà été réparée ?

— Plusieurs fois, avoua-t-il avec un sourire gêné.

Quand le frère du Dalaï Lama, en 1946, partit pour la Chine, accompagnant une délégation tibétaine qui allait féliciter pour leur victoire l'Inde britannique et la Chine, la montre avait déjà besoin de réparations. Même une Patek ne pouvait résister aux manipulations du jeune Tenzin Gyatso.

— Ensuite, elle a réparée une autre fois, à Lhassa, dit timidement le Dalaï Lama. Je l'avais dans ma poche, et j'avais aussi un aimant très puissant. Je travaillais sur le projecteur de films. Il a fallu l'envoyer en réparation, une fois de plus.

En 1959, lorsqu'il s'enfuit de Lhassa pour la dernière fois, la montre se trouvait en réparation en Suisse. S'il l'a encore aujourd'hui, c'est qu'elle a été régulièrement entretenue.

L'histoire mouvementée du cadeau de Roosevelt amusait le Dalaï Lama :

— On dirait que cette montre avait fait le vœu de ne jamais tomber entre les mains des Chinois !

— Vous avez donc un souvenir de votre premier contact avec les Etats-Unis, un souvenir qui vous est resté pendant toutes ces années. Mais en 1942, quand vous avez rencontré les Américains pour la première fois, et ensuite, juste à la fin de la guerre, quelles ont été vos premières impressions de l'Amérique ?

— Nous, les Tibétains, vous savez, en général, on considérait les Américains comme les champions de la Liberté, de la Justice.

Je percevais les majuscules dans sa voix.

— Une grande nation. On a eu ce sentiment, cette attitude dès le début. Je crois donc que les Tibétains, de façon irréaliste, attendaient trop de l'Amérique. Nous pensions que si jamais il y avait une invasion communiste, ou une tentative d'invasion du Tibet, l'Amérique nous aiderait.

— Même si vous n'aviez pas entendu parler directement de la doctrine Truman, le sens de sa déclaration de 1947 était parvenu jusqu'à vous ?

— Oui, c'est exact.

— A un jeune garçon enfermé dans le Potala et passant son temps à travailler, dis-je en riant.

Lui aussi s'est mis à rire :

— Passer son temps, c'est beaucoup dire ! Mais oui, aussi isolé que j'aie pu l'être, oui, j'en ai entendu parler.

— C'est une idée magnifique.

— Oui. Et puis après la guerre, en 1949, quand nous avons commencé à nous inquiéter de voir les communistes chinois vaincre Chiang Kai-shek, Lowell Thomas est venu au Tibet. Le gouvernement tibétain pensait que Lowell Thomas était quelqu'un de très important dans le gouvernement américain. Mais c'était juste un journaliste de la radio. Ainsi, durant tout ce temps, le gouvernement tibétain a placé beaucoup d'espoir dans l'Amérique.

— Juste après la guerre, les Tibétains avaient foi dans les idéaux de l'Amérique, non ?

— Oui. Nous avions, de façon évidente, l'espoir, l'impression que, comme l'Amérique soutenait Chiang Kai-shek (*lorsqu'il combattait Mao, au cours de la guerre civile*), elle aiderait à empêcher une invasion du Tibet par les communistes. A cette époque, nous pensions que le véritable ennemi du Dharma, c'était le communisme. Et comme les Américains luttaient contre les communistes, contre les Russes, il était évident, pour nous, qu'ils nous aideraient.

Ces suppositions se révélèrent inexactes.

La fin de la Seconde Guerre mondiale marqua le début de la guerre civile en Chine. Les Américains imaginaient que, financée et entraînée par les Etats-Unis, l'armée nationaliste, menée par le « chrétien » Chiang Kai-shek, pourrait battre les communistes, conduits par le « sans Dieu communiste », Mao Tsé-toung.

Et pourtant, en octobre 1949, et malgré les milliards de dollars de Washington, parmi lesquels les 570 millions dont le président Truman était persuadé que Chiang Khai-shek les avait personnellement pris pour lui, l'Armée de Libération du peuple vainquit l'armée nationaliste. Les reporters américains à Pékin, la nouvelle capitale communiste, furent éberlués, assistant au défilé de la victoire, de voir que près de la moitié des armes et des véhicules de l'Armée de Libération avaient été fabriqués aux Etats-Unis. C'est dans une Jeep américaine que Mao monta sur l'estrade, pour proclamer officiellement la naissance de la République populaire de

Chine. Les généraux nationalistes corrompus avaient vendu aux communistes la plus grande partie de l'aide américaine.

Au cours de la première moitié du XXe siècle, sauf pendant de brèves périodes, la Grande-Bretagne et les Etats-Unis avaient, globalement, refusé de reconnaître le Tibet comme un Etat indépendant. Pour des raisons d'intérêt personnel, les deux pays, même si Lhassa avait chassé les Mandchous, déclaré son indépendance et défendu depuis sa souveraineté de fait, avaient insisté sur le fait que la Chine était, nominalement, suzeraine du Tibet. Après la victoire communiste, Mao proclama qu'il avait hérité du gouvernement nationaliste (qui affirmait en avoir hérité des Mandchous) des « droits de la Chine sur le Tibet ». Les écoles chinoises, maintenant dirigées par le parti communiste, enseignaient une histoire selon laquelle les impérialistes étrangers avaient utilisé au Tibet une clique féodale pour tenter de séparer en deux la mère patrie. En 1949, la radio chinoise diffusait au Tibet des émissions exigeant la « libération pacifique » du pays. Et de qui fallait-il libérer pacifiquement le Tibet ? Des espions impérialistes américains et anglais !

— Comment avez-vous appris la victoire communiste en Chine ?

— Je recevais le magazine *Life*. Un article racontait même que le Dalaï Lama était un lecteur régulier, et il y avait ma photo. En réalité, c'était une photo du Panchen Lama. Bref, les fonctionnaires qui parlaient anglais m'ont traduit l'article, j'ai vu des photos de la défaite du Guomindang et de la victoire communiste, et j'ai compris. Evidemment, tous les Tibétains se sentaient très concernés.

Le Régent, Taktra Rimpotché, au cours des dernières années précédant l'invasion du Tibet par l'Armée chinoise de Libération, tenta fiévreusement de faire revivre l'armée tibétaine. Les Britanniques acceptèrent de vendre aux Tibétains de petites quantités d'armes et de munitions. Mais c'était trop peu, et trop tard.

Avant l'invasion de 1950, le Dalaï Lama avait entendu de nombreux Tibétains évoquer auprès du Régent leur crainte des intentions des communistes chinois. Les signes d'une invasion imminente se faisaient de plus en plus nombreux.

— En 1949, quand la radio chinoise a commencé à diffuser régulièrement des émissions en tibétain et en anglais, un fonctionnaire les écoutait. Cet homme, Penpa Tashi, a demandé un entretien au secrétaire particulier du Régent. Il lui a répété le contenu de ces émissions. Il lui a parlé du danger de l'arrivée des communistes. Alors le secrétaire particulier lui a répondu que « le Tibet était le pays des grands lamas, et qu'ils ne permettraient pas qu'il lui soit fait du mal ».

Un instant, j'eus l'impression de percevoir chez le Dalaï Lama une colère silencieuse.

— Quelle ignorance ! conclut-il.

— Mais, en même temps, quelle foi immense ! Un mélange d'ignorance et de foi, foi qu'il m'est difficile de comprendre.

— Oui. Une foi aveugle, pas une foi utile.

Cette foi aveugle des conservateurs religieux leur faisait considérer les événements qui avaient empêché la Chine d'envahir le Tibet – la chute des Mandchous, en 1911 ; le chaos interne en Chine ; l'attaque des Japonais pendant la guerre – comme des interventions divines. C'était là la preuve que le Tibet n'avait pas besoin de constituer l'armée que souhaitait le Treizième Dalaï Lama. Le Tibet était un pays spécial, dirigé par une réincarnation de Chenrizi, et tant que, dans les monastères, les dizaines de milliers de moines effectueraient le cycle de leurs rites annuels, que les saints ermites demeureraient dans leurs grottes isolées au pied des glaciers et que le Tibet resterait dévoué au Bouddha, les patrons protecteurs assureraient la sécurité de cette terre sacrée.

Malgré tout, quelques Tibétains, dans les cercles du pouvoir, parvinrent à pousser le gouvernement à asseoir son indépendance. En 1947, une délégation diplomatique se rendit en Europe, munie de passeports tibétains. Les Tibétains, en 1949, essayèrent d'envoyer une délégation aux Nations unies, afin d'en devenir membres. Mais l'Angleterre et les Etats-Unis bloquèrent les envoyés. Les deux pays affirmèrent que toute tentative de la part du Tibet de rejoindre les Nations unies, ou de s'armer ouvertement, ne ferait que précipiter l'invasion communiste. Plusieurs fois, Washington et Londres écrasèrent dans l'œuf les tentatives peu convaincues d'autodéfense du Tibet, tentatives difficiles à mettre en place en raison des résistances conservatrices intérieures. La Grande-Bretagne et les Etats-Unis prétendaient que c'était uniquement pour des raisons de politique étrangère qu'ils reconnaissaient officiellement le Tibet comme une partie de la Chine et, en secret, continuaient de le traiter comme un Etat indépendant. Cette duplicité accrut la croyance de Lhassa selon laquelle l'Etat himalayen étant, de fait, indépendant, son invasion par la Chine pousserait les autres pays à venir à son secours. Les Britanniques affirmaient que la Chine respecterait l'autonomie du Tibet, et cela ne fit que conforter les Tibétains dans leur foi naïve que les autres nations répondraient à leurs appels à l'aide.

Ils ne pouvaient pas être davantage dans l'erreur.

Comme la Grande-Bretagne s'apprêtait à quitter l'Inde, le Tibet, qui lui avait servi de bouclier pour défendre le nord du pays, n'avait plus de valeur stratégique. Chiang Kai-shek – maintenant exilé dans l'île de Taiwan – continuait à affirmer que le Tibet faisait partie de la Chine. Les Républicains cherchaient des noises à Truman, et l'accusaient d'avoir « perdu la Chine », et il lui était donc difficile de soutenir publiquement l'indépendance du Tibet. Le Département d'Etat craignait que Chiang ne considère tout soutien officiellement apporté au Tibet comme une manifestation des efforts de Washington pour amputer la Chine d'une partie de son territoire. La Maison Blanche savait aussi qu'avec le veto de Chiang aux Nations unies, la Chine pouvait s'opposer à l'entrée du Tibet dans cette assemblée. Comme un tel vote aurait été gênant pour les Etats-Unis, il était bien préférable d'empêcher le Tibet d'exiger un débat public à propos de son statut en tant que nation.

J'ai demandé au Dalaï Lama s'il était conscient que la crainte qu'avait Truman de l'influence de Chiang aux Etats-Unis et à l'ONU était l'un des facteurs qui, en 1949, même après la fuite de Chiang à Taiwan, avaient empêché Washington de soutenir ouvertement le Tibet. Il me répondit que si Chiang, après la prise du pouvoir par les communistes, « avait soutenu l'indépendance du Tibet », alors, « aux yeux de millions de Chinois », Chiang et son parti auraient été considérés comme « une honte nationale ». Chiang n'avait jamais dirigé le Tibet, et même si, après 1949, il aurait pu souhaiter soutenir son indépendance afin de l'enlever à l'influence communiste, sa rhétorique nationaliste le lui interdisait.

Les Chinois avaient été éduqués à croire que leur voisin faisait partie de leur nation, et personne ne pouvait dire le contraire sans passer pour un antipatriote.

C'est dans cette situation si complexe que les Etats-Unis envoyèrent au Tibet une ultime mission secrète, dirigée cette fois par un officier de la CIA, Douglas S. Mackiernan. Le Département d'Etat était persuadé que, en 1949, toute tentative ouverte pour armer les Tibétains aurait conduit à l'inévitable invasion communiste. C'est pour cette raison que la mission de Mackiernan était restée secrète.

C'est alors qu'eut lieu une tragédie : Mackiernan fut tué par un garde-frontière tibétain qui, dans ces jours tendus précédant l'invasion chinoise, avait pour instruction d'abattre tous les étrangers. Cette issue dramatique fut le fait de la CIA et du Département d'Etat, qui avaient omis de prévenir le ministère des Affaires étrangères tibétain de l'arrivée de Mackiernan avant qu'il soit trop tard pour alerter les gardes-frontières sur les dents. Pire : les Chinois, avant même son arrivée au Tibet, savaient que Mackiernan était un agent secret. Pour finir, la mission Mackiernan eut sur les Chinois exactement l'effet inverse de celui recherché par les Etats-Unis. Craignant que cette mission ne traduise la volonté de Washington d'apporter une aide militaire au Tibet, les Chinois hâtèrent leurs préparatifs d'attaque.

Le Dalaï Lama n'était pas complètement convaincu que la mission Mackiernan ait précipité l'invasion. « C'est possible », dit-il, mais les Etats-Unis, en secret, avaient commencé, quelques semaines avant l'assaut d'octobre 1950, à aéroporter de l'équipement à l'armée tibétaine. Le Dalaï Lama savait comment, à cette époque, les Chinois auraient perçu toute intervention américaine au Tibet.

— Avant que l'Armée de Libération chinoise n'entre au Tibet, la propagande chinoise affirmait que le Tibet était un nid d'influences impérialistes. Telle était l'impression chinoise.

— Et comme Mackiernan était grillé avant d'arriver au Tibet, la CIA, en ne réussissant pas à garder secrète cette mission, a renforcé cette impression. La CIA a, en quelque sorte, trahi le Tibet.

— Je ne sais pas. Je dis toujours à mes amis américains que, lorsque nous étions au Tibet, nous considérions les Américains comme les champions de la Liberté et de la Démocratie. Puis, dans les années soixante-dix, lors de la crise du Bangladesh, la septième flotte américaine a soutenu le Pakistan. Nous connaissions tous la brutalité du Pakistan, et les mouvements d'indépendance du Bangladesh – qui, à cette époque, constituait le Pakistan de l'Est. C'était un mouvement populaire, mais à ce moment-là, les Etats-Unis penchaient pour le Pakistan et ses dictateurs, pour un régime militaire. Voilà le problème.

— C'est bien ce que je dis.

— Kissinger a ouvertement déclaré que, dans les relations internationales, il n'y a pas de place pour la moralité, et c'est très triste, honteux, malheureux. L'Amérique, le champion de la Liberté et de la Démocratie, fait ces sortes de choses, et je crois que c'est pour cette raison que beaucoup de pays d'Asie perdent foi en elle, et c'est dommage. Le peuple américain, je pense, aime la liberté, mais c'est la faute du gouvernement.

— Oui, je suis d'accord avec vous. Et je crois que tout ça a commencé après la Seconde Guerre mondiale. Nous avons abandonné nos idéaux, et la politique étrangère américaine, depuis, est à la dérive. L'échec de l'Amérique à soutenir le Tibet est juste un exemple de tout ce qui s'est passé pendant la guerre froide.

Le Dalaï Lama m'a parlé de sa rencontre, en juin 2000, avec le président Clinton.

— Vous savez, lors de ma dernière rencontre avec le président Clinton, moi aussi je lui ai dit ça. Au cours de la guerre froide, oui, parfois, il fallait avoir une certaine politique, ce qui n'est pas très bien, mais maintenant les temps ont changé et le moment est venu. La plus grande nation, la nation qui défend la Liberté, doit baser ses actes sur ses principes fondateurs, et en faire bénéficier la politique extérieure américaine. Je lui ai dit ça. Je crois maintenant qu'on a une plus grande chance, mais il faut une volonté politique.

— Oui, mais quand on examine l'histoire des relations entre l'Amérique et le Tibet, on n'y voit aucune trace des principes fondateurs des Etats-Unis.

— Oui, c'est exact. Le soutien américain au Tibet dans les années cinquante ne provenait pas de principes moraux, ni d'une forme de sympathie, mais des politiques anticommunistes dans le monde entier. En ce sens ça a aidé. Mais une fois que leur vaste politique anticommuniste envers la Chine a changé (*dans les années soixante-dix*), alors tout a changé. Mais aujourd'hui le type de soutien que nous recevons de l'extérieur est sincère. En raison du soutien et de la sympathie des peuples, même l'administration, maintenant, et même si cela n'est pas convenable, est forcée de nous manifester de l'attention, ce qui est positif.

*

Pour le Dalaï Lama âgé de quinze ans, les mois précédant l'invasion d'octobre 1950 furent des mois de tension. Il n'était qu'un adolescent, dépourvu de la vision globale qu'il manifeste si naturellement aujourd'hui. Son Régent avait toujours un pouvoir absolu, car le Dalaï Lama était encore à trois ans de sa majorité. Depuis le début de 1950 ne cessaient de circuler à Lhassa des rumeurs concernant les préparatifs chinois d'invasion du Tibet.

— J'étais très anxieux. Au cours de tout l'hiver précédent et même au début de l'année, je me souviens très clairement ne pas m'être senti bien. La situation était de plus en plus grave et tendue.

Le 7 octobre 1950, les plus hauts responsables du gouvernement étaient à un pique-nique où la bière coulait à flots, lorsque parvint de l'est du pays le premier message radio disant que l'Armée populaire de Chine avait commencé d'envahir le Tibet. Personne ne savait qu'elle comptait quarante mille hommes. L'officier qui, du front, envoya ce message radio désespéré ne possédait pas cette information. Il ne savait probablement pas que les troupes chinoises, très mobiles, dotées d'armes modernes dont ne disposaient pas les Tibétains, encerclaient les troupes tibétaines. Il demanda cependant que les ministres interrompent leur pique-nique, de façon à pouvoir donner des ordres à l'armée, lui dire si elle devait combattre ou effectuer une retraite. Un fonctionnaire subalterne resté à Lhassa dit à l'officier que les ministres ne pouvaient pas être dérangés. L'officier de terrain hurla dans la radio : « Merde à leur pique-nique ! », et raccrocha. Ce fut l'ultime message radio du front. Les Chinois avançaient si rapidement que toute communication devint bientôt impossible.

Le 19 octobre, cinq mille soldats tibétains avaient été « liquidés » et la petite armée, sous-équipée depuis le Treizième Dalaï Lama, se rendit. Les troupes capturées tendirent leurs fusils. Les Chinois leur firent une conférence sur le socialisme, leur donnèrent une petite somme d'argent, et leur dirent de rentrer chez eux. L'Armée populaire chinoise aurait pu marcher sur la capitale, mais elle préféra s'arrêter à 200 kilomètres de Lhassa, et demanda au gouvernement tibétain de se rendre à la « raison pacifique ». Cette attitude correspondait à la croyance chinoise selon laquelle le Tibet était une province renégate, en rébellion à cause du soutien des impérialistes occidentaux. Sur le terrain, la plupart des cadres communistes croyaient sincèrement qu'ils aidaient à libérer pacifiquement des citoyens chinois de nationalité tibétaine tenus en esclavage par « la clique réactionnaire dirigeante ». En Chine, cette version a perduré depuis. En l'an 2000 encore, les médias sous contrôle chinois affirmaient que, au Tibet, le Dalaï Lama et son gouvernement avaient été coupables de viols, de meurtres, de cannibalisme d'enfants, et l'accusaient d'avoir été à la tête du système « le plus sanglant, le plus cruel, le plus inculte de l'histoire de l'humanité ».

— Quand vous avez appris l'invasion, qu'avez-vous ressenti ?

— Beaucoup d'inquiétude. Je me souviens clairement de mon incertitude et de mon trouble quand c'est arrivé. Puis, au fur et à mesure que la situation devenait plus tendue et plus sérieuse, j'ai commencé à me sentir, même si je n'avais que quinze ans, une responsabilité de plus en plus lourde. Tout le monde tournait les yeux vers moi, en quête d'une réponse. Et à la fin j'ai réalisé que j'avais quelque chose à faire.

— Dès votre plus jeune âge, vous sentiez que votre existence avait cette signification. Même si parfois ça vous déplaisait, vous le sentiez.

— Oui. Il arrivait à Ling Rimpotché, mon principal tuteur, ainsi qu'à Trijang Rimpotché, de m'encourager, et ça m'aidait énormément.

— Vous parlaient-ils du conflit que vous évoquez, le sentiment de vous sentir personnellement piégé et le besoin de servir les autres ?

— Ils me disaient : « A ce moment critique de l'histoire du Tibet, tout le monde va tourner les yeux vers Sa Sainteté, et vous devez prendre cette responsabilité. » Ils m'ont, personnellement, beaucoup encouragé. Lorsque j'étais un jeune garçon, ils me répétaient toujours le grand potentiel qui était le mien. Il y avait aussi, profondément enraciné en moi, ce sentiment d'inquiétude pour les autres, de compassion.

— Dans les semaines qui ont précédé l'invasion du Tibet, parliez-vous de politique avec votre Régent ?

— Il savait que c'était imminent. Je crois que j'ai eu quelques conversations avec le Régent. Evidemment, le Régent était mon tuteur, et, en général, il venait me donner des enseignements, des leçons sans que nous évoquions ces sujets (*politiques*). Mais, finalement, le Régent m'a parlé de ces problèmes.

— Lorsqu'il vous en parlait, paraissait-il inquiet ?

— Le Régent m'a dit que je devrai prendre mes responsabilités. Il m'a dit que la situation était difficile, qu'elle empirait, que le temps était maintenant venu pour le Dalaï Lama d'assumer toute son autorité.

— Si ce vieil homme qui vous avait élevé comme un père, en qui vous aviez confiance, s'il était soudain effrayé et vous tendait le pouvoir... Paraissait-il terrorisé ?

— Il semblait quelque peu anxieux, dit le Dalaï Lama avec ce glaçant sens de la litote qui est le sien pour évoquer les moments critiques.

— Et vous, à quinze ans, qu'éprouviez-vous en le voyant s'en remettre à vous ?

— Evidemment, sur un certain plan, je lui savais gré de son respect. Mais en tant que leader politique, j'avais reçu beaucoup de plaintes concernant le Régent, et le peuple lui faisait peu confiance.

— Comment le pouvoir vous a-t-il été transmis ?

— Au cours de l'automne 1950, l'oracle officiel et d'autres ont dit que le Dalaï Lama devait rapidement prendre toutes ses responsabilités. Puis, cet hiver-là, je suis arrivé au pouvoir (*le 17 novembre*) après qu'ils ont envahi l'est du Tibet. Mon problème immédiat, c'est que certains personnages haut placés m'ont dit que je ne devrais pas rester à Lhassa, que je devrais aller vers le sud, à la frontière de l'Inde. D'autres m'ont dit que non. Je me rappelle clairement mon indécision à ce moment-là. Que devais-je faire ? Il y avait tant de sérieux, tant de risques, tant de discussions, à propos de la décision à prendre, je faisais un pas en avant, un pas en arrière. Il y avait un tas de gens qui me disaient quoi faire, et de fait je demandais leur avis à beaucoup de personnes, y compris les balayeurs, et les opinions étaient très différentes.

Au mois de novembre, tandis que ce débat faisait rage, le gouvernement essaya aussi de lancer un appel devant l'assemblée générale de l'ONU. Mais seul un petit pays, le Salvador, accepta de transmettre la demande du Tibet.

Dans leur appel pressant aux Nations unies, les Tibétains insistaient sur des années d'histoire. Le Kashag envoya un long télégramme aux Nations unies, affirmant que les communistes avaient mal interprété les sentiments d'amitié et d'interdépendance ayant existé « entre la Chine et le Tibet comme entre deux voisins. Pour eux, la Chine était un état suzerain, et le Tibet son vassal », même si « le Tibet avait proclamé sa complète indépendance » après que la révolution chinoise de 1911 eut détrôné l'Empereur mandchou et, ce faisant, « rompu le dernier des liens religieux et sentimentaux entre le Tibet et la Chine ».

« L'invasion armée du Tibet... est un cas d'agression évidente, poursuivait le télégramme. Tant que le peuple du Tibet sera poussé par la force à devenir, contre sa volonté, une partie de la Chine, cette invasion du Tibet restera un monstrueux cas d'oppression du faible par le fort. Nous faisons donc, par votre entremise, appel aux nations du monde pour qu'elles intercèdent en notre faveur, et mettent fin à cette agression chinoise. »

Le Département d'Etat commença à réfléchir à sa politique envers le Tibet. Le conseiller légal du Département remarqua que, « en fait, ce bureau estime que la Chine n'a pas et n'a jamais eu de "souveraineté" sur le Tibet ». Aux Nations unies, l'intérêt personnel des autres nations l'emporta, et aucun pays n'accepta de se joindre au Salvador pour soumettre à l'Assemblée générale le problème de l'invasion du Tibet. Un responsable dissident du Département d'Etat écrivit un long mémorandum argumenté expliquant pourquoi on abandonnait le Tibet. Londres craignait, en irritant Pékin, de voir les Chinois réclamer Hong Kong aux Britanniques. Paris craignait, s'il discutait les « droits » coloniaux de la Chine sur le Tibet, de voir discutés aussi les « droits » coloniaux de la France au Vietnam ou en Algérie. Des pays moins développés, appartenant à un front anticolonialiste qui commençait à se faire jour, voulaient manifester leur solidarité avec la Chine.

A ce moment-là, les Nations unies et la Chine étaient en conflit à propos de la Corée. Les soldats chinois envahirent le Tibet la semaine même où ils envahirent la Corée. Washington ne pouvait prendre le risque d'ouvrir un autre front avec la Chine au moment où les armées de la République populaire, à l'occasion de la plus longue retraite de l'histoire militaire américaine, repoussaient les troupes des Etats-Unis tout au sud de la péninsule coréenne.

Les Etats-Unis et l'Europe laissèrent l'Inde, récemment indépendante, s'emparer du cas du Tibet aux Nations unies. Le Premier ministre indien, Jawaharlal Nehru, pensait que, une fois le colonialisme occidental abattu en Asie, il pourrait prendre moralement le pouvoir avec Mao Tsé-toung. Il rêvait pour le monde d'un nouvel ordre moral, révolutionnaire, poussant sur les ruines du colonialisme, sous l'égide de la Chine et de l'Inde. La délégation indienne à l'ONU affirma que la Chine avait donné des assurances selon lesquelles le problème du Tibet trouverait une solution pacifique. Dans la mesure où l'armée chinoise s'était arrêtée avant Lhassa et avait proposé aux Tibétains de discuter, il était inutile de porter l'affaire devant l'Assemblée générale. Les Nations unies repoussèrent unanimement la plainte du Tibet. Ce fut, au cours de la guerre froide, l'une des rares occasions où l'Union soviétique et les Etats-Unis votèrent du même côté.

Pendant que, à New York, se déroulaient ces événements, le Dalaï Lama, à Lhassa, tranchait dans le débat concernant son éventuel départ pour Yatung, la dernière ville tibétaine avant la frontière de l'Inde.

— Après de longues discussions, nous avons décidé de nous rendre à Yatung.

— Quand vous êtes ainsi parti vers le sud, en direction de l'Inde, laissant à Lhassa quelques ministres mais emmenant avec vous en exil tout un gouvernement, que saviez-vous de la conduite des troupes chinoises dans l'est du pays ?

Il avait entendu dire que lorsque les Mandchous et les Chinois, au temps du Treizième Dalaï Lama, avaient envahi le Tibet, ils brûlaient les monastères et s'en prenaient aux civils.

— Mais, en 1950, ce n'était pas le cas. Les Chinois étaient très disciplinés. Ils se conduisaient comme les soldats britanniques (*en 1904*). Même mieux que les Britanniques, car ils distribuaient un peu d'argent (*aux villageois et aux chefs locaux*). Tout était soigneusement préparé.

Mao et le Parti communiste chinois contrôlaient les actions du moindre soldat. On avait dit aux troupes de ne rien voler au peuple, et de payer pour le matériel ou pour les services des travailleurs locaux. Le Parti communiste chinois, dans l'intention de gagner le cœur des Tibétains, traita très bien, au début, le Tibet oriental. On construisit des routes – en direction de la Chine – et on paya les paysans pour y travailler. Les Chinois donnaient aux chefs locaux des positions dans la nouvelle administration, et les payaient pour leur travail.

Ngawang Jigme Ngapo, gouverneur du Tibet oriental, fut l'un des dignitaires capturés en octobre 1950 par le Parti communiste chinois en même temps que se rendirent des milliers de soldats. Le Parti les fit passer, lui et d'autres, par une période de « rééducation ». Plus tard, la propagande du Parti raconta qu'ils s'étaient rapidement sentis « comme des aveugles » dont, après la rééducation, les yeux s'étaient ouverts. « Après avoir reçu leurs indemnités de voyage et leur permis de se déplacer, ils se sont respectueusement inclinés devant le portrait du président Mao... avant de rentrer chez eux avec leurs chevaux. Ils espéraient que le rayonnement du président Mao se répandrait bientôt à Lhassa et sur tout le Tibet. »

Les Tibétains capturés qui, à l'automne de 1950, reprirent le chemin de Lhassa affirmaient que les Chinois les avaient bien traités. A la même époque, des émissions de radio promettaient à ceux qui constituaient l'élite du Tibet qu'ils pourraient, comme les fonctionnaires de l'est du pays, conserver leur position et leur pouvoir – à la seule condition d'accepter la « libération pacifique ». En l'absence d'armée, il n'y avait pas d'alternative. S'ils luttaient contre les Chinois, ils perdraient leur pouvoir au Tibet.

Face à la complète absence de soutien de la communauté internationale, l'entourage du Dalaï Lama, qui vivait en exil à Yatung, estima qu'il n'y avait plus d'autres choix que d'entrer en négociation avec le Parti communiste chinois. Le Parti exigea que les Tibétains envoient à Pékin une délégation afin de discuter de la « libération pacifique », sous peine de représailles militaires que les troupes chinoises, basées à moins de 200 kilomètres de Lhassa, auraient pu facilement effectuer. Les Chinois réitérèrent plusieurs fois le même message. Pour la Chine, il était, politiquement, préférable que les Tibétains acceptent l'invasion : l'assentiment de Lhassa donnerait aux Chinois une justification politique.

— Aucune des grandes puissances ne vous a apporté une aide militaire réelle avant l'invasion. Et après l'invasion, l'ONU a refusé d'entendre votre appel.

Choisissant soigneusement mes mots, j'ai conclu :

— Vous étiez trahis.

— Oui, me dit-il froidement, en détournant les yeux.

— Mais vous n'avez jamais exprimé la moindre colère quant à cette trahison.

— A quoi est-ce que ça aurait servi ? Quand il pleut trop, est-ce qu'on s'énerve contre le ciel ? C'est stupide !

— Mais là, nous parlons d'histoire.

— Nous étions en colère contre eux, me répondit le Dalaï Lama d'une voix douce. Je m'en souviens. Nous disions, pleins de regrets : « Maintenant, nous nous sommes détruits nous-mêmes » ou « Maintenant, nous avons été complètement trahis par ces gens ».

En l'absence de soutien international, et après la défaite de la minuscule armée du pays, le Dalaï Lama et son gouvernement se virent obligés d'envoyer des négociateurs en Chine. Ngawang Jigme Ngapo, l'ancien gouverneur qui s'était rendu au mois d'octobre et avait subi une rééducation, en faisait partie. Les négociateurs arrivèrent à Pékin en avril 1951, et, après une brève discussion, les Chinois tendirent aux Tibétains un document préalablement rédigé et leur ordonnèrent de le signer. Il est intitulé « Accord entre le Gouvernement central du peuple et le Gouvernement local du Tibet à propos des mesures pour une Libération pacifique du Tibet », et en raison de ses dix-sept points, on l'appelle couramment l'« Accord des dix-sept points ». Il établissait pour commencer que le Tibet « retournait au sein de la mère patrie, la République populaire de Chine », affirmant officiellement que le Tibet était une partie de la Chine. Deuxièmement, les institutions politiques et religieuses du Tibet resteraient inchangées, et toute réforme sociale ou économique ne serait entreprise que par les Tibétains eux-mêmes, à leur propre rythme. L'accord assurait aussi que le Tibet garderait son propre gouvernement dans toutes les régions, sauf en ce qui concernait la défense et les affaires étrangères, qui seraient transmises à Pékin.

Les Chinois pressèrent les Tibétains de signer le traité, et refusèrent tout semblant de négociation. « Voulez-vous une libération pacifique, ou une libération par la force ? », explosa l'un des délégués chinois. Lorsque les Tibétains demandèrent que leur soit accordée la permission de communiquer avec leur gouvernement sur un point essentiel – le fait que le Tibet fasse partie de la République populaire de Chine –, les diplomates qui les recevaient dirent qu'il n'était pas nécessaire de discuter, puisque « les autres nations considéraient le Tibet comme une partie de la Chine ».

Lhassa n'avait jamais donné à ses envoyés l'autorisation d'accepter quoi que ce soit au nom du gouvernement, et pourtant, le 23 mai 1951, les délégués furent forcés de signer l'Accord des dix-sept points. Le Dalaï Lama me raconta que le sceau du gouvernement fut imité, et apposé sur le document. Avec ce document, les Tibétains – pour la première fois de leur histoire – acceptaient publiquement la vision chinoise de l'histoire de leurs deux pays :

> La nationalité tibétaine a une longue histoire à l'intérieur des frontières de la Chine, et, comme bien d'autres nationalités, elle a accompli son devoir glorieux dans le processus de création et de développement de notre mère partie. Mais au cours des cent dernières années, voire plus, les forces impérialistes ont pénétré en Chine, et, en conséquence, pénétré dans la région du Tibet et accompli toutes sortes de provocations et de tromperies.

— Vous aviez déjà fui Lhassa pour Yatung, près de la frontière indienne, quand vous avez appris que l'Accord des dix-sept points avait été signé. Où vous trouviez-vous, exactement, quand vous l'avez appris ?

— Au monastère de Yatung, il existe trois pièces au-dessus de la grande salle. En général, je me tenais dans la plus petite, seul. J'ai commencé par entendre, le premier, la nouvelle à la radio. Aussitôt après, il y a eu une réunion avec le Kashag.

— Les gens étaient-ils inquiets ?

— Oui, et je me faisais du souci.

— Quelle a été votre première réaction ?

— Un état de choc ; de grand choc. Nous nous attendions à recevoir d'abord un projet d'accord, et comme les choses s'étaient décidées sans projet préalable, nous étions choqués. Evidemment nous faisions confiance à Ngapo, et personnellement, à cette époque, je ne savais pas grand-chose, mais nous pensions que ces gens (*les négociateurs envoyés à Pékin*) feraient quelque chose de bien, mais les conditions (*dans lesquelles ils avaient dû travailler*), nous ne les connaissions pas.

— Quand vous avez appris que vos négociateurs avaient signé l'Accord des dix-sept points sous la contrainte, avez-vous pensé qu'il s'agissait d'un moment décisif ?

— Non, je ne crois pas que c'en était un. Dès le premier jour de l'invasion, nous savions ce qui allait arriver.

— Pourtant, l'accord était important.

— J'ai entendu dire que légalement, jusqu'à l'Accord des dix-sept points, le Tibet ne faisait pas partie de la Chine.

— Oui, c'est exact. Et cet accord a été signé sous la menace d'une invasion chinoise. Il a été signé sous la contrainte.

— C'est exact. Ceux qui ont assisté aux réunions l'ont dit. Et puis le sceau du gouvernement pour le signer... même ce sceau était un faux.

Au cours des semaines suivant la signature de l'Accord, Washington envoya plusieurs messages au Dalaï Lama, à Yatung. Les Etats-Unis poussaient le Dalaï Lama à refuser cet accord, à s'enfuir en Inde, puis à s'exiler quelque part en Asie. Les plus anciens diplomates américains du Département d'Etat, comme Dean Rusk, voulaient retourner contre la Chine l'opinion publique d'Asie, et espéraient que, même si les Etats-Unis ne pouvaient aider le Tibet à conserver son indépendance, la Maison Blanche pourrait utiliser la tragédie tibétaine au bénéfice de sa campagne anticommuniste. Le Dalaï Lama et ses conseillers décidèrent que sans confirmation d'un soutien ferme de la part des Etats-Unis – un soutien dont les Tibétains sentaient qu'il leur manquait –, Sa Sainteté devait collaborer avec les Chinois. Peut-être la Chine respecterait-elle les dix-sept points de l'Accord, et le Tibet aurait-il une réelle autonomie. Pékin et Washington échangeaient des messages avec le Tibet.

— Durant ces négociations tendues, est-ce que vous n'avez pas été submergé par la peur ?

— J'ai fait une expérience : lorsque la crise s'éloigne, il y a beaucoup d'anxiété, et lorsque la crise est très proche, il y a moins d'anxiété.

— Plus les Chinois se rapprochaient, moins vous étiez anxieux ?

Le Dalaï Lama se mit à rire.

— On pourrait dire ça. Et puis peut-être aussi que je m'y habituais.

En juillet 1951, une délégation chinoise, accompagnée du général Chiang Chin-wu, arriva à Yatung. Ils gagnèrent l'Inde par avion, voyagèrent à travers l'Himalaya jusqu'à la frontière du Tibet, puis franchirent la frontière pour arriver à Yatung. Les pistes entre la Chine et Lhassa étaient encore si mauvaises que, pour se rendre de Chine au Tibet, il était plus facile d'effectuer le détour par l'Inde.

— Racontez-moi votre première rencontre avec un général chinois.

Le Dalaï Lama sourit en se remémorant ce souvenir :

— On m'a dit que les communistes arrivaient, et j'ai jeté un coup d'œil par la fenêtre supérieure du monastère, sur la cour, en bas, qu'ils étaient en train de traverser. J'ai été étonné, je me suis dit : « Oh ! ce sont juste des êtres humains. »

— Est-ce que vous craigniez de rencontrer le général communiste, la première fois ? A côté de votre surprise en constatant que vous étiez tous deux des êtres humains, avec toutes les horreurs que vous aviez entendues, est-ce que ça vous faisait peur ?

— Je me sentais très mal à l'aise. Nous étions très méfiants, mais il nous fallait sourire, et parler.

Au moment où le général chinois arriva à Yatung, le Dalaï Lama et ses ministres avaient déjà décidé de ne pas rejeter, tout au moins pour le moment, l'Accord des dix-sept points.

Ils espéraient en renégocier plus tard certains articles, et entretemps ils essaieraient de travailler, au Tibet, avec les Chinois, selon les termes de l'Accord. Certaines des raisons de cette décision sont simples, et rarement discutées : le Dalaï Lama n'était pas certain que New Dehli l'autoriserait à entrer en Inde, ni de pouvoir compter sur un réel soutien des Etats-Unis.

— Est-il vrai qu'en 1950 vous n'avez pas quitté Yatung, et n'êtes pas parti en exil en Inde – alors que vous n'étiez pas certain de vraiment pouvoir travailler avec les Chinois – simplement parce que l'Inde vous refusait un visa ?

— Je n'ai jamais demandé de visa, dit le Dalaï Lama en pesant ses mots, car on avait des indications très claires pendant que j'étais à Yatung. Nous avons estimé qu'elles (*les autorités indiennes*) n'étaient pas prêtes à nous recevoir.

— Alors, en réfléchissant aux choix que vous aviez, vous avez estimé que vous ne pouviez pas vous rendre en Inde, dis-je, secouant la tête devant la chaîne infinie des trahisons.

— Ce n'est pas exactement ça. Nous avons estimé que le gouvernement indien (*n'aurait pas été*) content, et alors nous avons décidé. Certains pensaient que je devais rentrer (*à Lhassa*), d'autres que je ne devais pas, que je devais partir en exil.

— Etes-vous rentré à Lhassa en raison d'une déclaration de l'oracle officiel ?

Le Dalaï Lama me répondit que non, affirmant que sa décision de retourner à Lhassa était basée sur « une enquête. J'ai toujours le sentiment que les principales décisions prises à cette époque, en 1951, à Yatung, étaient les bonnes. Puis en 1954, quand j'ai décidé de me rendre en Chine, et en 1956, quand je suis allé en Inde avant de rentrer au Tibet, j'ai le sentiment que toutes ces décisions étaient les bonnes ».

— En 1951, quand vous étiez à Yatung, avant de prendre la décision de travailler avec les Chinois et de rentrer à Lhassa avec le général chinois, vous espériez encore une aide, qui n'est pas venue, des Etats-Unis ou de l'Angleterre.

Le Dalaï Lama reconnut que c'était le cas :

— Nous avons reçu une lettre du consul américain à Calcutta.

Les propositions de Washington étaient trop vagues, mais la décision de rentrer à Lhassa et d'essayer de travailler avec les Chinois n'était pas facile à prendre.

— A cette époque, à Yatung, nous étions indécis, nous ne savions pas quoi faire. C'était une période très sombre.

— Très sombre, très effrayante, très douloureuse.

— Pas douloureuse, dit-il avec un demi-sourire.

— Vous n'étiez jamais découragé ?

— Beaucoup d'anxiété, de doute, d'incertitude.

— Dans les pires moments, que ressentiez-vous ?

— Un sentiment de solitude. D'impuissance, ajouta-t-il en haussant les épaules. Pour tous les Tibétains.

De façon imprévue, dès qu'il eut prononcé ces mots, il sembla devenir plus gai. Il venait de penser à une anecdote amusante qui résumait bien cette période.

— Au monastère de Namgyal, commença-t-il, il y avait ce vieux moine...

Après tout le temps que nous avions passé ensemble, je savais ce qui allait suivre. Pour moi, le fait qu'il plaisante était la chose la plus naturelle du monde.

— Une rumeur parcourait les rues, continua-t-il, selon laquelle les Américains allaient arriver et qu'un avion emmènerait le Dalaï Lama en Inde. Il y avait eu cette rumeur avant et après Yatung. Et finalement, au bout de quelques mois, nous avons quitté Yatung pour retourner à Lhassa, et aucun avion n'est venu. Alors plusieurs mois ont passé, et ce vieux moine a dit : « Ça fait longtemps qu'on entend dire que les Américains arrivent. Mais même en faisant toute la route en glissant sur le dos, ils devraient être là, maintenant ! »

Nous avons éclaté de rire ensemble.

Tandis que notre hilarité se calmait, j'ai dit :

— Maintenant, ça vous fait rire, mais à l'époque, ça ne vous fai sait pas rire. Vous aviez très peur.

— Oui, vous avez raison, mais, vous savez, cette tristesse n'était pas là vingt-quatre heures sur vingt-quatre. Il nous arrivait de temps en temps de rire, comme aujourd'hui. Nous sommes des Tibétains, pas des Américains. Si quelque chose ne va pas, les Américains passent beaucoup de temps à s'inquiéter ; nous, nous ne sommes pas capables de nous obstiner de la même façon.

Cette plaisanterie m'avait remonté le moral. Dans un sens, elle résumait toutes nos conversations. La faculté des Tibétains à rebondir, leur sens du sacrifice, leur rire – toutes choses que le Dalaï Lama incarnait pleinement – illuminaient la vision de l'histoire de son pays que le Dalaï Lama, depuis dix-huit mois, partageait avec moi.

— Mais il est arrivé de nombreuses fois, au cours de l'histoire du Tibet, qu'il y ait des moments sombres, et que, à ces moments-là, les actions du Dalaï Lama entrent dans l'Histoire.

— Oui, et il y a un proberbe tibétain qui dit : « Ce qui est brûlé par le feu doit être guéri par le feu. »

— Que voulez-vous dire ?

— Les problèmes nous venaient de l'Est, des Chinois. La seule façon de s'en sortir était d'aller là-bas, de parler, de dialoguer.

A cet instant, j'ai compris pourquoi, même si une grande partie de sa famille le poussait à s'enfuir en exil, il était rentré à Lhassa. A seize ans, sa jeunesse était terminée. Sa vraie vie avait commencé.

12

La vie sous l'occupation chinoise 1951-1959

Le Dalaï Lama prit place dans son fauteuil rembourré, et ôta ses sandales de caoutchouc rouge. Elles portaient encore des traces de boue, car il avait marché sous la pluie pour arriver à la salle d'audience. Dehors, des nuages de mousson enrobaient les pics de Dharamsala, et tous les chemins étaient boueux et sillonnés de ruisselets. A l'intérieur de la pièce, j'entendais la pluie résonner sur les murs de ciment blanc. Tout en mettant le magnétophone en marche, je riais tout seul. Le Dalaï Lama portait les mêmes sandales de caoutchouc que n'importe quel paysan en Inde.

Le Dalaï Lama s'installa, croisa les jambes, et s'assit sur ses pieds nus, une des ses postures favorites. Puis il prit son chapelet dans une main et se pencha vers le magnétophone. En fixant le micro à sa robe, je remarquai que le T-shirt qu'il portait par-dessous avait été teint en jaune. Sa robe était rouge, ainsi que ses sandales, mais son T-shirt était d'un jaune pâle, si souvent lavé qu'il s'effilochait aux coutures. Malgré l'apparat qui l'entoure et le protège, il mène une vie très simple.

Après près de cinquante heures d'interviews, nous en arrivions à la période la plus critique ae son rôle dans l'histoire du Tibet. En 1951, à son retour à Lhassa, juste après l'arrivée des premiers officiers chinois, il dut affronter un défi politique impossible. Mais pourtant, comme il me le rappela, sa vie ne se passait pas uniquement dans le sérieux des affaires d'Etat.

Au cours de l'été 1951, il n'avait que seize ans, et il aimait toujours les voitures. Il répara lui-même le moteur d'une vieille voiture du Treizième Dalaï Lama. Sa fascination d'enfant pour les montres, les télescopes, les projecteurs de cinéma et tout ce qui était mécanique devenait de plus en plus forte.

— Au début, quand j'étais jeune, il y avait trois voitures. Et je crois qu'à son retour, en 1948, Shakabpa (*un diplomate revenant d'une mission à l'étranger*) a ramené une Jeep. Les trois voitures appartenaient au Treizième Dalaï Lama, mais ça devait faire quinze ans que personne ne s'en occupait plus. En 1951 ou 1952, peu après mon retour de Yatung, j'ai demandé à quelqu'un de les réparer. Puis je les ai utilisées, et j'en ai même conduit une tout seul, sans demander l'autorisation au chauffeur. Pour la Jeep, il fallait une clef, je n'ai donc pas pu la conduire, parce que c'était le chauffeur qui avait la clef. Mais les autres n'avaient pas besoin de clef, et je pouvais m'en servir. Je les prenais en cachette. Puis une de ces vieilles voitures a eu un accident dans les jardins, et l'un des phares fut cassé. Le lendemain, bien sûr, il faudrait que je montre ça au chauffeur. Mais je ne savais pas comment m'y prendre.

— Vous voulez dire qu'il vous fallait trouver un moyen de dissimuler les dégâts ?

Il se mit à rire.

— J'ai réfléchi un moment. Puis j'ai taillé un rond en verre avec le ciseau à diamant laissé par le Treizième Dalaï Lama. C'est l'un des objets que j'avais découverts parmi les trésors dont je vous ai parlé – c'était presque comme un marché. J'ai donc découpé un morceau de verre circulaire. Puis je me suis dit qu'il fallait l'assombrir, comme l'autre. Alors j'ai fait bouillir du sucre jusqu'à ce qu'il devienne épais, et j'ai passé le sucre sur le verre. Je me suis servi d'une petite boulette de coton, j'ai passé ce sucre sur le verre, il paraissait semblable (*à celui qui n'était pas cassé*) et je l'ai remis en place. Je ne sais pas si le chauffeur s'en est jamais aperçu.

— Vous aviez passé plus de temps à conduire, ou à réparer le phare ?

— Il m'a fallu une journée pour réparer le phare, mais j'avais conduit pendant plus d'un mois. Je prenais souvent la voiture. Vous savez, je conduisais (*moi-même*) à l'intérieur du Mur jaune (*l'enceinte du Norbulingka*) et, de temps en temps, j'allais à Chensalingka (*à un demi-mile, mais toujours à l'intérieur de l'enceinte, plus large, enfermée par le Mur blanc*). Mais quand je sortais de l'enceinte du Mur jaune, ce n'était pas convenable que je conduise, car il y avait des gens, des domestiques. Alors j'ai demandé à l'un de mes assistants, un vieux moine très malin. Je lui avais appris à conduire. Un jour que nous roulions à l'extérieur du Mur jaune, nous sommes tombés sur une porte fermée. Et il a eu peur. J'ai hurlé : « Freine ! » Au lieu de ça, il a mis le pied sur l'accélérateur !

Mais, une fois de plus, la vie du jeune Dalaï Lama à l'intérieur de l'enceinte du domaine, dont il se rappelle si volontiers, fut interrompue par les affaires d'Etat. En octobre 1951, un an après avoir envahi l'est du Tibet, les premières troupes chinoises arrivèrent à Lhassa.

Le son aigu des klaxons, des drapeaux rouges battant dans le vent, des portraits géants du président Mao accompagnaient les troupes défilant devant le Potala. Alors que l'Accord des dix-sept points stipulait que la Chine n'interviendrait pas dans les affaires de son voisin, elles eurent vis-à-vis du gouvernement tibétain un certain nombre d'exigences. La première obligation de Lhassa consista à fournir du blé pour nourrir les troupes. Au début, l'Armée de Libération du peuple payait pour le blé que le gouvernement tibétain sortait de ses entrepôts, mais en moins de un an, tandis que les troupes étaient de plus en plus nombreuses, les entrepôts se vidèrent. L'économie agraire du Tibet ne pouvait supporter une telle ponction sur ses ressources. Pour finir, l'Armée de Libération du peuple cessa de payer le blé, et commença à réquisitionner, sans compensation, des logements et des terres.

La situation empira jusqu'à se transformer en crise nationale. On parla de famine dans les troupes, et parmi les civils. Comme l'Armée de Libération du peuple n'avait pas achevé la première route (dont le tracé avait commencé en 1950) entre la Chine et Lhassa, on ne pouvait faire venir des vivres de Chine. « L'armée chinoise est venue à Lhassa, et elle a vidé les magasins du gouvernement », m'a expliqué le Dalaï Lama. La crise aurait pu devenir ingérable si le gouvernement indien n'avait pas accédé à une demande de la Chine : importer du riz en passant par l'Inde.

Le manque de blé n'est qu'un exemple de la multitude de problèmes, d'importance variée, qui surgirent lorsque le vieux Tibet, qui avait si vaillamment défendu son isolement, fut, contre son gré, forcé d'entrer dans le monde moderne. Le Dalaï Lama demandait le calme, mais, pourtant, des soulèvements sporadiques éclatèrent contre les Chinois. A Lhassa, avec les chamailleries quotidiennes, il devenait difficile de maintenir la fiction quant aux relations amicales entre les ministres nommés par le Dalaï Lama et l'armée d'occupation. Dans l'Accord des dix-sept points, la Chine avait promis de ne pas se mêler de l'administration du Tibet, mais il tardait aux plus radicaux des membres de l'Armée de Libération, et aux cadres du Parti communiste chinois, de réformer, ou de liquider, ce qu'ils considéraient comme « la clique féodale dirigeante » du Tibet. Les membres du gouvernement tibétain, qui devaient, sous la menace, faire semblant de coopérer avec la Chine, étaient prêts à se rebeller. Les relations se détériorèrent entre les services du Dalaï Lama et ceux de l'armée chinoise et du Parti.

Le jeune Dalaï Lama se trouvait dans une position intenable : tout en essayant de défendre l'autonomie promise à son pays, il devait encourager son gouvernement à collaborer avec les intrus. Selon lui, ce sont les fonctionnaires chinois qui l'empêchèrent d'effectuer des réformes sociales, ces réformes qu'il avait envie de tenter depuis longtemps, depuis que les balayeurs du Potala et du Norbulingka lui avaient fait remarquer les injustices dans le pays.

— Quand vous avez pris conscience de la souffrance du peuple et du système de servage au Tibet, est-ce que vous avez commencé à vous dire que vous aviez peut-être envie de libérer les serfs ?

— Je ne connaissais même pas le mot *serfs*. Mais, quoi qu'il en soit, il y avait des inégalités, et je sentais que nous devions faire quelque chose pour les pauvres. En 1952, nous avons mis en place un Comité des réformes.

— C'était après l'arrivée de l'armée chinoise.

— L'idée était déjà là avant l'arrivée des communistes, mais à ce moment-là je n'avais aucun pouvoir. Je n'ai eu le pouvoir qu'après que les communistes furent arrivés dans l'ouest du pays, et alors j'ai été à Dromo (*Yatung*), et j'y suis resté au début de l'année 1951. (*Ce n'est qu'après*) mon retour que ça a commencé. Mais l'idée, je l'avais.

— Vous avez eu plus tôt l'idée de réformer le gouvernement et de libérer les serfs ?

— C'est exact, (*mais*) *serfs*, je ne sais pas. Ce mot est excessif.

— Vous-même avez utilisé le mot *serf*, l'interrompis-je, me rappelant quand il avait, en secret, vu un serf de la famille Pala venir se plaindre auprès des fonctionnaires du Régent de la façon dont il était traité.

— Oui, aujourd'hui j'utilise ces mots, mais à cette époque il n'y avait pas de mot particulier. Ce n'est que plus tard que ces mots sont devenus populaires.

— Quels mots utilisiez-vous, alors ?

— *Nyamthag*, les faibles et les pauvres ; *Chabang*, les sujets pauvres.

— Quand vous étiez enfant, vous ne les considériez pas comme des serfs ?

— Je ne connaissais pas de pareils termes. Mais quand nous avons mis en place le Comité de réformes, son premier geste a été de supprimer les taxes en chevaux. Et les dettes (*héréditaires*). Et il y avait d'autres projets de réformes. Par exemple, nous voulions que soient restitués au gouvernement les domaines possédés par les familles riches. Il s'agissait d'un plan progressif. Mais les Chinois ne tenaient pas à ce que ces réformes aillent de l'avant. Ils voulaient les faire à leur façon. Voilà la vérité.

Les paysans et les serfs du Tibet central qui vivaient près d'une route avaient ordre de fournir gratuitement des chevaux aux aristocrates et aux fonctionnaires de passage. Une telle taxe était extrêmement onéreuse, de même que les dettes héréditaires, une autre pratique que le Dalaï Lama voulait supprimer. Nombre de serfs dépourvus de terre étaient arrivés à cette situation car ils avaient hérité d'une dette envers un propriétaire. Il arrivait que les dettes héréditaires attachent, pendant des générations, des paysans à une famille d'aristocrates. Le but du Dalaï Lama était de rendre au gouvernement les terres des riches propriétaires, ce qui, dans les faits, libérerait les serfs qui y étaient attachés.

L'usage de termes comme *serfs* ou *société féodale* pour décrire les relations socio-économiques dans le Tibet d'avant l'invasion est sujet à caution. Un rapport contemporain du gouvernement chinois affirme qu'au Tibet, avant l'invasion de 1950, « les serfs et les esclaves, qui constituaient plus de 95 pour cent de la population, ne possédaient ni terres, ni aucun moyen de production ». Un autre rapport chinois dit que 60 pour cent des Tibétains étaient des paysans propriétaires de terres, et qui payaient des impôts. L'argument qu'utilisent les Chinois pour justifier l'invasion, et selon lequel ils auraient libéré les Tibétains de l'esclavage, conduit à des chiffres grossièrement déformés selon des buts politiques. Les alliés étrangers du Tibet, désireux de réfuter toute justification de l'invasion, soutiennent que, avant l'invasion chinoise, il n'y avait pas d'exploitation au Tibet. Le Dalaï Lama a plusieurs fois condamné la corruption et l'exploitation qui existaient au Tibet, mais on ne peut arguer des inégalités pour justifier une occupation étrangère.

Entre spécialistes, les discussions sont vives. Les paysans payaient, à la fois en nature et sous forme de corvées, divers impôts au gouvernement, aux monastères, aux nobles locaux. Mais est-ce que pour autant ça faisait d'eux des serfs ? Et, si oui, combien y en avait-il ?

Selon l'opinion de Tom Grunfeld, l'auteur de *The Making of Modern Tibet*, il n'existe pas de documents fiables concernant le nombre de Tibétains serfs avant 1950. Au cours des siècles passés, le gouvernement ne tenait pas de registres systématiques, et la plus grande partie des documents existants ont été détruits. De plus, la majeure partie de la documentation disponible, datant essentiellement d'après 1959, se trouve entre les mains des Chinois et, plus que l'histoire du Tibet, risque de refléter le besoin qu'avait Pékin de justifier son invasion.

Si on l'oblige à donner un chiffre motivé, Grunfeld a tendance à accorder quelque créance à l'affirmation chinoise, faite en 1959, selon laquelle 60 pour cent de la population était constituée de serfs. Il ne croit pas aux prétendus 95 pour cent proclamés par les Chinois aujourd'hui. Mais si l'on étudie ce chiffre, on s'aperçoit que la moitié de ces 60 pour cent était constituée de paysans-propriétaires qui payaient au gouvernement, aux monastères et aux nobles des impôts en nature et sous forme de corvées. Ce qui ne laisse que 30 pour cent que l'on peut qualifier de serfs sans terres, inféodés à des familles aristocratiques, à un monastère ou au gouvernement. Mais les 30 pour cent qui étaient moines n'étaient inféodés à personne. Les nomades, qui constituaient 20 pour cent de la population, étaient souvent libres de tout contrôle du gouvernement. Malheureusement, les discussions sur ce sujet sont souvent entravées par l'absence de données précises. De plus, dans certaines provinces, comme le Kham et l'Amdo, beaucoup de paysans n'avaient pas de seigneur. Ces gens de l'Est rejetaient toute tentative des aristocrates du centre du pays pour imposer leur domination sur leurs terres. La réalité complexe de la structure socio-économique avant l'invasion – structure qui n'était pas la même dans toutes les régions du Tibet – n'est pas un sujet sur lequel on puisse faire de généralisations.

Curieusement, la Chine dit à Lhassa que le but de son invasion était de « libérer » les Tibétains des forces impérialistes. Elle ne parla pas de libérer les serfs. La Chine promit, au contraire, de *préserver* l'ordre social existant : l'Accord des dix-sept points est clair à ce sujet. Ce n'est qu'en 1959, après que le Dalaï Lama eut quitté le pays, que la Chine a commencé à collectiviser les terres et à exécuter les propriétaires, en « libérant les serfs » au Tibet central. Il reste un point d'histoire gênant : au cours des neuf années ayant suivi l'invasion, Pékin a travaillé avec les nobles afin de préserver les droits des aristocrates sur les serfs, et la Chine a empêché le Dalaï Lama d'effectuer des réformes. La première motivation de la Chine était d'occuper le Tibet, pas de le modifier.

Les voyageurs qui, dans les années quarante, ont traversé à la fois la Chine et le Tibet racontent que les paysans tibétains étaient beaucoup plus riches que leurs homologues chinois. Les Tibétains, jusqu'à un certain point, ne craignaient pas la famine, alors que famine et pauvreté étaient, en Chine, monnaie courante.

— Tout le monde avait de quoi manger et se vêtir, l'essentiel était là, affirme le Dalaï Lama.

Oui, il y avait une exploitation, et il la condamne comme moralement inacceptable. Pourtant, il ajoute :

— Je crois que les serfs de la société féodale (*au Tibet*), quand on les compare à ceux de la Chine, de l'Inde, de la Russie, avaient une situation meilleure. Je pense que, de façon générale, le Tibet était une société plus compatissante... Il existait différentes sortes (*de paysans*). Dans certaines régions, ils étaient plus heureux (*car il y avait*) moins de taxes. Cependant, dans d'autres régions, ils connaissaient des temps plus difficiles. Tout dépendait de l'endroit où ils se trouvaient. S'ils étaient près d'une route, il y avait plus de taxes. En particulier (*la demande*) de chevaux et de porteurs. Il y avait aussi un arrangement : si l'on appartenait à un monastère, les moines avaient la responsabilité de veiller sur vous. Dans certains cas, c'étais mieux, dans d'autres, c'était pire.

— Et comment pourrait-on comparer les relations entre ceux que nous appellerons serfs et leurs maîtres, au Tibet et en Chine ?

— Je crois que c'était bien pire en Chine, pour une raison très simple. Après la révolution, la lutte des classes était très vive en Chine, à cause de l'oppression (*dont les basses classes avaient souffert*). En Chine, les serfs manifestèrent une grande haine envers les propriétaires. (*Trois millions de propriétaires furent exécutés en 1953.*) Et au Tibet il y eut aussi certains cas semblables, oui. Mais la plus grande partie des serfs a essayé de protéger les propriétaires.

*

Pour le peuple tibétain, 1951 fut une année de bouleversements. Le monde isolé qu'il avait connu avait disparu. Six mois après l'invasion chinoise, Lhassa, au nom du Dalaï Lama, publia la déclaration suivante :

> Le gouvernement local tibétain, les moines et le peuple ont donné leur consentement. Sous l'égide du président Mao Tsé-toung et du gouvernement central, ils aideront activement les unités de l'Armée de Libération du peuple à entrer au Tibet, et à renforcer la défense nationale, à chasser les forces impérialistes, et à sauvegarder l'unité du territoire souverain de la mère patrie.

J'ai posé un jour au Dalaï Lama une question à propos d'une belle fresque peinte au Norbulingka après l'arrivée des troupes chinoises. Il me dit, en passant, que oui, l'histoire écrite sous la fresque était exacte, sauf qu'ils auraient dû utiliser un mot comme « mère patrie, parce que les Chinois étaient déjà là » quand la fresque a été peinte. Les documents rédigés entre 1950 et 1959, lorsque le jeune Dalaï Lama essayait de collaborer, sous la contrainte, avec la République populaire de Chine, sont aujourd'hui, pour lui, troublants. Revenant aux inscriptions sous la fresque, il ajouta : « Les Chinois étaient déjà là. Je ne sais pas. Peut-être que dans des circonstances différentes il y a des mots différents (*comme mère patrie*). Vraiment je ne sais pas. »

Pourtant, ce ne sont pas uniquement ces inscriptions et ces documents qui le troublent. Bien des événements de ces années difficiles lui causent beaucoup de peine.

Espérant « éviter une effusion de sang », le jeune Dalaï Lama fut obligé de participer à la démission forcée de ses deux Premiers ministres, ce qu'il admet avoir été « très douloureux ». Le jeune Dalaï Lama éprouvait de la peine pour eux, mais ne voyait pas d'autre solution que de travailler avec les Chinois.

Au moment où, entre 1951 et 1954, le Dalaï Lama adolescent essayait de coopérer, d'autres Tibétains tentaient encore, sporadiquement, de résister. Les informations chinoises parlaient de ce qu'elles appelaient des « attaques de brigands ». Très isolées les unes des autres, des bandes mal armées de combattants de la liberté, manquant d'armes et d'entraînement, continuaient à attaquer l'armée chinoise bien armée. Après 1950, deux des frères aînés du Dalaï Lama – Gyalo Thondup et Takster Rimpotché – s'exilèrent en Inde et aux Etats-Unis. Ils entrèrent secrètement en relation avec la CIA. Tandis que, peu à peu, croissait la rage du peuple contre l'envahisseur, la CIA conçut des plans consistant à faire évader d'Asie, par avion, des Tibétains combattant pour la liberté (ils allaient à pied du Tibet au Bangladesh, via l'Inde, et on les évacuait), à les entraîner aux Etats-Unis et à les parachuter à nouveau au Tibet munis d'une radio, d'un peu d'argent et de quelques armes.

Alors que les combattants de la liberté pensaient que les Etats-Unis soutenaient leur campagne de libération du Tibet, Washington espérait surtout utiliser les Tibétains pour réunir des renseignements. Le Dalaï Lama n'apprit ces liens avec la CIA que beaucoup plus tard. S'il avait été au fait de tels secrets, il aurait été en danger et, de toute façon, s'il les avait connus, il se serait opposé à ces plans.

Le Dalaï Lama était convaincu que seul le dialogue avec les Chinois pouvait protéger son peuple. En raison de l'écrasante supériorité militaire de Pékin, toute tentative de résister à la Chine par la force des armes aurait conduit à un bain de sang, sans espoir de victoire. Toutes les décisions prises par lui au cours des années cinquante le furent à la lumière de cette évidence. Il agissait sous la contrainte. En général, le Dalaï Lama garde pour lui ses sentiments sur l'invasion et l'occupation du Tibet, mais ils apparurent clairement au cours de l'une de nos conversations.

Au début de l'année 1954, Mao Tsé-toung invita le Dalaï Lama, âgé de dix-neuf ans, à visiter la Chine. Mao était désireux de montrer aux étrangers que, au Tibet, tout allait bien.

— Si vous aviez refusé d'aller en Chine...

— Je crois que ça aurait été idiot !

Il était rouge de colère. Je compris immédiatement mon erreur : étais-je assez stupide pour imaginer que Mao avait lancé une « invitation » qui puisse être refusée ?

— L'Accord des dix-sept points était déjà signé. Maintenant, ils étaient au Tibet... Pas de réponse des Nations unies. Pas de réponse du gouvernement indien ! Ni du gouvernement britannique. Ni du gouvernement américain !

Sa voix tremblait.

— Que faire ? me demanda-t-il avec douceur.

Il me regarda droit dans les yeux.

— Je n'avais pas le choix. Oui, je devais traiter avec les envahisseurs !

Le Dalaï Lama le savait : si les Tibétains s'étaient défendus avec leurs armes hors d'usage, les Chinois les auraient exterminés. Mais lui-même n'avait aucune idée du prix que payaient les Chinois pour la victoire de Mao. En 1950, en Chine et au Tibet, Mao commença à déchaîner des forces qui devaient faire entre 20 et 40 millions de victimes. La Chine se trouva balayée par une succession de campagnes politiques, chacune débouchant sur une moisson sanglante.

Les maîtres du Dalaï Lama ne lui avaient pas appris l'Histoire, ni l'art de conduire un Etat. Ils s'étaient consacrés aux études bouddhistes, en remontant aux anciens âges. Comme me le dit un jour Sa Sainteté, ils avaient semé en son cœur les graines de la compassion. En quoi cet enseignement influença-t-il sa réaction à sa visite forcée de la Chine, en 1954 ?

— Aviez-vous, dès cette époque, grâce à vos pratiques spirituelles, atteint le détachement émotionnel, le *shunyata*[1] ? Aujourd'hui, vous avez développé le *shunyata* et vous parvenez à vous montrer très détaché. Vous vous rappelez le Potala, et vous n'y voyez qu'un bâtiment. Vous regardez les souffrances de votre nation, et vous en êtes moins blessé que si vous ne connaissiez pas le détachement. C'est un non-attachement.

— Le détachement, ça ne veut pas dire que je suis un roc, rétorqua le Dalaï Lama, un peu agacé.

— Mais à cette époque, vous étiez loin d'être un roc Vous étiez jeune. Vous n'aviez pas les années de pratique spirituelle que vous avez maintenant. Parfois, vous deviez avoir très peur.

— Même aujourd'hui, me dit-il gravement en me regardant par-dessus ses lunettes.

— A ce moment-là, vous étiez jeune, et vous subissiez une telle pression que vous avez parfois dû être effrayé par tout cela. Il vous arrivait même peut-être de pleurer...

— Je n'ai jamais pleuré sur les problèmes de mon pays. Il m'est parfois arrivé de pleurer à propos d'une pratique du Dharma, ou en entendant parler de gens malades, ou d'animaux dévorés par des vautours. Mais sur les problèmes de mon pays, je n'ai jamais pleuré.

— Pourquoi, alors que vous pouvez pleurer avec empathie à propos d'animaux qui souffrent, ne pourriez-vous pas pleurer sur les souffrances de votre nation ?

— Je ne sais pas. Mais c'est un fait. Une crise politique, c'est quelque chose de différent. Plus tard, après mon arrivée en Inde, en 1959, quand des Tibétains me racontaient comment ils avaient été torturés, comment leurs enfants avaient été tués, surtout dans les années quatre-vingt, quand les gens venaient du Tibet et me racontaient des histoires de torture, ils pleuraient, et je pleurais aussi, j'étais très triste. Les larmes arrivaient toujours. Mais aujourd'hui, ces histoires sont trop courantes, et mon âme s'est un peu endurcie.

Mais il y avait une autre facette du Dalaï Lama de dix-neuf ans qui, en 1954, partit pour la Chine.

— Un jour un vieux fonctionnaire a fait parvenir un message demandant à me voir. Alors j'ai dit oui. Et il a exprimé ses préoccupations concernant les motivations et les activités des Chinois. Et il s'est mis à pleurer. Il a dit : « Sa Sainteté est très humble, et a un

1. L'état de vide.

peu un cœur d'enfant. » Il a aussi dit : « Les Chinois sont durs, et ils n'hésiteront pas à exploiter cela. » Et il s'est mis à pleurer comme un enfant. A ce moment-là, ça m'a beaucoup touché. « Vous êtes faible et les Chinois vont vous exploiter », tel était son souci.

— Ses craintes étaient-elles justifiées ?

— Je crois, en partie. Quand on me demande quelque chose par la force, il m'est très difficile de dire non. Enfin, ça arrive. Mon tempérament n'est pas affirmé, et, en cela, je suis très faible.

*

Les historiens se demandent le nombre exact de victimes de Mao. Certains disent 25 millions, d'autres avancent plus de 40. Philip Short, dans *Mao : une vie*, note un fait essentiel : « Son règne causa la mort d'un plus grand nombre de ses compatriotes que celui de tout autre dirigeant dans l'histoire. »

En 1954, quand il rencontra le jeune Dalaï Lama, Mao avait soixante et un ans. Il était le maître absolu de la Chine. Les cadres maoïstes exécutaient chacun de ses ordres sans la moindre question, comme s'il s'agissait de la volonté divine.

Au cours de la campagne des « Quatre non », Mao ordonna à des millions de Chinois d'éradiquer les rats, les moineaux, les mouches et les moustiques, et promit les moissons les plus abondantes du monde. En réalité, les chenilles – qui, en l'absence d'oiseaux, purent se développer – infestèrent les récoltes. La famine qui suivit fit des millions de victimes. Une autre folie, le « Grand Bond en avant », exacerba la faim. Mao affirma que, d'un grand bond, en construisant dans l'arrière-cour de chaque maisonnée un fourneau à acier, il amènerait la Chine au niveau de vie occidental. Le nombre d'arbres abattus pour entretenir ces chaudières causa une déforestation massive, qui entraîna d'énormes inondations, tandis que l'acier produit était inutile.

C'est à Pékin que, le 12 septembre 1954, le Dalaï Lama vit Mao pour la première fois.

— Quelle a été votre première impression ?

— Je le trouvais grand, puissant et révolutionnaire. Et je pense toujours que la première partie de sa vie fut consacrée au peuple. Je nourrissais pour le président Mao, avant qu'il devienne comme un nouvel empereur (*plus tard dans sa vie*), un certain respect. C'était un grand leader, naturellement, parce qu'il travaillait comme un forcené, et avec tant de détermination. Une des choses qui m'impressionnaient était sa conversation. Je ne parlais pas chinois, mais nous avions un interprète parfait. Mao parlait lentement, et chaque mot avait du poids. Chaque mot était choisi, et aucun n'était dépourvu de sens. C'était très impressionnant. Il n'était pas excessivement courtois, il semblait très direct, à la différence de Chou En-lai, qui était très rusé. Dès qu'on voyait Chou, on si disait : « Oh, cet homme est malin, trop malin. »

— Avez-vous beaucoup parlé du Tibet ?

— Il me dit qu'autrefois le Tibet avait été une grande nation... Je ne me souviens plus de la formule exacte, mais cela signifiait que le Tibet avait été une grande nation. Il me dit que nous avions même réussi à chasser l'Empereur chinois (*Tang*). Mais qu'aujourd'hui le Tibet est une nation très faible et sous-développée, et nous sommes venus vous aider. Et peut-être que dans vingt ans ce sera à vous de nous aider. Le président Mao a dit quelque chose comme ça. Cela sous-entendait que nous étions des nations distinctes. Et il m'a aussi posé des questions sur le drapeau national tibétain. J'étais un peu hésitant, parce que je ne savais pas trop quoi dire... Le président Mao m'a demandé s'il existait ou non un drapeau tibétain. En hésitant un peu, j'ai dit oui. Alors il m'a dit qu'il était très important de le garder, pour montrer notre identité.

— Mao vous a dit ça, alors qu'aujourd'hui, au Tibet, il est interdit de montrer le drapeau ?

— Oui. Le président Mao pensait que, dans le mouvement prolétarien international, il n'y avait pas de frontières. Et, en particulier, si les Tibétains se joignaient volontairement à la Chine, ce mouvement pouvait devenir très puissant. Alors les Tibétains pourraient se rendre sans problèmes à Shanghai ou à Pékin.

— Le problème, c'est que les Chinois, eux aussi, peuvent aller au Tibet sans problèmes, dis-je en riant.

Le Dalaï Lama se mit à rire aussi :

— C'est vrai. Alors selon moi, d'un point de vue global, les mots du président Mao avaient énormément de sens. Mais avec les règles communistes, malheureusement, tout n'est qu'hypocrisie et artifices.

— Il n'y a pas de lois.

— C'est exact.

— Ainsi, au moment le plus dangereux de l'histoire moderne du Tibet, après l'invasion chinoise, alors que les Régents n'ont pas réussi à trouver une solution aux problèmes avec la Chine, vous avez seize ans et on vous demande de prendre la responsabilité du pays. Vous allez devenir le héros de la nation – toute la nation croit en vous. Maintenant vous n'avez plus le choix : le Dalaï Lama doit prendre le pouvoir. Mais, évidemment, on ne peut pas comparer vos capacités politiques avec celles de Mao. Exact ?

— Oui, il avait plus d'expérience. En âge, en tout.

— Et il ne fait pas de doute qu'il a pu vous manipuler politiquement ?

— Oui, il l'a pu.

— Et pensez-vous qu'il l'ait fait ?

— Aujourd'hui, mon impression est que, au début des années cinquante, tous les chefs révolutionnaires chinois, je crois, étaient sincères dans leurs buts et leur idéologie. Quand nous voyagions en Chine, un commissaire politique est venu nous voir à Chamdo. Il pleurait, et il a dit : « Nous sommes frères, parce qu'à cause des manipulations impérialistes des Occidentaux, à cause de leurs activités, maintenant nous devons nous battre contre eux comme deux frères. » Il pleurait vraiment. Je ne crois pas qu'il faisait semblant. Je n'en ai pas l'impression.

— Evidemment qu'ils y croyaient, et vous étiez ému par leur sincérité idéologique.

— J'étais plein de méfiance (*quand je suis arrivé en Chine*). Mais quand j'en suis rentré, j'avais plus confiance. Parce que lorsque j'étais en Chine, j'ai eu l'occasion de rencontrer beaucoup de membres du Parti chinois, et de leaders de province et du gouvernement central, y compris le président Mao (*et d'autres*). Ces gens m'intéressaient vraiment.

Mao et le Dalaï Lama se rencontrèrent une quinzaine de fois au cours de cet hiver et au printemps suivant, avant le retour à Lhassa de Sa Sainteté, en juin 1955. Quand il ne voyait pas Mao, il était escorté par des fonctionnaires du Parti à travers des villages et des usines, destinés à impressionner le jeune Tibétain par les progrès extraordinaires effectués sous la glorieuse direction du président Mao. Il voyageait comme dans un cocon à l'intérieur de l'univers priviligié que le Parti communiste exhibait à Mao. Même sans cette mise en scène particulière, les réussites de base de l'industrie chinoise en expansion auraient étonné le jeune Dalaï Lama : comparée au Tibet, la Chine était le pays des miracles de la science moderne. Et le Dalaï Lama, qui avait grandi dans un monde où la science était presque interdite par la loi, l'avait idéalisée. Il parcourait la Chine dans des trains spéciaux, entouré par des fonctionnaires du Parti, dont l'un avait pour rôle de lui enseigner l'histoire de la révolution chinoise.

— Vous avez fini par apprécier le communisme !

— Vous savez, le président Mao, lors de notre dernière rencontre, m'a dit que la religion était un poison, et à cet instant j'ai eu l'impression qu'il me faisait vraiment confiance : il n'avait en effet aucune raison de me le dire. Ensuite, quand je suis rentré au Tibet, je me suis arrêté deux ou trois semaines à Chengdu (*et Chou En-lai est venu en visite*). Chou En-lai a reconnu que je m'y connaissais en politique. Puis, au cours de la conversation, il a placé la religion très haut. Me souvenant de ce que le président Mao m'avait dit, j'ai pensé que Chou En-lai essayait de compenser. Tel était mon sentiment. La raison du commentaire du président Mao sur la religion était facile à comprendre. Evidemment mon esprit est plus scientifique, et j'aime la science et la technologie. Je crois aux explications scientifiques. Mon esprit est scientifique et ouvert. Bref, Mao m'a dit ça. Il a ajouté : « Je vous ai vu penser et agir au cours de tous ces mois. Votre esprit est un esprit très révolutionnaire. » Puis il m'a dit que la religion était du poison. Je crois qu'il le pensait sincèrement.

— Mais, en habile politique qu'il était, ne vous manipulait-il pas ?

— Je ne sais pas.

— Est-ce qu'il ne manipulait pas un jeune homme ne connaissant pas le monde ? Pendant les huit ans que vous avez passés, au Tibet, à travailler avec eux, ils pouvaient dire : « Regardez, le Dalaï Lama dit que le Tibet fait partie de la Chine. »

— Ce n'est pas ce que je disais ! L'Accord des dix-sept points a été signé sous la contrainte, j'ai été forcé de l'accepter.

— Et à partir de là, Mao a essayé de vous gagner peu à peu à sa cause, et les Tibétains aussi. Il voulait d'abord vous gagner vous. C'est pour ça qu'il a organisé cette visite. Vous étiez le gros lot.

— C'est difficile à dire. Peut-être que, à 70 ou à 80 pour cent, c'est vrai. Mais à 100 pour cent, on ne peut pas dire. Même moi, je ne peux pas dire.

— Mais ils essayaient de vous gagner, insistai-je, étonné de le voir si réticent à admettre ce qui me paraissait une évidence.

Lui, visiblement, avait de ces événements une interprétation plus nuancée que la mienne.

— Je crois qu'on se comprenait bien. Oui, de leur point de vue, naturellement, ils voyaient un jeune garçon à l'esprit ouvert, qui pouvait devenir un bon communiste. Quant à moi, j'étais très impressionné par l'idéologie marxiste. L'idée de prendre soin des moins privilégiés, des travailleurs, est magnifique. A ce moment-là, ils ne se préoccupaient ni de barrières nationales, ni de nationalisme. C'était merveilleux, mais en fait c'est devenu juste l'opposé.

— Le bouddhisme est un idéal qui suit un chemin qui mène à l'accomplissement, le marxisme est un idéal sans aucun chemin vers l'accomplissement.

— A cette époque, si, il y en avait un (*un chemin vers l'accomplissement*). Les communistes croyaient arriver à une société sans classes, pas à pas, à travers le socialisme. D'abord des coopératives, des communes, puis une société sans classes. A cette époque, il y avait une vision claire, un chemin. Une part de l'idéologie marxiste est merveilleuse. S'opposer par force à toute exploitation, utiliser la distribution plutôt que le profit. Ce qui manque au marxisme, c'est la compassion. Il lui manque une vision holistique, et c'est son erreur. Mais, vous savez, le capitalisme n'a pas non plus de but. Il ne s'agit que de faire du profit. Profit ! Profit ! Profit ! Et le profit ne se soucie pas des conséquences !

— Le profit ne se soucie pas de la connaissance !

— Et le marxisme ! Je crois que le plus grand péché du système, c'est qu'il néglige totalement la valeur humaine de base, la compassion humaine, l'amour humain. Et il promeut délibérément la haine. C'est sa plus grande erreur.

Saisissant au vol le mot *haine*, je suis revenu au point d'où nous étions partis, les rencontres du Dalaï Lama avec Mao.

— Mao promouvait la haine de façon très brutale. L'année précédant votre visite, il a organisé une campagne de lutte des classes, encourageant les paysans à massacrer les seigneurs. Plus d'un million d'entre eux furent exécutés. Cet homme avec qui vous étiez assis est l'un des plus grands bouchers de l'histoire de l'humanité. Et quand vous le voyiez, on aurait dit un quelqu'un de gentil.

— Oui.

Puis il s'est tu. Ses silences sont impressionnants et font partie de sa personnalité : il réfléchit à ce que vous venez de dire.

Il a commencé à égrener plus rapidement les perles de son chapelet. Les secondes passaient.

— Oui, c'est étrange, reprit-il en levant les yeux sur moi. Mais je pense à quelque chose qui l'est encore plus : à l'époque, il était difficile de trouver ça étrange. C'était une période où, oui, il existait une possibilité de changer la Chine. De changer le monde. (*D'apporter*) un peu d'égalité et de prospérité, moins d'exploitation. (*Peut-être qu'avec un but pareil*) on peut justifier une partie de ces activités négatives.

— Combien de victimes peut-on faire pour justifier ça ? Voilà le problème.

— C'est exact. Des méthodes trop extrêmes.

— Les membres du gouvernement chinois, même aujourd'hui, même s'ils condamnent Mao, gardent son effigie sur la monnaie chinoise, et ne reconnaîtront jamais qu'il a tué au moins 25 millions de personnes. C'est encore plus que Hitler.

— C'est juste. Hitler était clair quant à ses intentions diaboliques d'exterminer un groupe spécifique, tandis que les communistes étaient hypocrites à propos de leurs buts. (*Ils disaient*) : « Je vous libère. Je vous aide. » Mais en réalité, ce n'étaient que des mots.

Il semblait peiné à l'idée de l'idéal communiste dévoyé.

— Imaginez ça. Imaginez 25 millions de morts, et souvenez-vous que vous étiez assis à côté de cet homme, et que vous m'avez dit qu'il avait l'air gentil...

— Evidemment, si, à cette époque, j'avais su combien de gens il avait tués, mes impressions auraient été différentes.

— Oui, répondis-je. C'est parce que vous ne saviez pas ce qui s'était passé dans le monde, et en particulier en Chine.

— À propos du président Mao, c'était de l'ignorance, c'est vrai. Je ne savais pas ce qui s'était vraiment passé. Mes maîtres ne perdaient pas leur temps à m'apprendre l'histoire. Dans leur programme, il y avait seulement la philosophie bouddhique.

— Et vous m'avez répété plusieurs fois que vous ne le regrettiez pas.

— Non, non, non, pas de regrets, dit-il en se remettant à rire.

— Mais en 1954, quand vous êtes allé chez Mao, vous n'aviez aucune éducation historique, alors que, en fait d'histoire, Mao était un maître. Dans ces conditions, n'était-il pas facile, pour lui, de vous manipuler ?

— Mais nous ne parlions jamais d'Histoire. Il n'a jamais abordé ce sujet. Ce n'était pas le propos, dit le Dalaï Lama dans un grand rire, et je me mis à rire avec lui.

Mao n'avait pas besoin, pour ce qu'il a fait, de prétextes historiques.

— En fait, lors de ma visite en Chine, à proprement parler, j'ai reçu quelques leçons (*d'histoire*). Chaque fois que j'avais un peu de temps libre, l'un des assistants, avec un Chinois dans le rôle d'officier de liaison (*Lu Ke Ping*), m'expliquait l'histoire de la révolution chinoise. Je crois que c'est la seule leçon d'histoire que j'aie jamais eue !

— Votre première leçon d'histoire vous a été donnée par un communiste !

— Et ça ne concernait pas l'histoire de la Chine, ni l'histoire de la Chine et du Tibet, mais seulement la révolution !

— Oui. Je suis sûr que, pour eux, c'était la seule histoire qui valait la peine d'être apprise, dis-je, espérant un rire, qui arriva.

En regardant une fois de plus son long visage ridé par le rire, j'ai pensé à tout ce qu'il m'avait appris, et en particulier à tout ce qu'il m'avait dit de son éducation. Visiblement, sa pratique spirituelle est à l'origine de son immense force : la source de la sagesse humaine qu'il a apportée au monde.

*

Le Dalaï Lama rentra à Lhassa en juin 1955 avec l'espoir de pouvoir appliquer au Tibet les idéaux qu'il avait vus en Chine. Il pensait que les Chinois essayaient vraiment de créer un monde unifié, au-delà des identités ethniques, et que, peut-être, la perte de l'indépendance du Tibet pouvait être un élément de la révolution communiste globale.

Le contexte déjà difficile qu'il avait laissé en 1954 avait encore empiré. Au début, Lhassa était resté calme, mais dans les provinces de l'Est, comme l'Amdo et le Kham, la situation s'était rapidement détériorée. La Chine ayant englobé ces régions tibétaines historiques dans les provinces chinoises modernes du Qinghai, du Yunnan, du Gansu et du Sichuan, elles n'appartenaient plus au Tibet. Les promesses d'autonomie locale faites dans l'Accord des dix-sept points ne s'y appliquaient donc pas, même si plus de la moitié de la population du Tibet vivait là. Le Kham et l'Amdo ne faisant pas partie de ce qui constitue aujourd'hui la Région autonome du Tibet, mais étant devenues des provinces chinoises, les réformes communistes y commencèrent beaucoup plus tôt. Ce furent les premières régions touchées par la route menant en Chine, et il était donc plus facile pour Pékin d'y imposer sa volonté. Les Tibétains de l'Est, qui avaient accepté avec gratitude les salaires chinois pour la construction des routes, réalisèrent bientôt que les Chinois les avait manipulés.

En 1955 et 1956, le Parti communiste chinois mit en route dans l'Amdo et au Kham ce qui était considéré comme la voie scientifique vers le communisme : des coopératives aux communes, puis à une société sans classes, « ... collectivisation, mesures afin de fixer les nomades, découragement actif de toute pratique religieuse, arrestation et même meurtre des lamas et des chefs de tribus qui ne voulaient pas coopérer. Il n'est pas surprenant que ces mesures aient suscité un large mécontentement, et des révoltes sporadiques ».

En février 1956, après l'attaque par les Tibétains d'une garnison chinoise près de la ville de Lithang, dans ce qui est aujourd'hui la province du Sichuan, à l'est du pays, les troupes chinoises entourèrent le monastère où s'étaient réfugiés les combattants de la liberté Khampas. Après un siège de soixante-quatre jours, les Chinois, au cours d'un bombardement aérien de l'ancien monastère, massacrèrent plusieurs milliers de Tibétains. Tous les succès obtenus par les combattants de la liberté – et, en 1956, les Khampas ne cessèrent de couper la route menant en Chine – furent payés d'un terrible prix. Pareils drames confortèrent le Dalaï Lama dans sa conviction que résister par la violence ne pouvait mener qu'à l'extermination de son peuple. Quand, choqué par ce qui se passait, il envoya à Mao des lettres lui rappelant les promesses d'autonomie, elles restèrent sans réponse. La violence se répandait dans le Tibet central.

A partir de 1957, la politique de la CIA porta ses fruits. Entre 1957 et 1961, huit petites bandes de guérilleros furent parachutées au Tibet, dotées de quelques armes. Mais cette tentative se termina tragiquement, car la plupart des combattants, même ceux qui parvinrent à prendre contact avec des Tibétains, furent tués ou se suicidèrent à l'aide des capsules de cyanure fournies par la CIA. Ces quelques guérilleros ne permirent pas la victoire aux bandes éparses de combattants de la liberté, mais suffirent pour convaincre les Chinois que les rebelles étaient dirigés par les impérialistes – ce qui ne fut jamais le cas. De plus, les interventions secrètes de la CIA rendirent plus difficiles les tentatives du Dalaï Lama pour parvenir à un accord avec les Chinois. Washington était moins désireux d'aider les Tibétains que de mener une classique opération de guerre froide, consistant à atteindre les communistes en refusant d'admettre leur victoire. Si les Tibétains fournissaient aux Etats-Unis des renseignements utiles, c'était tout bénéfice.

— Dans les années cinquante, m'expliqua le Dalaï Lama, les Américains n'ont pas soutenu le Tibet en raison de principes moraux, ni par sympathie, mais à cause d'une politique anticommuniste sur le plan mondial.

Il l'a d'ailleurs écrit dans son autobiogaphie.

Malgré la rébellion croissante, Pékin, en 1956, autorisa Sa Sainteté à se rendre en Inde pour les célébrations du 2 500e anniversaire de la naissance de Bouddha. A ce moment-là, le Dalaï Lama était convaincu que, à l'intérieur du Tibet, il tentait l'impossible. En Inde, il aurait l'occasion de prendre du recul. Il retrouva ses frères aînés, déjà en exil. Tous deux le pressèrent de rester en Inde.

Le Dalaï Lama s'adressa directement au Premier ministre indien, Jawaharlal Nehru, et lui expliqua l'insuccès de ses tentatives de coopération avec les Chinois. Nehru, décidé à prouver que la nouvelle grande alliance socialiste et anticoloniale entre la Chine et l'Inde devait fonctionner malgré les forces « réactionnaires » occidentales, se montra implacable. Il dit au Dalaï Lama de rentrer au Tibet, et de collaborer avec les Chinois sur la base de l'Accord des dix-sept points. Au summum de sa carrière, Nehru n'était pas prêt à laisser un jeune Tibétain ébranler l'une des pierres angulaires de la nouvelle Asie qui devait naître sur les ruines du colonialisme européen. Il s'adressa directement aux dirigeants chinois, et leur dit que le Dalaï Lama avait le sentiment que Pékin ne remplissait pas sa part de l'accord. Le Dalaï Lama reçut du président Mao, via Nehru, l'assurance que les réformes socialistes qui avaient causé tant de problèmes dans les provinces de l'Est ne seraient pas appliquées avant cinquante ans. Mao promit au Tibet, ou à la partie du Tibet qui constitue aujourd'hui la Région autonome du Tibet, ce qui, plus tard, fut accordé à Hong Kong : un pays, deux systèmes. Le Dalaï Lama ne croyait pas à ces promesses, mais pourtant, en avril 1957, il rentra à Lhassa, décidé – comme l'histoire et la culture tibétaines disent que doit le faire une manifestation de Chenrizi – à essayer de défendre son pays.

A son retour au Tibet, il découvrit un pays au bord du chaos. Ni lui ni les Chinois ne pouvaient empêcher les Tibétains de se révolter contre l'occupation. Pendant des siècles, les idéaux bouddhiques, au Tibet, avaient été puissants, mais on aurait tort d'en conclure que les Tibétains n'étaient pas prêts à combattre pour la défense de leur pays, ou qu'ils pensaient tous que la non-violence était le seul moyen de s'opposer à l'invasion.

Le Treizième Dalaï Lama avait laissé des instructions claires à ce sujet : « Utiliser des moyens pacifiques là où ils sont adaptés, mais, là où ils ne le sont pas, ne pas hésiter à recourir à la force. » Comme il l'avait prévu, le principal problème rencontré par les combattants de la liberté fut que le Tibet n'avait pas d'armée ni d'armes, car, au cours des quinze ans ayant précédé l'invasion, le Régent n'avait rien fait pour s'en procurer.

Selon Jamyang Norbu, dans les années cinquante et soixante, des dizaines de milliers de Tibétains « prirent les armes pour la liberté de leur pays », et plusieurs milliers d'entre eux moururent pour cette cause. En 1957, la plus grande partie des escarmouches entre l'armée révolutionnaire et les combattants de la liberté se produisirent dans le Tibet de l'Est, mais la lutte avait commencé à s'étendre vers l'ouest, autour de Lhassa. Dès le retour d'Inde du Dalaï Lama, les Chinois accrurent leur pression sur lui pour qu'il collabore. Ils l'obligèrent à révoquer la citoyenneté de ses frères (en sécurité en exil) et d'autres Tibétains qui soutenaient ouvertement la rébellion. Les Chinois allèrent même jusqu'à lui ordonner de mobiliser contre les rebelles les quelques fragments subsistant de la minuscule armée tibétaine. Le chef spirituel refusa, prétendant que, s'il agissait ainsi, les soldats déserteraient pour se joindre aux combattants de la liberté. La Chine mobilisa 150 000 hommes au Kham et dans l'Amdo, ce qui entraîna l'arrivée d'une vague de réfugiés à Lhassa.

En 1958, les communistes contrôlaient le Kham et l'Amdo. La plupart des nomades de l'Amdo se révoltèrent. Certaines zones furent virtuellement vidées : tous les hommes étaient soit morts, soit emprisonnés, soit en fuite. Le plus grand monastère de l'Amdo dut fermer. Sur trois mille moines, deux mille furent arrêtés. Dans plusieurs autres zones de l'Amdo, les monastères furent « dépeuplés et pillés de leurs métaux et objets précieux, puis détruits ». Les poutres et les pierres servirent à construire des baraquements pour les troupes communistes ou les colons chinois. Cette succession de révoltes, d'invasions, de conquêtes radicalisa des dizaines de milliers de Tibétains, et expédia vers Lhassa un nombre de réfugiés encore plus grand.

Tandis que la rébellion anticommuniste s'étendait et se rapprochait de Lhassa, le Dalaï Lama se préparait à l'examen final de son doctorat en études bouddhiques. Depuis son plus jeune âge, il avait appris par cœur les cinq textes classiques que doivent connaître tous les moines du Gelug, et s'était aussi exercé à en débattre selon les lois de la logique. Pendant plusieurs mois, il se rendit dans les grands monastères autour de Lhassa, où de vieux savants le soumettaient à un feu croisé de questions. Pour lui, ce fut une période intense d'études et d'examens.

Au printemps de 1959, les événements, au Tibet, avaient atteint un point de non-retour. De grandes zones du sud du pays étaient sous le contrôle des combattants de la liberté, qui s'intitulaient les « Chushi Gangdruk », en référence aux quatre gorges et aux six chaînes de montagnes qui coupent en deux la rude terre du Kham, où était née la rébellion antichinoise. La Chine avait expulsé du Kham la plupart des combattants du Chushi Gangdruk. En 1959, ils s'étaient retirés dans la région du Lhoka, au sud de Lhassa.

A Lhassa, un vieux général chinois invita le Dalaï Lama à visiter son quartier général pour assister à la représentation d'une pièce.

Les Chinois donnèrent des instructions particulières : le Dalaï Lama devait venir sans gardes armés.

Ce printemps-là, la population de Lhassa avait doublé. La capitale débordait de réfugiés, qui campaient aux abords de la ville, racontant des histoires horribles à propos des combats qu'ils avaient fuis dans l'Amdo et au Kham. Lhassa bruissait de rumeurs, et la nouvelle de l'étrange invitation du Dalaï Lama par les Chinois se répandit comme un feu follet. A l'aube du 10 mars 1959, des milliers de Tibétains entouraient le Norbulingka. A midi, trente mille manifestants déclarèrent qu'ils ne permettraient pas à la suite du Dalaï Lama de quitter l'enceinte du palais d'Eté. La foule, furieuse de ce qu'elle appelait la collaboration du gouvernement avec les Chinois, frappa quelques officiers considérés comme des collaborateurs, quand ils essayèrent d'entrer dans le Norbulingka. L'un d'eux fut tué.

— Je crois que, le 10 mars 1959, toute l'histoire (*du Tibet*) a basculé. Ce jour-là, le peuple m'a empêché de me rendre dans le camp de l'armée chinoise, de traiter avec les Chinois et, en même temps, a réclamé l'indépendance du Tibet. Ça a craqué. Juste avant midi, Mr Phala, le chambellan, est venu me faire un rapport. Nous sommes montés sur le toit du Norbulingka. Il faisait soleil, un grand soleil. On entendait le bruit de la foule. Après avoir discuté, j'ai dit qu'il se pouvait que ce jour soit un tournant, mais à ce moment-là nous ne savions pas encore ce qui allait se passer, et nous n'avions pas de plan pour nous enfuir. Puis le 17 mars, sept jours plus tard, je me suis enfui. Avant de prendre cette décision, j'avais très peur, j'étais très anxieux, mais une fois la décision prise, je n'ai pas eu de regrets. Arriverait ce qui devait arriver. Pas de retour possible, il fallait aller de l'avant. Une petite décision.

Le 17 mars, la crise bouillonnait depuis une semaine devant le Norbulingka. Afin d'empêcher l'arrivée des renforts de l'armée chinoise, le peuple bloquait les routes menant à Lhassa. Une conférence eut lieu, au cours de laquelle le peuple rejeta officiellement l'Accord des dix-sept points et proclama l'indépendance du Tibet. A Lhassa, les Chinois étaient furieux de ce qu'ils voyaient comme une révolte montée par la CIA. En fait, la rage que, depuis neuf ans, le Dalaï Lama essayait de contenir avait débordé. Au cours de ces événements, Sa Sainteté ne cessa de demander à l'Oracle officiel du Tibet s'il devait rester ou s'enfuir en Inde. Chaque fois, l'Oracle entrait en transe et lui répondait qu'il devait rester. Puis, le 17 mars, deux bombes chinoises explosèrent au Norbulingka, non loin de la demeure du Dalaï Lama. Lorsque, une fois de plus, le

Dalaï Lama consulta l'Oracle, sa réponse avait changé : le chef spirituel devait fuir Lhassa le plus vite possible. En dehors de quelques leaders populaires informés, son départ fut tenu secret. On décida qu'il n'emporterait pratiquement rien avec lui. Seuls les membres de sa famille et ses tuteurs les plus proches devaient l'accompagner. Pour le Dalaï Lama, la seule façon de s'enfuir était de quitter le Norbulingka sous un déguisement, et il passa l'uniforme d'un soldat de l'armée tibétaine. Le moment venu, le commandant des troupes du Norbulingka quitta l'enceinte du domaine, accompagné de quelques soldats, pour effectuer une ronde. Le peuple, qui s'était rassemblé pour protéger le Dalaï Lama, les laissa sortir sans remarquer que le chef spirituel du Tibet, âgé de vingt-trois ans, était avec eux, se faufilant d'abord à travers la foule, puis près des patrouilles chinoises.

— Je devais faire très attention. Nous étions si près des Chinois que je pouvais les entendre. C'était dangereux, effrayant.

Sous le couvert de la nuit, sa petite suite échappa aux Chinois et rencontra des membres de la résistance, qui lui constituèrent une escorte armée vers le sud et les territoires libérés. La semaine suivante, il fit une proclamation officielle, déclarant que c'est sous la contrainte que la Chine l'avait forcé à accepter l'Accord des dix-sept points, et qu'il l'abrogeait. Il annonça aussi la formation d'un gouvernement tibétain indépendant.

Au cours de sa fuite, il reçut des rapports sur ce qui se passait à Lhassa. Deux jours après qu'il eut quitté le Norbulingka, la foule rassemblée pour réclamer l'indépendance fut mitraillée par les canons de l'Armée de Libération, et le Norbulingka et le Potala furent bombardés. Selon des sources chinoises, l'Armée de Libération tua 86 000 Tibétains. Pékin affirma que l'armée avait écrasé une révolte suscitée par les puissances étrangères et conduite par l'élite « féodale ».

— Nous avions fui Lhassa, et nous nous apprêtions à rester dans le sud du pays, espérant une négociation, des discussions avec les Chinois. A l'origine, c'était notre plan, mais dès que nous avons appris les bombardements chinois, nous avons décidé de franchir la frontière. Quand nous avons su ce qui se passait à Lhassa, ça a été très douloureux. J'avais beaucoup de peine à cause des destructions. Et quand je me suis trouvé à la frontière de l'Inde, j'ai vu approcher un avion, c'était à la fois fascinant et inquiétant. Nous ne savions pas s'il était chinois, indien, américain. Ou s'il venait de Shambhala, ajouta-t-il en riant. Cette nuit-là, nous étions face au danger de ce qui arriverait si cet avion revenait. Puis le lendemain, tôt le matin, nous sommes partis, regardant le ciel, effrayés, mais il ne s'est rien passé.

— Dans ces moments-là, vous étiez en danger, vous aviez peur. Y a-t-il eu d'autres moments similaires ?

— A la frontière, j'ai dû laisser des hommes et des fonctionnaires qui ont dû faire demi-tour. Ils étaient déterminés à affronter les Chinois, mais leur avenir était très incertain, et c'était très triste. En même temps, j'avais la dysenterie, et je me sentais très faible. Puis, par la radio, nous avons appris d'autres détails sur les bombardements à Lhassa et le reste, et cela m'a beaucoup attristé. Ça a été le moment le plus difficile.

Le Dalaï Lama se trouvait maintenant à la frontière de l'Inde, Lhassa était révolté, et les Chinois entamèrent une campagne de répression à travers tout le pays. Le Chushi Gangdruk et les patriotes tibétains furent rapidement vaincus. Au cours des années suivantes, les derniers vestiges de la résistance armée se cachèrent dans des bases secrètes le long de la frontière du Népal d'où, avec le soutien de la CIA, ils effectuèrent, jusqu'en 1971, des raids occasionnels sur le Tibet. La tentative de collaboration du Dalaï Lama avec les Chinois avait pris fin, et, au Tibet, Pékin écrasa la rébellion armée.

— Tout en approchant de la frontière, nous n'étions même pas certains que les Indiens nous laisseraient entrer. Si ce n'était pas le cas, nous avions décidé d'aller au Bouthan. Nous avons envoyé deux fonctionnaires en avant-garde, et à la frontière on leur a dit que l'Inde était prête à me recevoir. Ils avaient reçu des instructions de Delhi, et ils étaient prêts à recevoir le Dalaï Lama.

Le Dalaï Lama entra en Inde avec une suite de quatre-vingts personnes, et fut escorté par un officier de liaison du gouvernement indien jusqu'à la ville de Bomdila, où il resta reclus jusqu'à la fin de sa dysenterie. L'officier de liaison lui remit alors un télégramme du Premier ministre, Nehru, qui accueillait le jeune réfugié et lui offrait « les commodités nécessaires » à lui, à sa famille, à son entourage. Mais cette hospitalité avait ses limites.

— Notre inquiétude, c'était l'attitude du gouvernement indien. Notre préoccupation immédiate consistait à rencontrer des fonctionnaires (*du gouvernement tibétain*) restés à Kalimpong quand j'étais rentré au Tibet, en 1956. Et il y avait mes frères en Inde, Gyalo Thondup était là, et il nous tardait beaucoup de les retrouver. Mais le gouvernement indien n'a pas autorisé Gyalo à nous rendre visite.

En 1959, New Delhi savait que le frère aîné du Dalaï Lama,

Gyalo Thondup, collaborait avec la CIA pour aider les rebelles au Tibet (mais personne ne savait à quel point cette aide était dérisoire). Le gouvernement indien voulait que la Chine sache bien que New Delhi n'avait rien à voir avec ces opérations secrètes, ce qui, à cette époque-là, était vrai, même si la situation changea quand la Chine envahit l'Inde, en 1963. Lorsque le Dalaï Lama m'apprit que les Indiens ne lui avaient pas permis de rencontrer son frère, je lui dis :

— C'est parce que, à ce moment-là, Gyalo Thondup était déjà en contact avec la CIA, non ?

— C'est exact. Puis, au dernier moment, Gyalo est venu me voir. Il me tardait de le retrouver.

L'Inde, dès son arrivée, poussa le Dalaï Lama à faire un certain nombre de choses – et, pour commencer, à tenir sa première conférence de presse.

— A ce moment-là, beaucoup de gens attendaient avec impatience ce que j'allais dire. Alors le pandit Nehru et le gouvernement indien ont décidé d'envoyer des experts. Et il a suggéré que ce n'était pas le moment de prendre des décisions. Nehru estimait que je devais d'abord savoir ce qui se passait vraiment. Il me dit : « Avant de prendre une décision politique majeure, vous devez avoir une vue claire de la situation. »

En 1959, la fuite du Dalaï Lama fit la une des informations, faisant de lui une personnalité mondialement connue. Pékin ne resta pas silencieux non plus. L'agence de presse chinoise affirma que les rapports étaient truqués, et stipula que le Dalaï Lama, en fait, avait été enlevé par les rebelles et s'exprimait sous la contrainte. La « rébellion » avait été organisée par « une clique ultraréactionnaire » et avait été écrasée avec l'aide « des moines et des laïques tibétains patriotes et de l'Armée de Libération du peuple ». « Le peuple tibétain est patriote, soutient le gouvernement central, aime l'Armée de Libération, et s'oppose aux impérialistes et aux traîtres. »

Après son installation à Mussoorie, au cœur des montagnes, dans un logement prêté par le gouvernement indien, le Dalaï Lama fit à la presse une deuxième déclaration.

— La propagande chinoise affirmait que ma première déclaration était truquée, et le gouvernement indien me dit que je devais en faire une nouvelle, signée de mon nom. La déclaration de Mussoorie représente mon point de vue, et pas celui de l'Inde. C'est le commencement de la politique, soupira-t-il.

En avril 1959, tandis que le Dalaï Lama prenait acte de la situation, il rencontra Nehru, qui vint le voir à Mussoorie. Au cours de leur rencontre, le Dalaï Lama lui fit part de ses projets.

Le Dalaï Lama de vingt-quatre ans dit à Nehru, qui en avait soixante : « Je suis déterminé à obtenir l'indépendance du Tibet, mais dans l'immédiat, il faut mettre un terme à ce bain de sang. »

Le Premier ministre, qui était arrivé au pouvoir à la suite d'une campagne politique conduite par le mahatma Gandhi et fondée sur la non-violence et la désobéissance civile, fut outré.

— Ce n'est pas possible, a hurlé Nehru. Vous dites que vous voulez l'indépendance, et dans la même phrase vous dites que vous ne voulez pas de bain de sang. C'est impossible !

Trente ans plus tard, en 1989, le Dalaï Lama reçut le prix Nobel de la paix. Depuis 1959, sa vie est consacrée à la non-violence. Son objectif a évolué, passant de l'indépendance du Tibet à une véritable autonomie sous contrôle chinois, mais sa volonté de non-violence n'a pas bougé d'un pouce.

13

Depuis 1959

Au cours des années quatre-vingt, j'ai interviewé, hors de la présence de fonctionnaires chinois, des paysans pauvres d'une région isolée du Tibet. J'ai passé une semaine dans un village, vivant dans la maison du chef. Il était à la tête du Parti communiste local, comme le prouvaient, épinglés sur ses murs, des affiches et des certificats. Les lignes électriques passaient à côté du village, mais les affiches étaient noircies par la fumée de son feu de bouses. Autrefois, c'était un paysan sans terre travaillant les champs du noble du village. Maintenant, c'est lui qui, ainsi qu'une dizaine d'autres paysans, habitait le vieux domaine, alors que l'ancien aristocrate vivait en Inde, en exil.

Au cours des années soixante, le Parti communiste chinois collectivisa les champs caillouteux, et tous les villageois se mirent à travailler la terre en commun. Lorsque le chef, en riant, me raconta cette expérience, je remarquai qu'il lui restait peu de dents.

— Nous partagions tout, et il n'y avait rien pour personne. Nous avons connu des années de famine, ce qui n'était jamais arrivé sous les nobles.

Dans les années quatre-vingt, les réformes de Deng Xiaoping sont revenues sur la collectivisation forcée de Mao, et les paysans ont divisé entre eux les terres communales, chacun travaillant son propre champ. Tandis qu'un capitalisme d'Etat et un investissement étranger massif apportaient la fortune en Chine, des routes ont été construites, même dans ce village éloigné, et des lignes électriques alimentent la nouvelle base militaire, près de la ville. La révolution communiste était passée, mais les paysans du Tibet cultivaient les mêmes champs, et s'en sortaient toujours difficilement.

Le chef avec qui j'ai discuté (pour des raisons de sécurité, je ne cite pas son nom, ni celui de l'endroit où il habite) m'a fait faire un tour du village. Il n'y avait toujours pas d'école (alors que certains villages proches en avaient une), et il m'a montré tristement ce qui était autrefois un grand monastère, détruit par les Chinois et les étudiants tibétains au cours de la Révolution culturelle.

Tandis que nous parcourions les champs de débris du temple, le vieil homme s'est arrêté pour cueillir une petite fleur, qu'il offrit à la niche vide dans laquelle autrefois se trouvait un bouddha, au milieu d'un mur à moitié démoli par la dynamite.

— Personne ne veut plus travailler gratuitement pour les anciens nobles, mais tout le monde veut que les Chinois s'en aillent et que le Dalaï Lama revienne. Nous prions pour ça chaque jour. N'oubliez pas ça si jamais vous pouvez dire la vérité à notre place. A nous, ça nous est impossible. Les anciens nobles étaient durs, et nous n'en voulons plus. Mais, d'après ce qu'on entend, le Dalaï Lama a dit que le vieux système ne reviendrait plus, et qu'à son retour nous aurions la démocratie. Les nouveaux nobles sont tous des Chinois, et ils sont encore plus durs que les anciens. Nous ne sommes que des insectes, et les Chinois nous écrasent.

Cinquante ans de libération chinoise n'ont pas réussi à éteindre la flamme du patriotisme tibétain. Le peuple tibétain a appris à ne pas se révolter, à ne pas protester, à ne pas parler ; il a appris à survivre au jour le jour.

Pendant que j'étais dans ce village, des membres du Parti communiste chinois sont venus de Lhassa, en tournée d'inspection. A leur arrivée, ils sont descendus délicatement de leur Land Cruiser Toyota. Ils étaient propres, et semblaient désireux de le rester. Les rudes paysans tibétains, aux mains calleuses aussi dures que leurs champs pierreux, entouraient les Chinois. Avec de grands sourires, ils ont aidé les Chinois à enfiler des robes de soie, comme celles que portaient autrefois les nobles tibétains. Ils se sont inclinés très bas pour aider les Chinois à enfourcher des yaks dociles qu'une femme avait amenés. Un vieil homme, dans une fidèle imitation du passé, s'est penché et, de ses mains, a fait un marchepied de façon qu'un gros Chinois, écrasant les doigts du paysan, puisse monter sur le yak. Pour que le visiteur de Lhassa ne se sente pas gêné, le paysan, à qui ça faisait mal, a ri bruyamment. Les Chinois portaient les longues boucles d'oreilles de turquoise qu'arboraient autrefois les aristocrates tibétains, avec les coiffes de soie assorties, aux longues franges rouges. Les paysans riaient très fort pour manifester leur inaltérable amitié. Une fois les Chinois correctement installés à bord de leurs obéissantes femelles yaks, ils se sont pris mutuellement en photo, vêtus des mêmes tenues de fête que les nobles tibétains avant 1950.

Une fois la séance photos terminée, mon ami le chef du village a aidé les Chinois à descendre des yaks, et toute la compagnie s'est retirée dans une magnifique tente montée par les paysans. Le chef a ouvert une bouteille de bière et, tout en s'inclinant très bas pour servir ses nouveaux maîtres, il s'est arrangé pour me faire un clin d'œil.

L'esprit du Tibet était toujours vivant : son sourire, son honnêteté, son attitude désinvolte – malgré le désespoir et l'humiliation qu'il vivait au quotidien – suffisaient à me le prouver. Tant que les Tibétains planteront du blé dans des champs de pierre, en sachant le peu de chances qu'ils ont de voir une récolte ; tant que les nomades nourriront leurs yaks sur les hauts plateaux où, en juillet, la neige fait rage, tant que tout cela durera, le cœur du Tibet fleurira librement, en dépit des contraintes extérieures. C'est pourquoi, aujourd'hui, la Chine travaille pour y mettre fin.

*

La transformation du Dalaï Lama, de réfugié de vingt-quatre ans fuyant à travers l'Himalaya pour sauver sa vie, les troupes chinoises à ses trousses, en vieil homme d'Etat globe-trotter universellement respecté, est une conséquence de l'évolution tragique et remarquable de la nation tibétaine depuis 1959.

Le Dalaï Lama partit en exil en Inde, mais la majorité de ses compatriotes n'eut pas d'autre choix que de rester au Tibet. En raison des attaques de l'Armée de Libération populaire, les tentatives de fuite étaient dangereuses. Dans certains cas, moins d'un dixième d'une petite troupe partie du Tibet de l'Est pour rejoindre l'Inde, après une marche de quatre mois, arrivait au but. En dépit de pareils risques, 80 000 émigrants, dans les années qui suivirent l'écrasement par la Chine de la rébellion tibétaine de 1959, survécurent à la traversée de l'Himalaya pour aller en Inde. On estime qu'aujourd'hui que 135 000 Tibétains vivent en exil. Environ 20 pour cent des Tibétains réfugiés en Inde sont arrivés entre 1986 et 1996. Encore aujourd'hui, 2 500 Tibétains, chaque année, s'enfuient au prix d'un terrible périple hivernal à travers l'Himalaya. Ce chemin vers la liberté reste le plus long et le plus ardu qui soit au monde. Tous les ans, des réfugiés meurent en route, et parmi ceux qui arrivent au bout, certains perdent des membres à cause du froid. Ceux qui sont pris pendant qu'ils tentent de s'enfuir sont mis en prison et torturés.

En 1959, lorsque le Dalaï Lama, à son arrivée en Inde, a abrogé l'Accord des dix-sept points et établi un gouvernement en exil, New Delhi abritait 30 000 réfugiés en haillons dans des camps de fortune le long de la frontière du Tibet. Le gouvernement subvenait aux besoins de base, et, quand il y en avait, proposait du travail dans les équipes de construction des routes. Les conditions étaient dures. Les réfugiés, qui arrivaient en robes de laine tissées main, devaient travailler sous la chaleur tropicale et les pluies de mousson de l'Inde, exposés pour la première fois au mortel bouillon de culture des virus et des bactéries tropicaux. Au cours de la première année, le taux de mortalité était élevé chez les enfants et les vieillards. Rares étaient les réfugiés parlant anglais ou hindi, ou qui même avaient jamais vu un train. Le gouvernement indien et le CTA[1], le gouvernement tibétain en exil nouvellement constitué, cherchèrent à améliorer les conditions de vie des réfugiés. En 1960, New Delhi fit don de terres à cultiver, dans le sud de l'Inde, où les réfugiés tibétains commencèrent à bâtir des fermes et à constituer des communautés se suffisant à elles-mêmes. Des fonds d'aides privées destinés à aider les réfugiés tibétains apparurent au Canada, en Suisse, en France, en Angleterre, en Norvège, aux Etats-Unis, et dans bien d'autres pays.

Au cours des années soixante et soixante-dix furent fondées en Inde 35 colonies de réinsertion, 10 au Népal et 7 au Bouthan. Dans chaque colonie, les Tibétains ont installé des écoles, des centres d'artisanat générant des revenus, des cliniques, des terrains à cultiver. Au Népal, les réfugiés ont créé des ateliers de tissage de tapis. Dans les années quatre-vingt-dix, leurs efforts avaient réussi au point que cette industrie était devenue l'une des plus grosses sources du commerce extérieur du Népal. Certains Tibétains se sont tellement enrichis qu'ils ont pu envoyer leurs enfants étudier aux Etats-Unis et en Europe. Au fil des ans, certains réfugiés ont pris la nationalité indienne ou népalaise. Quelques-uns (avec l'aide des fonds de charité) ont émigré en Suisse, au Canada et aux Etats-Unis, et ont fini, eux aussi, par changer de nationalité. Mais la grande majorité des réfugiés est restée en Inde. D'un point de vue légal, ils sont apatrides, et voyagent munis de certificats délivrés par l'Inde.

Les exilés luttant pour assurer la survie du bouddhisme tibétain

---

1. Central Tibetan Administration.

ont recréé, en Inde, quelques-uns des monastères les plus célèbres, comme Drepung, Sera et Ganden. Ces monastères ont permis aux moines réfugiés de transmettre leur sagesse à une plus jeune génération, née en exil. Aujourd'hui, à travers l'Inde et le Népal, on trouve des monastères tibétains, des bibliothèques, des écoles, des cliniques d'herbes médicinales, et d'autres institutions.

Afin de soutenir le travail du gouvernement en exil, qui a rédigé une constitution, les réfugiés tibétains, volontairement, ont commencé à payer des impôts. Tous les cinq ans, les Tibétains élisent des représentants pour gérer les affaires de leur nation. Les vieilles familles nobles qui entouraient le Dalaï Lama à son arrivée en Inde sont peu à peu écartées : les exilés démocrates trouvent à redire à leur gouvernement. Une chose étrange s'est produite au sein de cette communauté. Certains des maîtres bouddhistes ayant suivi les émigrants ont commencé à enseigner le bouddhisme non plus aux Tibétains, mais aux Occidentaux. Des Européens et des Américains ont rencontré des moines au Népal et en Inde dans les années soixante et soixante-dix, ont suivi des cours de méditation, et ont trouvé qu'il y avait beaucoup à en tirer. Au cours des années soixante-dix et quatre-vingt, de vieux maîtres tibétains charismatiques ont œuvré, avec de petites équipes de convertis dont le nombre augmentait peu à peu, à fonder les premiers centres de bouddhisme tibétain en France, en Angleterre, en Allemagne, en Italie, en Espagne, en Australie, aux Etats-Unis, en Grèce, au Canada, ailleurs encore. De plus, des départements d'études tibétaines sont apparus dans des universités du monde entier, et des traducteurs ont fait en sorte que les textes du bouddhisme tibétain soient accessibles à des millions de gens. Quoique parfois très mal comprises, les idées religieuses de cette nation isolée ont trouvé une résonance universelle. Aujourd'hui les livres de maîtres tibétains, comme *L'Art du bonheur*, du Dalaï Lama, ou *Le Livre des Morts tibétains,* de Sogyal Rimpotché, sont des best-sellers lus par le grand public et plus seulement par les bouddhistes. Pour la première fois de son histoire, le bouddhisme se trouve fermement établi sur les six continents. Les exilés tibétains ont joué un grand rôle dans ce phénomène.

La déception suscitée par la recherche obsessionnelle du profit, déception qui avait pu susciter l'intérêt de l'Occident pour le bouddhisme, a touché l'Asie au début du XXIe siècle. Après l'apparition, à Taiwan, de classes moyennes prospères, des jeunes ont créé deux cents centres de bouddhisme tibétain. Les jeunes Chinois de Taiwan manifestent au bouddhisme une dévotion semblable à celle de la cour mandchoue, il y a deux siècles. Même en Chine apparaît un intérêt encore ténu, mais croissant, pour le bouddhisme tel qu'il est enseigné par les maîtres tibétains. Quelques Chinois (souvent de milieux aisés et cultivés) désirent maintenant étudier la religion. Selon des rumeurs persistantes, des membres haut placés du Parti communiste chinois seraient aujourd'hui des bouddhistes fervents. Ces Chinois-là voyagent au Tibet où, dans certains monastères, ils constituent aujourd'hui une minorité remarquable autant que bienvenue. Il est certain que cette évolution cause un frisson de terreur dans le cœur des dirigeants communistes. Les relations entre la Chine et le Tibet pourraient-elles revenir à leurs origines religieuses, non politiques ? Ce n'est pas un hasard si, lorsque le Dalaï Lama donne des conférences en Amérique, des écouteurs sont disponibles pour la traduction en chinois. Ce n'est pas un hasard non plus s'il dispense souvent son enseignement à des bouddhistes chinois hors de Chine.

Beaucoup de Tibétains, y compris le Dalaï Lama, s'étonnent de cet engouement général pour le bouddhisme tibétain. Au Tibet, pendant des siècles, le nationalisme passait après la religion ; de crainte que des idées étrangères, ou une touche de modernisme, ne ternissent la culture bouddhique du pays, l'élite au pouvoir tentait d'empêcher tout contact avec le monde extérieur. On constate que si les Tibétains ont perdu leur pays, et que le bouddhisme y a été quasiment éradiqué, c'est en grande partie parce que Lhassa ne s'est pas modernisé assez vite ; paradoxalement, c'est la destruction du Tibet qui a fait que le bouddhisme tibétain s'est répandu dans le monde entier.

*

Depuis 1959, les Tibétains restés au pays ont suivi une évolution opposée à celle de leurs compatriotes en exil. Alors que le bouddhisme tibétain se répandait dans le monde entier, la Chine tentait d'exterminer cette philosophie dans son pays d'origine. Des communautés en exil développaient des gouvernements autonomes, et pendant ce temps Pékin collectivisait de force tous les moyens de production. Le Tibet était de plus en plus célèbre en Occident, et Pékin tentait d'effacer le passé, le présent et l'avenir de la nation.

Après la fuite du Dalaï Lama, les Tibétains vécurent d'abord sous la direction de l'Armée de Libération du peuple, puis peu à peu le pouvoir passa entre les mains de l'administration locale du

Parti communiste chinois, le PCART[1]. Choekyi Gyaltsen, le Dixième Panchen Lama, est resté le leader religieux le plus important. Il a présidé le PCART, mais, pas plus que le Dalaï Lama, il n'est parvenu à maîtriser les Chinois. La gauche du Parti communiste chinois a insisté pour que les Tibétains fassent l'expérience d'un communisme absolu.

Peu après le départ du Dalaï Lama, les médias chinois ont rapporté les exigences des « serfs » réclamant une collectivisation dont Mao avait promis qu'elle ne se produirait pas avant cinquante ans.

L'historien tibétain Tsering Shakya, dont la famille, en 1967, a fui le Tibet occupé, remarque que « les Tibétains n'étaient pas uniquement des agents passifs totalement manipulés par les cadres chinois. Les promesses communistes de modernité, de progrès et de justice sociale et économique ont, en réalité, poussé bien des Tibétains à œuvrer à une société nouvelle ». En lisant cela, je n'ai pu m'empêcher de me rappeler le respect du Quatorzième Dalaï Lama pour les idéaux communistes. Apparemment, il n'était pas le seul Tibétain animé de ce sentiment.

Durant la première phase de la collectivisation, les terres confisquées aux riches furent équitablement redistribuées. Shakya dit qu'à l'origine « la réforme agraire a été sincèrement appréciée par la paysannerie ». Mais, à l'étape suivante sur le chemin d'un communisme total, le Parti communiste chinois a interdit aux individus de posséder des terres et des animaux, qui furent donnés aux communes et aux collectivités. Dans plusieurs cas, c'est par la force que le Parti communiste chinois a établi les communes. Selon la théorie communiste, la possession des moyens de production par la commune doit augmenter la productivité et le niveau de vie des travailleurs. Mais, comme ça a été le cas pour tous les exemples de collectivisation forcée, les rations de nourriture, au lieu d'augmenter, ont diminué. A ce moment-là, le Parti communiste chinois avait déjà mis à bas tout l'ancien système économique du Tibet. Les magasins privés, les sources privées de crédit, la production alimentaire, les commerces avaient dû cesser leur activité, ou avaient été confisqués par le Parti. Après une décennie de sous-alimentation chronique ponctuée de famines intermittentes, même le plus misérable des anciens « serfs » se rendit compte que les idéaux égalitaires du communisme étaient un leurre. Selon le gouvernement en exil du Dalaï Lama, 342 000 Tibétains environ sont morts de

1. Preparatory Committee for the Autonomous Region of Tibet.

faim. Il était évident que les Tibétains étaient, comme le dit Shakya, « de simples exécuteurs d'ordres », et que ce sont les Chinois qui exerçaient la totalité du pouvoir. Dans l'administration du pays, les Chinois étaient plus nombreux que les Tibétains, la vieille élite tibétaine ayant été remplacée par une classe dominante chinoise.

La promesse de liberté religieuse pour les Tibétains fut aussi peu respectée : entre 1950 et 1980, Pékin détruisit plus de six mille monastères et temples. A la fin des années soixante-dix, huit monastères seulement fonctionnaient encore au Tibet, totalisant moins de mille moines. Les autres monastères avaient été démolis ou affectés à un usage non religieux. Autrefois, souvent, les monastères étaient des centres de culture, dans lesquels étudiaient des artistes, des écrivains, des médecins. Décimer les monastères, c'était frapper au cœur de la culture tibétaine.

Bien que certains monastères aient été rasés suite aux bombardements aériens et aux attaques militaires dans l'est du Tibet au cours de l'invasion de 1949-1951, et de la rébellion de 1958 et 1959, la plupart avaient survécu jusqu'aux années soixante. Sous le regard attentif des jeunes Gardes rouges tibétains et chinois, ceux qui étaient encore debout furent systématiquement démantelés au cours de la maintenant tristement fameuse Révolution culturelle. Le cri de guerre philosophique de Mao, pour cette campagne, était « Créer le neuf en abattant le vieux ». Au fur et à mesure que la Chine détruisait le « vieux » Tibet, une Chine « neuve » apparaissait grâce au bois et au matériel de construction des monastères mis à sac, réutilisés pour construire des baraquements aux troupes de l'Armée de Libération ou des logements destinés aux fonctionnaires chinois à Lhassa.

Il arriva parfois aux Tibétains de parvenir à convaincre les Gardes rouges qu'il ne fallait pas gâcher le travail investi par le peuple pour la construction de ces bâtiments monastiques géants. Le Parti communiste chinois autorisa que certains temples soient conservés comme entrepôts à grains, ou, après que les moines en eurent été chassés, comme quartiers généraux du Parti. Dans certains endroits, pareilles ruses sont même parvenues à protéger quelques fresques à l'intérieur des temples. Les statues du Bouddha ont rarement eu autant de chance. Il était facile de briser à coups de pioche les statues d'adobe, et celles qui en réchappèrent fondirent simplement sous la pluie après que les toits des temples eurent été arrachés. Souvent, les statues de cuivre étaient fracassées et laissées en tas sur place. Les statues d'or, d'argent, de bronze étaient ôtées des temples, jetées dans des camions et envoyées en Chine. Près de

Pékin, une fonderie traita plus de six cents tonnes de statues de Bouddha. Pour les Tibétains, la présence sacrée de ces statues, comme les divinités de la terre et du ciel, protégeait leur pays. Que l'on puisse anéantir une richesse spirituelle venue du fond des âges, que l'idée de chérir de telles statues puisse devenir un crime, mettait en pièces des valeurs culturelles profondément enracinées. Quand ils racontent comment, enfants, ils ont été forcés de démanteler les temples qu'ils avaient construits, dans lesquels ils avaient prié, on voit dans les yeux remplis de larmes de Tibétains aujourd'hui adultes certaines des plus grandes horreurs de la Révolution culturelle. Nombre d'entre eux se sentent encore coupables, et ne se le pardonneront jamais.

Au milieu du chaos et de la destruction, les Tibétains, parfois, poussaient sous les débris, pour le cacher, un vieux Bouddha de bronze, ou sauvaient un texte ancien. Dans certains cas, comme celui du Potala, des édits de Pékin protégèrent tout un bâtiment et son contenu. Mais c'était très rare. Les premiers touristes étrangers au Tibet, en 1985, découvrirent, dans des dizaines de temples, à travers tout le pays, des pièces remplies jusqu'au plafond de centaines de statues de cuivre, brisées lors de la Révolution culturelle. A cette époque, les Tibétains tentaient, autant que possible, de les reconstituer et de les rendre aux monastères. Cependant, la plus grande partie du patrimoine culturel du Tibet a disparu à jamais.

Au cours de la Révolution culturelle, les Gardes rouges traitèrent les nonnes et les moines avec encore plus de férocité que les bâtiments et les statues. Comme les vœux bouddhistes interdisent aux moines et aux nonnes de travailler et de se marier, les maoïstes voyaient en eux des parasites des classes laborieuses. Le Parti leur ordonna de travailler et de se marier. Les monastères possédant souvent la plus grande partie des terres cultivables, la redistribution de ces terres supprima leurs sources de revenus. Le spécialiste chinois Zhang Yianlu affirme qu'il y avait au Tibet central, en 1958, 114 000 nonnes et moines, mais que leur nombre, en 1960, était tombé à 18 000.

Les nobles qui, en 1951, avaient essayé de collaborer avec les Chinois furent, comme les moines, parmi les premières victimes de la Révolution culturelle. Ce n'est sans doute pas un hasard si la Chine élimina ces élites traditionnelles juste après qu'elles eurent cessé de lui être utile. Lorsque la Chine envahit le Tibet, la collaboration des élites monastiques et aristocratiques, ou tout au moins leur neutralité, était essentielle. Dans les années soixante, les moines de haut rang et les aristocrates n'avaient plus rien à offrir et, au cours de la Révolution culturelle, le Parti les stigmatisa dans des séances publiques d'autocritique. Alors que les anciennes élites étaient promenées dans les rues avec des bonnets d'âne, des « victimes » de l'« ancienne société » se réunissaient pour lancer des accusations contre les aristocrates ou les chefs monastiques, avant de les battre et de les torturer. Les survivants allèrent en prison.

Après 1959, le Panchen Lama avait essayé de collaborer avec les Chinois, mais il fut déçu par le prix de la libération chinoise et commit l'erreur, en 1962, d'écrire secrètement un catalogue des erreurs du Parti communiste chinois au Tibet, catalogue qu'il intitula « Pétition de Sept Mille Caractères ». Il avait vingt-quatre ans quand il termina cette pétition et la montra au Parti, pensant que le Parti avait le désir de se réformer lui-même. Deux ans plus tard, en 1964, il fut soumis, à Lhassa, à des séances d'autocritique. En 1966, il en subit de pires à Pékin, puis disparut pendant douze ans. Lorsque, en 1978, le Parti le laissa sortir de prison, il avait quarante ans, mais aujourd'hui encore la Pétition de Sept Mille Caractères est la seule vue de l'intérieur que l'on possède sur ce que le Parti communiste chinois a fait au Tibet.

Le gouvernement en exil du Dalaï Lama estime que 92 000 Tibétains soumis à des séances d'autocritique moururent ou se suicidèrent. Il estime aussi que 173 000 Tibétains disparurent en prison ou dans des Camps de réforme par le travail (le redouté système chinois des camps, le système *Laogai*, qui fonctionne encore aujourd'hui), pour cause d'excès de travail, de torture, de malnutrition. Cette guerre de classes, comme le dit la théorie maoïste, faisait partie du prix à payer pour détruire l'injustice et créer l'égalité. Mais, ce faisant, elle a aussi détruit la culture tibétaine.

Au cours de la Révolution culturelle, le gouvernement chinois poussa habilement les Tibétains à s'en prendre au système social et religieux traditionnel de leur pays. En Chine, le peuple détruisait d'anciens temples ou des objets d'art comme symboles de la vieille société, mais Mao concentrait la plus grande part de la furie populaire sur l'élite au pouvoir au sein du Parti lui-même. Il est certain que, pour lui, la Révolution culturelle fut en grande partie un outil lui permettant de débusquer les « droitistes » dissimulés dans le Parti, un outil pour éliminer ceux qui menaçaient son autorité. Il poussa le peuple à réformer le Parti lui-même.

Au Tibet, au contraire, le Parti communiste chinois détournait le peuple de s'en prendre à lui. A Lhassa, la Révolution culturelle ne consista pas uniquement en une campagne politique : elle devint le véhicule d'un ethnocide culturel, un moyen pour les Chinois de terroriser les Tibétains et de les pousser à l'assimilation. Cette particularité de la Révolution culturelle eut, comme le remarque Tsering Shakya, un effet dévastateur sur la culture du Tibet.

Les Tibétains n'eurent d'autre choix que d'abandonner leur vêtement traditionnel et de porter le triste uniforme bleu qui était celui de tous les Chinois. On les força à couper court leurs cheveux et à peindre d'un sinistre vert olive les fenêtres multicolores de Lhassa. Les Chinois obligèrent les Tibétains à participer à la destruction des temples et des monastères, puis les affectèrent à des communes très surveillées, où les dénonciations étaient encouragées. Le pouvoir coercitif de l'Etat contrôlait les moindres aspects de la vie, et, au cœur de chaque commune, des émissions de propagande résonnaient dans des haut-parleurs. Autrefois, les anciens occupants avaient forcé les Chinois, sous peine de mort, à porter des costumes mandchous ; maintenant, c'est au tour des Tibétains, sous la terreur, de se soumettre. Avant d'être emprisonné, le Panchen Lama, dans sa Pétition de Sept Mille Caractères, écrivit à ce sujet : « Quand la langue, le costume, les coutumes et les autres caractères essentiels d'une nation ont disparu, la nationalité elle-même disparaît – ou, plutôt, elle devient une autre nationalité. » Au cours de leur histoire, les Chinois l'avaient bien souvent appris à leurs dépens. Mais là, c'est Pékin qui avait la main.

La richesse de mille ans de civilisation tibétaine – peintures, livres, fresques, monuments, tissus, statues – fut détruite au cours de la Révolution culturelle, et une génération de fidèles bouddhistes dut commettre des profanations et démanteler l'héritage artistique et religieux du pays. Même les statues les plus sacrées du Tibet, comme celles du Jokhang, fondé voilà un millénaire par Songtsen Gampo, furent démolies. La langue, elle aussi, changea : sous la domination chinoise, des mots nouveaux, exprimant de nouvelles idées, souillèrent la langue tibétaine. Pour les distinguer de leurs voisins, les Chinois tibétains, les Chinois d'origine chinoise sont devenus des Chinois Han. Les noms furent transcrits en caractères chinois, et, une fois prononcés, se sont transformés en noms chinois. Si d'aventure des Tibétains avaient accès à l'éducation, elle était dispensée en chinois. Des milliers de jeunes Tibétains ont été arrachés à leurs parents et envoyés dans des pensionnats au fin fond de la Chine : à leur retour, beaucoup ne parlaient plus que chinois.

Aujourd'hui, la Chine affirme que la Révolution culturelle a été dommageable également aux Chinois et aux Tibétains. C'est vrai, mais cette constatation ne touche pas au cœur de la question. Comme l'écrit Tsering Shakya, les Gardes rouges « sentaient que le Tibet et les Tibétains devaient être "révolutionnarisés", et se voyaient eux-mêmes comme des Révolutionnaires avancés venus à l'aide d'élèves attardés dans une région sous-développée ». Il n'y a guère de différences entre cette attitude et celle des Chinois envers les nomades de l'Asie centrale, il y a un millier d'années. Aujourd'hui encore, le plus misérable chauffeur de taxi chinois parcourant les rues de Lhassa partage cette xénophobie sous-jacente. Aux yeux des Chinois, leur nation a fait d'énormes sacrifices pour aider son voisin ignorant, et la Révolution culturelle au Tibet fut une aberration temporaire, mais pas une manifestation d'arrogance.

Après le début des réformes de Deng Xiaoping à la fin des années soixante-dix, la Chine est devenue beaucoup plus riche, car le Parti a autorisé le retour à certaines formes de capitalisme. Une partie de cette richesse, investie à Lhassa, a même aidé les Tibétains. C'est cependant le désir d'éradiquer le nationalisme tibétain qui motive la plupart des investissements de Pékin au Tibet. En 1999, l'intellectuel chinois Wang Lixiong écrivait :

> La ligne générale du gouvernement chinois au Tibet consiste à accélérer le rythme de la modernisation du pays afin de se gagner l'opinion publique, de briser le contrôle religieux, et d'utiliser l'amélioration du mode de vie pour diminuer l'influence des séparatistes.

Ma Lihua, un Chinois auteur de seize livres, qui a passé des années au Tibet en parcourant le pays, défend le gouvernement :

> Nous aidons les Tibétains à rattraper l'Occident. Il ne s'agit pas de Hanification (sinisisation) mais de globalisation. Je ne dis pas cela parce que j'accepte naïvement la propagande du Parti, mais parce que j'ai vu, de mes propres yeux, les progrès effectués au Tibet. L'Occident devrait être plus objectif, mais ce n'est pas le cas.

Selon Wang Lixiong, le développement économique à Lhassa a, dans une certaine mesure, diminué la ferveur religieuse dans certaines classes. Mais il regrette que « l'espace libéré par la religion traditionnelle soit rempli par une autre quasi-religion de la société moderne : le nationalisme. Les faits montrent que c'est la jeunesse tibétaine la moins religieuse qui manifeste les sentiments nationalistes les plus forts ».

D'après un décompte effectué village par village, le gouvernement du Dalaï Lama estime que l'Etat chinois a tué 1,2 million de Tibétains entre 1950 et 1980. Ce chiffre est récusé par les Chinois. L'Anglais Patrick French, dans son livre récent *Tibet, Tibet*, discute les chiffres tibétains, affirmant qu'il n'y a pas eu plus de 500 000 morts.

Derrière cette discussion, il y a une réalité : au cours de l'invasion chinoise et de la Révolution culturelle, les Tibétains, toutes classes sociales confondues, ont payé un prix terrible, un prix que le Treizième Dalaï Lama avait prédit dès les années trente, quand il constatait que les Tibétains ne s'unissaient pas pour la défense de leur nation :

> Les monastères seront pillés et détruits, et les moines et les nonnes massacrés ou chassés. Le grand ouvrage des nobles souverains passés du Dharma sera mis à bas, et toutes nos traditions spirituelles et culturelles persécutées, détruites, oubliées... Nous deviendrons les esclaves de nos conquérants... et nous passerons des jours et des nuits dans de grandes souffrances, dans la terreur.

Beaucoup de Tibétains ont commencé à comprendre que la disparition de leur pays n'est pas inéluctable. Malheureusement, l'élite qui avait hérité de l'autorité du Treizième Dalaï Lama était si persuadée de la justesse de son système qu'elle n'a pas vu l'utilité d'observer le monde réel. Une telle outrecuidance est l'une des leçons les plus fortes que l'histoire puisse nous donner.

*

Après la mort de Mao, en 1976, la contre-révolution capitaliste de Deng Xiaoping a balayé la Chine. Les comités ont redistribué les terres collectivisées. On n'a pas expliqué pourquoi 3 millions de propriétaires chinois avaient été assassinés dans les années cinquante comme prix d'une collectivisation maintenant abandonnée en raison de son échec.

Les fruits de la propriété privée sont bientôt apparus. En quelques années, l'agriculture chinoise produisit plus de viande, d'œufs, de laitages que jamais depuis l'avènement du communisme. Un soupçon de réformisme politique accompagna ce pragmatisme économique, et les Tibétains, peu à peu, ont profité de cette évolution.

A partir de 1977, le Panchen Lama et les autres membres de l'élite tibétaine ayant survécu aux camps d'internement furent libérés. Deux ans plus tard, le Parti relâcha d'autres prisonniers, et les journaux chinois appelèrent les Tibétains en exil à « rentrer chez eux afin de participer à la construction socialiste ». Peu d'émigrés répondirent à cette proposition.

La religion, bannie pendant plus de dix ans, renaquit peu à peu. Au cours des années quatre-vingt, les temples encore debout furent à nouveau consacrés, et un vaste programme de restauration commença. La Chine affirme avoir investi, entre 1980 et 1994, 65 millions de dollars pour reconstruire certains monastères qu'elle avait détruits. Les Tibétains, eux, affirment que la plus grande part de l'investissement nécessaire vient de fidèles compatriotes. A travers tout le Tibet, les moines sont rentrés dans leurs monastères et, même si fut imposée une stricte limitation du nombre de moines, ainsi que l'obligation pour eux d'assister à des cours d'« éducation patriotique », l'éducation monastique a repris. Les Chinois exercent leur contrôle sans discrétion. Dans des monastères isolés, j'ai vu des Chinois en civil avec des fusils glissés, bien visiblement, dans leur pantalon. Eux aussi assistent aux cours d'éducation, uniquement pour surveiller les moines. Malgré ces efforts des Chinois, ou peut-être à cause d'eux, les monastères sont devenus des phares du nationalisme tibétain.

Lorsque les réformes de Deng Xiaoping ont balayé la Chine, des dizaines de milliers de Tibétains, à Lhassa, sont publiquement apparus, récitant des mantras ou se prosternant devant les temples. Des drapeaux de prière arc-en-ciel ont fleuri sur les toits à travers tout le pays là où, auparavant, chaque maison n'arborait que le drapeau rouge de la Chine. S'il est arrivé aux Tibétains de vivre dans un pays en partie scindé par les factions religieuses, la religion est aujourd'hui à la racine d'un nationalisme qui les unit tous.

Au moment où la Chine découvrait un certain capitalisme et certaines libertés civiles, les habitants du Tibet, eux aussi, ont bénéficié, dans la mesure où la ligne du Parti était officiellement respectée, de certaines libertés privées. Les tristes costumes Mao ont disparu, et vêtements et coiffures tibétains ont fait leur réapparition. Pour ceux qui avaient vécu les trois décennies précédentes, ces réformes, aussi minimes fussent-elles, furent les bienvenues. Le Tibet connaissait cependant dans les années quatre-vingt-dix l'un des niveaux de vie les plus bas de Chine, et un enfant sur trois ne bénéficiait ni d'éducation, ni de soins médicaux. Malgré tout, les

Tibétains ont peu à peu commencé à produire autant qu'avant l'invasion chinoise.

En même temps que des réformes apportaient des changements dans la vie privée des Tibétains, les relations entre le Dalaï Lama et Pékin ont commencé à manifester des signes de dégel. En décembre 1978, Deng Xiaoping, maître d'œuvre de la révolution qui balayait la Chine, entama discrètement une série de rencontres, les premières depuis 1959, avec les représentants du Dalaï Lama. Gyalo Thondup, le frère aîné de Sa Sainteté, se rendit à Pékin, où Deng Xiaoping, en tête à tête, lui annonça que, hormis l'indépendance, il était prêt à discuter de n'importe quel sujet. Après avoir, dans les années soixante et soixante-dix, travaillé pour la CIA, Gyalo Thondup conclut que le destin du Tibet se trouvait entre les mains de la Chine et, selon certains observateurs, put donner à Deng Xiaoping l'impression que son frère était prêt à renoncer à l'indépendance en échange d'une véritable autonomie. Le Dalaï Lama lui-même, entre 1978 et 1980, fit des déclarations dans lesquelles il affirmait que l'essentiel était le bonheur du peuple tibétain, et qu'il était prêt à entamer des discussions avec la Chine.

En décembre 1978, au moment de ses premières réformes, Deng Xiaoping affirma une nouvelle fois devant un journaliste la position de base de la Chine : « Le Dalaï Lama peut revenir, mais en tant que citoyen chinois. Nous n'avons qu'une seule exigence : le patriotisme. »

Par une mesure destinée à les rassurer, Deng Xiaoping autorisa des Tibétains en exil à envoyer au Tibet des missions d'observation. Ces missions – qui étaient en fait, même si la Chine ne pouvait l'admettre ouvertement, des délégations envoyées par le Dalaï Lama et le CTA (Administration centrale tibétaine) – comprenaient des personnalités importantes du gouvernement en exil et des membres de la famille du Dalaï Lama.

En dépit d'admonestations sévères du Parti communiste chinois et des fonctionnaires de la Région autonome du Tibet, ordonnant que les exilés soient ignorés, des foules de Tibétains, à Lhassa et partout ailleurs, s'attroupèrent autour d'eux et les accueillirent avec un enthousiasme hystérique. Les dirigeants chinois furent extrêmement surpris que des dizaines d'années de propagande et de lutte des classes n'aient pas réussi à annihiler le nationalisme tibétain. Ainsi que le dit un fonctionnaire chinois présent à Lhassa lors de l'arrivée des exilés : « En un jour, vingt années d'efforts ont été gâchées. »

En mai 1980, juste avant une seconde visite de Tibétains en exil, le secrétaire général du Parti communiste chinois, Hu Yaobang, alla enquêter sur place. La pauvreté du Tibet le choqua, et il dit que la politique chinoise évoquait pour lui une politique coloniale. Il reconnut que non seulement les Tibétains étaient pauvres, mais que, dans certaines régions, ils étaient plus pauvres maintenant qu'avant 1950. Proposant de justes réformes, Hu suggéra que le nombre de Chinois vivant au Tibet soit réduit, et qu'ils apprennent la langue tibétaine. Les réformes qu'il tenta étaient, en gros, celles proposées par le Panchen Lama en 1962.

Les Tibétains et les Chinois poursuivirent leurs discussions, mais apparut bientôt un problème de fond : les Tibétains insistaient pour négocier un accord concernant l'ensemble du Tibet, y compris le Tibet de l'Est, l'Amdo et le Kham, où vivaient les deux tiers de la population tibétaine, et dont la Chine avait fait des provinces chinoises. Pékin, au contraire, voulait évoquer le statut personnel du Dalaï Lama, et pas celui du Tibet ou de la politique chinoise au Tibet. Les Chinois voulaient que le Dalaï Lama vienne vivre à Pékin, où il aurait rempli ses fonctions religieuses. Selon des sources chinoises, les négociateurs furent abasourdis par les exigences « monstrueuses » des Tibétains. Le Dalaï Lama, lui, pouvait difficilement accepter un accord par lequel la plus grande partie des Tibétains seraient restés en dehors des frontières d'une région autonome. Après 1984, le dialogue fut interrompu.

En dernier recours, le Dalaï Lama demanda à la communauté internationale d'exercer des pressions sur la Chine afin qu'elle négocie de bonne foi. En juin 1987, la Chambre américaine accusa Pékin d'avoir, en 1950, envahi et occupé le Tibet. En septembre de la même année, le Dalaï Lama en personne pressa personnellement le Comité des droits de l'homme de l'aider à reprendre les négociations avec la Chine. Debout au Capitole, au milieu des membres du Congrès, le Dalaï Lama déclara :

> Le cœur du problème, c'est l'occupation illégale du Tibet par la Chine Les autorités chinoises ont tenté de brouiller les cartes en affirmant que le Tibet avait toujours appartenu à la Chine. C'est faux. Lorsque l'Armée chinoise de Libération a envahi le pays, en 1949-1950, le Tibet était une nation indépendante. Tant que durera l'occupation militaire chinoise au Tibet, le monde devra se rappeler que même si les Tibétains ont perdu leur liberté, le Tibet, selon les lois internationales, est toujours un Etat indépendant occupé illégalement.

Le Dalaï Lama chercha pourtant à négocier un accord avec les Chinois, et, dans l'espoir de ramener les deux parties à la table des négociations, leur proposa un projet en cinq points. Il souhaitait que la Chine respecte les droits de l'homme au Tibet, libère tous les prisonniers politiques et protège l'environnement. Pour commencer, elle devait mettre fin au transfert de Chinois au Tibet, et faire du Tibet une zone démilitarisée.

Les Chinois répondirent à ce plan de paix en disant que « le statut du Tibet » était « une question qui n'existait pas ». Pékin dénonça ce plan comme « une nouvelle demande d'indépendance du Tibet ». À Lhassa, la colère du peuple contre les critiques véhémentes de la Chine envers le Dalaï Lama et ses propositions dégénérèrent en manifestations en faveur de l'indépendance, manifestations qui durèrent plusieurs mois, et au cours desquelles deux cents Tibétains furent frappés et arrêtés. Au moins six d'entre eux furent abattus. Envers certains, les peines d'emprisonnement furent très sévères, allant jusqu'à dix-neuf ans.

En octobre, le Sénat américain entérina la résolution du Tibet déjà acceptée par le Congrès, et y ajouta une condamnation de la Chine pour la répression violente des manifestations pacifiques, qui, à Lhassa, se poursuivaient et faisaient d'autres victimes. Le Panchen Lama et Nagwang Jigme Ngapo, qui vivaient tous deux en Chine, condamnèrent les manifestants, et Ngapo se prononça contre « toute manœuvre destinée à diviser la mère patrie ».

En juin 1988, à l'occasion d'un discours devant le Parlement européen de Strasbourg, le Dalaï Lama a, pour la première fois, officiellement déclaré que même si les Tibétains souhaitaient une indépendance que, l'Histoire le prouvait, ils avaient longtemps connue, il était prêt, néanmoins, à négocier avec la Chine une véritable autonomie du Tibet. Il évoqua un gouvernement autonome « en association avec la République populaire de Chine », dans lequel le gouvernement chinois demeurerait responsable de la politique étrangère et de la défense. Une vague de protestations parcourut le Tibet, l'attention du monde entier se tourna vers le Dalaï Lama, et Pékin commença par accepter de rencontrer Sa Sainteté dans le lieu de son choix. Lorsque le Dalaï Lama, en préalable à ces discussions, répondit par des propositions concrètes, le processus de négociations marqua le pas. Pour finir, les Chinois rejetèrent la proposition de Strasbourg car, selon eux, le Dalaï Lama « n'avait pas abandonné le concept de "l'indépendance du Tibet" ».

Fin 1988, alors que les manifestations se poursuivaient, le Panchen Lama fut envoyé à Lhassa afin de tenter d'apaiser la situation. Le 17 janvier 1989, à Shigatse, il prononça un discours spectaculaire dans lequel il demandait que le Dalaï Lama soit autorisé à travailler avec lui, au Tibet : « Il est nécessaire que le Dalaï Lama et le Panchen Lama discutent... Je ne peux pas prendre de décision seul. » Deux jours plus tard, il fit une autre déclaration : « Depuis ma libération, il y a eu une certaine évolution, mais cette évolution a coûté plus cher qu'elle n'a apporté. »

Ces déclarations ont attiré l'attention des médias du monde entier, et ont prouvé que le Panchen Lama, au fond de lui, n'était pas le collaborateur que beaucoup pensaient. Cinq jours plus tard, cet homme de cinquante ans mourait dans des circonstances mystérieuses. Officiellement d'une crise cardiaque.

A la fin des années quatre-vingt, la faction libérale du Parti communiste chinois, qui soutenait Hu Yaobang et son désir de réformes, fut chassée du pouvoir, au Tibet comme en Chine. Tandis que les libéraux et la ligne dure luttaient pour le contrôle du Parti, une étoile montante alors inconnue, Hu Jintao, fut nommé secrétaire de la Région autonome du Tibet, et arriva à Lhassa en janvier 1989. Le secrétaire général du Parti communiste chinois, Zhao Ziyang, un libéral, ordonna à Hu Jintao de traiter, malgré les manifestations, les Tibétains sans violence. Pourtant, deux mois seulement après sa nomination, Hu Jintao négligeait les directives reçues et faisait transférer au Tibet des dizaines de milliers de militaires. Depuis deux ans, les Tibétains défiaient le contrôle chinois et, hormis la mort de quelques manifestants, la répression féroce qu'on aurait pu imaginer au vu d'événements antérieurs n'avait pas eu lieu. Les « libéraux » du Parti n'avaient pas réagi de façon aussi dure que leurs prédécesseurs.

Le 7 mars 1989, après deux journées de manifestations au cours desquelles l'armée tua soixante-dix Tibétains, Hu Jintao, en accord avec Pékin, déclara la loi martiale. Au cours des dix-huit mois qui suivirent, tous les dissidents furent éliminés, et, depuis, il n'y a plus eu de résistance à grande échelle. En ignorant les libéraux et en réprimant violemment la rébellion, Hu Jintao a gagné en crédibilité auprès des durs du Parti. Il s'agissait d'un geste calculé pour être élu, en 2003, président de la République populaire de Chine.

Le déclin de la faction libérale du Parti communiste chinois, qui, à Lhassa, avait commencé en mars 1989, s'accéléra après la mort, en avril, de Hu Yaobang, écarté depuis cinq ans de la direction du Parti. Les réformistes descendirent dans les rues de Pékin pour célébrer les accomplissements de Hu Yaobang. En juin, lorsque les tenants de la ligne dure massacrèrent, place Tianan men, des centaines de manifestants, ils éliminèrent aussi le mouvement réformiste au sein du Parti.

Pour Pékin, le Tibet était devenu le lieu d'un bras de fer entre libéraux et conservateurs. Lorsque la ligne dure l'emporta, la Chine tourna le dos au dialogue avec le Dalaï Lama. Hu Jintao autorisa 170 000 soldats de l'Armée de Libération et 30 000 membres de la Police armée à prendre garnison dans la seule ville de Lhassa. La politique libérale de Hu Yaobang fut rendue responsable de l'explosion de nationalisme au Tibet, et la ligne dure mit fin à toute perspective de négociations.

A la même époque, les Tibétains en exil exprimèrent leur opposition au Dalaï Lama qui se disait prêt, pour pouvoir négocier, à renoncer à l'indépendance.

*

Le 10 décembre 1989, dans le discours par lequel il acceptait le prix Nobel de la paix, le Dalaï Lama déclara :

> On connaît bien la souffrance de notre peuple au cours des quarante dernières années. Nous avons mené un long combat. Nous savons que notre cause est juste. La violence ne peut produire qu'encore plus de violence et de souffrance, et notre combat doit rester non violent et dépourvu de haine. Nous essayons de mettre fin aux souffrances de notre peuple, et non pas d'infliger des souffrances aux autres.

Le lendemain, il dit à ses auditeurs :

> Je parle sans colère et sans haine contre ceux qui sont responsables de l'immense souffrance de notre peuple, et de la destruction de notre pays, de nos maisons et de notre culture. Eux aussi sont des créatures humaines luttant pour trouver le bonheur, et méritent notre compassion. Je parle pour vous informer de la triste situation de mon pays aujourd'hui et des aspirations de mon peuple, car dans notre combat pour la liberté, la vérité est notre seule arme.

On peut faire remonter le début du combat moderne pour le Tibet à la période allant de la proposition de Strasbourg, à la mi-1988, à l'acceptation par le Dalaï Lama du prix Nobel de la paix, un an et demi plus tard.

Dans le chapitre le plus récent de cette histoire, le Dalaï Lama n'a cessé de répéter que, malgré le passé du Tibet comme nation indépendante, il était prêt à accepter une véritable autonomie au sein de la Chine. Pékin n'a cessé de repousser cette proposition, affirmant que le Dalaï Lama avait l'intention d'arriver à une complète indépendance et à la séparation d'avec la Chine.

Depuis le début des années quatre-vingt, un nombre croissant de Chinois a été poussé par le gouvernement à aller s'installer au Tibet qui, aujourd'hui, est submergé par une vague d'immigration. Les Chinois constituent actuellement plus de la moitié de la population de Lhassa. Nombre de ces immigrants semblent attirés par les aides du gouvernement, et, en général, manifestent leur mépris pour la terre aride et les conditions climatiques difficiles du Tibet.

A vrai dire, sans ces subsides, beaucoup ne resteraient pas. Au cours des années quatre-vingt-dix, la Chine s'est lancée, à Lhassa, dans un vaste programme de travaux destiné à rendre la ville habitable selon les critères chinois. Si l'on en croit Pékin, les immigrants économiques ne sont que des travailleurs temporaires venus aider les Tibétains, et tous repartiront un jour. Le Dalaï Lama a exprimé son inquiétude de voir la Chine chercher, à travers la démographie, une solution définitive au problème tibétain.

Au cours des premières années du XXIe siècle, tandis que l'économie chinoise continue de progresser, le gouvernement se hâte d'achever la première liaison ferroviaire entre la Chine et le Tibet. Elle a été terminée en 2006, en avance sur le programme, et a coûté 3 milliards de dollars. Dès que des trains quotidiens entreront à Lhassa, le Tibet se trouvera devant un test ultime : le nombre de Chinois venant s'installer au Tibet sera-t-il suffisant pour absorber l'identité tibétaine ? La migration chinoise vers la Mongolie-Intérieure a déjà pris le même chemin.

Wang Lixiong, un écrivain chinois considérant le Tibet de façon pragmatique et se demandant pourquoi la Chine lutte avec tant d'acharnement pour le conserver, explique les motivations sous-jacentes des Chinois. Il pense que si les leaders chinois font de la conservation du Tibet « une juste cause nationale », c'est qu'ils redoutent des réalités géographiques incontournables. L'Amdo et le Kham, provinces à propos desquelles le Dalaï Lama insiste pour dire que, s'il est amené à collaborer avec les Chinois, elles devront faire partie de la zone autonome, sont perchés au sommet d'un plateau qui domine de trois mille mètres les provinces chinoises les plus peuplées. Quel leader chinois pourrait accepter de rendre un territoire qui ne se trouve qu'à cent kilomètres de Chengdu, capitale du Sichuan ? A côté de ces raisons de sécurité nationale, Wang affirme que le problème tient aussi aux ressources du pays :

> Les Chinois Han constituent 93 pour cent de la population chinoise, et les régions de minorité ethnique 60 pour cent du territoire chinois, 89,6 pour cent des pâturages, 37 pour cent des forêts, 49,7 pour cent des ressources en bois, et plus de 50 pour cent des réserves d'eau... La dangereuse explosion de la population chinoise, le surpeuplement, et le manque de ressources sont les facteurs négatifs de base expliquant pourquoi la Chine ne peut trouver de solution aux problèmes de ses minorités ethniques selon le modèle de rupture utilisé par les Soviets.

Wang concède aussi que « l'établissement de la souveraineté chinoise au Tibet ne repose pas sur une victoire militaire, mais, essentiellement, sur la capacité des Chinois Han à aller là-bas et à y demeurer... Il est évident qu'à l'heure actuelle, seules les troupes basées au Tibet empêchent les séparatistes de se libérer de la souveraineté chinoise ». Le train arrivant à Lhassa, la migration de Chinois au Tibet, la modernisation du pays : aucun de ces projets n'est entrepris pour le bien des Tibétains.

Pourtant, les leaders chinois, en public tout au moins, détournent la discussion des réalités terre à terre de la politique. Ils préfèrent mettre en avant une certaine vision de l'histoire tibétaine.

En 1997, s'adressant, à la Maison Blanche, au président Clinton et à son épouse Hillary, le président Jiang Zemin a récité la première phrase du discours de Gettysburg. Plus tard, il a insisté sur le fait que les Tibétains avaient été « victimes d'un système féodal », comme si les péchés des Tibétains expliquaient la colonisation chinoise. Quelques jours plus tôt, dans une interview pour le *Washington Post*, Jiang Zemin avait déclaré : « Lincoln s'est montré un président remarquable, en particulier lorsqu'il a aboli l'esclavage. En ce qui concerne la Chine, la plupart des Chinois ont été libérés de l'esclavage il y a très longtemps, sauf au Tibet, où nous ne l'avons aboli qu'après le départ du Dalaï Lama. » Jiang semblait sincèrement étonné que les Etats-Unis ne soutiennent pas la présence chinoise au Tibet : « J'ai l'impression que vous, les Américains, qui êtes, cela ne fait aucun doute, opposés à l'esclavage, vous soutenez pourtant le Dalaï Lama. »

Lors d'un discours à Harvard, Jiang Zemin a insisté sur les conditions préalables posées par la Chine à toute discussion avec le Dalaï Lama. Le Dalaï Lama « doit déclarer publiquement que le

Tibet est une partie inaliénable de la Chine, doit publiquement renoncer à l'indépendance du Tibet et cesser toutes activités destinées à scinder la mère patrie ».

Le Dalaï Lama, pourtant, a été très clair : « Même si le désir des Tibétains est de retrouver leur indépendance nationale, je répète publiquement, depuis des années, que je suis prêt à entamer des négociations, et à travailler à un ordre du jour qui n'inclut pas l'indépendance. »

Après l'invasion, la révolution, la terreur, les camps de redressement et la renaissance économique, les racines du combat entre le Tibet et la Chine restent engluées dans l'Histoire.

*

Même parmi les riches Tibétains qui collaborent avec les Chinois au gouvernement de leur pays, le patriotisme ne s'est jamais éteint. De façon générale, pareils sentiments restent secrets.

On trouve cependant de jeunes patriotes, nés après la Révolution culturelle, qui n'ont pas encore retenu cette leçon. On les voit à Lhassa, arrivant souvent de villages isolés. Il s'agit en général de jeunes moines ou de jeunes nonnes bouddhistes. Fondamentalement, la plupart des Occidentaux ne saisissent pas en quoi consiste la liberté de parole, et ils ont du mal à comprendre que, arrivés dans la capitale, ces jeunes gens défilent sur les places publiques en hurlant des slogans dont il savent qu'ils feront de leur vie un enfer.

— Libérez le Tibet !

— La Chine doit quitter le Tibet !

— Longue vie au Dalaï Lama.

En 1994, Pasang Lhamo n'avait que dix-sept ans lorsqu'elle a crié « Libérez le Tibet ! » dans une rue de Lhassa. Un an plus tard, Chuying Kunsang avait dix-neuf ans lorsqu'elle a pris la même décision courageuse. Les deux jeunes nonnes bouddhistes ont passé chacune cinq ans dans la tristement célèbre prison de Lhassa, le Drapchi, où sont enfermés les prisonniers politiques.

Après leur libération, toutes deux se sont enfuies en Occident. Lorsque je les ai interviewées, en 2003, à Chicago, elles m'ont dit avoir été torturées en prison. Pourquoi ? Parce qu'elles refusaient de mentir à propos de l'histoire des relations sino-tibétaines.

— En prison, on nous a donné des brochures avec la version chinoise de l'histoire du Tibet, me dit Chuying. Elles racontaient l'histoire du mariage de Songtsen Gampo avec la princesse chinoise Gyasa (*Wencheng en chinois*) », à l'époque de la dynastie Tang, il y a mille ans – une période de l'histoire dont même les Tibétains qui soutiennent l'occupation chinoise, comme Ngawang Jigme Ngapo, disent que le Tibet était une nation indépendante. Le gouvernement chinois lui-même maintient officiellement que « la domination chinoise sur le Tibet » n'a commencé qu'au XIIIe siècle.

— Après avoir lu les brochures qu'ils nous avaient données, on nous a demandé d'écrire notre opinion à propos de l'histoire du Tibet, raconte Chuying. J'ai dit que je savais que Gyasa était venue au Tibet comme épouse, mais que ça ne prouvait pas qu'à cette époque le Tibet faisait partie de la Chine. Après que j'eus remis ma réponse écrite, il y a eu une réunion, et ils ont appelé mon nom. Puis un garde m'a dit, devant tous les autres prisonniers : « Espèce d'ignorante. Comment oses-tu nier l'Histoire ? » Alors ils m'ont séparée du groupe, et ils m'ont torturée.

— C'est arrivé une seule fois ?

— Non, répondit Chuying. Ça arrivait trois ou quatre fois par an.

On lui laissait plusieurs mois pour penser à modifier sa réponse. Puis ils revenaient à la charge, lui reposant la même question.

— Que faisaient-ils ?

— Ils voulaient me faire subir un lavage de cerveau à propos de l'Histoire, me dit Chuying en souriant.

Puis, le temps qu'on me traduise sa réponse, elle a regardé ses doigts, rongés à vif.

— C'était toujours des Chinois qui vous faisaient ça ?

— Je ne parle pas chinois, et les spécialistes qui me donnaient des leçons d'histoire étaient donc des Tibétains.

— Il s'agissait tous de gardiens de la prison ?

— En général, ils appartenaient au système carcéral, dit-elle, le regard lointain. Mais une fois, je crois que c'était en 1996, une femme professeur est venue de l'université du Tibet, à Lhassa, pour donner une leçon. Juste une fois. Le cours, comme d'habitude, portait sur la politique et l'Histoire. En général, ces cours étaient destinés uniquement aux prisonniers politiques, mais quand est venue cette Tibétaine professeur à l'université, ils ont réuni tous les prisonniers pour l'entendre. Elle nous a raconté comment, avant 1959, les nobles, au Tibet, torturaient les serfs, et comment les Chinois nous avaient libérés, et avaient mis fin à ça.

Chuying se gratta le nez avec un de ses doigts rongés, et se tut. Elle ne pleurait pas, mais elle était incapable de lever les yeux.

Pasang Lhamo, qui a maintenant vingt-six ans, a continué le récit de son amie.

— En prison, nous ne nous connaissions pas. Nous ne pouvions pas parler, et nous n'étions pas dans la même cellule. Oui, cette femme était professeur à l'université du Tibet. Elle avait une cinquantaine d'années, elle était rondouillarde. C'était elle le professeur qui devait nous éduquer à propos du Tibet.

L'université du Tibet est la seule institution où la Chine autorise la présence d'étudiants occidentaux. Des universités du monde entier collaborent avec elle.

— Vous lui avez posé des questions ?

Pasang sourit devant mon ignorance.

— Nous n'avions pas à poser de questions, ni à émettre de doutes. Ça ne se passait pas comme ça. Ces sessions de « Réforme par l'Education » duraient quelque chose comme cinq jours. On nous répétait sans cesse que, si seulement nous essayions d'apprendre et de renoncer à notre ignorance, nous serions, à notre sortie, des citoyens bien éduqués et bien adaptés.

Chuying trouva la force de continuer.

— Après ces sessions, on nous demandait d'écrire nos réponses. De dire ce que nous avions appris. Et de signer de notre nom, de notre quartier et de notre numéro de bloc.

— Avez-vous, toutes deux, dit encore une fois la vérité ?

J'espérais qu'elles avaient appris à mentir.

Ce n'était pas le cas, et toutes deux me firent signe que oui.

— Et donc, après la visite du professeur tibétain, vous avez toutes deux été à nouveau torturées ?

Les deux femmes acquiescèrent, mais maintenant toutes les deux regardaient leurs ongles rongés.

Pasang dit :

— Les gardes qui nous torturaient et nous parlaient étaient toujours des Tibétains, car nous ne comprenons pas le chinois. Ils nous interrogeaient et nous torturaient dans une petite pièce.

Chuying essuya lentement une larme, et dit d'une voix calme :

— Oui, ils nous ont à nouveau torturées après son départ, et ils ont répété la même chose : « Vous êtes des paysannes ignorantes. Vous êtes des séparatistes essayant de détruire la mère patrie. »

— Que vous faisaient-ils ?

— Le papier sur lequel j'avais écrit ma réponse était sur le bureau, me dit Chuying. Et j'ai dû m'agenouiller sur le sol de ciment devant celui qui me questionnait. « Tu es une chienne du Dalaï Lama ! », hurlaient-ils. Et comme je ne disais pas ce qu'ils voulaient, ils ont mis des électrodes au bout de mes doigts, sur mes fesses, sur mes lèvres, sur mes joues.

Nous avons cessé de parler et bu du thé tibétain bouillant. C'était le début du printemps. Le mélange de beurre, de lait, de sel et de thé dégageait la même odeur que s'il était sorti d'une baratte de bois, à l'intérieur d'une tente nomade, sur le Plateau tibétain. C'était troublant. Quand nous eûmes fini de boire, j'ai posé une question :

— Essayaient-ils de vous faire changer d'avis ? Quel était leur but ?

Chuying me regarda avec une infinie patience, me fit un sourire doux, et me répondit :

— Oui, à la base, c'est ce qu'ils voulaient. Après ces sessions, ils voulaient que nous disions que le Tibet avait toujours fait partie de la Chine, et que nous étions idiotes de penser le contraire. Nous n'avons jamais craqué. Nous n'avons jamais été d'accord avec eux. Le système est fait pour récompenser ceux qui se laissent réformer, qui reconnaissent leurs erreurs. Nous acceptions tous l'idée que la mort faisait partie des risques que nous prenions pour nos idées et nous avions juré, malgré tout, de ne jamais céder.

Une fraîche brise de printemps entra par la fenêtre. Tant de siècles d'Histoire soufflaient à travers la pièce, il y avait tant de morts avec nous.

En mai 1998, deux ans après avoir été torturées pour avoir refusé de mentir à propos de l'histoire de leur pays, Chuying et Pasang virent des gardes battre à mort des camarades de détention. Dans la cour de la prison, lors d'une cérémonie de salut au drapeau, quelques dizaines de prisonniers, sur un millier, se sont mis à crier : « Libérez le Tibet ! » Dans les jours et les mois qui suivirent, les gardes tuèrent dix des protestataires, parmi lesquels cinq jeunes nonnes. A l'origine, les Chinois les avaient arrêtées pour les mêmes crimes dont avaient été accusées Chuying et Pasang. Sur une place publique, elles avaient crié : « Libérez le Tibet ! »

*

La poétesse tibétaine Woeser, dans son poème *Tibet Secret*, écrit de façon éloquente à propos de la torture dans le Tibet moderne :

Quand j'y pense, qu'ont-ils à voir avec moi ?
Palden Gyatso, emprisonné pendant trente-trois ans ;
Ngawang Sangdrol, enfermé depuis ses douze ans ;
et Phuntsok Nyidron, récemment libéré,
et Lobsang Tenzin, emprisonné quelque part.
Je ne les connais pas, je n'ai même pas vu leur photo.

J'ai vu seulement sur le web, devant un vieux lama,
des fers, des lames aiguisées, des aiguillons multifonctions.
Des peaux flasques, des joues maigres, des rides profondes,
une beauté que l'on reconnaissait de sa jeunesse,
une beauté qui n'appartient pas au monde.
Devenu un moine tôt dans sa vie,
l'éclat de l'esprit du Bouddha sur le visage.

Octobre, hors de Pékin, un vent glacé d'automne, un monde changé.
Je lisais la biographie que j'avais téléchargée à Lhassa,
voyant les êtres sentants du pays des neiges écrasés
par des sabots de fer venus du dehors. Palden Gyatso d'une voix douce :
« J'ai passé la plus grande partie de ma vie dans des prisons
construites par les Chinois dans mon pays. »
Et à travers une autre voix,
on peut « reconnaître les mots de pardon ».

*

Quand j'ai commencé à travailler à ce livre, et que j'ai vu la profondeur du désaccord entre Chinois et Tibétains concernant leur histoire, il m'est apparu qu'il était impossible de donner la parole aux deux parties. Le Dalaï Lama, qui a passé toute sa vie avec ce problème et qui croit tant à la victoire de la vérité et de la logique, me dit que, finalement, « la seule solution serait de monter une commission publique spéciale, une commission commune, d'inviter des historiens chinois, des historiens occidentaux, des historiens tibétains, des historiens indépendants, de leur faire étudier l'histoire et la situation légale, et de les laisser décider ».

Malheureusement, même mes discrètes demandes d'entretiens à propos du Tibet avec des spécialistes originaires de la république de Chine sont restées sans réponses. On m'a dit que s'ils discutaient avec moi, ceux qui, en Chine, étudient l'histoire du Tibet mettraient leur liberté en danger. C'est pourquoi ce livre, en ce qui concerne le point de vue actuel de Pékin sur le Tibet, repose sur des publications chinoises.

Même le fait d'organiser des entretiens avec des historiens occidentaux s'est avéré compliqué. Quand j'ai contacté des spécialistes, que je leur ai dit que j'écrivais une brève histoire du Tibet et que, dans mon livre, j'interviewais le Dalaï Lama, beaucoup ont refusé de collaborer. Hors magnétophone, un universitaire respecté s'est mis à rire, et m'a déclaré : « Vous savez, pour aller en Chine, on a besoin de visas, et tout le monde sait que, pour tout ce qui touche à leur histoire, les Chinois sont très susceptibles. »

Les Chinois, pour influer sur le dialogue, disposent d'un immense pouvoir.

Les historiens américains modèlent-ils leurs écrits sur les sensibilités chinoises ? Le Dr Perry Link, professeur d'études est-asiatiques à Princeton, fut interdit de voyage en Chine parce qu'il avait écrit sur Tianan men.

— Je sais qu'il s'agit d'un sujet sensible. Mais pensez-vous que certains historiens américains truquent des faits historiques – ou refusent de parler de ces faits – afin d'éviter d'irriter le gouvernement chinois, tout en sachant que rien ne vient confirmer la rengaine chinoise selon laquelle « l'histoire prouve » que le Tibet a toujours appartenu à la Chine ?

— Vous avez raison. Il s'agit d'un sujet sensible. Et, en gros, je crois qu'il y a du vrai dans ce que vous dites. Si, dans votre question, vous remplaciez le mot « historien » par l'expression « spécialiste de sciences politiques », alors oui, et j'irais même plus loin : cela ne fait aucun doute.

Quel que soit le parti au pouvoir, les spécialistes de sciences politiques et les fonctionnaires du gouvernement chargés de la politique américaine vis-à-vis du Tibet et de la Chine ménagent les susceptibilités de Pékin. Leur carrière dépend des visas et de leur accès aux archives et aux dirigeants chinois. Ils ont appris que le va-et-vient entre les bureaux du gouvernement et les emplois bien rémunérés dans les universités exige qu'ils parlent de la Chine, et, incidentellement, de son histoire avec le Tibet selon les paramètres fixés par Pékin. De tels vulgarisateurs de haut niveau, qui, souvent, sont sollicités pour expliquer la Chine aux téléspectateurs, existent dans tout pays en relation avec la Chine : aux Etats-Unis, en Australie, au Japon, en Amérique du Sud, en Afrique, et partout en Europe.

Dans un article judicieusement intitulé « L'anaconda dans le lustre », Link explique comment la pression exercée sur de tels professionnels les pousse à s'autocensurer. Ceux qui, métaphoriquement, se nourrissent de la prospérité et de la puissance de la Chine sont comme les invités d'une grande réception ignorant le boa constrictor logé dans le lustre luxueux accroché au plafond. Tous ceux qui sont là s'adaptent subtilement à cette créature toute-puissante, qui pend au-dessus de leur tête, et dont personne ne veut parler. Le moindre tintement du cristal est analysé avec le plus grand soin.

Link me le dit en termes modérés avant la fin de notre conversation : « L'interdiction faite à des savants de voyager en Chine a eu un effet dissuasif sur tous les savants qui sont au courant. » Ceux qui sont au fond de la mine et voient le canari apprennent à se taire. A moins que ce ne soit pire que ça.

Le comité central du Parti communiste chinois, dans un rapport secret sur le Tibet qui a filtré et a été traduit en 1993, soulignait que les « personnalités haut placées à l'étranger » constituaient l'une des principales cibles de sa « propagande extérieure ». Les fonctionnaires du Parti étaient poussés à « utiliser les étrangers pour diffuser à notre place notre propagande concernant le Tibet, car la propagande diffusée par les étrangers est plus efficace ».

*

Mon dernier entretien avec le Dalaï Lama a eu lieu par une pluvieuse journée de mousson. Je suis arrivé en avance, et je l'ai entendu sortir du rideau de pluie, secouant son parapluie et faisant claquer bruyamment ses sandales pour en faire tomber la boue. Dès qu'il se fut assis, je lui ai demandé de me faire un résumé de l'Histoire que nous avions évoquée, d'envisager l'avenir et, avant tout, de le faire de façon concise, s'il vous plaît.

Le Dalaï Lama s'est mis à rire.

— Plusieurs milliers d'années d'Histoire. C'est difficile à dire. Le Tibet fait partie de l'Univers, et c'est donc la même chose pour les autres pays. Mais le cas du Tibet est unique, car il existe une connexion avec un niveau mystérieux. En fait, il y a beaucoup de connexions. Certaines heureuses, d'autres qui causent la souffrance. Mais je crois que je peux dire aussi que, en dépit de tant de mécomptes, l'esprit du Tibet est toujours fort, et la nation tibétaine plutôt solide.

— Comment voyez-vous l'avenir ?

— Je crois que la vérité possède sa propre force, et que nous devons garder notre foi en la vérité. Evidemment, les armes ont leur force à elles. Mais la force d'une arme est limitée, et temporaire. Elle est temporairement décisive, mais à longue échéance elle est faible. Le pouvoir de la vérité est éternel. La vérité reste immuable. Souvent le pouvoir des armes n'est pas compatible avec la vérité, et beaucoup de choses dépendent des mensonges. En ce qui concerne les armes, il y a en général des mensonges, des destructions. Quand un gouvernement a autant de secrets d'Etat, c'est un signe de faiblesse, quelle que soit sa puissance militaire. Et en Chine le gouvernement a caché trop de choses au peuple. Ce n'est pas bon. Nous, les Tibétains, nous n'avons pas d'armes, mais nous sommes très forts. Nous avons beaucoup souffert. Nous avons été victimes, mais pourtant nous disons toujours la vérité. Il n'y a pas de mensonges, pas de tentative pour dissimuler nos erreurs. Nous sommes francs. Chacun peut observer ce que nous faisons. Nous essayons d'être francs, et c'est une manifestation de la vérité, et c'est la véritable force. C'est pourquoi je sens que, dans l'avenir, il y a de l'espoir, et que c'est positif.

— Certaines personnes pourraient ne pas envisager la situation de façon aussi optimiste...

— Si vous observez la situation du Tibet d'un point de vue local, alors elle semble désespérée, sans espoir, et on a l'impression que nous sommes à bout de course. Mais en réalité le problème tibétain n'est pas désespéré du tout, ça n'a rien à voir avec les problèmes d'une guerre civile. Notre problème, c'est que nous avons eu un conflit avec un hôte armé qui est venu sans avoir été invité. Mais les choses changent. Le problème du Tibet est très lié à la situation à l'intérieur de la Chine. La Chine, de quelque façon qu'elle soit organisée, fait partie du monde, et le changement appartient au monde. Au cours des quinze ou vingt dernières années, la Chine a changé de manière spectaculaire, et ce changement va se poursuivre. Le système totalitaire s'est modifié, et a perdu son idéologie. Les politiciens semblent avant tout intéressés par le pouvoir. Il m'arrive parfois d'être un communiste plus authentique qu'eux. De plus, l'existence d'un gouvernement totalitaire exige une puissance militaire. S'il n'a pas de véritable but ni d'idéologie, juste de la puissance, un tel système est malsain et destiné à évoluer. En raison des différentes technologies, comme Internet, il est impossible à un gouvernement de garder tant de secrets, et le temps du totalitarisme est révolu. Du côté tibétain, l'esprit est fort, et le soutien du monde extérieur s'est accru. Je crois que, à terme, il y a beaucoup d'espoir.

— Que conseilleriez-vous aux Tibétains, pour l'avenir ?

— Chacun doit faire plus d'efforts. Je dis aux Tibétains et à ceux qui nous soutiennent qu'au cours des quarante dernières années, notre slogan a été : « Espérez le meilleur, mais préparez-vous au pire. » Au début des années soixante, nous espérions pouvoir rentrer au Tibet au bout de quelques années. Mais en même temps, nous nous préparions à ce que ça prenne plus longtemps, peut-être plusieurs générations. Nous savions que si ça devait être le cas, notre mode de vie et notre culture devaient être préservés. Aujourd'hui, l'espoir pour le meilleur est de parvenir à ce que le gouvernement chinois s'engage. Nous espérons arriver à une solution correcte pour tous les deux, et nous devons y travailler sincèrement : que tout soit fait à fond. De nombreux gouvernements soutiennent ce projet. C'est une bonne chose. Nous devons faire un véritable effort. Beaucoup de Tibétains nous soutiennent, ce qui est très bien. En même temps, nous devons aussi nous préparer au pire. Si nos efforts sincères pour trouver une solution échouent, nous devons être prêts. Nous devons penser que cinquante ans ont passé. Que vous appeliez ça libération, invasion ou colonisation, cinquante ans ont passé. Peut-être reste-t-il encore cinquante ans. Ce qui signifie que ma vie s'achèvera avant ces cinquante ans. Dans vingt ou trente ans ma vie s'achèvera. Il y aura donc une époque sans Dalaï Lama.

Le Dalaï Lama a plusieurs fois répété que si aucune solution avec la Chine n'était trouvée avant sa mort, la prochaine réincarnation de Chenrizi serait trouvée en dehors du Tibet, chose qui s'est déjà vue, puisque le Quatrième Dalaï Lama était originaire de Mongolie.

— Et que se passerait-il avec la Chine si vous disparaissiez avant que le problème ne soit résolu ?

— Dans un tel moment...

Il regarda dans le vague, puis ramena son regard sur moi.

— Aujourd'hui, en Chine, ils posent le problème en termes de dialogue avec le Dalaï Lama. Alors quand le temps viendra, quand il n'y aura plus de Dalaï Lama, cette idée n'aura plus de fondement. C'est donc une erreur. Plusieurs fois, j'ai souligné que le problème avec la Chine n'a rien à voir avec le Dalaï Lama, ni avec l'institution du Dalaï Lama. Et ce n'est pas non plus, comme le dit la Chine, le problème d'une ancienne génération, de l'élite qui exploitait le peuple. Le problème, ce ne sont pas les intérêts propres à ce groupe. Ce sont les intérêts des six millions de Tibétains qui vivent aujourd'hui Voilà le problème. Je ne cesse de le souligner. Nous devons continuer à le souligner. De nombreux leaders et gouvernements pensent que le seul problème, c'est le Dalaï Lama, son retour.

— Vous voulez dire que les gouvernements occidentaux voudraient que vous fassiez un geste ?

Le Dalaï Lama ferma les yeux un long moment, puis continua, en se retenant visiblement :

— Ils disent que le Dalaï Lama devrait faire un geste d'amitié envers la Chine. A Paris, il y a deux ou trois ans, le gouvernement français a eu ce sentiment. Je leur ai dit que si le seul problème, c'était moi, que si le seul problème, c'était le Dalaï Lama, alors oui, ça serait facile. Je peux faire une magnifique déclaration, et le gouvernement chinois sera content, et la semaine suivante je serai à Pékin.

Il secoua la tête, exaspéré.

— Mais ce n'est pas le problème, non ? dis-je.

— Mais ce n'est pas le problème – sauf si le gouvernement chinois réalise que le vrai problème, c'est le ressentiment et la profonde insatisfaction de six millions de Tibétains envers la Chine, causés par le traitement auquel ils ont été soumis dans le passé. C'est seulement quand la Chine se rendra compte de ça, et sera prête à examiner le problème, qu'il sera temps pour moi de rentrer au Tibet. Alors je pourrai aider les deux côtés.

— Et quelle serait la position du Dalaï Lama au Tibet si ce temps arrivait bientôt ?

— J'ai décidé que je ne serais plus le chef du gouvernement tibétain, et qu'il y aurait un certain degré de liberté. Ça, je l'ai décidé. Et je crois aussi que le Dalaï Lama et tous les moines ne devraient pas, à mon avis, être mêlés aux partis politiques. Les moines devraient être au-dessus de la politique. Voilà ce que je propose. Même un moine ordinaire ferait mieux d'éviter la politique. Ils devraient même éviter de voter, parce que alors on leur demanderait ce qu'ils votent.

— Ce que vous êtes en train de dire, c'est que, après ce que vous avez vu au cours de votre vie et après les voyages que vous avez effectués autour du monde, vous pensez maintenant que, si les Tibétains, au Tibet, se gouvernaient eux-mêmes, il devrait y avoir une séparation de l'Eglise et de l'Etat ?

— Oui. Les institutions religieuses et les institutions politiques devraient être séparées. Je crois que ça aurait dû être le cas dans le passé. Mais on ne peut pas modifier le passé, ajouta-t-il en riant.

— Vous êtes en train de me dire que c'est, définitivement, le moment de changer ?

— Oui.

— Et pendant ce temps, quelle est la tâche des Tibétains en exil ?

Le Dalaï Lama m'expliqua longuement que les Tibétains en exil devaient se préparer, en s'éduquant, à mettre au point des plans de développement efficaces basés sur les besoins du peuple tibétain, et, logiquement, souligner en même temps les erreurs commises à Lhassa par l'administration chinoise.

— Il est de notre responsabilité morale de faire des plans et de les faire parvenir aux Chinois, qu'ils les suivent ou non. Se contenter d'affirmer que les Chinois doivent partir – ça ne mène à rien. C'est la méthode négative, pas la bonne. La méthode positive consiste à pousser la Chine par nos propres efforts, nos propres études. Voilà ce que nous avons à faire.

— C'est ce que doivent faire les Tibétains. Et que doivent faire les étrangers ?

— Ceux qui nous soutiennent doivent expliquer la vérité concernant la situation, passée et présente, du Tibet et de son peuple. C'est seulement si les gens, en particulier les Chinois et leur gouvernement, comprennent la nature du problème tibétain, et comment on en est arrivés là, que nous pourrons trouver une solution commune acceptable. Comme je vous l'ai dit, pour l'instant, certains peuvent penser qu'il s'agit juste du Dalaï Lama, du problème du retour du Dalaï Lama. Mais je crois que c'est un non-sens. C'est le peuple tibétain, avec sa culture et son passé, riches et anciens, c'est le caractère distinctif de notre communauté qui doivent être reconnus. Lorsque le Dalaï Lama ne sera plus là, le peuple tibétain et son histoire seront toujours là.

— Vous me dites qu'à l'heure actuelle une prise de conscience par la communauté internationale de l'Histoire et de la nature du problème est importante ?

— Oui, certainement. Mais que je sois bien clair : je ne cherche pas l'indépendance. Je cherche une sorte de véritable autonomie. Et pourquoi est-ce que je demande pour le Tibet un traitement spécial ? C'est en raison de la nature du problème. C'est en raison de notre histoire et de notre culture.

— Parce que, historiquement, le Tibet était indépendant.

— Si notre histoire et, en particulier, notre différence historique ne sont pas comprises, alors la nécessité d'une solution particulière, d'une véritable autonomie, qui satisfasse le peuple tibétain, ne sera pas comprise non plus. Si nous étions comme les Cantonais, il n'y aurait pas de problèmes, mais sous ne sommes pas cantonais, nous sommes tibétains.

— On ne peut pas revenir là-dessus !

— Que les Chinois l'admettent ou non, ce qui est vrai est vrai. La réalité est la réalité. Je ne peux pas modifier la réalité historique et culturelle, pas plus que je ne peux mentir.

Le Dalaï Lama se tut et me regarda attentivement.

— Si le gouvernement chinois me demande d'admettre comme un fait historique que le Tibet a toujours été une partie inaliénable de la Chine, et même si je dis oui, l'Histoire ne changera pas pour autant, l'Histoire restera l'Histoire. Le statut historique du Tibet n'est pas une question de décision politique. C'est une question qui regarde les historiens. En ce qui concerne le statut du Tibet dans l'avenir, c'est quelque chose qui doit être déterminé à travers un processus politique. C'est une chose dont j'aimerais discuter avec les Chinois pour le bien du peuple tibétain, pour son bien-être futur, et aussi pour le bien du peuple chinois.

— Et comment comptez-vous faire ?

— Je crois que dans l'avenir nous devons nous concentrer sur des discussions avec la Chine. Nous avons chacun notre vision et notre interprétation de l'Histoire. Nous ne devons pas imposer notre interprétation aux autres. L'Histoire concerne les historiens, pas les politiciens. Je suis un moine bouddhiste. Je ne peux pas mentir, car la langue d'un moine n'est pas destinée à mentir.

— Vous vous reposez sur le pouvoir de la vérité.

— Ma croyance fondamentale, c'est que le pouvoir de la vérité, même si parfois il paraît faible, ne change pas avec le temps. Le pouvoir des armes est immédiat et fort, très puissant et très décisif, mais avec le temps il lui arrive de s'affaiblir. La vérité est faible mais immuable, faible mais éternelle et parfois elle grandit peu à peu. C'est exactement le cas pour le Tibet.

— Vous ne voulez pas de conflit avec les leaders chinois ?

— Définitivement, non. Nous devons arriver à la même compréhension, nous devons arriver au même sens. Evidemment, nous savons, et nous reconnaissons, que les Tibétains ont des liens particuliers avec nombre des peuples qui constituent aujourd'hui la République populaire de Chine, comme les Mongols, les Ouïgours, les Mandchous, les Han. Ils sont nos frères et nos sœurs. Nos cultures se sont mutuellement inspirées, et dans le passé nous avons développé des liens spirituels. Et même des liens politiques. Et à certaines époques, nous avons eu une histoire commune. C'est difficile à traduire dans les termes du droit international moderne, car la loi internationale est basée essentiellement sur des concepts occidentaux, et pas sur des concepts asiatiques !

— Vous n'êtes pas non plus prêt à déclarer que le Tibet ne fait pas partie de la république de Chine.

— Non, je n'ai jamais fait ça. Je crois que nous devons affronter la réalité.

— Et dans l'avenir ?

— Si nous arrivons à un accord avec la Chine, ce sera bon pour les deux côtés, pour les deux peuples. J'ai clairement affirmé que cela peut se faire dans le cadre de la constitution chinoise, avec le Tibet comme une partie de la République populaire. C'est ce que je cherche. Mais le fait que les Chinois ne veuillent pas accepter une véritable autonomie pour les Tibétains, pour tous les Tibétains, qu'ils ne comprennent pas notre caractère distinctif et notre besoin de nous gouverner nous-mêmes et de pratiquer notre culture, n'empêche pas le droit des Tibétains de toujours exister.

— Les Chinois se montrant si exigeants, est-il difficile d'entamer un dialogue ?

— Je crois fermement que le seul moyen d'avancer, c'est de dialoguer, de nous respecter mutuellement et de vraiment nous comprendre. L'histoire est l'histoire, le passé est le passé. Ils ne doivent pas être un obstacle au dialogue, ni à un accord pour un avenir meilleur. Je regarde devant moi.

Un secrétaire, soudain, a montré la pendule. Il était temps de partir. Le Dalaï Lama avait un autre rendez-vous. J'étais triste de le quitter, sachant que jamais peut-être je ne me trouverais à nouveau assis à côté de lui. Je lui ai demandé de m'écrire quelques mots. Il réfléchit calmement pendant quelques minutes, puis écrivit soigneusement les lignes suivantes :

S'il s'agit d'une action raisonnable,
bénéfique à la vérité et à la justice,
on ne doit pas se décourager et
plus on rencontre d'obstacles,
plus on doit raffermir son courage et faire des efforts.
Telle est la conduite du sage.

Tibetan Shakya Bhikshu, Dalaï Lama
Tenzin Gyatso, 22 juillet 2000

A la porte, quand nous nous sommes dit adieu, il m'a pris la main et a ajouté une dernière chose. « Je crois que vous avez acquis une certaine connaissance du Tibet et de certains mystères. »

14

Epilogue

Au cours des neuf années écoulées depuis mon premier entretien avec Sa Sainteté le Dalaï Lama, la situation a continué à évoluer. Les représentants du Dalaï Lama ont repris leur dialogue avec la Chine. Depuis 2002, les deux parties se sont rencontrées environ une fois par an. La dernière fois, c'était en février 2006. Kalon Tripa Samdhong Rimpotché, le chef officiellement élu de l'Administration du Tibet central, dit que le dialogue peut ouvrir la voie à de véritables négociations. S'il l'on est moins optimiste, on constate qu'il n'y a pas eu de progrès depuis longtemps.

En février 2006, Lodi Gyari, l'envoyé spécial du Dalaï Lama qui dirige la délégation en Chine, a fait à la presse une déclaration qui résume la situation : « Aujourd'hui, il y a une compréhension meilleure, plus profonde, de la position de chacun, et des différences fondamentales qui continuent à exister... Cette série de discussions a fait aussi apparaître clairement qu'il existe une différence majeure dans l'approche même du problème. Nous restons ouverts au dialogue, et espérons que des progrès restent possibles. » Lodi Gyari continuait en disant que « le gouvernement chinois avait clairement dit son intérêt à poursuivre le processus actuel, et sa ferme conviction que les obstacles pourraient être surmontés grâce à la poursuite des discussions ».

En mai 2006, Lhakpa Phuntsog, directeur du Centre de recherches tibétaines à Pékin, a rencontré, ce qui est rare, des journalistes occidentaux et a donné un aperçu sur le point de vue de Pékin. Il a dit que le Dalaï Lama « exigeait » que tout le Tibet historique – le Plateau tibétain, dont de larges parts ont été incorporées dans plusieurs provinces chinoises – soit réunifié et que la zone tout entière bénéficie d'une véritable autonomie.

« Ces deux exigences ne correspondent pas à l'histoire du Tibet », a insisté Phuntsog, qui a ajouté : « Les exigences du Dalaï Lama ont dressé de grands obstacles. »

Malgré tout, les discussions se poursuivent, et le Dalaï Lama a même suggéré qu'il devrait peut-être effectuer un pèlerinage spirituel, comme le fit le Treizième Dalaï Lama, au monument sacré du bodhisattva Manjushri, à Wutaishan, en Chine. Un tel voyage ferait progresser le dialogue avec la Chine. Le Dalaï Lama, plusieurs fois, a répété dans la presse que les Tibétains « ne demandent pas l'indépendance », et insisté pour dire que ce dont le Tibet a besoin, c'est d'une véritable autonomie à l'intérieur de la Chine. On dirait qu'une fois de plus les conversations sino-tibétaines achoppent sur une interprétation différente de leur histoire commune.

Le dialogue actuel a débuté lorsque Hu Jintao, le président chinois, a commencé, dans les rangs du Parti communiste, sa marche vers le pouvoir. Certains analystes disent que Hu est prêt à un compromis, qui ramènerait d'exil le Dalaï Lama, et plusieurs gouvernements étrangers ont publiquement pressé Pékin de négocier avec le Dalaï Lama sans conditions préalables. En 2003, la libération par la Chine, quelques années avant la fin de leur peine, de plusieurs prisonniers politiques tibétains pourrait indiquer que Hu est décidé au dialogue. En même temps, au moins un prisonnier politique tibétain, Tenzin Delek Rimpotché, a été condamné à mort après avoir été, au cours d'un procès truqué, reconnu coupable d'avoir posé plusieurs bombes. Les signes envoyés par Hu sont, on le voit, contradictoires. Après que le Dalaï Lama a reconnu le Onzième Panchen Lama, celui-ci et sa famille ont été placés en détention. Ils se trouvent dans une maison d'arrêt, on ne sait où, depuis que l'enfant a six ans – ce qui fait de lui le plus jeune prisonnier politique du monde. Le Parti communiste chinois a réagi exactement comme l'avait fait l'Empereur mandchou, en 1720, quand il a tenté de mettre en place un faux Dalaï Lama. Le Parti, qui proclame l'athéisme comme religion d'Etat, a choisi un jeune Tibétain et a assuré qu'il était la « véritable » réincarnation du Dixième Panchen Lama. Au moment même où elle poursuit avec les représentants du Dalaï Lama son dialogue discontinu, la Chine, au monastère du Panchen Lama, a obligé les moines à prêter allégeance, sous peine d'expulsion, au candidat imposé par le gouvernement (alors que seul le Dalaï Lama peut certifier un Panchen Lama). De tels indices conduisent nombre d'observateurs étrangers à douter de la sincérité de Hu quand il affirme vouloir parvenir à la négociation d'un accord. Ils soulignent le désir de la

Chine que ses Jeux olympiques, en 2008, se déroulent sans polémiques. Ce désir, selon eux, pousserait le pays à maintenir le dialogue uniquement pour empêcher les manifestations de contestataires tibétains, et pour détourner l'attention du Tibet. Kalon Tripa Samdhong Rimpotché, dans un geste controversé, a même demandé aux Tibétains et à ceux qui les soutiennent de ne pas manifester lorsque les dirigeants chinois voyagent à l'étranger. Semblables démarches sont censées créer une atmosphère favorable au dialogue en cours.

En assistant au déroulement de ces événements, je n'ai pu m'empêcher de me rappeler une critique adressée par le Dalaï Lama à son prédécesseur. Evoquant le fait que le Treizième Dalaï Lama, après avoir rencontré des résistances dans le public, n'ait pas imposé par la force son programme de réformes, l'actuel Dalaï Lama m'a dit : « Il voyait les nécessités du changement... Il aurait dû expliquer ses raisons au public, et ils auraient compris. »

Cela pourrait expliquer pourquoi le Quatorzième Dalaï Lama saisit la moindre occasion d'expliquer à ses fidèles, si souvent et avec tant de soin, son dialogue en cours avec la Chine.

Un spécialiste est persuadé que, à Pékin, la ligne dure se sert du dialogue sino-tibétain pour prouver à la faction plus libérale qu'il est impossible d'arriver à un accord négocié et, en même temps, pour s'insinuer dans les bonnes grâces des gouvernements étrangers qui ont poussé Pékin à entamer des discussions avec le Dalaï Lama. Selon les tenants de cette ligne dure, le problème du Tibet cessera à la mort du Quatorzième Dalaï Lama. En attendant, ils poussent à l'émigration chinoise vers le Tibet. L'achèvement de la première ligne ferroviaire jusqu'à Lhassa, en 2006, devrait certainement rendre leur tâche plus facile.

Les représentants du Dalaï Lama ont exprimé leur espoir qu'un dialogue puisse mener à des négociations sérieuses, même si les représentants chinois, en public tout au moins, nient qu'il y ait même un début de dialogue. Visiblement, la plupart des négociations se déroulent en secret, et Pékin et les Tibétains en exil n'en dévoilent pas les détails.

Dans la communauté des Tibétains en exil, nombreux sont ceux qui ont exprimé des critiques vis-à-vis du dialogue, et de ce que certains voient comme des propositions du Dalaï Lama de renoncer à l'indépendance en échange d'une véritable autonomie. Les attitudes varient quant à savoir s'il faut lutter pour l'autonomie ou tenir le cap, quel qu'en soit le coût, vers l'indépendance. Selon

Jamyang Norbu, un écrivain qui est persuadé que les Tibétains doivent lutter pour l'indépendance :

> Le fait que le Dalaï Lama lui-même ait proposé de renoncer à l'indépendance du Tibet en échange de mesures d'autonomie n'a pas arrangé les choses. Ça a semé le doute parmi les activistes. Le gouvernement tibétain en exil n'a plus eu de direction et a tenté de réorienter ses objectifs vers n'importe quel but excepté l'indépendance du Tibet.

Les sites de dialogue Internet dans lesquels de jeunes exilés se retrouvent autour d'un foyer électronique, déçus que le monde entier ignore les prières du Tibet, bouillonnent contre l'approche non violente du Dalaï Lama.

> Tant de gens dans le monde luttent pour leurs droits et leur pays... Il y a un tas de morts et certains se suicident pour manifester leurs opinions. Et les leaders politiques mondiaux les condamnent. Tout le monde dit que la violence n'est pas une solution. Alors que nous, les Tibétains, nous croyons à la non-violence. Mais pourtant je ne vois pas de politicien dans le monde qui nous soutienne.

En fait, l'approche choisie par le Dalaï Lama a ses supporters parmi les dirigeants mondiaux, et cela se traduit par le respect qui lui est manifesté où qu'il se rende. Les jeunes Tibétains en exil sont déçus que malgré ce soutien, malgré la sympathie populaire et les supporters du Tibet à l'étranger, les conditions de vie de ceux qui sont au Tibet ne changent pas. La déception continue de grandir.

En 1998, à New Delhi, au cours d'une manifestation, un vieux Tibétain, Thubten Ngodup, s'est immolé par le feu afin d'attirer l'attention du monde sur la cause de l'indépendance. Il est mort quelques jours plus tard. Plus récemment, en 2004, trois Tibétains d'une trentaine d'années, membres du Congrès tibétain de la jeunesse qui a remis plusieurs fois en question l'efficacité de la conviction du Dalaï Lama, selon laquelle la non-violence est la seule forme possible de protestation, ont mené, à New York, une grève de la faim de trente-deux jours devant l'ONU. Ils exigeaient, entre autres choses, que la Chine dise où se trouve détenu le Onzième Panchen, et que l'ONU garantisse aux Tibétains au moins les droits de l'homme fondamentaux. En raison de la susceptibilité de la Chine devant la moindre apparence d'ingérence dans ce qu'elle affirme être ses affaires intérieures, Kofi Annan, secrétaire général de l'ONU, a refusé de rencontrer ces grévistes de la faim. La situation a été débloquée par un compromis permettant de sauver la face : Carolyn McAskie, une assistante du secrétaire général, a rencontré les grévistes.

Dans une lettre à l'*International Herald Tribune*, ces derniers ont écrit :

> Nous avons entrepris cette grève de la faim comme le plus grave des moyens non violents qui sont les nôtres de manifester à la fois la profondeur de notre déception, et notre résolution. Nous voyons le monde qui nous entoure pris dans un cycle interminable de violence, de peur et de colère. Ceux qui utilisent la violence, prenant des vies innocentes et semant le chaos, bénéficient de l'attention des médias et de la communauté mondiale. L'ONU appelle à la paix mondiale, et pourtant ignore et réduit au silence un peuple qui a perpétuellement mené son combat par le moyen de la non-violence.

Dolma Choephel, l'une des grévistes de la faim, était citée : « Vous ne nous connaissez sans doute pas, car nous ne cherchons pas à attirer l'attention sur nous en tuant des gens avec des bombes. »

Selon le président du chapitre de New York et du New Jersey du Congrès de la jeunesse tibétaine : « Si des grévistes de la faim sont prêts à donner leur vie, on ne peut pas écarter la possibilité que, dans le futur, les Tibétains, si l'ONU les néglige depuis trop longtemps, puissent lancer des attentats suicides. »

Le Dalaï Lama, qui est conscient de la frustration des Tibétains en exil, en particulier des jeunes, a reconnu publiquement que, en restant attaché au dogme de la non-violence, il risque de s'aliéner des supporters. Il sait que s'il ne parvient pas à un accord négocié, les plus jeunes exilés pourraient bien, après sa mort, se tourner vers la violence pour appuyer leurs exigences d'une indépendance complète. Plusieurs intellectuels chinois (et certains leaders de Pékin sont d'accord avec eux) soutiennent qu'avec le Dalaï Lama, Pékin tient une occasion en or de négocier au conflit une fin non violente, et que les leaders chinois qui se contentent d'attendre sa mort sont stupides. Il a le pouvoir de parler au nom de tous les Tibétains.

Le Dalaï Lama, né en 1935, continue de parcourir le monde, où les Tibétains et lui ont des soutiens enthousiastes, et il rencontre souvent les leaders étrangers qui ne cessent de pousser la Chine à entamer avec le Dalaï Lama de véritables négociations à propos des droits de l'homme au Tibet, et d'une véritable autonomie pour le peuple tibétain. Ils prennent soin de s'exprimer d'une façon qui ne froisse pas la Chine dans son affirmation de suzeraineté sur le Tibet. Aucune nation au monde ne reconnaît le Tibet comme un Etat indépendant, mais néanmoins nombreux sont ceux qui poussent la Chine à protéger les droits linguistiques, culturels et religieux du peuple tibétain.

Plusieurs fois par an, la Chine dénonce un leader politique étranger qui a osé rencontrer le Dalaï Lama, l'accusant d'encourager des activités susceptibles de « briser l'unité de la mère patrie ». La Chine menace d'annuler les contrats commerciaux, ou affirme que les pays qui reçoivent le Dalaï Lama souffriront d'une manière qui n'est pas précisée. Pékin continue à souligner que « le problème du Tibet ne repose ni sur un problème religieux, ni sur un problème de droits de l'homme, mais plutôt sur une question de principe concernant la souveraineté de la Chine et l'intégrité du territoire national ».

Tandis que la puissance et l'influence chinoises continuent de se développer, le Tibet – et son histoire commune avec la Chine – acquiert une importance beaucoup plus grande que par le passé. La façon dont Pékin traite les Tibétains devient un test décisif par lequel les autres nations voient jusqu'à quel point elles peuvent se fier à la Chine. Si la Chine est prête à déformer la réalité, comme dans le cas du Tibet, jusqu'où iront ses dirigeants ?

Au milieu des années quatre-vingt-dix, la Chine était un grand exportateur de pétrole. Dix ans plus tard, elle en est devenue le second importateur mondial. La croissance de la Chine dépend de l'importation de pétrole du Moyen-Orient, et, éventuellement, des gisements qui se trouvent dans les eaux internationales du sud de la mer de Chine. De nombreux observateurs s'inquiètent de ce que la Chine puisse agir pour faire valoir ses droits sur ces fonds marins. L'Histoire prouve-t-elle que les îles situées à quelques kilomètres des côtes des Philippines et du Vietnam font elles aussi partie de la Chine ? Dans quelle mesure la Chine est-elle décidée à imposer cette vision ? Si la Chine persiste à penser qu'une croissance annuelle de 10 pour cent exige qu'elle exploite la mer de Chine, jusqu'où Pékin sera-t-il prêt à aller pour imposer sa vision de l'Histoire, comme il l'a fait dans le cas du Tibet ?

Chaque pays a ses minorités et se trouve jugé selon la façon dont il les traite. Même si nous ignorons quinze cents ans d'Histoire, et sommes prêts à accepter l'argument selon lequel les Tibétains sont des citoyens chinois de race tibétaine, nous devons continuer à nous demander pourquoi la Chine rejette toutes les critiques étrangères concernant la façon dont elle les traite. Alors que l'ONU et ses membres ont déclaré que le respect des droits de l'homme dans chaque Etat relève de la communauté internationale, la Chine repousse toutes les formes de critique de sa politique au Tibet – y compris des critiques à propos des détentions et exécutions arbitraires, de la torture – comme des ingérences dans ses affaires intérieures. En janvier 2006, en Espagne, une cour de justice spéciale a été autorisée à enquêter sur des accusations de génocide contre le peuple tibétain. En juin, tandis que commençait le procès, le ministre chinois des Affaires étrangères a déclaré que l'accusation selon laquelle, depuis 1950, plus de un million de Tibétains avaient été tués ou étaient portés disparus était « calomnieuse et montée de toutes pièces ». Il sera intéressant de voir comment juge ce tribunal – il s'agit de la même cour qui a condamné le dictateur chilien Augusto Pinochet.

Le principal objectif de la politique étrangère chinoise consiste à convaincre l'ensemble de la communauté internationale que l'accès de la nation chinoise à la grandeur sera atteint, au XXIe siècle, à travers des moyens pacifiques. Pékin affirme que c'est la loi (et non pas les méthodes utilisées au Tibet par le Parti communiste chinois) qui gouvernera l'avenir de la Chine et ses relations avec les autres Etats. La nation veut convaincre le monde qu'elle jouera selon les règles internationalement reconnues, et qu'on peut lui faire confiance. En raison du champ économique que représente la Chine, le monde a envie de la croire. A long terme, cependant, c'est la façon dont elle traitera le Tibet, et pas le nombre de gratte-ciel à Shanghai, qui pourrait bien être le vrai moyen de tester la vraie nature de Pékin.

A court terme, les Jeux olympiques d'été de Pékin, en 2008, seront considérés comme un indicateur de la direction que prennent les dirigeants chinois. Sun Weide, porte-parole du comité d'organisation des Jeux olympiques, a essayé de tourner en ridicule les craintes que l'histoire de la Chine pourrait susciter parmi ceux qui lancent des avertissements contre une menace chinoise.

— Si vous connaissez notre histoire, vous connaissez notre nature, dit Weide. Plus vous en saurez sur notre histoire, mieux vous comprendrez la Chine d'aujourd'hui.

Aujourd'hui, la Chine aimerait convaincre le monde que l'Histoire prouve qu'elle ne peut pas menacer la paix mondiale. Comment considérer cette conclusion au regard de l'histoire des relations de la Chine avec le Tibet ?

Ce qui ressort après avoir étudié l'histoire du Tibet, c'est que la Chine cherche toujours un moyen de rejoindre la communauté internationale sur un pied d'égalité, pas comme une nation supérieure, ni comme une nation inférieure. Une telle égalité ne se base pas sur les anciennes victoires ou défaites des empereurs, pas plus que l'histoire de la Chine impériale ne peut définir les frontières d'une nation moderne. Ce n'est que lorsque la Chine ne tentera plus de faire coïncider ses frontières avec son histoire ancienne, lorsqu'elle respectera les droits de l'homme et les libertés culturelles et religieuses du peuple tibétain, que les aspirations actuelles de la Chine moderne pourront porter les fruits que le peuple chinois et tous ses amis lui souhaitent sincèrement.

*

Tandis que je relisais ce manuscrit pour la dernière fois me parvint une lettre de Sa Sainteté le Dalaï Lama. Il semble approprié, à l'issue de notre longue conversation, de lui laisser le dernier mot.

Cher Tom,

Pendant neuf ans, vous avez travaillé dur pour faire de nos conversations un livre susceptible d'aider les lecteurs à mieux comprendre l'histoire du Tibet. Tout en essayant de trouver des solutions pour l'avenir, il est important de comprendre le passé. La perception que nous avons de notre histoire en tant que Tibétains modèle notre identité et nos besoins d'aujourd'hui. D'autres peuvent avoir une perception différente, et envisageront donc les problèmes selon leur propre point de vue. Il existe différentes interprétations d'un même événement, et ces interprétations sont importantes, car elles peuvent nous aider à comprendre pourquoi Tibétains et Chinois voient les choses différemment. En même temps, nous devons nous consacrer au présent et à l'avenir. Nous pouvons être en désaccord sur le passé, mais nous devons œuvrer de façon constructive à améliorer le présent et à trouver un accord qui permette d'avancer, ensemble, dans l'avenir, selon l'intérêt des Tibétains et des Chinois.

Comme vous le savez, nous sommes engagés aujourd'hui dans un dialogue sérieux avec le gouvernement chinois. Tandis que vous travaillez aux dernières pages de ce livre, il est important de s'arrêter pour réfléchir à ce que cela signifie.

Pendant des années, nous en avons appelé au gouvernement chinois pour qu'il entame un dialogue avec nous et travaille avec nous à résoudre les différends qui nous séparent. Nombre d'individus, d'institutions et de gouvernements ont soutenu nos efforts. Je suis depuis longtemps persuadé qu'une solution mettant fin aux souffrances de notre peuple peut être obtenue uniquement par le dialogue et par le développement d'une véritable compréhension mutuelle entre Tibétains et Chinois. Si elle tente d'imposer sa volonté à l'autre, aucune des deux parties concernées n'arrivera à rien. Il faut au contraire que chaque partie comprenne la situation et les besoins réels de l'autre, et agisse en conséquence. Nous sommes tous des créatures humaines, avec les mêmes besoins et les mêmes craintes. Il faut donc que nous nous comprenions mutuellement sur le plan humain. Nous ne devons pas laisser la politique et l'Histoire dresser d'obstacles à une véritable compréhension humaine et à la satisfaction des besoins humains.

Ainsi, si nous parvenons à vivre ensemble comme des frères et des sœurs, comme une seule famille, ce sera mieux pour les Tibétains, et même pour les Chinois. Mais les membres d'une famille ne doivent pas se rudoyer : sinon, ceux qui se sentent blessés voudront quitter la famille. C'est pourquoi une compréhension mutuelle et une compréhension des besoins de l'autre sont importantes. Seule cette forme de compréhension humaine peut servir de base à un accord authentique qui sera bénéfique à tous.

Depuis que, en 2002, après une interruption de près de dix ans, un véritable contact a été rétabli, il y a eu une série de rencontres entre mes envoyés et des membres du gouvernement chinois. C'est bon signe. Pour résorber nos différends, il faudra à chaque partie beaucoup d'efforts, de patience et de souplesse. Et, chose la plus importante, nous devons développer une mutuelle confiance.

Afin qu'existe une pareille confiance, nous devons faire de notre mieux pour créer une atmosphère adéquate. On ne peut convaincre l'autre des bonnes intentions que l'on a si, en même temps, on agit de manière à le blesser. Mais c'est très difficile, à moins que les deux parties ne fassent un effort égal. Tant que les droits de l'homme seront violés au Tibet, il sera difficile de convaincre les Tibétains et ceux qui les soutiennent de modérer les manifestations de leur opposition à la politique chinoise au Tibet. Le contraire est aussi vrai. Le gouvernement chinois doit veiller à ce que cessent tous les abus de ses fonctionnaires, tant au niveau national que local, qui causent du mal aux Tibétains, tant au niveau national que local, et les Tibétains et ceux qui les soutiennent doivent cesser de commettre des actions qui embarrassent et blessent le gouvernement chinois et le peuple chinois.

Pour notre part, nous sommes pleinement engagés dans l'actuel processus de dialogue, et nous continuerons à faire ce qui est nécessaire pour intensifier nos discussions et aller de l'avant vers une solution bénéfique commune. J'ai expliqué bien des fois que je suis persuadé qu'une solution peut être trouvée dans le cadre de la constitution de la République populaire de Chine. Telle est notre politique. Nous attendons du gouvernement chinois qu'il manifeste la plus grande souplesse pour dispenser, à l'intérieur de ce cadre, une réelle autonomie au peuple tibétain. Je suis convaincu que si nous parvenons à ce type d'autogouvernement, qui nous rendra possible de développer notre propre culture, notre propre façon de vivre et de gérer notre propre environnement, cela ne fera que fortifier la République populaire de Chine dans son ensemble et l'unité des diverses nationalités qui la constituent. Je crois que ce type de réajustement est possible à l'intérieur du cadre de la constitution de la République populaire de Chine. Il est évident que des mécanismes protégeant et clarifiant certains des droits écrits dans cette constitution sont nécessaires.

La reconnaissance et le respect mutuel ne séparent pas les peuples, mais leur permettent au contraire de devenir plus proches. Nous devons insister sur nos intérêts communs, notre dépendance commune de l'environnement dans lequel nous vivons et notre avenir commun. Mais les créatures humaines ne pourront être persuadées d'en arriver là qu'une fois leurs particularismes reconnus par les autres. Cela n'est pas propre aux Tibétains : c'est vrai partout dans le monde où des peuples et des minorités luttent pour la reconnaissance de leur identité et de leur culture avant de s'unir volontairement, et avec joie, avec les autres afin de recueillir les bénéfices de vivre comme une grande famille, à l'intérieur d'un seul Etat.

Les Tibétains ont beaucoup de choses en commun avec leurs frères chinois, et aussi, évidemment, avec nos voisins mongols et ouïgours. Nous sommes fermes dans notre objectif de parvenir à une réelle autonomie, mais j'encourage les Tibétains à reconnaître aussi ce que nous avons en commun avec les autres.

Je suis très conscient du fait que ce processus de dialogue et de négociations dans lequel nous nous sommes engagés avec le gouvernement chinois prendra du temps. De notre côté, nous ferons notre maximum pour qu'il aboutisse. Nous espérons que le gouvernement chinois manifestera de la même façon son engagement et sa foi en ce processus, en effectuant des modifications visibles de sa politique envers les Tibétains. Pour que ce processus aboutisse, les Tibétains doivent se montrer patients et travailler la main dans la main avec leurs nombreux supporters dans le monde entier. Faisons de notre mieux, et les générations futures n'auront aucune raison d'affirmer que nous n'avons pas profité au maximum de l'occasion qui existe aujourd'hui, et que nous avons participé à susciter, de guérir les blessures du passé et de nous avancer vers un avenir meilleur.

J'espère que nous réussirons à tourner une nouvelle page de l'histoire du Tibet. Nous ne pouvons pas changer le passé, et c'est avec plaisir que je laisse l'Histoire aux historiens afin qu'ils l'interprètent dans des nuances de gris – car rien n'est jamais aussi noir ni aussi blanc qu'on le croit souvent. Mais il est de notre responsabilité, et de ma responsabilité en tant que Dalaï Lama et moine bouddhiste, de faire de notre mieux pour façonner l'avenir pour le bien de toutes les créatures sentantes, et pour le bien des Tibétains envers qui j'ai une responsabilité particulière.

Tenzin Gyatso
Quatorzième Dalaï Lama du Tibet

Table

La photocomposition de cet ouvrage
a été réalisée par
GRAPHIC HAINAUT
59163 Condé-sur-l'Escaut

Cet ouvrage a été imprimé par la
SOCIÉTÉ NOUVELLE FIRMIN-DIDOT
Mesnil-sur-l'Estrée
pour le compte des Éditions Plon
76, rue Bonaparte
Paris 6^e
en mars 2007

Dépôt légal : mars 2007 – N° d'édition : 14150
N° d'impression : 84438
Imprimé en France